오늘의 한국 현대사 1

점령과 전쟁

占領戰爭

오늘의 한국 현대사 1

점령과 전쟁

정용욱 외 14인

푸른역사

책을 펴내며

2018년 4월, 푸른역사에서 《해방의 공간, 점령의 시간》을 펴낸 지도 어느새 7년이 훌쩍 넘었다. '해공점시'라는 줄임말로 부르는 이 책의 출간을 준비했던 것은 2015년부터였다. '뉴라이트 교과서'라고 불렸던 교학사 한국사 교과서가 정치적 편향은 차치하더라도 심각한 내용 부실로 교육 현장에서 외면받은 이후, 박근혜 정권이 앞장서 본격적으로 역사 교과서의 국정화를 시도하던 때였다.

국정 교과서는 하나의 '올바른' 역사관으로 '객관적' 역사를 가르쳐야 한다는 명분으로, 편향된 역사관을 공식화하고 이를 정치적으로 활용하려는 천박한 역사부정론의 산물이었다. 학계의 오랜 연구를 바탕으로 가장 설득력 있는 '학설'들로 구성되는 역사학과 그 교과서의 전문성과 역동성에 대한 몰이해와 왜곡이 빚어낸 촌극에 한국역사연구회 등 역사학계는 역사학의 학문적 근간을 위협하는 국정화를 거부하며 반대시위에 나섰다.

'해공점시'는 역사 교과서 국정화에 대한 학계의 응답이었다. 정용욱 선생님과 선생님 지도로 한국 현대사를 연구하고 가르치던 연구자들이 집필 모임을 갖고 책의 출간을 준비했다. 비록 대부분이 '신진 연구자'들이었지만, 작은 주제를 다루더라도 사료를 교차 검증하며 역사적 '사실'을 추구했던 고민을 담은 논문들을 단행본에 맞도록 수정했고, 12명의 필진이 13편의 글을 실어 한 권의 책이 탄생했다. 그 책을 통해 "건국절이나 이승만 국부 주장이 얼마나 반反역사주의적인지"를 밝히며 한국 현대사 연구의 수준과 역량을 드러냈다.

그러나 그로부터 7년 동안의 현실은 한국 현대사 연구자들에게 더 많은 고민과 과제를 안겨주었다. 전쟁, 기후위기, 정치적 퇴행 등 한국에서 발생한 일련의 사건들은 한류와 K-컬처의 성공에 가려졌던 한국 민주주의의 취약성과 자본주의의 불평등성을 드러냈다. 또한 역사 교과서 국정화를 시도했던 역사부정 세력이 어떻게 암약해왔는지도 드러났다. '방과후 교실'에서 "이승만과 박정희를 배우라"는 리박스쿨과 4월혁명으로 하야한 이승만을 다시 '국부'로 자리매김하려는 다큐멘터리 영화 〈건국전쟁〉은 역사를 학문이 아니라 정치투쟁의 장으로 만들고자 하는 또 다른 쿠데타 시도였다.

따라서 해방 80주년인 2025년을 맞아 푸른역사에서 출간하는 《오늘의 한국 현대사 1—점령과 전쟁》, 《오늘의 한국 현대사 2—분단과 냉전》은 역사부정론에 대한 우리의 두 번째 응답인 셈이다. 《해방의 공간, 점령의 시간》이 해방 3년사를 주로 다루었다면 《점령과 전쟁》

은 미군정기에서 한국전쟁기에 이르는 해방 8년사를 '점령과 분단', '전쟁과 평화'의 맥락에서 다루었고, 《분단과 냉전》은 이승만과 박정희, 전두환 정권기를 넘어 20세기 후반의 한국 현대사를 '냉전과 개발', '민주주의와 역사 인식'의 맥락에서 다루었다.

두 권의 책에는 31명의 필자들이 32편의 글을 실었다. 연구 시기와 대상도 확장되었고 집필에 참여한 연구자도 많아졌다. '신진 연구자'들이 대학과 연구기관에 자리를 잡았다. 박사과정을 수료한 현대사 강사들도 여전히 참여했다. 그럼에도 "기존의 연구 성과 위에 서서 그 시기 한국 사회의 실태와 그것을 지배한 내외조건, 한국인의 대응을 종합적으로 분석함으로써 당대의 역사를 구조와 일상의 결합으로 재구성"하고자 했던 7년 전의 문제의식은 이 두 권의 책에서도 그대로 이어졌다.

역사학의 미덕인 '종합적 분석'을 통해 역사적 사실관계를 좀 더 치밀하게 밝히는 연구뿐만 아니라 문화 냉전과 냉전 지식, 인도주의 구호와 평화, 발전주의와 공공성 문제 등 담론과 지식의 문제까지 연구의 범주를 확장한 것은 이 두 책의 미덕이다. 독자들은 제도와 사람들의 변화, 즉 구조와 일상의 시대적 변화 속에서 이에 조응하여 담론과 지식이 어떻게 변화하는지 살펴볼 수 있는 기회를 얻게 될 것이다.

전작에서는 주로 한미관계에 천착하느라 다루지 못했던 북한과 만주, 중국 등 분석의 지리적 범주를 확장한 것도 이 두 책의 또 다른 미덕이다. 한국 현대사는 종종 남한 현대사로 이해되기도 하지만, 한반도 전체를 시야에 두어야 함은 남한을 주로 연구하는 연구자에게나 북한을 주로 연구하는 연구자에게나 언제나 도전이자 과제이다. 32편의 글 중 8편의 글이 북한과 만주, 중국을 다루고 있으니 이를 다른 글들과 비교해보는 것도 흥미로운 독서가 될 것이다.

두 권의 책은 한국의 정치적·경제적 민주주의와 평화와 화해를 위한 노력들이 오늘날까지 어떻게 이어져왔는지를 생생하게 보여준다는 점에서 더욱 가치 있는 연구 성과이기도 하다. 한국이 겪고 있는 민주주의의 위기와 경제적 불평등의 심화는 세계적 현상이지만, 친위 쿠데타를 시민의 힘으로 막아내고 이를 다시 민주주의와 평화의 동력으로 전환하고자 하는 한국 사회의 경험은 매우 특별한 것이다. 필자들의 한국 현대사 연구를 통해 이러한 한국적 특수성의 가치와 연원을 좀 더 잘 이해할 수 있으리라 믿는다.

마지막으로 필진들의 '관계'에 대해서 밝혀두고자 한다. 이 책의 필진은 한국역사연구회와 한국학중앙연구원, 서울대학교에서의 수업과 세미나 등 다양한 기회를 통해 정용욱 선생님에게 학은學恩을 입은 제자 및 후배 연구자들로 구성되었다. 선생님은 2025년 8월 정년을 맞았지만 여전히 연구와 집필에 매진하며 불언지교不言之教(말없는 가르침)를 실천하고 있다. 그의 어깨 위에서 또는 그의 그늘 밑에서 공부하고 쉴 수 있었던 우리들은 매우 운이 좋은 사람들이다.

또한 박사과정 재학 중이던 2013년 세상을 떠난 신승욱 학형을 그리며 《분단과 냉전》 2부에 그가 생전에 《내일을 여는 역사》 44호에 기고했던 서울대 법인화에 관한 글을 실었음을 밝혀둔다. 올해 기광서, 이송순, 김소남, 김광운 선생님 등 선배 연구자들이 너무 일찍 세상을 떠났는데, 그때마다 우리 곁에 있던 승욱이를 떠올리곤 했다. 모든 분들이 그곳에서 평안하기를 기원한다.

2025년 겨울

필자들을 대표하여 이동원 씀

차례
오늘의 한국 현대사 1
점령과 전쟁

• 책을 펴내며 ...5

【제1부】 점령과 분단

1. 안종철 정권이 허가한 집회만 열라: 해방 이후 집회와 시위에 대한 제도들의 변화와 운용 **...14**

2. 김도민 ‘아동’을 보호하라: 미군정기 〈아동노동법〉과 〈미성년자노동보호법〉 **...40**

3. 박수현 미군정을 선전하라: 미군정 문화냉전의 도구로서 《주간신보》와 《농민주보》 **...64**

4. 김혜영 미군정의 싱크탱크, 정치고문단 **...94**

5. 김선호 여운형그룹의 월북과 북한군 창설의 숨은 이야기 **...120**

6. 임찬혁 ‘한교’에서 ‘조선족’으로: 만주 지역 한인의 신분 변화와 그 의미 **...148**

【제2부】 전쟁과 평화

1. 정용욱 6·25전쟁 전후 북한의 평화운동론 **...172**

2. 김태우 평화의 붐에 대응하라: 한국전쟁 발발 전후 동아시아 국가들의 평화론과 평화운동 **...212**

3. 송재경 상실한 평화의 기회: 이승만의 북진통일과 제네바회담 **...242**

4. 류기현 1950년대 이승만 정부의 유엔 가입 시도와 남북한 동시가입론의 대두 **...268**

5. 신유진 한국전쟁과 국제적십자위원회의 '인도주의' **...290**

6. 이상호 한국전쟁기 소년병들의 전쟁 체험 **...312**

7. 박영실 중국군 포로 1만 4,000여 명은 왜 대만행을 선택했는가? **...342**

8. 임다은 한국전쟁기 북한의 농촌 동원과 농민의 반응 **...364**

9. 요네즈 토쿠야 북한의 전재고아 해외 위탁사업과 냉전의 미디어: 현대 미디어를 통해 보는 심리전과 냉전의 흔적 **...386**

- 주 **...418**
- 찾아보기 **...483**

1부 〈점령과 분단〉은 1945년 해방 직후부터 1950년 전쟁 이전까지 시기에 미군정이 전개한 점령통치 양상을 다룬 4편과 당대를 살아가던 주체들에 주목한 2편 등으로 구성됐다. 먼저 미군정의 점령통치 양상을 살펴본 4개의 글은 한반도에서 '해방'은 곧 외국군의 점령으로 이어졌고, 남북 분단이 가시화하는 상황에서 탈식민 문제가 탈각되거나 배제되는 과정을 조명했다.

1장 〈정권이 허가한 집회만 열라〉는 일제하 법령들이 어떤 논리로 집회를 규제했는지 검토한 뒤, 미군정이 치안 확보를 명분으로 공포한 각종 포고령과 계엄에 준하는 군정체제, 그리고 해방 후 〈국가보안법〉과 1963년 제정된 〈집회 및 시위에 관한 법률〉(집시법)로 그 유산이 어떻게 이어졌는지를 살핀다. 특히 이 글은 식민지로부터 내려오는 탈식민 과제가 해방 후에도 집회 및 시위 관련해서는 큰 변화 없이 유지되었음을 보여준다.

2장 〈'아동'을 보호하라〉는 미군정의 〈아동노동법〉과 남조선과도입법의원의 〈미성년자노동보호법〉이 제정되는 과정을 추적했다. 미군정은 〈아동노동법〉의 입법 목적으로 계몽적·인도적·문명론적 이유를 내세웠으나, 사실상 북조선에서 시행된 법에 대응한 것으로 노동 현실을 고려치 않은 졸속입법이었다. 특히 점령과 분단의 규정력이 가장 약한 위치에 있는 아동을 둘러싸고 어떠한 영향력을 미쳤는지 드러냈다.

3장 〈미군정을 선전하라〉는 해방 직후 남한 사회의 좌경화 위험에 대응한 미군정의 구체적인 선전전략을 당시 신문을 통해 구체적으로 보여주고 있다. 특히 《농민주보》 사설의 주요 작성자가 식민지기 《매일신보》사 특수신문부 부장이라는 새로운 사실 등을 구체적으로 규명했다. 또한 미군정은 남조선에서 증대하는 '소요'사건에 대응하기 위해 그 원인을 북한과 소련에게 있다는 논리를 새롭게 제시했다. 이처럼 이 글은 미군정이 탈식민이 지체되어 발생하는 '민' 들의 저항을 분단과 냉전이라는 역선전의 논리로 대응하는 과정이었음을 밝혀주었다.

4장 〈미군정의 싱크탱크, 정치고문단〉은 현지 정세를 이해하고 정책에 반영할 수 있는 전문가로서 조직한 미군정의 '정치고문단'의 구성과 활동을 규명했다. 이 글은 모스크바 3상 결정과 미소공동위원회를 둘러싼 미소 간 갈등, 남한 내 좌우 진영의 정치 공방이라는 복잡한 환경 속에서, 정치고문단이 어떤 시각으로 한국의 정당·사회단체를 분류하고, 누구를 협상 대상으로, 누구를 배제 대상으로 규정했는지를 추적했다.

이처럼 미군정 점령정책을 다룬 글들은 식민지기의 법과 제도, 노동과 선전 등이 어떻게 완전히 청산되지 못한 채 미군정으로 이어졌는지, 그리고 이러한 유산이 한반도에서 분단과 냉전의 적대성을 강화했는지를 보여주고 있다.

앞의 글들이 미군정의 점령통치 정책을 중심으로 다루었다면, 다른 2개의 글은 당대를 살아가던 주체들에 주목하고 있다. 5장 〈여운형그룹의 월북과 북한군 창설의 숨은 이야기〉는 미국 국립문서관NA II에서 발굴한 자료를 기반으로 해방 직후 여운형이 이끌었던 건국동맹의 '여운형그룹'이 북한군 창설에 어떻게 참여했는지 실증적으로 규명했다. 특히, 여운형그룹이 북한군 창설 과정에서 군사적 충돌과 전쟁 방지라는 여운형의 정치적 목적에 따라 움직였으며, 북한군 창설의 초기 단계에서 이들이 맡았던 구체적인 역할을 제시함으로써 북한군 형성 과정에 대한 이해를 높였다. 비록 국가건설기 여운형의 남북한 통합 구상이 실패했으나 북한군 창설 과정에 참여시켜 향후 남북의 군사적 충돌을 방지하려 한 분단 극복의 노력은 재조명될 필요가 있다.

6장 〈'한교'에서 '조선족'으로〉는 만주 지역 한인들의 신분이 '한교'에서 '조선족'으로 바뀌는, 즉 이른바 '조선족'이 탄생하는 초기의 역사적 과정을 국민당과 공산당의 정책을 통해 보여준다. 해방 직후 중국 국민당의 만주 지역에 거주하는 한인에 대한 정책은 만주의 한인들을 일제에 편승한 자들로 규정하며 무조건적인 본국 송환을 추진했으나, 당시 국민당 소장이던 한인 김홍일 등의 노력 등으로 '순량한 한농'의 거주를 허용하는 쪽으로 변화했다. 이후 국공내전에서 우위를 점한 공산당은 연변 지역 조선인들을 국가건설 과정에 필요한 자원으로 바라보고 이들의 현지 거주를 위한 물적 토대를 마련하는 정책을 시행했다. 이처럼 중국 '조선족'은 내전과 건국이 교차하는 과정을 거쳐 탄생한 존재들로, 분단을 한반도 내부가 아니라 동아시아 전체 차원에서 다시 생각하게 만든다.

戰爭

1. 정권이 허가한 집회만 열라

- 해방 이후 집회와 시위에 대한 제도들의 변화와 운용*

◎ 안종철

집회와 시위는 허가의 대상인가

집회 및 시위는 표현 또는 사상의 자유와 더불어, 시민사회의 의사를 제약 없이 표명한다는 점에서 민주주의의 핵심적인 수단이다.[1] 집회·시위의 자유는 폭력적 행동을 제외하고 가능한 한 제한 없이 이루어져야 한다는 데 대부분이 동의할 것이다. 그럼에도 불구하고, 표현과 사상의 자유에 비해서 그것을 표출하는 형식인 집회 및 시위는 상대적으로 소홀히 다루어진 경향이 있다. 그나마 최근 용산 대통령 집무실 앞 시위에 대한 통제 등으로 이 문제의 중요성이 많이 알려지게 되었다.[2] 이는 한국 현대사, 특히 일제 말과 해방 직후의 정세에서 사상 내용 중 특히 권력에 이질적으로 보이는 '좌익'을 어떻게 통제할 것인가라는 문제가 초미의 관심사였던 한국의 역사적 현실을 반영하고 있다.[3]

집회 및 시위와 관련해서, 현행 헌법(1987년 전면 개정)은 "제21조 ① 모든 국민은 언론·출판의 자유와 집회·결사의 자유를 가진다, ② 언론·출판에 대한 허가나 검열과 집회·결사에 대한 허가는 인정되지 아니한다"로 허가나 검열이 없는 집회의 자유를 명시하고 있다.[4] 이는 1987년 민주화의 열매라고 할 수 있다. 그러나 현행 헌법 이전의 제5공화국 헌법(1980)은 "제20조 ① 모든 국민은 언론·출판의 자유와 집회·결사의 자유를 가진다"라고만 되어 있고, 〈집회 및 시위에 관한 법〉에서 집회에 대한 사전검열을 인정했다.[5] 물론 개정된 현행 헌법은 허가나 검열 등을 인정하지 않는다는 점에서 진일보한 것이긴 하지만, 그것이 전면적인 집회 허가를 의미하거나 검열로부터 완전히 자유로워졌음을 뜻한다고 보기는 어렵다.[6]

그런 점에서 한국에서의 집회·시위에 관한 운영을 이해하기 위해, 우선 허가나 검열 등과 관련된 법령을 중심으로 정리해볼 필요가 있다. 집회 및 시위라는 것은 대한민국 헌법 조문에는 있지만 언론·출판의 자유 등 표현의 자유에 비해 주목을 받지 못했다.[7] 예를 들면 1925년에 제정된 대표적인 식민지 악법으로 알려진 〈치안유지법〉 혹은 1948년 12월 1일 제정된 〈국가보안법〉은 사상 및 표현의 자유, 결사의 자유 등을 포괄적으로 억압한 법으로 이에 대한 연구가 꽤 이루어져왔지만, 집회의 자유 자체에 대해서는 관심이 적었다.[8] 표현의 자유와 집회의 자유는 연결된 문제이고 관련 법령들도 그 두 문제가 서로 연결되어 있었음을 보여준다.

해방 후 권력의 입장에서 볼 때 집회 및 시위에 관한 법률이 가진 사안의 중요성 때문에 1963년 1월 1일부터 시행된 〈집회 및 시위에 관한 법률〉(속칭 집시법, 법률 제1245호)의 제정 이래 17회 정도 개정이 이루어졌다.[9] 그러나 집시법의 모태가 식민지 법이기에 그 유산이 해방 후에도 어느 정도까지 연속성과 불연속성을 갖는가는 중요한

연구 테마이기에 이를 독립된 핵심 문제로 다룰 필요가 있다.[10)]

미군정기 집회·시위와 관련하여 가장 자세한 연구로 정호기의 글을 들 수 있다. 그에 의하면 미군정은 집회 및 시위에 대해서 우파에게 보다 관대했다고 한다.[11)] 이 연구는 집회 및 시위에 대한 다양한 모습을 보여준다는 점에서 크게 기여했지만, 법 자체라든가 법 제정의 배경 등에 대해서는 자세한 검토가 부족하다. 그런 점에서 이 글은 집회 및 시위에 관한 식민지시기의 역사적 연원을 다루면서, 미군정과 대한민국 정부 수립기를, 1962년 제정된 〈집회 및 시위에 관한 법률〉과의 연속성과 차이점을 함께 검토하고자 한다. 이를 통해서 권력이 집회·시위에 대해 '내용'에 의거한 통제에 초점을 맞추어왔다는 점에서 식민지시기와 이후의 연속성은 물론, 87년 민주화 체제가 갖는 성취와 한계 등을 살펴보고자 한다.

조선인들이 모일 때 총독부 당국의 허락을 받아라

1905년 11월 18일에 이른바 '보호조약'을 강제한 메이지 정부는 대한제국에 통감부를 설치하고 한반도를 일본의 통제하에 두었다. 그러나 한반도 내에서 일본에 대한 저항이 만만치 않자, 통감부는 표현의 자유와 집회 및 시위를 통제하기 시작했다. 그것이 바로 유명한 〈신문지법〉(1907년 7월 24일, 법률 제1호)과 〈보안법〉(1907년 7월 27일, 법률 제2호)이었다. 전자를 통해서 한국인들의 표현의 자유를 제한하고, 후자를 통해서는 집회 및 결사의 자유를 제한했다. 이 두 법안은 미군정이 실시된 1945년 9월 8일 이후에도 계속 살아남았다. 집회·결사와 관련된 〈보안법〉의 주요 조항은 다음과 같다.[12)]

> 제1조. 내부대신은 안녕질서를 유지하기 위해 필요한 경우에 결사의 해산을 명할 수 있음.
>
> 제2조. 경찰관은 안녕질서를 유지하기 위해 필요한 경우에 집회 또는 대중의 운동 혹은 군집을 제한·금지하거나 해산을 할 수 있음.
>
> 제3조. 경찰관은 위의 2조의 경우에 필요를 인지할 때에는 무기와 폭발물, 기타 위험한 물건의 휴대를 금지할 수 있음.
>
> 제4조. (생략)
>
> 제5조. 내부대신은 정치에 관해 불온한 일을 행할 염려가 있다고 인정된 자를 그 거주지에서 퇴거를 명하고 1년 내 일정 지역의 출입을 금지할 수 있음.
>
> 제6조. 앞의 5조에 의한 명령을 위반한 자는 40 이상의 태형 또는 10개월 이하의 감옥에 처함…….
>
> 제7조. 정치에 관한 불온한 언론과 활동 또는 타인을 선동, 교사하거나……치안을 방해한 자는 50 이하의 태형, 10개월 이하의 옥에 가두든가 2년 이하의 징역에 처함.
>
> 제8조. 본법의 공소시효는 6개월간으로 함.
>
> 제9조. 본법의 범죄는 신분 여하를 불문하고 지방 혹은 항구재판소의 관할로 함.

부칙

제10조. 본령은 반포일로부터 시행함.

광무 11년 7월 27일(강조 및 현대어: 필자)[13]

이는 고종 황제의 퇴위를 반대하는 시위를 하지 못하게 하기 위한 조치였다. 이 법은 '안녕질서'를 위해서 경찰관이 결사의 해산을 명하고(제1조), 집회 및 시위를 자의적으로 통제할 수 있도록 했다(제2조). 이외에도 치안 유지를 위한 다양한 법령이 존재했다.[14]

한국병합이 이루어진 1910년 8월에는 "당분간 내정에 관한 집회 또는 옥외에서의 다중집회를 금지한다. 단, 옥외에서의 설교 또는 학교 학생의 체육운동 등 집회로서 관할 경찰관서의 허가를 받은 것은 이에서 제외된다"라고 〈집회취체령〉도 선포했다.[15] 이들 〈보안법〉과 〈집회취체령〉은 식민지시기 내내 집회 및 시위를 통제했던 대표적인 악법이었는데 핵심은 경찰의 허가가 있어야만 집회가 가능하다는 것이다. 당연히 이들 법은 3·1운동 당시 집회에 모인 조선인들에게 적용되었다.

그러나 〈보안법〉 7조에 보이듯이, 법령의 적용 범위가 "정치에 관하여"라고 넓고 애매하게 잡혀있고, 50 이상의 태형이라든가, 10개월 이하의 감옥 혹은 2년 이하의 징역으로 처벌 수준이 높게 설정되어 있었다. 그런데 3·1운동 이후에 일제 당국으로서는 규정을 더 명확히 하면서도 형량을 더욱 무겁게 할 필요가 있었다. 특히 상하이에 임시정부가 수립되고, 독립운동 세력이 국내외에 편만한 상황에서 일제 당국으로서는 독립운동 기운을 억제할 필요성이 있었다. 그리하여

3·1운동이 한창이던 동년 4월 15일에 만들어진 것이 바로 〈정치에 관한 범죄 처벌의 건〉(제령 제7호 이른바 '정치범처벌법')인데 본문은 다음과 같이 간단하다.

제1조. 정치의 변혁을 목적으로 다수가 함께 모여[多數公同] 안녕질서를 방해하거나 또는 방해하려는 자는 10년 이하의 징역 또는 금고禁錮에 처한다. 단 형법 제2편 제2장의 규정(내란죄)에 해당하는 자는 본령을 적용하지 않는다. 전항의 행위를 하게 할 목적으로써 선동한 자도 전항의 형과 같다.

제2조. 전조의 죄를 범한 자가 발각 전에 자수하였을 때는 그 형을 감경 또는 면제한다.

제3조. 본령은 제국 밖에서 제1조의 죄를 범한 제국 신민에게도 이를 적용한다.

부칙. 이 영은 공포일로부터 실시한다(밑줄: 필자).[16]

즉 제1조의 '정치의 변혁'이라는 것은 현 식민지 체제를 변혁시킨다는 점에서 사실상 '독립운동'을 의미하는 것이고 이 법을 통해 10년 이하의 징역이나 금고로 처벌의 수위를 높였다. 또한 제3조의 '제국 밖에서'라는 문구에서 보듯이, 조선 식민지 밖, 특히 중국 내지나 만주 지역에서의 독립운동에 대한 탄압 등을 목표로 했다.[17] 태형은 3·1운동 이후 없어졌기 때문에 〈보안법〉의 처벌 조항에서 제외되었지만, 그 외의 보안법상의 처벌 규정은 제령 제7호와 함께 계속 적용되었다고 보인다. 그러나 제령 제7호는 집회와 시위를 직접 규제하는 법안은 아니었다.

1937년 중일전쟁이 본격화되고 이듬해 국가총동원령이 내려지면서 집회를 통제하기 위해 보다 엄격한 법률이 통과되었는데, 특히 일본의 진주만 기습공격 이후 제국의 내부 통제를 위해 통과된 〈조선임시보안령〉(1941년 12월 26일, 제령 제34호)이 그것이었다. 주요 항목은 다음과 같다.

> 제1조. 이 영은 전시에 언론, 출판, 집회, 결사 등의 단속을 적정하게 하여 안녕질서의 유지를 목적으로 한다.
>
> 제2조. 공사에 관한 결사를 조직하고자 하는 때에는 조선 총독이 정하는 바에 의하여 발기인이 행정관청의 허가를 받아야 한다.
>
> 제3조. 공사에 관하여 집회를 개최하고자 하는 때에는 조선 총독이 정하는 바에 의하여 발기인이 행정관청의 허가를 받아야 한다.
>
> 제4조. 옥외에서 공중을 회동하거나 다중운동을 하고자 하는 때에는 조선 총독이 정하는 바에 의하여 발기인이 행정관청의 허가를 받아야 한다.
>
> 제5조. 조선 총독이 정하는 경우에는 전 3조의 규정은 적용하지 아니한다.
>
> 제6조. 행정관청은 필요하다고 인정하는 때에는 결사의 해산을 명할 수 있다.
>
> 제7조. 경찰관은 필요하다고 인정하는 때에는 집회·다중운동 또는 군집을 제한하거나 금지 또는 해산할 수 있다.
>
> 제8조. 경찰관은 필요하다고 인정하는 때에는 병기·흉기·폭발물

기타 위험한 물건의 휴대를 금지할 수 있다.

제9조. ① 신문지 기타 출판물의 발매 및 반포의 금지가 있는 경우에 행정관청은 필요하다고 인정하는 때에는……

제20조. 시국에 관한 유언비어를 한 자는 2년 이하의 징역, 금고 또는 2,000원 이하의 벌금에 처한다.

제21조. 시국에 관하여 인심의 마음을 혹난하는 사항을 유포한 자는 1년 이하의 징역, 금고, 구류 또는 1,000원 이하의 벌금이나 과료에 처한다(밑줄: 필자).[18)]

이 〈임시보안령〉은 일본의 진주만 기습공격으로 제2차 세계대전이 발발하자, 국내외 언론·집회·결사의 자유를 종합적으로 규제하고자 만들어진 법이다(제1조). 이미 사실상 전쟁 동원을 위해 신사 참배와 더불어 다양한 집회가 개최되는 상황에서 일제는 행정관청을 통해서 집회를 더욱 단단히 통제했다(제3조). 또한 결사를 만들거나 해산할 때 행정관청의 허가가 필요했다(제2조와 제6조). 또한 집회 허가 이후에도 집회에 휴대하는 물건을 규제할 수 있었다(제8조).[19)] 특히 〈임시보안령〉은 제20조 "시국에 관한 유언비어를 한 자"에 대해 처벌할 수 있게 함으로써, 여관이나 개인 집에서 전쟁과 관련된 다양한 의견이나 소문을 발언한 것들까지 처벌한 법으로 악명이 높았다.[20)]

즉 〈보안법〉(1907), 〈집회취체령〉(1910), 〈정치에 관한 범죄 처벌의 건〉(1919, 제령7호) 그리고 〈조선임시보안령〉(1941) 등은 집회를 둘러싸고, 식민지 행정기관이 사용할 수 있는 다양한 규제 법안이었다.[21)] 특히 〈보안법〉과 〈집회취체령〉의 경우, 경찰에 자의적으로 집회를 금지할 수 있는 광범위한 권한을 두었다. 그러했기 때문에 〈보안법〉, 〈집회취체령〉, 〈정치에 관한 범죄 처벌의 건〉 등은 조선변호사협회가 식민지 당국에 철폐를 요구한 대표적인 3대 악법이었다.[22] 또한 너무나 악명높았던 〈치안유지법〉(1925)은 직접 집회를 규제한 것은 아니었지만, 사상의 통제라든가 결사의 자유 등을 제한한 것으로 식민지시기 대표 악법 중 하나였다.[23]

미군정하 집회: 자유와 통제

1945년 제2차 세계대전이 끝나가는 시점에 독일 포츠담에서 만난 연합국 수뇌부는 7월에 다음과 같은 전쟁 후 전개될 점령지에서의 정책 기조를 다음과 같이 설명했다.

> 제10조. 우리는 일본인들이 하나의 인종으로서 노예로 전락하거나 민족으로서 파괴되는 것을 원하지 않는다. 그러나 전쟁범죄자들에게 엄격한 정의는 실현될 것인데, 특히 우리들의 포로들에게 잔인한 짓을 한 사람들에게 그러할 것이다. 일본 정부는 일본인들 사이에 민주적 경향성을 지원하거나 강화시키는 데 방해가 되는 모든 요소들을 제거해야 할 것이다. 근본적인 인권에 대한 존중만이 아니라 표현의 자유, 종교의 자유, 사상의 자유 등이 수립되어야 한다(번역 및 밑줄: 필자).[24]

이러한 사상과 표현의 자유라는 기조를 기반으로 1945년 9월 8일 미군의 상륙 직전, 연합군 맥아더 사령부는 〈포고 1호〉로 다음을 선포했다.

> 오랫동안 조선인의 노예화된 사실과 적당한 시기에 조선을 해방, 독립시킬 결정을 고려한 결과 조선 점령의 목적이 항복문서 조항 이행과 조선인의 인권 및 종교상의 권리를 보호함에 있음을 조선인은 인식할 줄로 확신하고 이 목적을 위하여 적극적 협조와 협력을 요구함. 본관은 본관에게 부여된 태평양 미국 육군최고지휘관의 권한을 가지고 오늘부터 조선 북위 38도 이남의 지역과 동지의 주민에 대하여 군정을 수립함…….[25]

즉 38선 이남에 군정을 실시하면서 포츠담선언에 나타난 인권과 종교의 권리를 보호할 것이라고 천명하는 동시에 식민지시기에 존속했던 종교나 인권 관련 악법을 폐기 혹은 개정할 가능성을 언급했다.[26]

그럼에도 불구하고 군정이라는 것은 군사령관이 모든 입법, 사법, 행정의 실권을 쥐기 때문에 점령지에 대해 '계엄'에 필적하는 통제력을 가진 체제였다. 태평양 미국 육군총사령부 〈포고 2호〉는 그 점을 분명히하고 있다.

> 태평양 미국 육군총사령부 포고 제2호 범죄 또는 법규 위반
>
> 조선의 주민에게 포고함.
>
> 본관은 본관 지휘하에 있는 점령군의 보전을 도모하고 점령 지역

> 의 공중치안, 질서의 안전을 기하기 위하여 태평양 미국 육군최고 지휘관으로서 좌기와 같이 공포함.
>
> 항복문서의 조항 또는 태평양 미국 육군최고지휘관의 권한하에 발한 포고, 명령, 지시를 범한 자, 미국인과 기타 연합국인의 인명 또는 소유물 또는 보안을 해한 자, 공중치안, 질서를 소란한 자, 정당한 행정을 방해하는 자 또는 연합군에 대하여 고의로 적대행위를 하는 자는 점령군 군율회의Military Occupation Court[27]에서 유죄로 결정한 후 동 회의의 결정하는 대로 사형 또는 다른 형벌에 처함 (밑줄: 필자).[28]

공중치안이나 질서를 혼란스럽게 하거나, 행정을 방해하는 행위에 대해서 최고 사형을 집행할 수 있는 강력한 포고였다. 즉 군정 통치는 사실상 별도의 계엄 선포가 필요하지 않은 '군법martial law'이라는 국가긴급권 상태하에 있는 것으로도 볼 수 있다.[29] 물론 이것이 자의적인 조치를 취할 수 있다는 것을 의미하지는 않지만, 적어도 광범위한 입법권을 통해 미군정은 공중치안이나 질서 유지 등을 하면서 각종 법을 위반한 사람들을 처벌할 강력한 권한을 갖고 있다는 의미다.

미군정 측이 집회와 시위에 대해 취한 첫 번째 조치는 1945년 9월 15일, 즉 미군 상륙 약 일주일 후에 선포된 집회 허가제였다. 당시 서울이 포함된 경기도의 헌병사령관은 집회 허가신청서를 48시간 전에 "1) 행렬 또는 집회의 이유와 성질, 2) 행렬 또는 집회의 시일의 시작과 끝의 장소, 3) 행렬 또는 집회의 시작되는 시간, 4) 행렬 또는 집회의 끝나는 시간"을 포함해서 제출할 것을 요구했다.[30] 이에 대해 해방된 사회에서 집회와 시위에 대한 당국의 통제라며 여러 사회단체들이 강력히 반발하자, 당국은 "군정청에서 말하는 집회는……공공하에 모이는 것을 말함이오, 몇몇 사람이 개인의 집에 모이는 것은 집회로 보지 않는다는 것이다"라고 하여 사적 모임을 포함하지 않는다고 선을 그었고, 헌병들이 오히려 집회를 보호한다고 설명했다.[31)]

그러나 원래 전통적 의미에서 군사 점령은 다음의 헤이그협약의 조항이 적용되는 것이 원칙이었다. 즉, 제43조 원문은 점령군이 점령지의 현지의 법을 "꼭 필요한 것이 아니라면, 현지의 법을 존중하면서" 치안을 유지하도록 권고했다.[32)] 물론 미군정은 전통적 의미에서 국제법의 교범인 〈헤이그육전조약〉(1907)에서 규정하는, 군사적 필요를 제외한 "현지 법의 유지"라는 원칙을 지키면서도 동시에 제2차 세계대전의 종결 목표인 나치 청산(독일), 파시즘 청산(이탈리아), 군국주의 청산(일본)을 목표로 필요한 조치를 취할 수 있었다.[33)]

그런 점에서 최소한 일반 원칙으로서 미군정은 식민지 조선에서 군국주의와 관련이 있는 법을 다음의 조치를 통해서 취소하거나 적용을 중지했다. 특히 전시체제기에 집중적으로 만들어진 반인권적인 특별법에 대한 폐지를 신속히 명령했다. 다음은 법안의 원문이다.

> 제1조. 특별법의 폐지
>
> 一, 북위 38도 이남의 점령 지역에서 조선 인민과 그 통치에 적용하는 법률로부터 조선 인민에게 차별 및 압박을 가하는 모든 정책과 주의를 소멸하고 조선 인민에게 정의의 정치와 법률상 균등을 회복케 하기 위하여 좌기 법률과 법률의 효력을 가진 조령條令 및

명령을 폐지함.

(가) 정치범처벌법: 조선법령집 제6권 제14편 제1020페이지, 1919년 4월 15일 제정

(나) 예비검속법: 동 제2권 제8편 제26페이지, 1941년 5월 15일 제정

(다) 치안유지법: 동 제2권 제8편 제16페이지, 1925년 5월 8일 제정

(라) 출판법: 동 제2권 제8편 제255페이지, 1910년 2월 제정

(마) 정치범 보호관찰령: 동 제2권 제8편 제23페이지, 1936년 12월 12일 제정

(바) 신사법: 동 제2권 제6편 제1페이지 지至 88페이지, 1919년 7월 18일 제정

(사) 경찰의 사법권: 동 제6권 제3편 제939페이지 지至 940페이지.

제2조. 일반법령의 폐지

一, 기타 법률의 효력을 가진 조령條令 및 명령으로서 그 사법적 또는 행정적 적용으로 인하여 종족, 국적, 신조 또는 정치사상을 이유로 차별을 발생케 하는 것은 이번에 이를 전부 폐지함.

제3조. 형벌의 제한 (생략)

제4조. 벌칙 (생략)(밑줄: 필자).[34]

특히 1919년 4월 15일에 반포된 〈정치범처벌법〉(제령 제7호)이나 1925년에 반포된 〈치안유지법〉 등을 폐지한다는 것은, 최소한 한국 독립운동가의 독립에 대한 각종 의사 표시에 대해 처벌할 필요가 없다는 현실을 반영한다. 또한 천황제나 자본주의 체제에 대한 비판적 사상을 주로 처벌하는 〈치안유지법〉을 폐지한 것은 '사상'을 처벌할

수 없다는, 냉전이 본격화되기 전의 법률 개혁가들의 입장을 반영한 것이었다. 그럼에도 불구하고 군정 초기에는 집회 및 시위를 강력히 규제했던 식민지시기의 〈보안법〉이나 〈집회취체령〉 등을 명시적으로 폐지하지 않았다. 〈보안법〉(1908)이 그대로 살아있다는 것은 미군정이 집회 통제의 필요성을 가지고 있었음을 보여준다.

결국 미군정은 과거의 법률들을 어떻게 해야 하는가라는 복잡한 문제에 부닥치게 된다. 이에 기존의 법률을 명시적으로 폐지하지 않으면 그대로 유지한다는 것을 골자로 하는 군정 법령을 반포했다.

> 제1조. 법률의 존속
>
> 모든 법률 또한 조선 구정부가 발포하고 법률적 효력을 가진 규칙, 명령, 고시 기타 문서로서 1945년 8월 9일 실행 중인 것은, 그간 이미 폐지된 것을 제외하고 조선 군 정부의 특수명령으로 폐지할 때까지 완전한 효력을 갖고 존속함. 지방의 제반 법규와 관례는 당해 관청에서 폐지할 때까지 효력을 계속함……(밑줄: 필자).[35]

미군정이 명시적으로 특수명령으로 폐지할 때까지는 식민지법은 존속하게 되었다. 그리하여 앞서 언급한 〈보안법〉에 더해, 〈집회취체령〉(1910)이나 〈조선임시보안령〉(1941) 등 경찰에 집회 및 시위를 통제할 수 있는 중요한 권한을 부여한 법령들은 미군정 말까지 폐지되지 않았다.

그럼에도 불구하고 미군정 초기, 집회와 시위에 대한 자유는 허가제라는 한계 내이긴 하지만 형식적으로는 보장되었던 것 같다. 예를 들면 1946년 3월 초, 30여 명이 가두행진을 하면서 공산주의자들의 노래를 불렀다고 체포되었는데, 이에 대해서 미군정 사법부 내 법률 의견국Opinion Bureau은 미 태평양 육군사령부 포고령 제2호를 위반한 것으로 보기 힘들다는 의견서를 제출하기도 했다.[36)]

이러한 미군정의 기본적인 입장에 대해서 경기도 경찰국은 1946년 3월 제1차 미소공동위원회를 앞두고 48시간 전 허가제를 다시 천명했다.[37)] 그리고 제1차 미소공동위원회가 열렸을 때 신탁통치 반대든 찬성이든 질서를 유지한다는 명목으로 모든 야외집회를 일시 금지하기도 했다. 그 직후 다시 집회 허가제를 실시하기도 했다.[38)] 그리하여 최소한 1946년 5월 정판사 사건을 계기로 조선공산당에 대한 탄압이 본격화되기 이전에는, 집회의 결사나 정치적 활동에 대해서 미군정은 광범위한 통제력을 행사하지 않았다. 물론 이듬해 개최된 제2차 미소공동위원회 기간에 야외집회와 시위를 일체 금지하기도 했다.[39)] 결국 정치적 혼란에도 불구하고, 1945~1947년 정치세력이 재편되는 현실 속에서, 집회에 대한 허가제하에서 미군정은 일부 집회를 허용했다고 볼 수 있다.

〈표 1〉은 미군정 초기의 집회·시위 관련 법령을 정리한 것이다.

1, 2차 미소공동위원회가 열린 1946년 3~5월, 1947년 5~7월 기간에 집회가 금지되기도 했지만 미군정 기간에 집회 허가제가 유지되었고, 선별적으로 집회가 허가되었는데 '좌파' 집회는 심각한 타격을 받았다.[40)] 그것이 바로 1946~1947년에 있었던 다양한 이른바 '좌파' 집회들을 통제할 수 있는 수단이 되었다고 할 수 있다.[41)]

특히 미군정은 1946년 대구·경북 지역을 중심으로 일어난 '10월항쟁' 발발 당시 계엄을 따로 선포하기도 했다.[42] 물론 때로는 미소공동위원회가 열리는 때, 미군정 측은 반탁운동이 주최하는 집회, 특히 시위행진 등도 필요에 따라 불허하기도 했다.[43] 그럼에도 불구하고 전반적으로 집회·시위에 대한 철저한 허가제는 미군정 기간

〈표 1〉 미군정기 집회·시위 관련 법령

발표일	내용	배경 및 근거
1945년 9월 7일	군사 점령 선포와 주민의 질서 보안과 처벌 등	태평양 미국 육군총사령부 포고 1, 2호
1945년 9월 15일	경기도 헌병사령부 집회의 허가제	군사 점령과 치안 유지
1945년 10월 9일	일제하 반인권법 폐지 (제령 제7호(1919)와 치안유지법 (1925) 등)	미군정 법령 제11호
1946년 2월 20일	집회에 대한 허가제는 도 군정장관의 결정에 따름.	러치 군정장관, 각도 군정장관에게 통첩(시위 행렬 및 집회 허가)•
1946년 3월 19일	경기도 경무부, 집회의 허가제 재확인	미군정하의 지방 정부 권한
1946년 5월 4일	군정 위반에 관한 범죄 중 치안에 방해되는 것을 폭넓게 규정 (1조 34항 허가 없는 일반 집합행렬 또는 시위운동 등 처벌).	미군정 법령 제72호 (군정 위반에 관한 범죄)••/ 1차 미소공동위원회 관련
1947년 2월 20일	도 군정관/도지사가 경찰서장의 의견에 기초하여 결정	러치 군정장관, 각도 군정장관에게 통첩(시위 행렬 및 집회 허가)
1947년 12월 1일	집회 허가에 관한 사무를 명확히 함 (경공警公 제3652호)	– 주최자가 정당: 도지사(서울시는 시장) – 주최자가 사회단체 기타 경우는 관구 경찰청장이 결정. 허가신청서는 전부 관구 경찰청장에게 제출하여 청장이 치안관계를 참작하여 결정하고 간이한 집회는 경찰서장이 결정

• 이 통첩은《광주민보》1946. 3. 10에만 나타나는데 각 지역의 집회 허가제의 근거를 여기에 두고 있다. 국립중앙도서관 데이터베이스(https://nl.go.kr/newspaper/keyword_search.do).

•• 이 통첩은《광주민보》1946. 3. 10에만 나타나는데 각 지역의 집회 허가제의 근거를 여기에 두고 있다. 국립중앙도서관 데이터베이스(https://nl.go.kr/newspaper/keyword_search.do).

* 출처: 국사편찬위원회 한국사 데이터베이스,《미군정 법령총람》등.

내내 '좌파'에게 불리하게 적용되었다. 그리고 그 기반은 맥아더의 포고 제1호, 그에 따른 군정장관 러치의 1946년 초의 '통첩' 등으로 보인다.

정부 수립 직전 국제적 눈을 의식한 집회·시위 허용

1948년 5·10선거 이후 국회가 구성되어 대통령을 선출하고, 제헌 헌법을 통과시키는 순서대로 정국이 계획되었을 때, 미군정은 몇 가지 중요한 조치를 취했다. 이때 집회·시위 관련 구법령들이 형식적이나마 폐지되게 된다. 관련 법규는 1948년 4월 8일에 공포된 미군정 법령 제183호였다.

> 제2조. 다음에 규정한 필요 없는 법령을 폐지한다.
>
> 가. 육군 형법(명치 41년 4월 법률 제46호)
>
> 나. 해군 형법(명치 41년 4월 법률 제48호)
>
> 다. 집회취체령(명치 43년 8월 부령部令 제3호)
>
> 라. 군정 위반에 대한 범죄(서기 1946년 5월 법령 제72호)
>
> 마. 조선 불온문서 임시취체령(소화 11년 8월 제령 제13호)
>
> 바. 조선임시보안령(소화 16년 12월 제령 제34호)
>
> 사. 보안법(광무 11년 7월 법률 제2호)(밑줄: 필자)[44]

즉 집회와 시위를 직접 제한하는 법안이었던 〈보안법〉(1908), 〈집회취체령〉(1910) 그리고 〈조선임시보안령〉(1941) 등을 공식적으로 폐지하였다. 이들 법이 폐지되기 전에, 여러 집회에 적용되었고, 남한에서 총선거가 열리기 전에 이미 이데올로기적으로 좌파, 특히 남조선노동당이 사라지고 우파로 재편된 공론장을 배경으로 이들 법의 폐지가 이루어졌다고 볼 수 있다.

이러한 조치는 유엔한국임시위원단UN Temporary Commission on Korea이 접근 가능한 지역이었던 38선 이남에서 선거가 치러지기 전, 미군정 측이 '민주주의'의 실험장으로서 남한을 설정했기 때문에 취해지게 되었다고 볼 수 있다. 유엔한국임시위원단은 미군정에 몇 가지 조치들을 강하게 요구했고, 미군정의 입장에서도 남한이 민주주의를 실행할 수 있는가라는 국제 사회의 질문에 대해 남한은 최소한 민주주의의 형식적 틀을 갖추고 있음을 설명할 필요가 있었다.

잘 알려져 있듯이, 1945년 12월 말 런던에서 열린 연합국(미영·소) 3상 외상회의에서 결정된 '신탁통치'를 협의하기 위한 미국과 소련의 제1·2차 미소공동위원회는 1946년, 1947년에 '임시정부'에 참여하기 위한 단체의 성격을 둘러싸고 논란을 거듭하며 결국 소득 없이 끝났다. 그 후 1947년 11월 14일 유엔 총회에서 한국에 선거를 통해 통합된 민주정부를 수립하도록 하는 결의안이 통과되었다.[45] 그리고 유엔한국임시위원단(단장 메논K. P. S. Menon)을 조직했는데, 이후 38선 이북 지역에 접근할 수 있는 지역에서만 선거가 치러지게 되었다. 이에 대해서 자유롭고 공정한 선거를 위해서 미군정 측에서는 이미 국제 사회에 미군정하의 38선 이남에서 최소한 형식상이나마 높은 인권 수준을 보장할 수밖에 없었다. 미군정 책임자 존 하지 장군은 유엔한국임시위원단에 협조할 것을 다음과 같이 약속했다.

> 모든 미국인들은, [1947년] 11월 14일의 유엔 결의안에 따라서 유엔임시위원단의 참관하에 전 한반도에서 치러질 선거의 자유로운 분위기의 필요성에 관한 메논 씨의 성명에 전적으로 공감하는 바이다. 나는 만약 이 선거들이 지속적인 가치를 갖도록 하자면, 이들 선거가 자유롭고 방해받지 않은 상태로 모든 사람들의 의사를 반영해야 한다는 데 동의한다. 투표자들은 비밀투표가 보장되어서 모든 정당의 후보자가 그들이 어떤 정치적 이데올로기를 갖든지 간에, 그들의 의견이 자유롭고 평등한 기초를 갖도록 후보자들에게 자유가 보장되어야 한다. 나는 나의 견해가 모든 애국적인 한국인들의 의견을 반영한다고 확신한다(번역과 밑줄: 필자).[46]

즉 국제 사회가 전 한국의 총선(후일 유엔임시한국위원단이 접근 가능한 지역인 남한만의 선거)을 앞두고서, 미군정 정책들이 인권 친화적이고, 국제 사회가 용인할 수 있는 수준인지를 주시하고 있었기 때문에, 미군정 당국에서도 이 점에 신경 쓸 필요가 있었다. 즉 미군정하의 남한이 언론, 출판, 집회, 결사의 자유가 있는 사회인지 여부가 유엔임시한국위원단 측에 중요했다.[47] 그리고 유엔임시위원단은 그런 잣대로 5·10선거를 평가했다.[48] 그리하여 통과된 법안 중 하나가 정치범을 포함하여, 경찰에 입건된 사람들의 인권유린을 막기 위한 〈인신영장법Habeas Corpus〉이었다. 1948년 3월 20일 법령 제176호는 조선형사령의 독소 조항을 폐지하고 특히, 영장주의, 구속 피의자의 변호인 선임과 접견권, 특히 구속적부 심사 등을 도입해서 인신 구속제도를 일대 개선하는 것이었다.[49] 그리고 앞서 언급한, 시위와 집회를 통제하는 불필요한 '악법'을 공식적/형식적으로나마 폐지했던 것이다.

최소한 미군정이 끝나가고 5·10선거가 실시될 무렵에는 사실상 집회 및 시위에 관한 '악법'들이 공식적으로 폐지되었다. 〈표 2〉는 그것을 정리한 것이다.

〈표 2〉 5·10총선 직전 미군정의 집회·시위 관련 조치들

발표일	내용	근거 및 배경
1947년 11월 14일	유엔 총회에서 한국 선거 결정	제2차 미소공위 부결
1948년 1월 24일	유엔한국임시위원단과의 협조를 약속하는 하지 성명	유엔한국임시위원단 내한
1948년 3월 20일	형사소송법의 개정(《인신영장법》)	미군정 법령 제176호 (구속과 관련된 인권 보호)
1948년 4월 1일	재판 사무를 전시하 2심제에서 3심제로 복원	미군정 법령 제181호 (전시 특례에 관한 법령의 폐지 및 관계 법령의 개정)
1948년 4월 8일	"필요 없는 법령의 폐지" (보안법(1907), 집회취체령(1910)), 조선임시보안령(1941), 군정 위반에 대한 범죄 (군정 법령 제72호, 1946) 등	미군정 법령 제183호 (시민적 자유 확보)

* 출처: 국사편찬위원회 한국사 데이터베이스, 《미군정 법령총람》 등.

즉 5·10총선을 앞두고 국제 사회의 시선을 의식한 미군정은 형식적이나마 인신 구속에 대한 적부심(군정 법령 제176호)이나 불필요한 법률들의 폐지(보안법, 집회취체령, 조선임시보안령 등)를 통해서, 기본권에 있어서 전향적인 정책을 취했다. 그러나 이러한 조치들에도 불구하고, 경찰과 검찰의 수사와 기소의 현장에서는 인신 보호 영장이 무시되는 경우도 상당히 많았다. 집회 등에 대해서도 마찬가지였다.

또한 군정이 실시될 당시에는 여전히 군정 당국이 주권을 가지고 있었기 때문에 치안에 관련된 다양한 조치를 취할 수가 있었지만, 정부가 수립된 이후에는 군정 당국 입장에서 치안을 어떻게 확보할 것인가 등 고려해야 할 새로운 과제들이 있었다. 그리하여 군정은 '치안'과 관련된 포고에 기초해서 광범위한 재량을 가지고, 경찰을 통한 집회 허가제를 여전히 고수하고 있었다.

정부 수립 후 집회·시위를 허용하는 기준, 반공주의

신생 대한민국 정부는 미군정 당시의 법률과 미군정이 취한 조치에 대해 다음과 같이 대응하였다. 1948년 7월 17일에 제정된 대한민국 헌법은 제100조에서 "현행 법령은 이 헌법에 저촉되지 아니하는 한 효력을 가진다"라고 규정함으로써,[50] 미군정이 만든 법에 더해서 미군정이 폐지하지 아니한 식민지법이 그대로 유효하다고 인정했다. 즉 한국 헌법상 미군정 법령은 그대로 현행법으로 적용되었다. 그런 점에서 형식으로만 따지자면, 식민지시기 집회 및 시위를 규정한 대부분의 법(보안법, 정치범처벌법, 치안유지법, 조선임시보안령 등)과 모호한 "군정 위반에 대한 범죄"(미군정 법령 제72호)는 폐지되었다고 할 수 있다.

한편 제헌 헌법의 제13조("모든 국민은 법률에 의하지 아니하고는 언론, 출판, 집회, 결사의 자유를 제한받지 아니한다")라는 조문은 형식적이나마 집회·결사의 자유를 인정하고 있고 하위 법률이 만들어지지 않은 상황에서 집회의 자유는 상당히 폭넓을 수밖에 없었다. 해방 후 집회와 시위에 관한 법이 제정된 것이 1962년 말이어서 1948~1962년 동안 "집회와 시위에 관한 법"이 없었기 때문이다.

그러나 앞서 언급한 대로 미군정 법령 제183호(1948년 4월 8일)는 더 이상 필요 없는 법령, 특히 보안법, 집회취체령, 조선임시보안령 등을 폐지한다고 했지만, 실제로 당시 5·10선거를 앞둔 미군정은 요식행위로 '악법'으로 보이는 것을 폐지한다고 선언했다는 해석도 가능하다.[51] 즉 그것이 실제 현장에서의 법의 적용에는 영향을 미쳤다고 해석하기 어렵다. 이 조치가 한국 신문에 많이 보도되지는 않았던 것 같고 그것도 경남 지역의 한 지방신문에 실린 것이 전부이다.[52] 심지어 인신 구속 영장에 대한 획기적인 법안으로 평가받는 법령 제176호(48년 3월 20일)도 실제 현장에서는 여전히 수사기관이 과거와 다름없이 강제수사를 하고, 법적 효력이 있는 '조서'를 얻어내는 관례들을 그대로 가지고 있었음을 보면 이를 알 수 있다.

중요한 것은 집회나 사상의 자유에 관련해서 대한민국 정부의 당국자들이 태평양 미국 육군총사령부 〈포고령 제2호〉가 정부 수립 이후에도 계속 존속하는 것으로 인식했다는 점이다. 즉 이 포고령은 앞서 언급한 대로 "공중치안, 질서를 교란한 자, 정당한 행정을 방해하는 자 또는 연합군에 대하여 고의로 적대행위를 하는 자는 점령군 군율회의에서 유죄로 결정한 후, 동회의의 결정으로 사형 또는 타 형벌에 처함"이라는 문구에서 보듯, 최고 사형까지 시킬 수 있는 무서운 법령이었다. 제주4·3사건과 뒤이은 여순사건을 계기로 대한민국 정부는 1948년 11월에 〈국가보안법〉을 제정했다.[53] 이에 대해 권승렬 검찰총장은 놀랍게도 당시 〈포고령 제2호〉와 〈국가보안법〉은 별개로

병존할 것이라고 선언하기도 했다.[54)]

또한 더욱 중요한 것은 정부는 '계엄'과 관련된 조치를 통해서 얼마든지 사상의 자유, 표현의 자유, 집회의 자유를 통제할 수 있었다는 점이다. 2차 문헌으로만 전하는 1948년 10월 22일의 계엄 선포문은 다음과 같다.

> 본관에게 부여된 권한에 의하여 10월 22일부터 별명이 있을 때까지 다음과 같이 계엄령을 선포한다. 만일 위반하는 자는 군법에 의하여 사형 또는 기타 형에 처한다.
>
> 1. 오후 7시부터 다음 날 아침 7시까지 일체의 통행을 금한다.………
>
> 2. 옥내외에 있어서 일체의 집회를 금한다.……[55)]

계엄은 제주도와 전남북 일대에 대한민국 정부 수립 이후에 선포되었는데, 사실 〈계엄법〉(1949)이 제정되기 전에 당국은 이미 계엄을 선포했다.[56)] 이를 통해 초기 당국자들이 식민지시기 계엄법이 여전히 살아있었다고 믿었던 것이 아닐까 한다.[57)] 그런 점에서 집회 및 시위에 관련된 법에 대해서도 유사한 해석이 가능하다. 즉 통감부나 일제시기의 집회 및 시위에 관련된 개별 법안이 폐기된 상황에서, 대한민국 정부는 미군정 〈포고령 2호〉의 '공중치안, 질서' 등을 유지하기 위한 수단으로 집회 허가제를 지속적으로 유지했던 것이다. 미군정 〈포고령 2호〉는 제헌의회 마지막 회기인 1950년 4월에 가서야 〈군정 법령 폐지에 관한 법률〉을 통해 폐지되었는데, 이때는 이미 국가보안법이나 계엄령 등이 갖추어진 상태였다.[58] 혹은 집회와 시위에 관련된 기본권 이전에 사상이나 이념에 따라서 처벌받고 있던 현실이 더 절박한 문제였기에 사람들이 신경을 쓰지 않았을 수도 있다.

잘 알려져 있듯, 한국전쟁기에도 이승만은 휴전회담을 유리하게 진행하기 위해 관제집회를 지속적으로 개최했는데 당국은 당연히 선택적으로 허가했다.[59] 전쟁 후 1950년대 내내 여당인 자유당 중심의 집회는 허가하고 야당 민주당 인사들의 집회는 불허하여 양자가 자주 대비되었다.[60] 이러한 허가제는 1987년 헌법이 개정될 때까지, 자유로운 집회를 허용한 1960~1961년의 짧은 기간 외에는 사실상 큰 변화가 없었다. 이는 결국 식민지로부터 내려오는 탈식민 과제가 해방 후에도 적어도 집회 및 시위 관련해서는 큰 변화 없이 유지되었음을 보여준다.

집회·시위의 '내용'을 규제하지 않고 자유를 허가하라

미군정 측은 초기에 〈치안유지법〉과 〈정치범처벌법〉 등을 무효로 했고, 1948년 5·10선거가 가까워지자, 전향적으로 식민지시기 대부분의 집회·시위에 관한 악법(〈보안법〉(1907), 〈집회취체령〉(1910), 〈조선임시보안령〉(1941), 〈군정 위반에 대한 범죄〉(1946, 법령 제72호)) 등을 형식적이나마 취소했다. 대한민국 정부가 수립된 이후 제헌 헌법 제100조에 따라서 현행법은 새로운 법이 제정되지 않으면 그대로 적용된다고 했기에 맥아더 사령부의 〈포고령 2호〉("공중치안, 질서를 교란한 자"에 대해 최고 사형까지 가능)는 1950년 4월에 폐지되기 전까지 당국이 집회를 규제하는 중요한 법적 근거였다. 특히 한국전쟁 발발 이후 집시법이 제정되는 1960년대 초까지는 〈국가보안법〉(1948) 혹은 〈계엄법〉(1949) 등을 통해서 집회·시위는 통제되었고 특히 집회에 대한 경찰의 통제권도 그대로 유지되었다. 1961년 5·16군사쿠데타로 집권한 국가재건최고위원회가 통과시킨 〈집회 및 시위에 관한 법률〉(법률 제1245호, 1962. 12. 31 제정)이 해방 이후 제정된 최초의 집회·시위 관련 법이다.[61] 그러나 이 법률도 여전히 시위의 내용에 대한 사전통제를 규정했다.

1987년 민주화운동 이후에서야 대한민국은 헌법으로 사전검열을 금지했다.[62] 즉 '내용'에 대한 사전검열이 아닌, 시위의 '시간, 장소, 방법'에 대해서만 제한할 수 있게 되었다.[63] 물론 1987년 이후에도 정부와 시민사회의 수많은 길항관계 속에서 집회·시위에 관련해서 시민사회가 겨우 얼마간의 자율성을 확보했을 뿐이고 아직까지도 집회 및 시위의 '내용'에 따라서 허용해야 한다는 입장이 존재한다. 예를 들면 2020년 2월부터 불어닥친 COVID-19 팬데믹하에서 집회 및 시위에 대한 선별적인 허용이라든가 대통령집무실 근처의 과도한 규제 등에 대해서 논란이 있었다.[64] 방역을 기회로 집회 및 시위를 내용적으로 통제하려는 유혹이라든가, 경찰이 때로는 집회의 자유를 집회 '내용'에 따라 제한하려는 유혹이 완전히 사라졌다고 보기는 어렵다. 민주주의의 핵심인 집회 및 시위의 자유를 확고히 하기 위해서, 한국 근현대사에서 이 문제에 대한 더 많은 성찰이 요구된다.

2. ‘아동’을 보호하라

– 미군정기 〈아동노동법〉과 〈미성년자노동보호법〉

◎ 김도민

'오래된 미래'로서 아동노동 문제

마르크스의 《자본론》 제1권에 따르면, 18세기 중반부터 19세기 초반까지의 산업혁명기에 점차 생산 기계화가 보편화됨으로써 성인노동이 아동노동Child Labor으로 급속히 교체되는 현상이 발생했다고 한다.[1] 특히, 19세기 초 영국 면공업의 발전 과정에서 "공장의 광범한 아동 고용"이 있었으며, 당시 "공장 아동이야말로 산업화 과정에서 가장 가혹하게 희생당한 존재"였다.[2] 이러한 아동노동의 참상을 막고자 영국 의회는 1833년 섬유공장에서 9세 이하의 고용을 금지하는 공장법을 제정했다.[3]

이처럼 산업화에 따른 아동노동의 급증과 이를 막고자 하는 '공장법' 같은 제도적 차원의 대응은 이미 서양에서는 오래된 것이었다. 그렇다면 산업화가 진행되던 식민지 조선에서는 어떠했을까? 식민지 조선의 공장 아동노동자는 1920년대 방직공업을 중심으로 형성되기 시작하여, 1930년대 일제의 식민지 '공업화' 정책 이후 증가했다. 특히 〈국가총동원법〉이 조선에 적용되는 1938년 이후 일제의 전시 노동력 동원정책으로 이전 시기에 비해 아동노동자가 급증했다.[4] 미군정기 남조선[5]에서 노동 담당 관료였던 스튜어트 미챔Stewart Meacham은 "일본은 조선의 산업 분야에 한국 아동들의 능력을 최대한 착취하는 데 대해 조금도 망설이지 않았다"고 평가했다. 나아가 그에 따르면, 식민지기 조선에서 "여자 아동들은 특히 견직공장의 방적공으로 환영을 받았다"고 한다. 왜냐하면 "누에고치는 끓는 물속에 들어있으므로 여자 아동들은 작은 손을 잽싸게 그 속에 집어넣어 홈이 패인 손톱을 이용해 가느다란 실을 끌어내고 그것을 방적기계의 회전하는 방추에 연결시킬 수 있었기 때문"이었다.[6] 반면 일본에서는 〈공장법〉이 1911년 제정되었으며, 1916년 공포되어 15세 미만 아동과 여성에 한정하여 1일 12시간을 넘는 취업 및 여성과 연소자의 심야노동 등은 금지됐다.[7] 그런데 15세 미만의 고용을 금지한 일본 '본토'의 〈공장법〉은 식민지 조선에는 적용되지 않았다.[8]

일찍이 서양은 산업화가 낳은 참혹한 공장노동에서 아동을 보호하기 위한 여러 제도적 보호 장치를 마련했다. 특히 제1차 세계대전 이후 1919년 설립된 국제노동기구International Labor Office(ILO)는 제1차 워싱턴회의에서 14세 미만 아동의 '공업적 사업이나 그 어느 부문에서 고용 및 노동'을 금지하는, 이른바 〈1919년 최저연령 (공업)조약Minimum Age (Industry) Convention〉(1919)을 채택했다.[9] 1920년대 식민지 조선의 언론에도 아동노동을 금지하는 서구의 '공장제조례工場諸條例'의 도입 과정이 소개됐으며, 신간회나 근우회 같은 단체들의 강령 중에는 '아동노동 금지'가 포함됐다.[10] 그렇다고 아동노동을 비판하며 금지하려 했던 운동세력들의 인식이, 반드시 당대인들의 일반적인 인식이었다고 단정하기는 어렵다. 일례로 식민지기 아동노동자를 일부 포함한 제사製絲공장 여공들은 사회적으로 '선망'의 대상이기도 했다.[11] 아무튼 식민지 조선에는 '아동'을 노동으로부터 보호하는 법령은 부재한 상황이었다.

1945년 8월 15일 도래한 조선 해방과 함께, 한반도에 들어온 미군은 38도선 이남에서 점령통치를 시작했다. 통치의 주체인 미군정은 새로운 법령들을 '선진적·민주적'이라 표방하며 남조선에 이식하고자 했다. 그 대표적인 법령 중 하나가 아동의 노동을 금지하는 〈아동노동법Child Labor Law〉이었다.

1946년 9월, 미군정은 세계 문명의 표준이라며 〈아동노동법규Regulation of Child Labor〉(법령 120호)를 공포했으며, 이를 민주적인 통치의 성과로 내세웠다. 그런데 법령의 실행을 둘러싸고 남조선 내의 반대 여론뿐 아니라 미군정 내 관료들의 비판도 상당했다. 대부분 남조선의 전통과 노동 현장에 맞지 않는 '졸속 입법'이라는 주장이었다. 특히 입법 취지와 달리 남조선에서 〈아동노동법〉이 실행됨으로써, 일을 하던 아동들이 외려 실업자가 되어 '부랑아'로 전락한다는 비판까지 등장했다. 이에 미군정은 1947년 초 〈아동노동법〉의 효력을 잠정 중단하고 1946년 12월 만들어진 남조선과도입법의원(이하 입법의원)에 수정을 요청했다. 이제 미군정이 만들어낸 〈아동노동법〉은 두 번째 국면을 맞이했다. 입법의원에서 남조선 의원들 스스로 미군정에서 넘어온 〈아동노동법〉에 기초하여 수정한 새로운 〈미성년자노동보호법Child Labor Law〉을 만들었다. 이 법안은 1947년 4월 통과되어 1947년 5월 공포, 6월 발효됐다. 그런데 이 〈미성년자노동보호법〉 또한 여러 문제를 낳았다.

이 글에서는 일차적으로 미군정이 남조선에 주둔한 이후 아동노동에 대해 어떠한 인식을 보였으며, 실제 1946년 9월 〈아동노동법〉을 입안하고 실행하는 구체적인 제정 과정은 어떠했는지 밝히고자 한다. 또한 1947년 입법의원에서 수정되어 〈미성년자노동보호법〉이 논의되고 공포되는 일련의 논의와 제정의 역사적·제도적 과정을 실증하고자 한다. 아울러 미군정 관료들(군정 당국 내 지지와 비판자)과 남조선의 여론과 입법의원의 시각을 분석함으로써, 이들 사이에서 발생하는 동서양 문명의 충돌과 (탈)식민·냉전·분단, 그리고 당대 젠더적 인식 등이 법령에 어떠한 영향을 미쳤는지도 드러내고자 한다.

아동노동 관련 연구는 일제 식민지기를 대상으로만 일부 진행됐을 뿐, 해방 이후 한국 현대사 영역에서는 본격적으로 다뤄지지 못했다.[12] 특히 미군정기 노동문제 관련 연구들이 상당히 축적됐음에도 〈아동노동법〉은 거의 주목을 받지 못했다. 즉 미군정기 노동문제 관련 연구는 대체로 조선노동조합전국평의회(이하 전평) 및 대한독립촉성노동총연맹(이하 대한노총) 같은 노동조합과 미군정의 관계에 집중되었다.[13] 미군정기 노동문제의 가장 중요한 축은 노동조합이었음이 분명하다. 그런데 미군정은 노동조합 관련한 집단적 노동관계법들뿐 아니라 개별적 노동관계법의 하나로서 〈아동노동법〉 또한 입안하고 실행했다. 관련하여 2004년 고려대노동문제연구소가 펴낸 《한국노동운동사》(3권)가 주목할 만하다. 이 책은 미군정기 〈아동노동법규〉·〈미성년자노동보호법〉의 법령 및 관련 시행령 등을 중심으로 정리하면서, 미챔의 비판도 자세히 소개했다.[14] 그런데 개론서 성격의 이 책에서는 최종 결과물로서 법령과 시행령만을 정리했기 때문에, 미군정과 입법의원이 관련 법령을 제정·시행 그리고 중지하는 구체적인 맥락을 드러내지는 못했다. 이 글에서는 미군정이 생산한 여러 보고서와 입법의원 속기록, 신문자료 등을 살펴봄으로써, 법령의 전체적인 역사적 형성 및 전개 과정뿐 아니라 〈아동노동법〉을 둘러싼 여러 주체들의 인식도 살펴보고자 한다

미군정기 '아동노동' 관련한 문제는 '아동'이 보호받아야 할 주체라는 당대인들의 인식과도 밀접히 관련되어 있다. 필립 아리에스는 《아동의 탄생》에서 근대가 어떻게 아동을 보호받아야 할 대상으로 바꾸었는지를 밝혔다.[15] 국내에서는 조선시대 아동에 대한 관련 연구가 《묵재일기》 같은 자료를 통해 일부 진행됐다.[16] 근대시기 관련해서는 식민지 조선에서 보호받아야 할 민족의 미래로서 '어린이'가 탄생했음을 주목한 연구도 제출된 바 있다.[17] 이처럼 전근대 및 근대적 개념으로서 '아동'의 문제를 다룬 연구들을 고려하면서 이 글에서도 미군정기 〈아동노동법〉의 논의 속에서 1945~1948년 한반도에 살았던 사람들의 아동에 대한 인식도 함께 드러내고자 한다.

이 글은 미군정기 노동 관련 자료들을 한국에 소개한 앞선 연구자들의 수고가 없었다면 불가능했을 것이다. 특히 정용욱은 1994년 국내에 처음으로 미군정기 노동 관련 주요 자료의 목록과 작성 맥락, 간략한 해제뿐 아니라 미국 측 자료를 신문, 책자 등 한국 측 자료와 비교 검토해야 한다는 연구 방법론까지 제시했다.[18] 이 글은 이에 많은 시사를 받았다. 또한 이 글은 방선주가 한림대학교 아시아문화연

구소에 보낸 자료들 중 1995년 간행된 《미군정기 정보자료집: 노동 관련 보고서》를 많이 활용했다. 이 자료집은 정용욱이 처음 소개한 자료들을 상당수 포함하고 있을 뿐 아니라 당시 미군정이 생산한 남조선 노동 관련 보고서 등을 한곳에 모아놓았기 때문에 활용하기 편리하다.

해방과 아동노동을 둘러싼 인식들

1945년 10월 13일 워싱턴 삼부조정위원회State-War-Navy Coordination on Far East(SWNCC)는 주한미군 사령관에게 한국에 관한 최초의 기본 정책훈령 〈SWNCC 176/8〉을 내려보냈다. 이 훈령은 한국의 정치적 독립과 한국 사회의 민주화라는 방향을 제시하면서도 초기에는 일제 식민지의 법·기구·인적 자원의 부분적 활용을 허용했다.[19] 노동 관련해서는 "민주적 조직의 발전을 장려한다"는 추상적 규정만 담겼다.[20]

그런데 해방 직후부터 남조선의 정당 및 노동단체 등은 '좌우'를 막론하고 '아동노동 금지'를 구체적인 정책이나 행동강령 중 하나로서 제시했다. 1945년 9월 14일, 건국준비위원회는 조선인민공화국 중앙인민위원회가 결정한 선언·정강·시정방침을 발표했는데, 시정방침 27개 항목 중 10번째에는 "8시간 노동제 실시, 만14세 이하의 소년노동 금지, 만18세 이하의 청년노동은 6시간제로" 등이 제시됐다.[21] 10월 17일, 국민당(위원장 안재홍)이 발표한 정책에는 "근로대중의 생활향상을 위하여 최저노동임금과 최고노동임금과 일반노동시간을 설정하고 유년노동 금지를 기함"이,[22] 11월 20일, 전평 중앙집행위원회 상임위원회의 행동강령에는 "14세 미만 유년노동자를 금지하라"가 포함됐다.[23] 1946년 2월 4일 발표된 한민당의 강령과 정책에도 "⑦ 소년·부인의 야간노동 및 위험작업 금지, ⑨ 유소년의 노동 금지" 등이 담겼다.[24] 이처럼 해방 직후, 정치적 좌우를 막론하고 남조선에서 아동노동은 해결해야 할 문제의 하나로서 표방된 상태였다. 비록 유년·소년 등 표현은 달랐지만, 당시 제시된 아동노동 금지의 최저 연령은 대체로 14세였다. 앞서 1919년 국제노동기구가 정한 최저 아동 연령이 14세였으며, 식민지기 근로보국대의 동원에서 제외되는 나이도 14세였다.[25] 근대 이전에도 '아동'이라는 단어는 "관례를 올려 성년이" 되는 15~16세 이전인 14~15세 이하를 일컬었다고 한다.[26]

1945년 11월 16일, 주한미군 사령부 군정청 광공국Bureau of Mining and Industry은 앞서 SWNCC 조항을 구체화한 〈노정과勞政課 지침Labor Section Policy〉을 작성하여 각도 노동행정관들에게 하달했다. 그런데 이 정책지침에는 아동노동에 대한 것은 없었다.[27] 1945년 11월 10일부터 1946년 8월 24일까지 제68군정중대68th Military Government Companies가 고양·포천·가평·양주·광주 지역에 대해 작성한 〈주간군사점령활동보고서〉에도, 해당 지역의 제조 시설 또는 공장의 운영상태, 종업원, 생산 능력 등은 조사됐음에도 아동노동 관련 내용은 없었다.[28]

아동노동에 대한 미군정의 인식은 자료상 1946년 5월 31일 공보부Department of Public Information가 작성한 〈주간정치동향 제35호Political Trends #35〉에서 처음 확인된다. 정치동향을 작성한 미군정 공보부장 뉴먼Glenn Newman[29] 대령은 "조선의 모든 정당들이 아동노동이라는 주제에 대해 진부한 이야기만 해왔을 뿐, 그들 중 누구도 명확히 그것을 뿌리 뽑으려는 진정하고도 열정적인 시도는 없었다"고 비판했다. 우익 정당들이 내세우는 노동개혁의 대의란 단지 립서비스의 관심이며, 좌익 노동조합들은 진정한 노동개혁을 위해 뚜렷한 열의가 없다는 평가였다. 특히 그는 남조선에서 정치세력들이 아동노동 문제 해결을 표방하면서도 진정한 변화를 만들어내지 못하는 데는, "아동들을 아버지의 경제적 자산chattels으로 간주하는 것을 정당화하는" '유교 윤리Confucian ethic' 때문이라고 보았다. 그는 "12세 소녀들이 인천의 방직공장들의 먼지가 가득한 방의 젖은 마룻바닥에 장시간 서서 일하는 것을 허락하는 정치경제적 철학을" '과감히 개혁'해야 한다고 주장했다.[30]

그런데 뉴먼과 달리, 주한미군 사령관 하지 장군의 노동 담당 고문 미챔은 당시 만연한 아동노동의 원인을 "근본적인 경제문제"에서 찾았다. 또한 미챔은 "한국인들이 천성적으로 잔혹"한 것이 아니라 "서구 사회에서는 찾아볼 수 없을 정도의 세심한 관심을 아동들에게 쏟는다"고 보았다. 즉 "어린이들이 사랑받지 못하고 어른들의 마음씨가 고약하기 때문에 어린이들이 공장에서" 일하는 것은 아니었다. 이는 "대가족을 거느리고 있는 가난한 한국인들이 굉장히 많기 때문"이었다. 나아가 그는 일제가 만들어놓은 값싼 노동력 '착취'구조도 지적했다. 일제는 "애초부터 이 나라에서 가능한 한 많은 노동력을" 뽑아내고자 했으며, 이를 위해 임금이 낮은 "어린이를 아무 대가도 없이 부려먹었던" 것이다. 즉 미챔은 남조선의 아동노동 문제의 원인을 일제 식민지배와 남조선의 열악한 경제 상황에서 찾았다.[31] 이처럼 뉴먼과 미챔은 같은 미국인이자 미군정 내 관료였지만 당시 아동노동 문제를 바라보는 시각에서 큰 차이가 있었다.

〈아동노동법〉의 제정과 시행(1946. 9)

1946년 5월까지 미군정 내에서 아동노동 관련 논의는 거의 없었다. 그런데 도쿄 주재 연합군 최고사령부SCAP의 요청에 따라, 일본과 남조선에 노동정책 자문을 위한 노동자문위원단Labor Advisory Mission이 만들어졌다.[32] 그리고 1946년 6월 2일부터, 폴 스탠시필드Paul L. Stanschfield와 윌리엄 맥퍼슨William H. McPherson으로 구성된 조선소위원회Korean Sub-Committee가 남조선에 파견되어 활동했다.[33] 이들은 2주간 남조선에 체류하면서 노동관계와 노동보호법령 관련 사항을 집중 조사하고, 정책 권고를 포함한 〈한국의 노동문제들과 노동정책Labor Problems and Policies in Korea〉이라는 보고서를 작성했다.[34] 이 보고서는 "미군정기에 작성된 최초의 종합적인 노동사정 조사 보고서로 1946년 중반 시점 노동계의 현황과 현안, 그 시점까지의 미군정청 노동정책과 노동운동에 대한 대응책에 관한 포괄적인 정보를 제공"했다.[35]

특히 보고서는 노동 보호와 관련하여 남조선 내 아동노동의 심각성을 지적했다. 보고서는 개별 고용주가 가부장적으로 아동을 보호한 예외적인 사례를 제외하면, 아동노동자들은 모두 위생과 안전에 취약하며 저임금과 장시간 노동 등에 처해 있어, 이를 해결하기 위한 보호법령이 필요하다고 제안했다.[36] 특히 패전국 일본에서도 연합군 최고사령부의 지시하에 전쟁 동안 정지됐던 노동보호법들이 다시 시행되고 있을 뿐 아니라 현재 서구 국가들의 보호법에 상응하는 노동보호법이 기안되고 있는 상황에 비추어, 남조선에도 일본의 보호 기준과 동등한 법령이 만들어져야 한다는 내용이었다.

보고서의 권고 사항은 구체적이었다. 미군정은 민주적 국가들이 일반적으로 도입해온 국제노동기구 규약에 상응하는 조건으로 빠르게 더 높은 기준들을 남조선에서 확립해야 했다. 특히 아동의 최대 노동시간은 노동국이 허가하는 예외를 제외하고는 하루 8시간, 즉 주 48시간을 넘어서는 안 되었다. 아무리 긴급한 필요성이 있더라도, 위험하고 건강에 해로우며 아동의 정상적인 발달을 방해하는 아동노동은 정당화될 수 없었다. 그리고 이러한 법령의 즉각적인 실행을 권고했다. 나아가 보고서는 "아동노동 법령은 우리의 즉각적인 목표일 뿐 아니라 장기 목표로 확립하는 것이 바람직"하며 학교 시설이 빠르게 갖춰진다면, 나이 제한을 15~16세로 상향해야 한다고 주장했다.[37]

소위원단의 권고대로, 미군정은 〈아동노동법규〉를 군정 법령 제112호로 제정했다. 1946년 9월 18일, 이 법령은 영문판과 국문판《관보》에 각각 실림으로써 공포됐다. 법령의 '목적'을 규정한 제1조는 다음과 같다.

> 본령本令은 조선 아동이 현대 사회에 있어서 시민의 책임을 질 준비를 갖추어 성년에 이를 수 있도록 하기 위하여 전 세계 문명 각

국이 채용하는 인도적 계몽적 원리에 따라 〈아동노동법〉을 규정함을 목적으로 함.[38]

이 법령의 도입 취지는 '세계 문명국들CIVILIZED NATIONS'이 이미 도입하고 있는 '인도적이고 계몽적인 원리HUMANITARIAN, ENLIGHTENED PRINCIPLES'에 따른 것이었다. 1946년 10월 미군정청도 "이 법령은 세계 노동국에서 설정하고 세계 문명국에서 채택한 표준에 부합되는 것"이라고 발표했다.[39] 이러한 인도적이고 계몽적인 '문명론'적 관점은, 앞서 살펴본 미군정 공보부장 뉴먼의 시각과 동일한 것이었다. 당시 군정청의 언론 발표를 주관하는 공보부 책임자는 뉴먼이었다. 이 법은 아동노동의 고용 범위와 최대 노동시간을 연령에 따라 차등적으로 규정했는데, 정리하면 다음 〈표 1〉과 같다.

〈표 1〉 연령에 따른 아동노동 금지 내용

연령(미만)	고용 및 종사 금지	최대 노동시간 (1일/1주)	관련 조항
만14세	공사간public or private 상공업	–	2조
만16세	공사간 중공업, 유해사업 및 작업	8시간/48시간	4, 7조
만18세	생명·신체 위험, 건강·도덕에 유해한 사업	10시간/54시간	5, 8조
만21세(여자)	광산, 채석소, 쇄탄소, 운동 중의 기계에 기름을 치거나 소제하는 일		6조

다만 기존 사업장들이 새로운 법령에 준비할 시간을 주기 위해, 일부 조항들은 1947년 2월 15일까지(약 5개월간) 효력을 유보했으나, 만12세 미만 아동은 즉각적으로 실행에 들어갔다. 즉 만12세 미만

아동의 고용에 관한 기존의 모든 계약 또는 협약은 법령의 공포일부터 바로 폐기하며, 본 법령의 공포일 후 30일 이후에는 만12세 미만 아동을 계속 고용하는 것도 금지했다.

그런데 〈아동노동법〉 내에서 남녀의 연령 기준에 차등이 있었다. 일례로 제6조는 만21세 미만 여자만을 따로 규정하여 일부 종목(광산, 채석소, 쇄탄소, 운동 중의 기계에 기름을 치거나 소제하는 일)에 고용 및 종사를 금지했다. 제15조는 고용증명서 관련하여 개인·회사·법인은 해당하는 시설 작업에 "고용한 만16세 미만 남자 전부", 그리고 "만18세 미만 여자 전부의 완전한 명부 2통을 작성할" 것을 규정했다. 또한 제11조는 만21세 미만의 아동의 병고 및 휴일을 규정하면서 동시에 만21세 미만 여자는 임신 중일 경우 90일간 무보수 휴일을 허락하며 유아를 동반할 경우 수유를 허용할 것을 특별히 추가로 규정했다.

이에 대해, 《동아일보》는 〈아동노동법〉이야말로 "중앙노동심의회와 노동부와 사법부에서는 소년노동 취업에 관하여 장시일에 걸쳐 상세히 연구하고 준비해"온 것의 결과물이었다고 소개했다.[40] 반면, 미군정 관료 미첨은 1947년 작성한 보고서에서 "거의 무의 상태에서 굉장한 속도로 법령이 만들어졌다"고 꼬집었다. 특히 그는 이 법령이 남조선 "어린이를 위한 것이 아니라 북조선에 대한 선전용"이라고 꼬집었다. 즉 소련이 그들의 점령 지역에서 산업노동자들이 누리고 있는 축복받은 생활에 대해 많은 선전을 하고 있었기 때문에, 이에 뒤처지지 않기 위해 미군정 장관이 "사법부에 〈아동노동법규〉를 마련하도록 지시했다"는 것이다.[41] 그런데 미군정 최고책임자 하지는

"미챔이 지적하는 한국의 정치 상황과 노동 상황은 잘못된 가정과 사실로 가득 차 있다"며 의문을 제기했다.[42] 하지는 미챔을 비판했으나, 당시 북조선의 노동 입법 상황과 이에 대한 남조선 내 언론의 관심을 고려할 때 졸속 입법이라는 미챔의 주장은 설득력이 있었다.

1946년 3월 23일, 북조선임시인민위원회 위원장 김일성은 '20개조 정강'을 발표했다. 그는 제14조에서 "13세 이하 소년의 노동을 금지하며 13세로부터 16세까지의 소년들에게 6시간 노동제를 실시할 것"을 규정했다. 이어 1946년 6월 24일, 제9차 북조선임시인민위원회에서는 〈북조선 노동자 및 사무원에 대한 노동법령〉이 공포됐다. 법령의 제3, 4조에는 아동노동 금지 규정이 담겼다.[43] 당시 중도 성향의 《자유신문》은 북조선의 노동법령이야말로 "민주주의 건설에 역사적 의의"뿐 아니라 '소년 취업 금지' 등을 포함한 "가장 진보적 내용을 가졌다"고 설명했다. 그리고 "남조선에서도 노동자 사무원에게 좋은 조건과 환경을 주어 참된 자주독립 국가로의 물질적 기초를 세우기 기대한다"고 밝혔다.[44] 한편, 우익 성향의 《동아일보》는 남조선 내 좌익계가 "북조선의 민주주의적 발전(토지개혁, 노동법령, 남녀동권 등)을 선전함으로써, 남조선의 혼란을 더욱 가속화하고 있다"고 비판했다.[45]

이처럼 북조선의 노동법령이 실시간으로 남조선 언론에 보도되고 있는 상황에서, 1946년 6월 소위원회 권고가 있었고, 그로부터 3개월 만에 미군정은 〈아동노동법〉을 제정했던 것이다. 결국 미군정이 '신속'하게 〈아동노동법〉을 제정 및 공표한 이유는, 인도적·계몽적·문명론적인 사명감의 발현이라기보다 당시 북조선에 대한 냉전적·분단적 '체제 경쟁' 때문이었을 가능성이 크다.[46]

〈아동노동법〉 비판과 법령의 일시 정지

미군정은 〈아동노동법〉의 실행에 힘을 기울였다. 공포된 〈아동노동법규〉는 1946년 10월 18일부터 효력이 발생했으며, 단서가 달린 일부 조항은 이듬해 2월 15일에 실시될 예정이었다. 1946년 11월 기준, 남조선과도정부 중앙경제위원회가 실시한 '남조선 산업노무력 및 임금 조사'에 따르면, 남조선 내 전체 노동자 12만 2,159명 중에서 만14세 미만은 1,950명으로 1.6퍼센트를 차지했다. 특히 당시 14세 미만 아동노동자 중 여아 노동자의 비율이 남아보다 약 6.5배 정도 높았다.[47)]

미군정은 〈아동노동법〉이 준수되도록 노력했다. 1946년 11월 28일, 경기도 노동국은 〈아동노동법〉과 최고노동시간령 등을 안내하고

〈표 2〉 연령·계급·성별 노무자의 분포상태

연령	합계(명)	비율(퍼센트)	남	비율(퍼센트)	여	비율(퍼센트)
14세 미만	1,950	1.6	515	0.6	1,435	4.0
14~15세	12,255	10.0	3,195	3.7	9,060	25.3
16~17세	18,346	15.0	6,813	7.9	11,533	32.1
18~20세	18,327	15.0	12,317	14.3	6,010	16.8
21~30세	40,356	33.1	35,757	41.4	4,599	12.8
31~40세	20,941	17.1	18,963	22.0	1,978	5.5
41~50세	7,556	6.2	6,693	7.7	863	2.4
51~60세	2,143	1.8	1,790	2.1	353	1.0
60세 이상	285	0.2	248	0.3	37	0.1
합계	122,159	100	86,291	100	35,868	100

* 출처: 《미군정기 정보자료집: 노동 관련 보고서(1945. 9~1950. 4)》, 한림대학교 아시아문화연구소, 1995, 498쪽. * 전체 공장수 5,249개.

'철저'를 기하고자 노동사무 담당자 회의를 소집했으며, 노동관계법령 강습에 관해 협의했다.[48] 1946년 11월 말, 미군정 운수부는 〈아동노동법〉에 따라 어린 '소년'을 해고하되 동시에 이들이 직업적으로 위험하지 않은 공장 등에 취직하도록 적극 원조하라고 지시했다.[49] 1947년 1월 4일, 군정청 노동부장 이대위李大偉는 "고용주와 소년노동자는 이 법령을 잘 이해하여" "여러 조항을 지켜주기 바란다"고 하였다. 특히 "취업금지 직종에 현재 고용되어 있는 소년은 헐한 일에 배치"해야 했다.[50]

그런데 〈아동노동법〉에 대한 비판이 제기됐다. 1947년 1월 8일, 전평 선전부는 아동노동자에 대한 생활보장과 의무교육제 실시 없이 〈아동노동법〉이 실시되어, 이들이 실직과 함께 거리를 방황하게 됐다며 비판 성명을 발표했다. 1월 10일, 경평京評 실업대책부도 최근 〈아동노동법〉 실시가 남조선 일대에 해고 선풍을 낳았다고 지적했다.[51]

지방 현지의 미군 보고서에서도 〈아동노동법〉 관련한 비판이 등장했다. 1947년 1월 13일, 군정청 전라남도 광주 노동국Bureau of Labor의 노동 담당 장교 불록Charles S. Bullock 대위는 군정관에게 보내는 〈연간 역사 보고서Annual History Report〉에서, 〈아동노동법〉 실시를 위한 사전모임의 성격으로 최근 거대 공장 책임자들과 가진 모임의 결과를 적었다. 그는 〈아동노동법〉은 특히 동양에서 사실상 전적으로 계획에 그칠 뿐 실현 가능하지 않게 여겨진다고 평가했다.[52] 101군정단101st Military Government Group 상무부의 상업 담당 장교 사무엘슨H. W. Samuelsen 대위는 1947년 1월 작성한 〈1946년에 대한 연례 보고서〉에 광주 지역 내 방직공장 중에서 가장 크고 효율적으로 운영되는 공장 중 하나인 '가네보鍾淵(Kanebo) 방직'을 조사한 결과를 담았다. 그는 이 공장 운영의 어려움으로 〈아동노동법〉을 들었다. 미군정이 아동노동을 법률로 금지하여 공장 생산성이 위협받고 있다며, 능숙한 아동노동이 필요하다고까지 주장했다.[53)]

이처럼 남조선 여론뿐 아니라 미군정 내부의 비판들이 제기되는 상황에서, 군정장관 대리 헬믹 준장은 1947년 1월 9일 입법의원 제8차 회의에 참석하여 "이미 공포된 노동 제법령도 조선의 사정·관습 전통에 관련하여 심의할" 필요성을 제기하며 "조선 산업에 광범한 영향을 미칠 법령 제112호, 즉 소년법규에 대해서 특별히 제현諸賢의 고려를 원한다"고 밝혔다.[54)] 그리고 1월 13일 열린 과도입법의원 제10차 회의에서는 "입법의원위원회가 충분히 독자적으로 이 문제를 해결할 수 있게 하기 위하여" "별지 행정령을 발포"하여 "금일부로 1947년 6월 1일까지 발포된 제112호 법령 행사를 중지"시켰다는 헬믹의 봉함 메시지가 낭독됐다.[55)] 최종적으로 2월 24일, 미군정은 〈법령 제112호 일시 정지〉(법령 제132호)를 공포했다. 다만 "만14세 미만의 아동을 고용함은 종전대로 금지"한다는 단서 조항이 포함됐다.[56)] 이제 아동노동 문제는 미군정에서 남조선과도입법의원으로 넘어갔다.

〈미성년자노동보호법〉 논의와 제정(1947)

1947년 1월 13일 열린 제10차 과도입법의원 회의에서는 헬믹이 보내온 〈아동노동법〉을 입법의원 내 산업노농위원회로 보내 법안을 작성하여 본원에 제출하기로 했다.[57] 산업노농위원회는 약 한 달 반 동안 13차에 걸친 회의에서 세 차례의 수정안을 내고서야 법안을 완성할 수 있었다고 한다.[58] 1947년 3월 28일 열린 과도입법의원 제40차 회의에서 이 법안의 '제1회독'이 진행됐다. 박건웅 의원이 그간의 경과를 보고하며, 법안의 취지를 밝혔다. 이 법안은 "우리 민족이 한 독립국가를 형성해가지고 동방에 있어서 다른 나라와 경쟁하는 데" 가장 필요한 생산을 도모하고 노동기술을 학습하고 훈련함으로써, "우리의 독립국가 재건상 절대 필요한 것"이었다. 또한 그는 이북에서 '소년노동법'이 시행되는 상황이 고려됐으며, 선진국인 구미歐美 방면의 것에 근거하여 소년을 보호하기 위하여 이 법안이 제정된 것이라고 설명했다. 서방 선진국에 근거한 법안이라고 밝혔으나, 이 법안의 목적을 규정한 제1조는 〈아동노동법〉 제1조와는 다음과 같이 상당히 달라졌다.

> 본 법은 미성년자를 유해위험한 직업 우又는 과중한 노동으로부터 보호하여 기생명신체의 건전한 발육과 정당한 이익을 보장하며 사회의 안전을 도모하기 위하여 미성년자를 대상으로 하는 일체의 고용雇傭 관계 및 노동조건에 관한 금지 제한, 개선, 조정調停을 규정함으로서 목적함.[59]

이번 법안의 목적에는 〈아동노동법〉 제1조에 등장했던 문명 관련 표현은 모두 사라졌는데, 이는 갓 식민지에서 벗어난 남조선에는 인도적이고 계몽적인 것보다 국가 재건이 더 중요했기 때문일 것이다.

1947년 4월 7일 열린 제46차 과도입법의원 회의에서, 법안 논의가 재개됐다. 조문을 하나씩 읽으면서 검토하는 축조 토론이 진행됐는데, 산업노농위원회 이순탁 의원이 읽어나갔다. 먼저 제1조는 이의 없이 통과됐다. 그런데 제2조 '미성년자의 정의'에서 "본법에 미성년자라 함은 18세 미만의 남녀 및 21세 미만의 여자를 지칭함"이라는 문구를 둘러싸고 긴 토론이 펼쳐졌다. 쟁점은 '미성년의 나이를 어떻게 규정할 것인지', '남녀의 미성년 나이 기준에 차등을 둘 것인지', '남녀의 대등한 나이는 몇 세인지', '남성보다 여성을 특별히 더 보호해야 하는 것인지' 등이었다.[60]

이순탁(남성) 의원은 "18세 미만의 남녀를 미성년자로 지칭"하면서도 "21세 미만의 여자를 특히 가加한 것은 일반 노동입법에 있어서 일반노동자를 특별히 보호할 필요" 때문이라고 밝혔다. 그러자 독립촉성중앙협의회의 송종옥(남성) 의원은 "남녀동등인데 여자는 어째서 두 살이나 더 많이 넣어 취급하는지", 이에 대해 "반드시 특수한 사정이 있다는 것을 명시"해주기를 요청했다. 이에 인민당의 신기언(남성) 의원은 "남녀동등을 반대한다"면서, "우리가 여자를 위해서 특별히 무엇을 한다는 것보다도 이 자리에 여자 대의원이 있으니까 우리가 대신해서 말할 필요가 없다고 생각한다"고 반박했다.[61]

특히 독립촉성애국부인회의 황신덕(여성) 의원은 이 법안이 "남자 18세에 여자 21세가 대등하다고 생각"하고 성안된 것이라면 "이것은 말이 안 된다"고 비판하며, "저이 여자의 입장으로서" "원칙적으로 보아서 똑같이 남녀 18세로 하자"고 주장했다. 이에 근로인민당의 강순(남성) 의원은 남녀의 "체력적"이고 "지능상 관계"라는 두 가지 이유로 '특별한 차이'를 냈다고 설명했다. 그는 "남녀동등의 조건을 여기다 집어넣었다고 인식해서는 안 되며, 미성년자노동법규에 남녀 18세 여자 21세의 기준이 있다고 하여, 다른 정치·경제·법률 등에서 남녀평등 문제에 어떤 해악이 발생하지 않는다"고 말했다. 다시 조선민족혁명당의 윤기섭(남성) 부의장은 "미성년자보호법이니까 18세로 남녀를 똑같이 정하자"고 주장했다.[62]

이후 비슷한 논쟁이 이어졌는데, 대체로 두 가지 입장으로 귀결됐다. 남녀동등이므로 수정하여 남녀 모두 동일한 18세로 규정하자는 입장과 반면, 남녀동등은 인정하지만 18세 이상 21세 미만의 '성숙기'의 여성은 임신이나 생리적 관계 때문에 특별히 보호하자는 차원에서 21세까지 그대로 두자는 주장이었다. 논쟁이 지속되자, 윤기섭 부의장은 "21세 미만의 여자를 삭제하기로 함"에 대한 가부를 물었고, 재석의원 58인 중 찬성 38표 대 반대 13표로 통과되어, '미성년자는 18세 미만의 남녀'로 수정됐다.[63]

다음 제3조 축조 토의로 넘어갔다. '21세 미만 여자의 금지 직업'도 앞선 연령 기준에 따라 삭제됐다. 회의는 수정된 제3조 전체를 표결에 부쳐 통과시킨 다음 휴회했다.[64] 아쉽게도 제4조부터의 축조 토의 내용은 과도입법의원 속기록이 없어 알 수가 없다.[65] 신문 보도에 따르면, 1947년 4월 8일 열린 제47차 회의에서 "미성년자노동보호 법안은 '동법률에 위반하는 자는 6개월 이하의 체형과 천원 이상의 벌금에 처함'이라고 수정하여 전 12조항이 통과"됐다.[66]

1947년 5월 16일, 러치 민정장관이 과도입법의원을 통과한 제4호 법안(《미성년자노동보호법》)에 서명함으로써 법령은 공포됐다.[67] 러치는 "참된 민주주의의 특징은 어떤 법률이든지 성문화하기 전에 입법 기관에서 충분히 검토한 다음 제정되는 것이라고 입의의 업적을 찬양"했다. 특히 그는 제4호 법령은 "조선 소년의 권리를 보장하는 가장 현대적인 법률"이라 설명했다.[68] 헬믹 준장도 군정청 2년의 성과 중 하나로 "조선 소년들은 민주주의적 소년노동법에 의하여 혹사에 대한 보호를 받고 있"다고 제시했다.[69]

그런데 조선 아동들은 정말 보호받고 있었을까? 1947년 12월 18일, 경기도지사는 기자회견에서 도내에서 소년노동법 위반의 사례는 "10명 이상의 종업원을 가진 사업장 374개소 중 중요한 공장 50체를 조사한 결과 노동시간 위반 및 임금 부당지불 등 위반 건수가 28건에 달한다"고 밝혔다.[70] 1947년 말 남조선의 노동 관련 보고서를 작성한 미군정의 미첨은 새로운 법령이 미성년노동자 보호에서 외려 후퇴했다고 지적했다. 미군정의 〈아동노동법〉은 "고용주가 미성년노동자나 그의 부모가 원하지 않는 고용계약을 맺을 수 있는지"에 대한 언급은 없었으나, 새로운 과도입법의원의 〈미성년자노동보호법〉에 따르면 "그러한 일이 가능하다는 것을 강하게 함축"하고 있었기 때문이다. 미첨은 군정청이 〈미성년자노동보호법〉에 서명함으로써, "일본의 미성년노동자 도제살이 제도를 공식적으로 승인해준 것"이라고 비판했다.[71]

누구를 위한 '아동 보호'인가

1946년 9월 미군정은 〈아동노동법규〉를 제정·실행했으나 문제들에 봉착하여 실행을 중지시켰으며, 이는 1947년 5월 남조선과도입법의원에서 〈미성년자노동보호법〉으로 새롭게 제정하여 공포했다. 그런데 이마저도 같은 해 12월 24일, 북조선의 전력 공급 중단 조치에 따른 비상사태에 대응하기 위해, 미군정은 행정명령 제10호(노동에 관한 규정의 임시 정지)를 공포함으로써 미성년자노동보호 법률 및 시행령 중 일부 조항들은 그 효력이 중단되고 말았다.[72] 결국 한국전쟁이 발발하고, 1953년 5월 10일 〈근로기준법〉이 제정되어 아동 또는 미성년자를 보호하는 내용을 규정함으로써 〈미성년자노동보호법〉은 폐지됐다.[73]

미군정은 서구 문명의 관점에서 인도적·계몽적 원리에 따라 〈아동노동법〉을 제정했을 뿐 아니라 가장 현대적이며 민주주의적인 '소년노동법' 덕분에 남조선 내 혹사당하던 아동들이 보호받게 되었다고 주장했다. 특히 미군정 공보부장은 서구 문명의 우월성에 기반하여 남조선 내 아동노동 현실을 진단했으며 실제 좌우를 막론하고 당시 정치세력들이 표방하던 아동노동 금지는 정치적 수사에 불과하다고 비하했다. 즉 그는 유교 윤리라는 동양 문명에 따라 남조선에서 아동은 가부장의 소유물이었기 때문에 해방 직후부터 남조선 내 정치세력들이 표방해온 아동노동 금지는 단지 정치적 '술수'에 불과하다고 평가절하했다.

반면, 미군정의 미챔은 아동노동의 원인을 남조선의 가난한 경제

현실에서 찾으며 저개발국가의 보편적인 현상으로 이해했다. 즉 경제문제가 해결되지 않은 상황에서 미군정이 '신속'하게 〈아동노동법〉을 실행하여 외려 아동들을 거리에 나앉게 만드는 문제가 발생한 것이었다. 따라서 그는 〈아동노동법〉 실시를 위해서는 제반 여건과 교육 등을 병행하며 5년 정도의 준비 기간이 필요하다고 보았다. 또한 그는 문명의 논리를 앞세우는 남조선 내 미국인들에 대해 손쉽게 자신들의 책임을 모면하는 수단으로서 '동양' 논리를 끌어들인다고 반박했다. 미국인들에게 당시 남조선은 "언제나 동양식 사고방식이라는 낯설고 애매모호한 말로" 자신들의 "잘못을 정당화하기에 아주 안성맞춤인 곳"이었다. 게다가 남조선의 미국인들 다수가 아동노동 관련하여 "나쁜 본보기를 보여주고" 있었다. 그가 목격한 바에 따르면, "미성년자인 한 어린이가 서울에 있는 제24군단 클럽에서 밤늦게까지 미군들에게 주류 음료를 나르고 있었다."[74)]

미군정은 내외부의 비판에 떠밀려 〈아동노동법〉의 수정을 남조선 과도입법의원에 요청했으며, 1947년 5월 〈미성년자노동보호법〉이 제정됐다. 수정된 법안의 목적에는 미군정이 내세운 계몽적·인도적 원리 같은 문명 관련한 내용은 모두 사라졌다. 이 법안을 입안한 산업노농위원회 소속 의원들이 표방한 법안의 취지는 독립국가 재건을 위해 동방에서 타국과의 경쟁에 필요한 생산 도모였다. 이처럼 남조선을 통치하던 '선진적인 문명국' 미국과 달리 '식민지에서 갓 벗어난' 남조선 내 입법의원들에게는 새로운 국가 건설이 더 중요했다.

'문명론'의 미군정과 '독립국가 재건론'의 과도입법의원들은 각기 내세운 목적과 취지는 달랐으나, 모두 북조선에서 실행되는 "가장 진보적인" 노동법을 의식하면서 〈아동노동법〉과 〈미성년자노동보호법〉을 제정했다. 따라서 미군정기 아동을 보호하기 위해 만들어진 법안들은 '동서양의 문명'과 '냉전·분단의 체제 경쟁' 그리고 '경제 상황' 등이 만들어낸 '합작품'이었다.

이 글은 미군정 시기 아동노동에 대한 미군정 관료와 남조선 내 언론 및 정당·단체들이 남긴 자료에 기반했기 때문에, 당시 아동노동에 대한 평범한 사람들의 인식을 담아내지 못했다. 사실 해방 이후 미군정기 내내 경제 상황은 악화일로를 걸었다. 1944년 6월 30만여 명이던 노동자는 1946년 11월 12만여 명으로 약 75퍼센트가 급감했다.[75] 이런 열악한 당대 경제적 상황에서 한 가정에서 어린 아동이라도 일을 할 수 있다는 것이 갖는 '의미'를 어떻게 바라봐야 할까. 나아가 당시 한반도를 살았던 평범한 사람들에게 노동하는 아동이란 어떻게 인식됐을까?

그리고 미군정 이후 한국 현대사에서 아동노동 문제는 어떻게 전개됐을까? 1960, 70년대 한국은 급속한 산업화와 경제성장을 겪으면서 아동노동도 심각한 사회문제로 떠올랐다. 1969년 11월, 전태일은 대통령에게 보내는 편지에서 "시다공들은 평균연령 15세의 어린이들로서, 육체적으로 정신적으로 성장기에 있는 이들은 회복할 수 없는 결정적이고 치명적인 타격을 입고" 있다, "〈근로기준법〉에서는 동심들의 보호를 성문화했지만 왜 지키지 못 하냐"고 물었다.[76] 이렇게 1960, 70년대 매우 심각했던 아동노동 문제 관련한 법제도와 현실, 그리고 당대인들의 인식 등은 차후 연구 과제로 삼고자 한다.

3. 미군정을 선전하라

-미군정 문화냉전의 도구로서 《주간신보》와 《농민주보》

◎ 박수현

탈식민과 미군정의 문화냉전

미군정기는 해방 직후 탈식민 개혁·통일독립국가 수립을 당연한 과제로 생각하고 단독정부 수립을 상상 밖의 일로 여기던 대중들이 분단을 실현 가능한 일로 생각하게 되는 인식의 급격한 전환이 요구되는 시기였다. 즉, 미군정기 3년은 탈식민에서 냉전으로의 급격한 이행이 일어나는 역동적인 시기였다. 미군정의 공보정책과 활동은 한국인에게 이러한 급격한 인식의 전환을 유도하고 설득하는 일이었다. 이 글은 미군정의 공보정책 및 활동을 구체적으로, 또 역사적으로 이해한다면, 한국인들의 냉전 인식이 어떻게 형성되어갔는지를 규명할 수 있고, 이는 한국의 냉전, 한국인의 냉전 인식의 특수한 성격을 드러내줄 수 있다는 문제의식에서 출발했다.

이러한 문제의식은 최근 해외의 문화냉전·냉전문화 연구 경향과도 맞닿아 있다. 최근 냉전의 지구적 전개와 지역별·국가별 수행 양상, 그리고 냉전문화의 국가별 특징 등에 대한 이해가 확산되면서, 제2차 세계대전 이후 한국전쟁 사이 기간의 각국의 정치적·문화적 동향에 대한 이해가 점차 심화되고 있다. 이들 연구에 따르면 1945년부터 1950년 사이 각국의 정치적·사회경제적 동향은 사후에 확립된 냉전의 논리에 지배되었다기보다 제2차 세계대전 종전으로 드러난 각국의 정치적·사회경제적 현안들의 해결을 둘러싼 해당 사회 내부의 논란과 더 직접적으로 연결되어 있고, 그러한 전후 문제 해결을 둘러싼 논의가 각국의 사상·문화적 동향과 대중들의 심리적 태도를 결정하는 데 보다 중요하게 작용했다.[1)]

이러한 연구 경향에 비추어볼 때 미군정의 공보정책 및 활동을 한국 내부의 상황과 당대의 역사적 맥락 속에서 구체적으로 살펴보는 것은 한국의 냉전이 형성되는 과정 중에 어떠한 성격이 강조되는가를 보여준다는 점에서 한국의 문화냉전·냉전문화의 특수한 성격을 파악하는 한 가지 방법이 될 수 있다.

미군정은 신문, 영화, 라디오 방송, 서적 등 여러 가지 매체를 통해 미군정의 입장을 대변했다. 그중 신문은 미군정의 입장을 매주 정기적으로 전국에 전달하는 매체로서, 해당 국면의 정치·사회적 상황과 긴밀히 연계된 미군정의 공보정책과 활동을 추적하는 데 유용하다. 이 글은 미군정이 발행한 주간신문을 분석하여 해방 직후의 정치사회적 현실이 미군정의 정책 논리와 결합하며 당국자들에 의해 어떻게 재구성되는지, 그리고 그 의미는 무엇인지를 살펴볼 것이다.

한국인들은 해방 직후 건국준비위원회를 수립하고 질서 유지 책임을 맡는 등 미군이 진주하기 이전 이미 국가 건설을 준비하고 있었다.[2)] 일본군은 이러한 남한 정세에 대해 "북한에 진주한 소련군이 38도선 이남으로 넘어올 수 있으며, 조선의 공산주의자들과 독립선동가들이 평화와 질서를 교란하고 있다"고 평가하는 전문을 미군이 남한에 상륙하기 직전 제24군단 사령관 하지에게 전달했다.[3] 주한미군 사령관 하지는 미군의 남한 점령 목적을 일본군의 항복 접수와 소련에 대한 보루 구축으로 인식하며 남한에 상륙했고, 이후 급진세력이 잘 조직된 데 비해 보수세력은 조직과 대중적 지지가 없다는 점이 점령 목적을 위태롭게 하는 것으로 간주했다.[4] 한국인은 해방 직후의 최우선 과제를 탈식민, 국가 건설이라고 보았고, 미군정은 소련에 대한 보루의 구축으로 판단했던 것이다.

미군정기 3년 동안 점령 당국이 발행한 주간신문은 총 세 가지로, 《주간신보》, 《농민주보》, 《세계신보》가 그것이다. 《주간신보》는 1945년 10월부터 1947년 4월까지 발행되었다. 《농민주보》는 1945년 12월 발행하기 시작하여 정확한 폐간 시기를 특정할 수 없다. 현재 남아있는 《농민주보》는 1948년 6월 26일에 발행된 101호가 마지막 호이지만, 101호가 폐간호로 보이지는 않는다. 《세계신보》는 1947년 6월 창간되었고, 1948년 9월~1949년 1월 사이에 폐간된 것으로 추정된다.

점령 당국이 탈식민, 통일국가 수립의 과제에서 분단 및 냉전으로 한국인의 인식을 전환하는 과정을 면밀히 추적하려면 사실 이 세 종류의 신문을 모두 분석해야 한다. 그래야 미군정기 3년간의 주간신문을 전부 분석 대상으로 삼을 수 있고, 특히 《세계신보》는 미국의 대한 정책이 분단으로 전환하는 시점에 주한미군 사령부가 발행한 주간신문으로, 미군정의 공보전략이 분단 설득으로 선회하는 것을 보여주기 때문이다. 그러나 지면의 한계상 《주간신보》와 《농민주보》로 분석 대상을 한정하고, 점령 초기 탈식민 과제 관련 기사 분석에 초점을 맞추고자 한다.

도시의 신문과 농촌의 신문

1945년 10월 15일 미군정 공보부는 도시용 무료 주간신문 《주간신보》를 창간했다. 미군 진주 약 한 달 만에 이루어진 신속한 창간이었다. 공보부는 일찍이 1945년 10월부터 공보부 주간보고서 〈정치동향〉에 언론과 전단 및 벽신문을 분석하여 언론과 여론의 흐름을 파악하는 동시에, 《주간신보》를 도시 지역에 배포함으로써 신속하게 도시 지역의 여론과 정세에 개입하고자 했다. 타블로이드판 2면으로 구성된 이 신문은 군정의 중요한 보도자료, 포고령, 발표 등을 간단하고 이해하기 쉬운 방식으로 설명하도록 고안되었다. 또 도시 지역의 신문들과 경쟁했기 때문에 민간신문과 경쟁해도 손색이 없을 만한 형식을 갖추었다. 민간신문과 마찬가지로 국한문체로 기사가 작성되었으며 깔끔하게 편집되었다. 창간호로 40만 부가 발행되었고, 늦어도 1946년 1월부터는 80만 부가 발행되었다.

창간 당시 편집자가 누구였는지는 알 수 없지만, 1946년 여름부터 1947년 4월 폐간될 때까지의 편집자는 아다 리크Ada E Leeke였다. 그녀는 한국 거주 경험, 민정 관련 교육, 공보 경험을 두루 갖추고 있었다.[5] 특히 그녀는 1945년 10월부터 공보부 정치분석가를 역임하며 한국인 정치가와 한국 정세를 분석했고 러치 군정장관의 연락장교로도 일했다. 아다 리크와 같이 한국 정세에 능통한 인물이 《주간신보》 발행을 책임졌다는 것은 군정 당국이 《주간신보》가 한국 정세 변화와 밀접한 관계 속에서 발행되기를 의도했음을 보여준다.

주목할 것은 《주간신보》가 도시민을 독자층으로 삼았으나 사실상 서울의 독자를 가장 중시했다는 점이다. 당시 서울은 정치·문화의 중심으로서 서울에서 발행되던 주요 신문들은 일주일에 6회 발행되며 정세 변화에 민감하게 반응했고, 민간신문 발행 부수의 대부분을 차지하고 있었다. 공보부는 서울의 신문들을 매일 모니터링하여 〈언론 요약〉을 작성하고 이 신문들을 주간 단위로 분석하여 〈정치동향〉을 작성했다. 이처럼 미군정은 서울의 신문들을 분석하여 한국 정세를 파악하는 한편, 《주간신보》가 서울의 독자에게 가장 빠르고 효과적으로 받아들여질 수 있도록 함으로써 서울의 여론에 적극적으로 영향을 미치고자 했다.

서울용 《주간신보》는 한국어 번역본이 완성되는 즉시 고속윤전기로 인쇄된 후 다음 날 아침 서울의 신문들과 경쟁할 수 있도록 배포되었다. 서울용 《주간신보》는 뒷면에 서울시가 제공한 시정 활동 홍보 기사를 게재했고, 지방에 배포할 《주간신보》의 내용과 종종 차이를 보였다.[6] 공보부는 우선 《주간신보》 서울판을 발행하고, 이후 점차적으로 각 지방판을 발행함으로써 지방의 특수성을 반영하려는 계획이었지만, 1947년 4월 용지 부족을 이유로 급작스럽게 《주간신보》를 폐간했다.

공보부는 《주간신보》를 창간한 지 약 두 달 뒤인 1945년 12월 22일에 《농민주보》를 창간했다. 농촌에 배포하기 위해 특별히 제작한 신문이었다. 《주간신보》 기사가 국한문 혼용체였던 반면 《농민주보》는 농민들이 읽기 쉽도록 순한글로 작성되었다. 타블로이드 4면으로, 창간호부터 80만 부가 인쇄되었다.

민간신문들이 서울과 지방 주요 도시에서 발행된 점을 감안했을 때 미군정이 농촌을 대상으로 신문을 발행한 것은 매우 이례적이었다. 이는 당시 농촌의 정치적 상황에 대한 미군정의 우려에 기인한 것이었다. 해방과 동시에 건국준비위원회는 전국에 지부를 두었고, 1945년 9월 6일 조선인민공화국(이하 인공)의 설립을 선포했다. 미군이 상륙했을 때, 인공은 이미 도, 시, 군을 넘어 마을 단위까지 깊숙이 침투하여 농민들의 참여를 이끌어내고 있었다.[7] 당시 공보부 여론국 라헤트W. F. LaHatte 소령은 1945년 12월 지방을 순회한 뒤 작성한 주간보고서 〈여론동향〉에서 미군정의 개입 없이 인공에 대항할 수 있는 조직은 전혀 없다고 판단했다. 당시 국민의 70퍼센트 이상인 농민들의 정치적 성향 혹은 견해가 미군정과 상충한다는 것은 군정이 향후 남한을 통치하는 데 큰 부담이 아닐 수 없었고, 이에 미군정은 한 가지 방법으로 농민들만을 위한 순한글 신문을 제작하여 배포하게 된 것이다.

그런데 순한글 신문을 발행하여 말단 농가의 한국인까지 설득한다는 선전 방식은 일본이 식민지 말기 전시 총동원 체제하에서 이미 실행한 것이었다. 1941년 태평양전쟁이 발발하고 전황이 점점 불리해지자 일본의 총동원 체제는 극한으로 치달아 1944년에는 조선인 징병제, 여자정신근로령이 제정되기에 이르렀다. 1945년 3월, 《매일신보》사는 주간신문 《새소식》을 갑자기 발행하는데, 이 신문은 "국어를 아직 모르는 반도 민중 가운데에서 한층 정도가 얕은 사람들"에게 시국을 알려 "이 전쟁을 싸워 이기게 하기 위한" 것으로, 전시 협력을 독려하기 위한 기사와 "증산에 또는 일상생활에 필요한 것 등 유익하고 재미있는 이야기들"을 순한글로 작성한 전쟁 선전 신문이었다. 발행 부수는 20만 부였고, 국민정신총동원조선연맹 산하 애국반을 통해 배포되었다. 당시 애국반은 읍·면뿐만 아니라 마을 단위까지 조직되어 있었다.

흥미로운 것은 1945년 《새소식》의 필요성을 경무국에 진언하고, 《매일신보》사 특수신문부 부장을 맡아 이 신문의 발행을 주도한 최병협崔秉協이라는 인물이 《농민주보》 사설의 주요 작성자라는 점이다. 특수신문부라는 부서 또한 《새소식》을 만들기 위해 신설된 부서로 보인다. 1896년 1월 14일 출생한 그는 일제의 교육정책이 지역에 잘 실행되는지 감독하는 도 시학視學, 군수 등 고위관료로 재직하면서 일제의 침략전쟁에 협력하여, 일본 정부로부터 1937년 훈8등 서보장, 1939년 훈7등 서보장, 1941년 훈6등 서보장을 받았다.[8)]

군수로서의 활동이 그의 친일 성향을 보여주는 것이라면 농촌 계몽운동에 관한 이력은 그와 농촌의 접점을 보여준다. 그는 경기도 내무부의 임시직인 촉탁으로 있으면서 농촌 계몽운동 야학교사 강습회 강사로 파견되었고, 직접 농민 독본류의 책을 저술하기도 했다. 해방 후에는 미군정하에서 조선농회의 교화부 부부장과 총무부장 등을 역임했고, 군정청 학무국의 성인 계몽운동 강사로도 활동했다.

최병협은 조선농회와의 연관성에 힘입어 《농민주보》에 관여했던 것으로 보인다. 순한글 신문 《농민주보》를 통해 말단의 한국인에게 미군정의 입장을 설득하고 협력을 촉구한다는 발상은, 최병협이 《새소식》을 통해 말단의 한국인에게까지 전쟁을 미화하고 전시체제 협력을 선전한 경험을 전수받았을 가능성이 있다.

《농민주보》 편집 책임자는 창간호부터 1947년 6월까지 데오도르 Augustus J. Theodore 육군 대위가 맡았고, 《주간신보》가 폐간된 이후에는 《주간신보》 편집자였던 아다 리크가 《농민주보》의 편집 책임을 맡았다. 한편 창간 당시 주간은 소설가 방인근方仁根이었다. 1930년대 대중작가로 명성을 얻은 방인근은 1940년대에 《매일신보》와 방송을 통해 일제의 전쟁을 선동했는데, 《매일신보》와 방송국을 매개로 해방 이후 《농민주보》의 주간으로 발탁되었을 가능성이 있다. 방인근은 《농민주보》에 한국인을 동물원에서 탈출한 원숭이에 빗대어 미군에게 감사하는 내용의 글을 게재하기도 했다.[9)]

《주간신보》와 《농민주보》는 미군정의 성명서와 군정청 부서들의 보도자료를 바탕으로 했기 때문에 신문 제작과 관련한 한국인의 역할은 주로 이를 번역하는 것이었고, 간혹 언어적 장벽으로 인해 미국인이 작성하기에 어려움이 있는 인터뷰 기사를 작성했다. 《주간신보》 편집자였던 아다 리크는 영어로 작성된 군정의 보도자료, 세계 뉴스, 사설들을 자신이 작성하거나 편집하면, 한국인이 이를 번역한 뒤 《주간신보》에 게재했다고 기록했다.[10)] 한국인의 기사 작성에 관한 언급은 《주간신보》 3호 발행 준비에 관한 문서에 유일하게 등장하는데, 이 문서는 한국인 작가 두 명이 《주간신보》의 중요한 뉴스 이야기들을 작성했다고 기록하고 있다.

해당 《주간신보》를 확인해보면 특정 기사에 두 명의 한국인 이름이 등장하는데 이들이 문서상에 나타나는 한국인 작가 두 명인 것으로 보인다. 조한긍趙漢兢과 곽우불郭牛佛이 그들로, 이들은 1946년 6월 26일 자 《주간신보》 36호부터 1946년 9월 18일 자 48호까지 게재되었던 군정청 한국인 관료에 대한 인상기를 작성했고, 곽우불은 이와 더불어 1946년 8월 7일 자 《주간신보》 42호에 게재된 〈종합대학문제에 관하야〉 기사를 작성했다. 이 기사는 국립대학 설립에 대해 문교부 차장 오천석을 인터뷰한 후 이를 정리한 것이다. 이 두 기사는 모두 인터뷰 후에 작성된 것으로, 한국인 기자의 역할이 어떤 것이었는지를 보여준다. 이에 비춰보았을 때, 《농민주보》 주간이 방인근으로 홍보되었지만, 그는 소설가로서 글을 게재하는 것 외에 주필이나 주간으로서 신문의 논조와 방향을 결정하는 역할은 하지 못했을 것이다.

두 신문의 발행 부수는 미군정이 주간신문을 통한 정보 배포에 얼마나 적극적이었는지 잘 보여준다. 양 신문의 배포량은 1946년 1월에 이르면 이미 160만 부에 달했다.[11] 1947년 7월에 미군정이 조사한 남한 신문 배포량에 따르면, 일간 신문의 유통량은 약 47만 부이며, 그중 가장 많은 배포량을 기록한 것은 《경향신문》으로 6만 부를 조금 넘었다.[12] 미군정의 주간신문 배포량은 일간지 전체를 약 4일간 배포하는 양에 근접했던 것이다. 양적인 측면에서 보았을 때 그 어떠한 신문도 미군정의 목소리보다 더 크고 더 넓게 목소리를 전달할 수 없는 구조였다.

서울 지역에는 《주간신보》와 《농민주보》가 매우 잘 보급되었다. 그러나 이 신문들을 남한 전역으로 배포하는 것은 쉽지 않았다.[13] 두 신문은 인쇄 후 9개 도의 군정장관에게 우편으로 전달되었다. 그중

《농민주보》는 도 군정청에서 군정 중대본부로 보내졌고, 군정 중대본부에서 군수에게 보내진 후 각 면에 배포되었으나, 면 단위 이하로 배포하는 것은 수월하지 않았다. 우선 군수(미국인)들은 일반적으로 면에 근접할 수 있는 교통수단이 거의 없었다. 경기도 내 《농민주보》 배포 기록에 의하면 대부분의 시골길은 오로지 지프로만 이동이 가능하며 중장비나 민간자동차는 쓸모가 없다고 지적했다.[14] 또한 군과 면의 한국인 관리들의 관심 부족도 하위 단위로의 배포에 방해물로 작용했다.[15] 군수들이 지프로 마을로 찾아가 주간신문을 배포하지 않을 경우, 면과 그 이하 단위에 도달할 수 있는 유일한 방법은 면 관리들(한국인)이 군청에 와서 가져가는 것이었기 때문이다. 《주간신보》 역시 배포 대상 지역이 면 단위까지였는지 알 수 없지만 비슷한 방식과 한계를 경험했을 것이다. 일례로 아다 리크는 강원도 춘천을 방문했을 때, 오래된 《주간신보》가 먼지 앉은 채로 도청 사무실에 있는 것을 보았다고 기록했다.[16]

1946년 공보국이 실시한 여론조사들은 《주간신보》나 《농민주보》를 들어본 적이 없다는 인터뷰들을 수시로 보고하면서도, 지주와 관리층은 이 신문들을 본다는 점을 지적했다. 이는 면장, 구장 등 한국인 관리의 노력 여하에 따라 미군정 인쇄물이 마을 단위로 들어가는지 여부가 결정되었다는 점과, 이들이 마을로 인쇄물을 가지고 가더라도 개인적으로 배포하는 방식이기 때문에 인쇄물이 농민의 손으로 들어가기보다는 지주나 관리, 식자층의 손으로 들어가기가 쉬웠다는 점을 보여준다. 즉, 미군정의 신문들은 농민 개개인에게 전달되기보다는 지주와 관리, 식자층에게 전달되었고 이들이 신문이 담고 있는 미군정의 입장과 해석을 마을 사람들에게 전달할 수 있었다.

1948년 6월 국무부 정보조사국Office of Intelligence Research의 보고서는 남한 농촌 지역 실태조사 보고서에서 농촌의 작은 마을들은 마을의 이장 아래 단결되어 있어 '새로운 생각'에 일치된 반응을 보인다고 언급했는데, 이는 마을의 식자층과 지도자층의 여론이 해당 지역의 여론에 큰 영향을 끼쳤음을 보여준다.[17] 비록 미군정의 주간신문들이 대중에게 직접 도달하지 못했을지라도, 행정조직을 따라 지방과 마을의 지도자에게 배포된 주간신문들의 내용은 그 지방과 마을의 여론에 영향을 미쳤을 것이다.

요컨대 미군정은 신문과 벽신문 등을 분석하여 여론의 흐름을 민감하게 파악하고, 공보부가 직접 제작한 신문을 주간 단위로 도시와 농촌에 대규모로 배포함으로써 여론에 적극적으로 개입하고자 했다. 그렇다면 미군정은 주간신문을 통해 도시와 농촌 각각에 대해 어떠한 메시지를 어떻게 전달하고, 어떠한 효과를 보고자 했을까?

《주간신보》·《농민주보》의 성격

《주간신보》의 앞면, 그리고 《농민주보》의 1면 및 2면은 군정 당국의 입장과 소식, 그리고 해외 소식을 전하는 뉴스 지면이었다. 《주간신보》의 뒷면과 《농민주보》의 3면 및 4면은 오락, 정보, 계몽의 지면이었다.

두 신문의 뉴스 지면은 모두 군정이 제공하는 자료를 기사의 출처로 삼았다. 군정 당국의 성명서와 공보부가 제공하는 보도자료, 그리고 군정 관료와 한국 신문기자들과의 기자회견이었다. 군정의 모든 국장은 매일 오후 3시까지 일간 보도자료를 제출했고, 이는 한국어로 번역되어 다음 날 아침 10시 시청에서 열리는 기자회견장에서 배포되었다.[18] 공보부가 배포한 보도자료가 서울 지역의 민간신문에 실리는 비중은 20~30퍼센트에 불과했다.[19] 이때 보도자료의 상당 부분은 군정청 활동을 홍보하는 것으로,[20] 식량 및 중장비 수입, 홍수 통제, 콜레라 박멸 등 미군정이 남한에서 거둔 성과들이 주를 이루었다.[21] 특별한 이슈에 관한 성명서나 보도자료는 주요 신문에 전부 실린다고 하더라도, 군정 활동의 긍정적이고 건설적인 측면에 대해서는 미군정이 의도한 대로 전달되지 않았기 때문에, 군정이 발행하는 신문들은 군정 활동의 다양한 측면을 홍보하는 데 지면을 할애하였다.[22]

군정과 한국인 기자들 간에 매일 열리는 기자회견에서 한국 기자들이 제기한 질문들은 공보부 주간신문의 기사 주제에 영향을 끼쳤다.[23] 공보부장은 기자들이 제기한 문제들에 대해 군정장관 및 주한미군 사령관과 세부 사항을 논의했고, 이후 공보부에 홍보할 주제와 묵인할 주제가 명령으로 하달되었다.

이때 공보 내용과 방법에 대한 상부의 명령은 초대 공보 책임자인 폴 헤이워드Paul Hayward 중령이 압박감 때문에 신경쇠약에 걸릴 정도로 매우 세세했다. 헤이워드 중령은 전직 보도 전문가, 작가이자 몬테레이 민정요원 보충대에서 군정교육을 받은 인물이었다. 군정과 보도 두 분야에 대한 지식을 모두 갖고 있어서인지, 그는 공보 활동에 대한 군정 상부의 통제적 성향에 매우 힘들어했다. 단적인 예로 그는 군정 상부가 너무나 많은 문제에 대해 무엇을 말해야 할지 혹은 말아야 할지에 관한 과다한 지침들을 쏟아내자, 시청 복도에서 엘리베이터 통로로 소리를 지르며 뛰어가 투신하려다 간신히 저지당한 일도 있었다. 결국 그는 공보기구 수장으로 일한 지 한 달도 채우지 못하고 환자복을 입고 본국으로 후송되었다.[24)]

공보부의 보도지침은 미군정이 배포한 성명서나 군정 활동 보도자료를 그대로 게재하는 것이었다. 직유, 은유 등을 활용하여 재미있고 쉽게 전달하는 것은 허락되지 않았다. 그러나 공보부의 보도지침하에 뉴스를 전달하는 구체적인 방식은 독자층에 따라 차이가 있었다. 《주간신보》는 군정 당국의 성명서와 군정청 발표를 보도기사의 형식으로 기사 속에 녹여낸 반면, 《농민주보》는 이를 그대로 번역하여 전문 혹은 요약본을 게재했다.

성명서를 번역할 때에도 《주간신보》와 《농민주보》가 사용한 언어는 상이했다. 《주간신보》는 국한문을 혼용하여 민간신문들과 같은 문체로 성명서를 번역하고 기사 제목을 구성했지만, 《농민주보》는 순한글 중에서도 직접적이고 자극적인 단어를 사용하여 농민들이 미군정의 메시지를 쉽게 체득할 수 있도록 의도했다. 또한 때로는 성명서에 하지를 비롯한 고위당국자의 얼굴을 커다랗게 그려넣어 농민들이 더욱 그 권위를 실감하게 했다. 예를 들어 〈그림 1〉의 1946년 11월 3일 자 《주간신보》 56호 헤드라인 기사인 〈조선은 식민지화 않는다〉와 〈그림 2〉의 1946년 11월 23일 자 46호 4면의 〈양민을 선동하는 거즛선전의 내용을 백일청천하에 폭로. 하—지 중장 성명〉 기사는 동일한 하지 성명서를 게재한 것이지만 제목에서 보듯 번역 문체에 상당한 차이를 보였다.

특히 《농민주보》는 군정 당국의 성명서를 농민들이 쉽게 받아들일 수 있는 단어와 문체, 당국자의 얼굴 삽화를 사용하는 것에서 더 나아가 2면 혹은 3면에 〈김 첨지〉라는 코너를 만들어 미군정의 입장을 적극 수용하는 태도를 직접적으로 제시하기도 했다. 김 첨지 코너는 김 첨지라는 화자가 농민들 혹은 농민을 표상하는 자신의 손주에게 군정의 메시지를 짧고 강렬하게 메시지를 보내는 것으로, 농민들의 결심과 행동을 유도하는 코너였다. 따라서 "~해야 한다", "~되어라", "~하자", "결심하자!", "맹세하자" 등 농민들을 강하게 설득하는 문장을 반복적으로 사용했다. 대표적인 예로 〈그림 3〉에서 보듯 반탁 시위 자제를 촉구하는 하지 중장의 성명이 《농민주보》의 헤드라인으로 실렸을 때, 당시 〈박 첨지〉(〈김 첨지〉의 전신)는 미군정을 '지혜' 및 '선각자'로 표현하며 미군정의 입장을 따를 것을 설득했다.[25] 이외에도 좌익 선전에 전면 대응하는 하지 중장의 특별성명이 헤드라인에 실렸을 때 〈그림 4〉에서 알 수 있듯 〈김 첨지〉 코너는 김 첨지가 이 성명을 읽고 "감격에 넘쳐 다만 '고맙습니다' 하고 눈물 흘릴 따름"이라며 바람직한 독자의 태도를 제시했다.

이처럼 《주간신보》와 《농민주보》는 뉴스 전달 방식뿐만 아니라 기사가 내포하는 정보의 수준에도 차이를 보였다. 《농민주보》의 뉴스 기사가 당시의 주요 정세나 정책에 관한 것이라기보다는 사실상 미군정 홍보의 내용이거나 군정청의 잡다한 소식 및 공지를 모아놓은 것이었던 반면, 《주간신보》 기사는 당시의 현안 및 이에 대한 민간신문들의 논조에 민감하게 반응하며, 미군정과 미군정 정책에 대한 반대

〈그림 1〉
〈조선은 식민지화 않는다〉,
《주간신보》 56호,
1946. 11. 3.

양민을 선동하는 거짓선전의 내용을 백일청천하에 폭로

〈그림 2〉
〈양민을 선동하는
거즛선전의 내용을 백일청천하에
폭로. 하-지 중장 성명〉,
《농민주보》 46호,
1946. 11. 23 .

朝鮮農民에게告함
농민주보

〈그림 3〉
〈조선 민중에게 고함〉,
《농민주보》 36호,
1946. 9. 7.

〈그림 4〉
〈김 첨지〉, 《농민주보》 36호,
1946. 9. 7.

김첨지

의견에 적극적으로 대응했다. 이는 1946년 7월 미군정의 국립대학교 설치안, 1946년 9월총파업, 12월 입법의원 선거에 대한 《주간신보》의 보도에서 잘 드러난다. 이하에서는 이상의 각 현안에 대한 《주간신보》의 논조를 더 구체적으로 살펴보도록 하겠다.

1946년 7월 13일 미군정이 발표한 국립대학교 설치안(이하 국대안)에 대해 주요 신문들이 비판하자, 《주간신보》는 이를 적극적으로 반박하는 인터뷰 기사를 게재했다. 미군정이 특히 주목한 것은 1946년 7월 17일 자 《중앙신문》에 실린 사설로, 미군정은 이를 전문 번역하여 분석했다.[26] 《중앙신문》 사설의 주요 논지는 조선에 단 하나뿐인 최고 교육기관을 6명의 이사가 좌우하도록 맡기는 것은 확실히 불합리하며, 사실상 문교부장 일인의 독단으로 귀결되리라는 것이었다. 그리고 총장 이하 전 교원의 지위가 종속관계에 처하게 되어 학원 자치가 전면적으로 사라질 것이라고 비판했다. 《중앙신문》뿐만 아니라 다른 신문들도 이러한 비판에 공감했다. 《자유신문》은 사설을 통해 이사회의 구성원이 너무나 소수인 데 비해 권한은 너무 과도하고, 교수의 임면권까지 갖고 있어 "전 조선 문교의 장래가 이들에 의해 좌우되는 위험천만에 놓였다"고 비판하면서도, 그 비판의 대상을 교육행정관의 전횡 독점으로 한정하고 문교 당국이 더욱 적절한 안을 발표해달라고 촉구했다.[27]

《농민주보》는 국대안에 대해 보도하지 않았던 반면, 《주간신보》는 국대안에 대한 비판을 문교부 차장 오천석 박사의 인터뷰 기사를 통해 전면적으로 반박했다. 오천석은 이사회는 정치에 관여하지 않을 것을 명시한 규정에 따라 사회적 저명인사와 교육자로 구성될 것이기 때문에 정치성이 없을 것이라고 주장하고, 이사회의 정치성을 제거하기 위해서는 군정이 이사회를 임명하는 방식이 불가피하다고 밝혔다. 또한 국대안을 반대하는 사람은 일반 사회인보다도 통합당하는 학교의 교수 측이 더 많다면서, 국대안 반대를 능력이 없는 교수의 불만으로 취급하며 국대안 반대 이유는 일고의 가치도 없다고 못 박았다.

한편 정치적 요구보다는 경제적 요구를 내걸고 시작된 1946년 9월총파업이 점차 대중의 지지를 받자,[28] 《주간신보》와 《농민주보》는 모두 민주주의적 노동제도를 만들기 위한 미군정의 노력을 강조하는 사설을 게재했다.[29] 그런데 《주간신보》는 여기서 더 나아가, 그다음 호에 〈노동자 학대는 사실인가〉라는 사설을 통해 미군정에 대한 조선공산당의 비판을 정면으로 반박했다.[30] 이 사설은 일부 좌익 신문이 미국인이 조선 노동자를 과거 일본인이 조선 노동자에게 했던 것처럼 말이나 소처럼 취급하고 학대하며 고문한다고 주장했지만 이는 사실과는 상반되며, 오히려 군정청은 민주주의적 노동법령 제정을 통해 노동상태를 개선했다고 주장하면서 조선공산당의 논리를 적극 비판했다.

1946년 12월 과도입법의원 설치를 앞두고도 《주간신보》는 사설을 통해 《중외신보》에 실린 조선공산당의 성명서가 "미군정이 친일파와 민족반역자를 비호하기 때문에 입법기관 설치는 민중을 기만하는 모략"이라고 주장하고 있다면서, 이에 대해 조목조목 비판했다.[31] 입법의원에 친일파와 민족반역자가 포함될 가능성에 대한 비판은 당시 여론의 보편적인 우려였는데, 《주간신보》는 이를 조선공산당의 모략으로 규정하고 그에 대한 반박을 사설에 게재한 것이다.

한편 10월항쟁에 대해서만큼은 두 신문 모두 미군정의 입장을 적극 홍보했다는 점에 주목할 만하다. 10월항쟁은 미군정의 친일관리 고용, 식량 공출, 토지개혁의 지연 등 해방 이후 1년간의 군정 정책에 대한 대중의 막대한 실망과 분노가 전국적으로 여실히 드러난 사건이었다.[32] 이를 반영하듯 경남 지역 시위대의 주된 공격 목표는 경찰서와 지서였고, 그다음이 군정 및 면사무소, 군수 사택과 관공리의 사택 등 행정관계 기관과 사택이었다. 그리고 주요 공격 대상 인물은 경찰과 그 가족, 군수와 관리, 우익 인사와 지주, 전도사 등의 순서였다.[33] 또한 전남 등지에서는 토지정책, 공출의 불균형, 지주·관리·경찰의 유착에서 비롯한 깊은 원한으로 인해 농민들이 시위를 벌였고, 당시 전국 수십만 농민들을 지도하기에 충분한 조직이 부재한 상황에서 자연발생적인 개별 농민 전쟁들이 집합하며 10월항쟁은 전국으로 확산되었다.[34]

전국적인 시위가 발생하며 정책 실패에 대한 부정적인 여론에 직면하자, 미군정은 10월항쟁에 대한 당국의 입장과 해석을 두 가지 방법으로 홍보했다. 첫째, 경무부장 조병옥이 정례 기자회견에 참석하여 시위에 대해 보고했다. 특히 10월항쟁 초반의 경우, 대구 지역 계엄령하에 신문 및 출판물이 금지되어 신문이 발행되지 않았고, 시위로 인해 언론사의 자체 조사가 어려웠기 때문에 경무부장의 브리핑은 언론이 접근할 수 있는 거의 유일한 정보원이었다.[35] 10월항쟁 관련 언론 브리핑은 1946년 10월 3일 자 기자회견에서 시작되었다. 대구에서 일어난 사건에 대해 자세한 정보를 달라는 《동아일보》 기자의 요청에 따라, 경무부장 조병옥이 호출되어 사건 경위를 전달했다.

조병옥은 9월 30일부터 10월 3일에 이르기까지 날짜별로 시위 참가 인원과 장소, 이로 인해 경찰이 입은 피해 상황 및 경찰의 대응을 중심으로 사건을 보고했다. 《조선일보》는 조병옥의 발표를 게재하며, 시위로 인해 교통, 통신에 어려움이 있어 조사와 보도가 어려운 상황에서 사실상 경무부장의 단편적 발표에 의존해야 한다는 점을 명시했는데, 이는 10월항쟁에 대한 해석과 정보 배포에 미군정이 사실상 독점적인 권한을 갖고 있었고, 언론 또한 그 점을 독자에게 전달하려 했음을 보여준다.[36] 같은 시기 미군정은 부산에서 발행되던 《민주중보》가 대구에서 발생한 시위를 호외로 발행했다 하여 동신문을 10월 4일 포고령 2호 위반으로 무기정간하고 운영위원장을 구속했는데, 이는 미군정이 시위에 대한 정보를 통제하려 했음을 보여준다.[37]

한국인 기자들은 군정 당국의 브리핑에서 경찰의 보고가 정확하지 않으며, 파업과 기타 문제들의 핵심은 식량문제라고 지적했다. 그리고 최근 경상북도 군정장관이 식량 수집 할당량을 채우지 못해 사임했으나, 사실 핵심적인 책임은 식량행정관과 다른 사람들에게 있으므로, 여론은 이들을 해임하고 더 적합한 인물들에게 이 일을 맡기기를 원한다고 밝혔다.[38] 기자들은 사실상 경찰의 피해 상황만을 부각하는 군정의 언론 브리핑을 비판하고, 식량 수집을 담당하는 관리들과 경찰이 가장 핵심적인 문제라고 지적한 것이다.

둘째, 미군정 정책 실패에 대한 여론의 분노를 체감한 미군정은 당국의 성명서를 발표하여 10월항쟁에 대한 미군정의 입장과 해석을 홍보했다. 《농민주보》는 '폭동', 《주간신보》는 '소요'라는 단어로 당시 상황을 표현하면서도, 사태의 양상과 전개 과정은 전달하지 않는 한편 군정 당국의 성명서를 게재하여 미군정의 해석과 입장을 보도했다. 미군정은 10월항쟁의 주요 원인이 친일경찰 문제와 식량정책에 있다는 지적에 대해 성명서들을 통해 미군정의 입장을 적극적으로 피력했다. 먼저 친일경찰 문제에 대한 미군정의 입장은, 미군정하에는 전직 경찰이 2할밖에 없음에도 불구하고 일제강점기 경찰에 대한 민중의 원망이 선동가들에 의해 거짓 선동되어 대중들이 경찰을 원망하게 되었다는 것이었다. 하곡 수집 과정 중 경찰의 만행에 대해서는 경찰은 직무를 충실히 했을 뿐이라고 변호했다. 또한 민주주의적인 경찰개혁을 실시하겠다고 약속함으로써 친일경찰 개혁의 문제를 민주주의적 개혁의 문제로 전환하였다.[39] 미군정은 더 나아가 경찰도 사람인 이상 실수할 수 있다며 경찰의 만행을 경찰 개인의 문제로 축소하였다. 미군정은 이제 친일경찰로 인해 발생한 문제 자체를 부정하지 않았지만, 이것이 친일경찰의 문제가 아니라 비민주적인 경찰의 문제로, 경찰조직의 문제가 아닌 개인의 문제로 치환하는 논리를 통해 문제의 성격을 다시 규정했다.[40]

한편 두 신문 모두 10월항쟁에 대한 미군정 성명문을 비중있게 게재했지만, 《농민주보》에는 이와 더불어 식량 공출에 협조하라는 성명문이 추가로 실렸다. 《농민주보》에 게재된 식량 공출 관련 미군정 성명문들에 따르면 미곡 작황 상황 및 미군정의 식량정책은 문제가 없으나 공출에 대한 농민의 비협조적인 자세가 문제이며, 악선전이 농민의 비협조적인 태도를 유발한다는 것이었다. 미군정은 공출정책에 협조하면 농부 자신도 넉넉히 쌀을 남겨둘 수 있고 생필품을 구매할 수 있으며, 국민들에게 적당한 배급을 할 수 있으니 식량 공출에 순종하고 협력할 것을 당부하고 미군정의 식량정책은 아무런 문제가 없음을 강조했다.[41] 그리고 '무정부주의자'들이 농민들로 하여금 미군정을 불신케 하고 정치적 야심을 달성하려는 목적으로 공출을 반대하도록 선동했으며, 치안과 질서를 유지하는 경찰에 관해 거짓 선전을 하여 군정을 무력화시키려 했다고 발표했다.[42]

이처럼 미군정은 경찰과 식량정책 자체는 아무런 문제가 없는데 대중이 악선전에 기만·선동되어 일어난 폭동·소요가 10월항쟁의 본질이라고 홍보하는 한편, 악선전으로 대중을 선동한 자들은 남한 외부에서 온 사람들이라고 강조했다. 1946년 10월 26일 자 《농민주보》 42호 4면의 〈무정부주의자는 당신네를 선동한다〉라는 제목으로 실린 하지의 성명서는 남한에 직접 거주하지 않는 무정부주의자들의 선동으로 폭동이 일어났다고 규정했다.[43] 이 성명서는 10월항쟁의 원인을 남한에 거주하지 않는 자들, 즉 소련 군정하의 북한의 선동과 연관지었다는 점에서 이전과 차별성을 띠었다. 하지는 성명서에서 남한 외부에서 온 자들의 선동이라는 증거가 있지만 이를 세세히 밝히지 않겠다며 증거를 언급하지 않았는데, 당시 공보부 소속이었던 리처드 로빈슨은 훗날 파업 기간 중 체포된 수천 명 중에서 남한 지역에 거주하지 않는 사람은 한 사람도 발견되지 않았으며, 모든 사태를 북한의 선동가들이 조종했다는 하지 장군의 빈번한 비난은 근거가 없다고 평가했다.[44]

하지의 성명서들은 더 나아가 북한의 선동가들 뒤에는 소련이 있다고 암시했다. 1946년 10월 30일 자 《주간신보》 54호 〈소요를 속히 정지하라. 남조선 소요사건에 하-지 중장의 성명서 요지〉와 1946년

11월 2일 자 《농민주보》 43호 〈속히 폭동을 정지하고 새 조선 건설에 매진하라〉 기사에 실린 하지의 10월 23일 자 성명서는 선동가들을 '조선 국가의 역적'으로 규정하고, 이들이 폭동 수단에 성공하면 그 다음에 '조선 대중을 자기네의 전제적 통치하에 강압적으로 복종시키려'는 최후의 목적을 노리고 있다고 강조하여 설명했다.[45] 1946년 11월 13일 자 《주간신보》 56호 〈조선은 식민지화 않는다. 하지 중장의 성명 요지〉와 11월 23일 자 《농민주보》 46호 〈양민을 선동하는 거즛선전의 내용을 백일청천하에 폭로. 하–지 중장 성명〉에 실린 하지의 성명서는 이들의 목적이 "인심을 소동시키고 질서를 혼란케 하여 일반 민중으로 하여금 미군정을 불신임케 한 다음에 자기네들의 정치적 지배권을 잡으려하는 것"이라고 규정했다.[46] 폭동의 최후 목적이 전제적 통치에 있다는 것은 이전의 성명서가 남한 외부의 사람들, 즉 북한에서 온 악질선동가들을 미군정 반대시위의 주범으로 본 것에서 더 나아가 그 뒤에 소련이 있음을 암시한 것이다. 이들을 '조선 국가의 역적'이라고 표현한 것도 그러한 맥락이었다. 이를 보여주듯, 《대동신문》 기자는 러치 군정장관과의 기자회견담에서, 하지의 성명이 사실이라면 하지가 나서서 소련에 항의해줄 것을 적극적으로 요구하였다.[47]

요컨대 미군정 정책 전반에 대한 대중적 비판의 성격을 가졌던 10월항쟁에 미군정이 홍보의 측면에서 대응한 방식은 역선전의 강화였다. 친일관료의 재등장, 토지개혁의 지연, 식량정책의 실패 등 해방 직후 주요 과제에 대한 미군정의 정책 실패는 여론을 악화시키며 결국 전국적인 시위로 이어졌다. 그러나 미군정은 '폭동'과 '소요'의 배후에 북한의 선동가가 있다며 시위가 북한·소련의 영향을 받은 정치적 성격의 것임을 강조했다.

한편 《주간신보》와 《농민주보》의 정보 수준 차이는 오락·정보·계몽 지면에서도 나타난다. 《농민주보》는 3면과 4면을 미군정의 농업, 국어, 국사, 보건정책에 대한 기사로 구성한 반면, 《주간신보》는 도시 독자의 흥미를 유발하거나 여론을 반영한 소재를 채택했다. 예를 들면 두 신문 모두 매호 국사 기사를 연재했는데, 《농민주보》 기사는 문교부가 제공하는 것으로 사실상 국사 교과서를 시대순으로 연재한 반면 《주간신보》는 노국공주의 일화와 같은 흥미로운 소재를 다루어 독자의 관심을 끌고자 했다.

또한 《주간신보》 1946년 6월 26일 자 36호부터 1946년 9월 18일 자 48호까지 연재된 군정청 한국인 관료에 대한 인상기는 당시 한국인 군정 관료에 대한 부정적인 여론에 미군정이 적극 대응한 것이었다. 이 연재는 한국인 기자가 경무부장 조병옥, 농무부장 이훈구·오정수, 공보부장 이철원, 체신부장 길원봉, 사법부장 김병로, 외무처장 문장욱 등 군정의 한국인 고위관료를 직접 만나 받은 인상을 서술한 것으로, 이들의 학위, 경력 등을 최대한 우호적으로 기술했다. 예컨대 기자는 조병옥의 부드러운 성품과 인간적인 면모를 칭찬했다. 또한 조병옥이 일제강점기에 겪은 고난에 대해 자세히 들려주는 한편, 아이와 잘 놀아주는 아빠라며 따뜻한 보호자로서의 이미지를 부각했다.[48] 기자는 본인이 조병옥에 대해 받은 주관적인 인상과 조병옥의 개인적인 면모를 바탕으로 궁극적으로 조병옥이 일제강점기의 경찰과는 다른 민주주의적 경찰제도를 만들 것이라고 평가했다.

이와 관련하여 주목할 것은 공보부 여론국이 작성한 〈여론동향〉 보고서에 한국인 관료에 대한 비판이 꾸준히 보고되었다는 점이다. 이 보고서에 매주 기록된 항목 중에는 정부, 즉 군정에 대한 여론이 있다. 이 항목은 군정에 대한 여론이 호의적인가를 점검했는데, 이때 비우호적인 여론을 형성하는 요인으로 항상 거론된 것이 군정 내 한국인에 대한 대중의 불신과 비판이었다. 일례로 1946년 4월 7일 자 〈여론동향〉 6호는 서울에서 인터뷰한 사람들 중 56퍼센트가 한국인 관료들에 대한 불만을 표출했다고 명시했다. 또한 1946년 6월 22일 자 〈여론동향〉 16호는 조선인 공무원의 근무태도와 관련하여 오직 20퍼센트만이 만족을 표시했고 54퍼센트는 매우 불만족하다고 대답했다며 조선인 공무원에 대한 불만을 지적했다. 1946년 9월 17일 자 〈여론동향〉 27호는 서울에서 유명한 관리와 경찰에 대해 새로운 설문지를 사용하여 여론조사를 실시한 결과 58퍼센트가 관리에 대한 불만을, 9퍼센트가 만족을 표시했다고 보고했다.

미군정이 서울 지역에서 확인한 한국인 관료에 대한 대중들의 불만과 비판은 한국인 군정 관리들이 일제하에 부역한 자들이고, 이들이 현재 식민지시기와 똑같은 방식으로 행동한다는 것, 그리고 점령 당국이 관리를 임명하는 채용 방식에 기인했다.[49] 군정 내 한국인 관료에 대한 비판 여론은 이들과 식민지의 연속성에 그 초점이 있었으나 《주간신보》는 '인상기'라는 접근 방식을 통해 관료의 개인적인 면모를 부각시키며 이들에 대한 우호적인 여론을 형성하고자 했던 것이다.

한편 군정 내 한국인 관료의 인상기 연재가 끝난 뒤에는 《주간신보》에 1946년 10월 3일 자 50호부터 고정란으로 〈민주주의 투쟁사〉가 연재되었다. 〈민주주의 투쟁사〉와 〈민주주의 발달사〉는 미국 역사와 민주주의에 대한 것으로, 《주간신보》가 독자를 대상으로 미국식 민주주의 선전에 보다 열을 올렸음을 보여준다. 1947년 3월 14일 자 73호부터는 〈민주주의 발달사〉로 연재된 이 기사는 미국에서 민주주의가 어떻게 성립되었는지에 관한 내용으로, 일본과 한국의 사례도 다루었다.

이상에서 살펴본 《주간신보》와 《농민주보》의 지면 특성과 기사 전달 방식을 정리하고 이를 통해 각 신문의 역할을 살펴보면 다음과 같다. 먼저 《주간신보》의 뉴스 지면은 정세와 민간신문들의 논조에 민감하게 반응하면서, 미군정을 비판하는 논조에 대한 대항 논리를 적극적으로 선전했다. 이를 통해 독자가 현안에 대한 비판적인 시각을 배격하고, 미군정의 해석 방식을 수용하도록 유도했다. 오락·정보·계몽 지면은 여론이 관심 있어 하는 주제, 그리고 한국사 및 민주주의 홍보를 포함한 흥미로운 내용으로 도시 독자들에게 다가갔다. 이처럼 흥미로운 주제, 그리고 현안에 대한 적극적인 대응을 통해 《주간신보》는 도시 독자, 특히 서울의 독자들을 민간신문의 담론으로부터 지켜내는 역할을 맡았다.

《농민주보》의 뉴스 지면은 대상 독자인 농민들이 현안에 대한 충분한 정보를 얻지 못한다는 것을 전제로 하여 미군정이 취사선택한 현안에 대한 미군정의 입장만을 일방적으로 전달하는 방식으로 뉴스 지면을 구성했다. 이때 독자의 관심을 쉽게 끌 수 있는 단어를 사용하고, 당국자의 그림이나 사진을 게재함으로써 농민들에게 미군정의 입장을 직접적으로 전달했다. 오락·정보·계몽 지면은 군정청과 연계하여 농업 정보, 한글과 한국사 기사 등을 연재하고 이를 성인교육의 교재로 이용할 수 있도록 구성되었고, 농민 계몽을 목적으로 한 부드러운 선전의 성격을 띠었다. 이를 통해 《농민주보》는 미군정이 선택한 현안 및 이에 대한 미군정의 입장을 농가의 말단 한국인에게까지 전달하고, 농민 계몽에 일조하는 역할을 맡았다.

미군정의 선전효과와 주간신문 분석의 의의

미군정은 남한에 진주한 직후 국내 여론이 미군정의 점령정책과 미국의 대한정책에 긍정적이지 않음을 인식하고 여론을 재편하려는 목적을 일찍부터 설정했다. 그 일환으로 미군정청 공보부는 직접 주간신문을 발행했다. 점령 당국은 보도 주체로서 국내 언론 동향, 여론 동향, 신문기자 회견에서의 질문 등을 고려한 뒤 당국의 입장을 투영하여 주간신문에 실릴 기사 주제를 취사선택했다. 또한 이 신문들은 주간으로 발행되었기 때문에 그 주에 일어난 사건의 원인과 전개 과정, 귀결을 좇는 보도 방식이 아닌, 그에 대한 점령 당국의 해설과 분석 위주의 보도 방식을 취했고, 사안들은 미군정의 관점에서 재해석·재가공되었다. 즉, 주간간문은 단순히 매일매일의 속보를 전달하는 것이 아니라 사건과 현안을 점령 당국의 입장에서 해석하고 재현하여 이를 '사실'로 만드는 역할을 담당했고, 점령 당국은 이를 통해 국내 정세와 여론에 더욱 직접적으로 개입하고자 했다.

주간신문들은 각각 다른 독자층을 목표로 했으므로 그 역할과 성격에 차이를 보였다. 주간신문 중에서도《주간신보》는 도시 독자, 특히 서울의 독자들을 민간신문의 담론으로부터 지켜내는 역할을 맡았고,《농민주보》는 농민들이 현안에 대한 미군정의 입장을 직접적으로 수용하도록 하며, 농민 계몽에 일조하는 역할을 맡았다. 이들 중 특히《농민주보》는 일본이 전시체제하에 말단의 한국인까지 총동원하기 위해 활용했던 선전 신문과 그 발상 및 신문 제작 인적 구성 등이 겹친다는 점에서 볼 때 미군정이 자신의 입장을 농민들에게 알리는 것을 얼마나 중요하게 생각했는지를 알 수 있다.

그러나 무엇보다도 점령 초기 두 신문의 기사들에서 공통적으로 알 수 있는 것은 미군정이 점령 당국의 정책에 대한 한국인의 부정적인 여론에 대응하기 위해 이 신문들을 이용했다는 점이다. 특히 미군정은 친일 인적 청산과 같은 탈식민 과제와 관련된 현안들에 대해서 자신의 입장을 적극적으로 홍보했다. 이는 10월항쟁을 다룬 기사들에서 잘 드러났다. 두 신문에 실린 미군정의 성명서들은 군정 정책은 문제가 없음을 강조했고, 미군정은 자신을 비판하는 여론을 좌익, 북한, 소련과 연결시키며 10월항쟁에 정치적 성격을 부여했다. 미군정은 더 나아가 친일경찰 개혁의 문제를 민주주의적 개혁의 문제로 재정의하거나 문제의 성격을 전환하는 등 탈식민 과제의 좌절에 대해 새로운 해석틀을 제공했다. 미군정의 해석틀하에서 탈식민 과제는 당연히 해결되어야 한다는 관점이 아닌 새로운 관점에서 해석될 여지를 부여받은 것이다. 10월항쟁에 대한 주간신문들의 기사는 탈식민 과제와 냉전적 사고의 접점을 보여주었다.

이와 같은 미군정의 선전이 당시 한국인에게 얼마나 영향을 미쳤는지는 정확히 알 수 없다. 관련 기록이 없기 때문이다. 오히려 기존 연구는 높은 문맹률과 교통·우편 체계의 낙후로 인해 한국인이 미군정의 주간신문을 보기 어려웠으며, 이는 결국 미군정이 설정한 의제가 한국인에게 수용되지 못하는 결과를 가져왔다고 평가하기도 했다.[50)]

그러나 당시에 한국인에게 이러한 논리가 얼마나 받아들여졌는지도 중요하지만, 이와 별개로 미군정이 이러한 논리를 확산하기 위해 얼마나 공을 들였는지도 중요하다. 앞서 언급했듯 미군정의 주간신문은 압도적인 양으로 배포되었기 때문에 양적인 측면에서 보았을 때 그 어떠한 신문도 미군정의 목소리보다 더 크게 또 더 넓게 목소리를 전달할 수 없는 구조였다. 또한 미군정은 분단을 홍보하기에 이르러서는 전국의 한국인이 주간신문을 확실히 받게 하도록 비행기로 이를 살포하는 등 점령 당국의 입장을 전달하기 위해 많은 노력을 했다. 이러한 미군정의 노력은 결국 점령 당국이 자신의 입장을 전파하는 데 매우 적극적이었다는 점을 시사한다. 미군정은 자신의 입장을 주간신문뿐만 아니라 여러 경로를 통해 신문기자 및 식자층 등에게 전파했으므로 결국 주간신문에 나타난 미군정의 입장은 매체들에 영향을 미쳤다고 판단할 수 있다. 따라서 한국인이 주간신문을 통해 직접 의제를 수용하는 비중은 크지 않았을지라도 주간신문의 논리를 추적함으로써 미군정의 선전 논리를 파악하는 것은 의미가 있다.

1945년 10월 발행하기 시작한 《주간신보》는 매주 40만 부씩 발행되다가 1946년 1월 전후로 매주 80만 부씩 발행되었고, 1947년 4월 폐간되었다. 1945년 12월에 창간된 《농민주보》는 매주 80만 부씩 발행되다가 1947년 7월부터 30만 부씩 격주로 발행되었다.[51] 1947년 중반이라는 비슷한 시기에 《주간신보》가 폐간되고 《농민주보》의 발행 빈도와 부수가 감소한 것은 미국의 대한정책 및 대한 선전정책의 변화 때문이었다. 1947년 5월 이후 미국은 미소 협조 폐기 및 한국 문제의 단독처리를 염두에 두었고, 이에 선전을 담당하는 새로운 공보기구인 공보원을 미군정청이 아닌 주한미군 사령부 산하에 설치하였다. 그리고 공보원은 1947년 6월 새로운 주간신문인 《세계신보》를 발행하기 시작했다. 즉 《세계신보》는 《주간신보》 폐간과 《농민주보》 축소로 확보한 용지로 발행되었던 것이다. 이는 이제 미군정의 공보정책이 한국인에게 본격적으로 분단을 설득하는 것으로 변화했음을 의미했다. 미군정이 새로운 공보기구와 신문을 통해 통일국가 수립 과제와 체제 대립, 이데올로기 대립을 어떻게 연결하고 분단을 설득하는지는 추후의 과제로 삼고자 한다.

4. 미군정의 싱크탱크, 정치고문단

◎ 김혜영

야전군인 하지, 남한의 통치자가 되다

1945년 8월 15일 일제가 연합국에 항복함에 따라 하지John R. Hodge가 이끄는 미제24군단은 북위 38도선을 기준으로 한반도 남쪽에 진주하였다. 이후 미제24군단은 군정청을 설치하고 단순한 군사적 점령 차원을 넘어 '사실상의 정부'로서 남한을 통치하였다. 미군정은 남한[1)]을 독일, 일본과 같은 다른 패전국 점령지와 마찬가지로 구체제, 즉 기존 조선총독부 체제와 인력을 활용하여 통치하고자 했다. 그러나 이는 일제 식민통치에서 막 벗어난 남한 사회의 거센 반발에 부딪혔고, 미군정은 즉각 일본인 관료들을 해고하였다. 하지만 구체제의 도움 없이 전쟁 직후의 점령지를 통치하는 일은 쉽지 않았다. 특히 얼마 전까지 오키나와 전선에서 일본군과 전투를 벌여온 야전 지휘관 출신의 하지에게 이러한 통치는 단순한 군사 임무를 훨씬 넘어서는 과제였다.

하지는 미군정의 정보참모부G-2, 방첩대CIC 등의 군정보기관과 함께 국무부에서 파견한 정치고문들의 도움을 받으며 직접 남한을 통치해나가기 시작했다. 하지만 해방 직후 남한이라는 점령지는 몇 명의 정치고문의 조언만으로 운영하기에는 녹록지 않은 공간이었다. 주지하다시피 1945년 12월에 발표된 모스크바 3상회의 결정[2)]은 신탁통치 이전에 한국 임시정부 수립을 선결과제로 삼았고, 미소공동위원회(이하 미소공위)가 한국의 정당과 사회단체와 협의하여 임시정부를 수립하도록 규정했다. 이로 인해 미군정은 기존 남한의 군정 운영에 더해, 미소공위를 통한 소련과의 협상 및 한국인 정치세력들을 상대하는 임무까지 동시에 떠안게 되었고, 하지의 부담은 가중되었다.

1차 미소공위를 준비하면서 미군정은 국무부 파견 정치고문 랭던William R. Langdon과 하지의 개인 정치고문인 굿펠로우Preston M. Goodfellow의 도움을 받아 북조선임시인민위원회에 상응하는 남한의 정치적 대표기구를 구성하려 했다. 그 결과 남조선 대한국민대표 민주의원(이하 민주의원)이 출범하게 되었다. 그러나 민주의원이 설치된 바로 다음 날 좌익들의 연합체인 민주주의민족전선(이하 민전)이 결성되면서 민주의원은 우익의 대표기관으로 그 위상이 한정되었다. 결과적으로 민주의원은 반탁 우익세력만으로 구성되어 '민주적'이지도 '대표적'이지도 못한 채 소련과의 협상에서 그 효용성을 보장할 수 없었다.

민주의원이 사실상 무용지물이 된 상황에서, 미군정은 본격적으로 미소공위에 돌입하였다. 1946년 3월 20일부터 시작된 1차 미소공위에서 양측 대표위원은 각각 5명으로 구성되었다. 미소공위 미국대표단(이하 미국대표단)의 경우 아놀드Achibald V. Arnold, 부스Robert H. Booth, 브리튼Frank H. Britton, 랭던,[3)] 데이어Charles W. Thayer가 임명되었다. 아놀드는 제7사단장이자 前 군정장관이었으며 부스는 그의 부관이었다. 브리톤은 주한미군 사령부의 상위 제대인 연합군 최고사령부, 즉 맥아더 사령부에서 파견되었으며, 랭던과 데이어는 국무부 소속 인사들이었다. 랭던과 데이어를 제외한 미국대표단의 군인들은 아놀드가 단지 그의 사단 관할 구역이 서울·경기·충청·강원 지역이란 이유만으로 군정장관에 임명된 것처럼, 정치적 경험이나 식견은 기대하기 어려운 야전군인들이었다.

미국대표단과 소련대표단은 미소공위와 협의할 한국인 정당과 사회단체의 자격문제를 놓고 심각하게 대립했다. 결국 미소 양측은 협의단체 자격에 대한 결론을 내리지 못한 채 소련대표단이 평양으로 철수함으로써 1차 미소공위는 회의 개최 50여일 만에 양측의 입장 차이만 확인한 채 막을 내렸다.

정치고문단의 창설 배경과 인적 구성

1차 미소공위 결렬 이후, 미군정은 민주의원을 대신할 만한 한국인 대표집단 양성을 목표로 이후 재개될 미소공위에 대비하고자 했다. 이에 미군정은 좌우합작운동에 대한 지지를 표명하면서 김규식, 여운형으로 대표되는 중도세력들을 통한 남한 정계 통합, 이른바 '중도정책'에 적극 나섰다. 하지는 미소공위 휴회 기간에 미국대표단을 미군정의 '중도정책'의 실무자로서 활용하기 시작했고, 미국대표단은 남한 중도세력들과 미군정과의 '창구'로서 이들과의 접촉을 도맡게 되었다.[4] 그리고 1946년 가을, 해방 이후 축적되어온 남한 사회의 각종 사회경제적·정치적 문제들이 폭발하면서 '10월항쟁'이 발생하자 미국대표단은 남한 측 좌우합작위원회[5]에 상응하는 미국 측 대표기구로서 이를 수습하면서 미군정의 정치고문 기구로서의 역할을 톡톡히 해냈다.[6]

1947년 4~5월, 미소공위의 재개 논의가 미국과 소련 정부 사이에서 오가자 미국대표단은 하지에게 미군정의 조직 개편을 제기했다. 미국대표단이 조직 개편안을 제출한 배경에는 두 가지 핵심 문제가 있었다. 첫째, 남한의 점령 상황은 일반적인 군사 점령과는 달리 주한미군 사령관이 정치·경제 문제를 광범위하게 다뤄야 하는 특수성을 지니고 있었으며, 둘째, 이러한 상황에도 불구하고 정치·경제 문제를 전문적으로 다룰 전담 부서가 미군정 내에 부재하다는 점이었다.

미국대표단은 만약 미소공위가 재개된다면 미국대표단이 해온 미군정 정치고문 역할과 미소공위 진행 업무를 병행할 수 없을 것이라 우려했다. 이에 미국대표단은 내부 의견 수렴을 거쳐 1947년 4월, 정치·경제 문제를 전담하는 종합적인 재조직안을 만들어 하지에게 제출하였다.[7] 미국대표단이 제안한 개편안의 요점은 ① 주한미군사령부 일반참모부 내에 민사참모부G-5(Civil Affairs)를 설치하여 이 부서가 전국적인 중요성을 갖는 정치·경제·정부 문제에 대해 통상적으로 참모 역할을 맡고, ② 정치·경제·정부 사안에만 전념하는 부사령관을 별도로 임명하여, 그가 민사참모부를 통합적으로 지휘하면서 사령관에게만 책임을 지도록 하는 것이었다.

그런데 미국대표단이 제안한 민사참모부 창설안은 하지에게 채택되지 않았다. 그 대신 하지는 미소공위 미국대표단 산하에 정치고문단Political Advisory Group 창설을 지시하였다.[8] 이에 따르면 정치고문단은 미소공위 공식 분과위원회가 미소 양측 대표단으로 구성된 것과 달리 미국인만으로 구성된 미국대표단만의 고유 조직이었다.[9]

정치고문단의 임무는 모스크바 3상회의 결정과 관련된 정치적 문제와 필수적으로 준비해야 하는 계획에 대해 자문하는 것으로, 자문 방식은 주로 컨택contact, 즉 남한 정치인들과의 '접촉'이었다.[10] 이러한 활동은 기존에 미군정의 '중도정책' 수행 당시 미국대표단이 해오던 역할의 연장선이었다. 정치고문단은 미국대표단 전원이 소련과

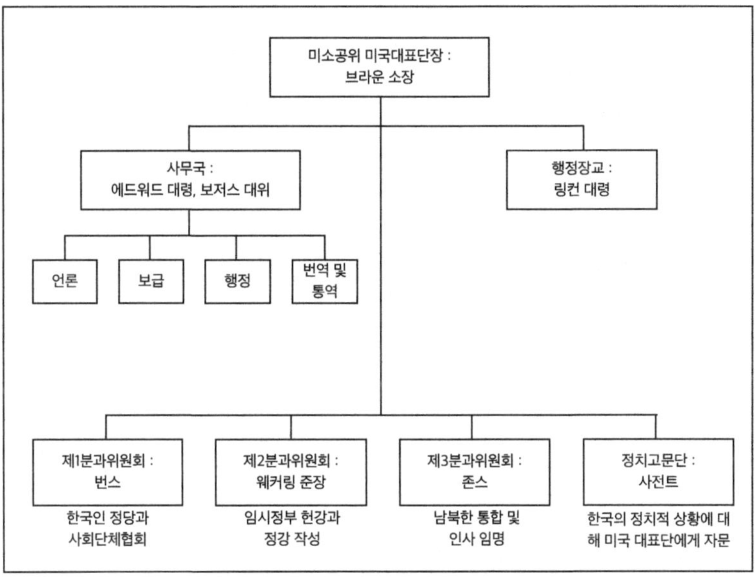

〈그림 1〉 2차 미소공위 미국대표단의 구조

* 출처: RG 43, 미소공위 문서철, Roll 4, 〈The Organization of the American Delegation to the Joint Commission〉, 날짜 미상.

의 협상 테이블에 있는 동안 미국대표단장 지시 아래 공식 분과위원회 지원 또는 남한 정치세력과 접촉 등 어디든 투입될 수 있는 전천후 기구로 기능하였다.

정치고문단은 2차 미소공위 재개 직전인 1947년 5월 초에 인원이 편성되었다.[11] 정치고문단장으로 임명된 사전트는 1943년 6월부터 1944년 4월까지 전략처OSS(Office of Strategic Services)[12] 정보장교로 워싱턴에서 근무했으며 1944년 4월부터 1946년 5월까지 워싱턴과 중국을 오가며 정보장교로서 광복군 2지대를 훈련시키고, 국내 진공작전인 독수리작전을 준비했다. 해방 후 유엔국제부흥기구UN Relief and Rehabilitation Administration 한국단장으로 워싱턴과 남한을 오가며 활동했다.[13] 이후 1946년 8월 전후로 미군정은 사전트가 필요하다는 전문을 보냈고, 사전트는 미소공위 재개 직전 내한하였다.

버치는 1910년생으로 오하이오 애크론 출신이며, 하버드 법대 출신의 변호사로 미국이 제2차 세계대전에 참전하면서 미 육군에 입대했다. 미군정청 공보부 여론국 소속으로, 하지의 개인 정치고문이었던 굿펠로우가 여운형에게 접근해 사회민주당 창당을 종용할 당시 그를 보좌하였고, 1차 미소공위 결렬 이후에는 김규식과 여운형의 좌우합작운동을 막후에서 지원하는 미군정의 실무자 역할을 했다.[14] 로우 또한 미군정청 공보부 여론국 소속으로 1946년 1차 미소공위 개최 때부터 남한 정치세력들과 정당들을 분석해온 경험을 바탕으로 버치와 함께 정치고문단에 합류하였다.[15]

한편 정치고문단에는 식민지시기에 활동한 선교사 또는 선교사 2세 출신들이 상당수 포진했는데, 제임스 피셔와 로버트 키니, 벤자민 윔스가 이에 해당한다. 한반도와 가장 가까이 있다는 이유로 미군정 책임자로 임명된 하지는 부임 초반 어려운 상황을 겪으면서 선교사와 선교사 2세들의 가치를 다시 평가하게 되었고 이들을 차례로 불러들여 미군정 운영에 활용하였다.[16)]

피셔는 미군정청 공보부 여론국 정치교육과 소속으로, 미 남감리교 선교사로서 1919년부터 1935년까지 연희전문학교에서 교수로 재직하였다. 1944년 그는 워싱턴의 OSS에서 한·일·필리핀 관계 전문가로 일하다가,[17)] 해방 후 언더우드Horace H. Underwood의 추천으로 1946년 1월에 내한해 미군정에서 일하게 되었다.[18)]

키니는 1946년 2월에 내한한 국무부 경제사절단, 일명 번스 사절단[19)]의 일원이었다. 키니는 1935~1937년 서울외국인학교 교사 겸 교장 대리를 지냈고, 1939~1941년 중국 베이징 미국인학교에서 교사 겸 교장 대리를 지냈다. 1942~1946년에는 워싱턴 육군부 정보국 극동과에서 조사분석가로 한국 관련 정보 수집 업무에 종사했다.[20)]

윔스는 선교사 2세로 아버지 클라렌스 윔스Clarence N. Weems는 일제강점기 개성과 원산 등지에서 활동한 선교사였다. 1914년 5월 14일 개성에서 태어나 한국에서 외국인학교를 다니며 중등교육을 마치고 미국에서 듀크대학을 졸업했다. 노스캐롤라이나에서 교사로 있다가 1939년 내한하여 서울외국인학교 교장으로 1940년까지 활동했다.

이외에도 미군정청 외사국 소속의 저스틴 슬론, 2차 미소공위 미국대표단장 브라운 소장Albert E. Brown의 부관이었던 케네스 알도스, 키니와 같이 국무부 경제사절단 소속으로 번스Arthur C. Bunce의 보좌관이자 러시아어에 능통해 미소공위 당시 회담 통역 및 소련 관련

〈표 1〉 정치고문단 주요 구성원

이름	원소속	이전 한국 관련 경력	기타
사전트 Clyde B. Sargent	미 육군부	• OSS 중국지부 • 1946년, UNRRA 한국단장으로 내한	
버치 Leonard M. Bertsch	군정청 공보부 여론국	• 1차 미소공위 참여	
로우 Philip C. Rowe	군정청 공보부 여론국		
피셔 James Earnest Fisher	군정청 공보부 여론국	• 선교사(연희전문학교) • OSS 워싱턴 지부	한국어 가능
알도스 Kenneth G. Althaus Jr.	미국대표단장 브라운 소장 부관		
키니 Robert A. Kinney	국무부 경제고문단	• 선교사(서울외국인학교) • 1942~1946년 워싱턴 육군부 정보국 극동과에서 조사분석가로 한국 관련 정보 수집 업무에 종사	한국어 가능
프로스토브 Eugene C. Prostov	국무부 경제고문단		러시아어 가능
벤자민 윔스 Benjamin B. Weems	군정청 교육부	• 선교사 2세	한국어 가능
슬론 Justin Sloane	군정청 외사국		

정치고문을 맡은 유진 프로스토브도 합류했다.

이처럼 정치고문단에는 해방 전후부터 한국에 대한 경험이 많은 OSS요원, 선교사 내지 선교사 2세들이 주로 포진되었으며, 한국에 대한 경험이 없더라도 해외에서 근무하며 정치분석 업무를 해온 전문가들이 중용되었다. 그리고 이들 중 한국어가 능통한 이들은 남한 정치세력과의 접촉을 통한 정보 수집이 더욱 수월했을 것이다. 다시 말해 정치고문단의 창설로 한국 전문가 또는 정치분석가들이 정치고문단에 집결되었으며, 결과적으로 미군정이 분산적이고 유동적으로 운영해온 정치고문 기능은 정치고문단에 수렴되었다.

임무 1: 우익 주도의 미소공위 협의명부를 사수할 것

1차 미소공위 당시 미국은 한국인들의 '협의대표기구'를 구성한 뒤, 미소공위가 이 기구와의 협상을 통해 한국 임시정부를 구성하는 데 필요한 자문을 받겠다는 전략을 내세웠다.[21] 미국이 이와 같은 '협의대표기구' 구성 방식을 선택한 이유는 좌익에 비해 대중적·조직적 기초가 약했지만 명망 있는 정치인들이 많았던 우익에 유리한 방식이었기 때문이다.[22]

하지만 2차 미소공위 재개에 앞서 정치고문단장 사전트는 기존의 '협의대표기구' 구성전략을 대신해 '협의대표기구'의 매개 없이 한국인 정당·사회단체와 '직접 개별 협의'하는 자문전략을 구상했다. 특히 사전트는 기존 '협의대표기구'를 통한 자문 방식이 바람직하지 못한 이유에 대해 현 시점에서 '협의대표기구' 방식의 채택은 소련에 유리한 방법이 될 수 있다는 점을 지적했다.[23] 사전트의 이러한 판단에는 1947년 봄 시점에 이미 북한에 북조선인민위원회가 성립되었다는 사실도 영향을 끼친 것으로 보인다.

그러나 무엇보다도 사전트가 제시한 한국인 정당·사회단체와 '직접 개별 협의'전략의 가장 큰 이점은 반탁 의사를 밝힌 우익 정당·사회단체를 미소공위 협의 대상에 포함시킬 수 있다는 점이었다. 소련 측은 반탁 단체의 협의 참여 제외를 계속 고집할 것이기 때문에 미국으로서는 가급적 많은 우익 단체들이 미소공위와의 협의에 참여하도록 만드는 것이 전략적으로 필요했다. 사전트의 '직접 개별 협의' 방식은 '표현의 자유'라는 민주적인 권리를 명분으로 내세움으로써 반탁 의사를 표현한 우익 정당·사회단체들까지 협의 대상에 포함시킬 수 있었다.

사전트가 제시한 새로운 전략에 따라 로우는 미소공위와 협의할 남한의 27개 단체와 북한의 11개 단체의 잠정 명단을 정리해 제출했다.[24] 이 명단에는 각 단체의 명칭을 비롯해 추정 회원 수, 창립일, 정치적 성향, 그리고 이에 대한 로우의 평가가 포함되어 있었다.

남한 정당 가운데 우익 진영에서는 한국독립당, 한국민주당, 조선독립노농당이 협의 대상에 포함되었다. 로우는 한국독립당과 한국민주당을 남한에서 가장 조직이 크고 영향력 있는 우익 정당으로 평가했다. 그는 특히 한국독립당이 중경 임시정부 계열의 지지를 얻는 데 필수적이며, 한국민주당은 남한 내 여러 우익 사회단체들과 대한독립촉성국민회에 대한 영향력을 갖고 있다는 점에서 반드시 포함되어야 한다고 강조했다.

남한 좌익 정당인 남조선노동당에 대해서 로우는 소련의 입장에선 이 조직이 협의 명단에 포함되지 않으면 어떤 명단에도 동의하지 않을 것이므로 반드시 포함되어야 한다고 보았다. 또한 조선민족혁명당을 명단에 포함시킴으로써 소련에 우호적인 입장을 보여주며, 이를 통해 소련과 중도 성향 단체들에 대한 협상 여지를 만들어낼 수 있을 것이라 판단했다.

남한 지역 사회단체 중에서는 대한독립촉성국민회가 가장 우선적으로 명단에 올랐다. 로우는 이 단체를 남한 내에서 가장 크고 영향력 있는 사회단체로 판단했다. 이외에도 대한독립노동총연맹, 한국독립농민총연맹 등 우익 계열의 사회단체를 협의 명단에 포함시켰는데, 이는 소련이 제시할 좌익 계열 사회단체를 상쇄시키기 위한 포석이었다.

북한 지역의 명단에는 북조선노동당, 천도교청우당, 조선민주당이 포함되었다. 로우는 소련이 북조선노동당이 빠진 명단에는 절대 동의하지 않을 것이라고 보고 이를 명단에 포함시켰다. 또한 천도교청우당과 조선민주당의 경우 소련이 북한에 공식적으로 둘 이상의 정당이 존재한다는 점을 증명하기 위해 명단에 필히 반영할 것이라 분석했다. 동시에 조선민주당은 미국대표단이 향후 북한 내 반소련 성향 단체를 명단에 포함시키려 시도할 때 활용할 수 있을 것으로 기대했다. 이처럼 정치고문단은 미소공위 재개에 대비하여, 한국인 정당·사회단체와 '직접 개별 협의' 전략을 염두에 두고 남북한의 정당·사회단체에 대한 면밀한 분석작업을 마쳤다.

1947년 5월 22일, 2차 미소공위가 시작되었다. 이어 5월 31일에 열린 제28차 미소공위 본회의에서 미국대표단은 1차 미소공위 당시 미국이 요구했던 '협의대표기구' 구성 대신 사전트가 구상한 정당·사회단체와 '직접 개별 협의'를 제안하였다. 이와 같은 미국대표단 측 제안에 소련대표단은 지난 1차 미소공위 당시 미국 측 입장과 일관성이 없음을 지적하면서도, 정당·사회단체와 '직접 개별 협의'는 처음부터 소련이 주장했던 협의 방식임을 언급하며 미국대표단의 제

안에 동의했다.[25)]

6월 7일, 양측은 마침내 남북한의 한국인 민주적 정당 및 사회단체들과의 협의 진행 규칙에 대해 합의하였고, 이는 6월 11일 〈공동성명 제11호〉로 발표되었다.[26)] 〈공동성명 제11호〉에 따르면 미소공위 협의에 참여하고자 하는 각 정당·사회단체들은 ① 모스크바 3상회의 결정을 지지하고 신탁통치에 관한 제안을 작성하는 데 협력한다는 내용의 선언문에 서명 날인하고 그 선언문을 첨부한 협의신청서를 제출하며, ② 임시정부의 구성·조직 및 임시정부 정강·정책에 대한 자문서에 답하도록 요청되었다. 따라서 협의에 참여하고자 하는 정당·사회단체는 협의신청서와 임시정부에 관한 자문답신서를 제출해야 했다.

정치고문단 인원들은 한국인 정당·사회단체가 제출한 협의신청서와 자문답신서를 분석하는 업무에 전면 투입되었다. 문서가 대부분 모두 한국어로 작성되었기에 미국대표단이 접수한 문서들은 우선적으로 한국에서 태어나고 성장해 한국어가 능통한 벤자민 윔스가 일차적으로 검토하였다. 그리고 러시아어에 능통한 프로스토브가 소련 측에서 작업한 협의신청서와 답신서의 러시아어 번역본을 영어 번역본과 비교, 검토하는 작업을 맡았다.[27)] 사전트와 로우는 협의신청서를 제출한 정당·사회단체가 주장하는 규모(당원 수 또는 회원 수)에 따라 재분류했다. 이는 〈공동성명 제11호〉에서, 미소공위와 협의할 대표의 수를 각 단체의 '회원 수'를 기준으로 결정하기로 양측이 합의했기 때문이다.[28)]

이와 같은 일련의 작업 이후 정치고문단은 자체 보유한 정보들과 정당·사회단체의 협의신청서 내용을 비교·대조하며 평가서를 작성했다.[29] 평가서 양식은 작성된 시기마다 조금씩 차이는 있지만 대개 정당·사회단체의 정치적 성향(좌·우·중도·중도좌익·중도우익), 이들 조직이 미군정에 등록할 당시 최초 회원 수와 실제 활동여부, 정강 및 연혁, 그리고 〈공동성명 제5호〉에 대한 입장과 정치고문단의 논평이 포함되었다.[30] 이러한 분석을 바탕으로 정치고문단은 협의 신청 단체 중 67개의 유령단체를 찾아내었다.[31]

한편 1947년 초 미소공위 재개 교섭이 진행될 당시 남한에서는 1월 13일, 민주의원을 비롯한 35개의 우익 단체들이 회의를 열고 신탁통치를 절대 배격한다는 내용의 공동성명을 발표했다.[32] 이들 35개 반탁 단체들은 또한 1차 미소공위 때 제출한 〈공동성명 제5호〉에 대한 선언을 철회하기로 하고[33] 반탁운동을 더욱 조직적으로 전개하기 위해 1월 24일, 42개 정당과 사회단체들을 규합해 반탁독립투쟁위원회(이하 반탁투위)를 결성했다.[34] 위원장으로 김구, 부위원장으로 조성환, 조소앙, 김성수가 선임되었으며 이승만은 최고고문으로 추대되었다. 그러나 미국이 지속적으로 미소공위를 통한 정부 수립 의지를 완강하게 내비치고, 미소공위가 본격적으로 진행되자 반탁 진영은 행동통일을 기하지 못하고 분열하기 시작했다. 이로 인해 우익 진영 내 상당수 단체들이 결국 미소공위와의 협의를 신청하게 되었다.[35]

문제는 반탁투위에 소속된 조직들을 협의 대상에서 제외하고자 하는 소련의 강경한 입장이었다. 7월 초까지 협의 대상 선정문제에 대한 소련의 입장은 ① 상공회의소와 같이 성질상 정치적 혹은 사회적 성격이 없는 단체, ② 중앙에 조직이 없는 지방 차원의 조직, ③

모스크바 협정에 명시적으로 반대하는 단체는 협의 대상에서 제외하자는 것이었다. 특히 ③번에 대해서는 구체적으로 반탁투위 산하 15개 단체를 지목하였다.

당시 반탁투위에는 비상국민회의, 독립촉성국민회, 민족통일총본부 등 우익 진영의 주요 단체들이 망라되어 있었다. 소련 측은 반탁투위에 가입한 정당과 단체는 반탁투위에서 탈퇴하지 않는 한, 미소공위와의 협의 대상이 될 수 없다고 주장했다. 그리고 이들이 협의 대상이 되기 위해선 반탁투위와의 관계를 부인하는 공개적인 선언이 필요하다고 했다. 실제로 2차 미소공위가 진행 중이던 시기에 반탁활동은 지속적으로 존재했다. 대표적으로 6월 23일에 있었던 반탁시위에서는 우익 청년단이 덕수궁 앞에서 소련대표단장 슈티코프 Terenti F. Shtikov가 탄 자동차에 돌과 모래를 던지며 습격했고, 소련대표단은 이를 공식적으로 문제삼았다.[36)]

미국대표단은 반탁투위 산하 조직들이 미소공위 협의 대상이 되기 위해선 반탁투위를 탈퇴했음을 공표하라는 소련의 제안은 우익들을 협의에서 완전히 배제하려는 책략이라고 분석했다. 만약 반탁 단체들에게 반탁투위로부터 탈퇴를 공표하라고 요구한다면 이들은 미소공위에 대한 지지를 철회할 것이고, 결국 미소공위는 단지 남아있는 좌익 정당·단체들과만 협의하게 될 것이기 때문이다. 미국대표단은 미소공위 회담 석상에서 꼭 한번은 반탁투위 활동 자체에 대해 해명할 필요가 있었다.

미국대표단장 브라운[37)]은 이 일을 정치고문단장 사전트에게 맡겼다. 사전트는 먼저 버치와 논의를 거친 뒤,[38)] 7월 10일 제41차 미소공위 본회의 석상에 등판했다.[39)] 사전트의 등판 목적은 반탁투위에 대한 종합적인 연구를 통해 반탁투위 산하 조직들이 모스크바 3상회의 결정에 반대되는 행동을 하지 않았음을 증명하고, 따라서 협의단체 대상에서 제외할 어떤 이유도 없다는 것을 주장하기 위해서였다.

해당 회의에서 사전트는 다음과 같이 반탁투위 활동에 대해서 해명했다. ① 소련이 문제삼는 반탁투위는 1947년 5월 19일 이후에 구성된 조직으로, 반탁운동에서 우익조직의 결집에 실패한 이후 1947년 6월 19일 완전히 정지, 사멸된 조직이다. ② 1947년 6월 19일에 반탁투위 지지 입장을 철회한 정당들이 하나의 조직으로 만들어 미소공위를 지지했는데, 한국민주당이 주도하는 임시정부수립대책협의회가 그것이다. ③ 소련은 6월 23일 시위에 반탁투위가 참여했다고 주장하나 반탁투위 단체 중 어떤 정당도 여기에 참여하지 않았다. 이 시위는 김구의 추종자가 한 것이며 독립적으로 학생들 조직이 수행했다. ④ 김구는 시위 날 반탁투위 이름으로 서명한 서한을 통해 미국대표단에 그가 시위에 책임이 있다고 인정했으나, 반탁투위는 이미 활동이 없는 조직이고 따라서 김구는 스스로 반탁투위를 대표한다는 허위 주장을 한 것이다. ⑤ 시위의 책임은 김구와 그의 추종자에게만 적용되며 따라서 소련대표단이 문제 제기한 반탁투위 회원조직들은 협의 대상으로 부적격 혐의가 입증될 만한 어떤 행동도 하지 않았다.

소련대표단은 처음에 사전트의 조사 결과를 수용하는 듯했으나, 여전히 이들이 협의 대상이 되기 위해선 반탁투위 산하 조직들이 반탁투위와 절연한다는 선언이 필요함을 고집했다. 이에 대해 미국대표단은 반탁투위 단체들의 추가적인 선언은 불필요하다고 맞섰다. 그러자 소련대표단은 사전트의 활동이 미국대표단의 일방적 조사였다며 미소 공동으로 다시 반탁투위에 대한 조사를 진행하자고 제안했다. 그러자 미국대표단장 브라운은 만약 반탁투위가 재조사된다면 협의 대상 전체 정당·사회단체를 모두 재조사해야 한다고 강하게 응수했다.

브라운은 더 나아가 왜 북한에서는 오직 민전을 대표하는 좌익 정당만이 등록되어 있는지, 왜 1,300만의 인구가 오직 민전 하나로 대표되는 것인지 의문을 제기했다. 그는 만약 소련이 북한을 개방한다면 미소공위가 남북한의 정당과 사회단체를 조사하는 데 기여할 수 있을 것이라 언급했다. 이후 회담은 소련과 미국의 입장 차이를 노골적으로 확인하는 난투극이 되었다.

1947년 7월 한 달 동안 미소 양측은 1차 미소공위 때와 마찬가지로 협의 대상 단체명부 작성을 둘러싸고 치열한 공방을 계속하였다. 특히 반탁단체의 포함 여부가 주요 쟁점으로 부상하면서 협의 명부 작성을 둘러싼 논의는 난항에 빠졌다. 결국 미국은 상호 합의를 통한 미소공위 성사는 불가능하다고 판단하고 일방적 행동을 통해 한국문제를 해결하기로 결정하였다. 이에 따라 미국은 7월 중순부터 남한 현지와 본국에서 단독 조치를 위한 준비를 시작하였고 9월, 한국문제는 유엔으로 이관되었다.

임무 2: 한국문제의 유엔 이관 이후 남한 정계의 정렬

한국문제의 유엔 이관은 남한 내부에서도 큰 정치적 이슈였고, 이에 대한 남한 정치세력의 입장은 정파별로 제각기 달랐다. 먼저 우익 진영은 미국에 의해 한국문제가 유엔에 상정되자 전반적으로 찬성의 뜻을 나타냈다. 이는 신탁통치를 받지 않고 자주적으로 정부를 수립할 수 있다는 판단에서 출발한 것이었다.[40] 그러나 이승만과 한국민주당은 한국문제의 유엔 이관이 결국은 단독정부 수립으로 귀결되리라고 내다본 반면에, 김구는 통일정부의 수립으로 나아갈 것이라고 예측했다.

한편 좌익 진영은 한국문제의 유엔 상정에 반대했다. 이들은 미소공위만이 한반도 문제를 해결하는 옳은 방안이라는 인식을 고수하였다.[41] 좌우합작위원회로 대표되는 중도세력은 한국문제의 유엔 이관이 우익 진영에서 주장하는 단정 수립으로 귀결될지도 모른다는 우려에서 미소 양국은 서로 어떤 복선을 두거나 남한에만 국한된 단독조치를 취해서는 안 된다는 견해를 조심스레 밝혔다.[42]

당시 남한 우익 진영은 단순히 유엔 이관에 대한 입장뿐 아니라 정국 주도권을 놓고도 내분에 휩싸여 있었다. 미소공위 재개 기간에 미소공위 참여문제로 분열되었던 우익세력은 다소 기복은 있었으나 대개 이승만·한민당의 단정 노선과 김구의 중경 임시정부 법통 고수 노선으로 정리되었다. 김구는 1947년 2월 이래로 국민의회를 중심으로 중경 임정 법통에 따라 한국 임시정부가 수립되어야 한다는 입장을 견지하였다. 반면 이승만은 7월 10일, 한국민족대표자회의를 결성해 남한 단정을 주장하며 사실상 중경 임정 법통론을 인정하지 않았다.[43] 한국문제 유엔 이관 시점인 9월 16일, 이승만은 국민의회 주석자리 유임을 거절하는 성명서 발표를 통해 중경 임정 측과 결별할 의사가 있음을 밝혔다.[44]

유엔 이관이라는 중대한 전환점에서 남한 정치세력이 상이한 입장을 보이며 갈등이 심화되자, 이를 주시하던 미소공위 미국대표단장 브라운은 9월 17일, 사전트에게 〈한국인의 정치적 정렬Political Alignment-Korean〉이라는 제목의 비망록을 보냈다.[45] 비망록에서 브라운은 현재 남한의 정치적 상황이 매우 혼란스럽고 정치지도자들 또한 자신들의 시각을 확고하게 보여주지 않는다고 진단했다. 그는 현 시점에서 남한의 다양한 정당을 통합하기 위해선 미국의 입장을 주입하는 것이 바람직하다고 언급했다.

이를 위해 브라운은 정치고문단에 크게 두 가지 임무를 부여했다. 첫 번째 임무는 이미 미소공위 과정에서 수집된 정당들의 자문답신서를 바탕으로 보다 정밀한 정당 연구를 수행하는 것이었다. 정당 연구의 구체적인 항목은 ① 정당의 현실적인 영향력에 따른 분류, ② 정당의 실제 혹은 숨은 지도자 파악과 이에 대한 참고 목적의 카드색인 준비, ③ 현재 정당의 시설(본부)·자금·조직·당원 지도 능력·잠재적인 당세 확장 가치 등이었다.

두 번째 임무는 남한 주요 정당 지도자들과의 지속적인 접촉 유지였다. 임무의 목적은 그들과의 접촉을 통해 이들의 생각을 더욱 발전시키고, 실행 가능한 선에서 이들의 향후 생각을 지도하기 위함이었다. 이에 대해 브라운은 구체적으로 ① 미국대표단장과 그의 주요 보조원들은 보다 중요한 개인을 면담하며, ② 정치고문단장과 그 보조원들은 단장이 바람직하다고 생각하는 모든 개인을 면담하고, 특히 미국대표단이 상담하지 않은 인물들과 접촉할 것을 지시했다. 그리고 브라운은 이러한 활동의 실행계획을 구체화해 보고하라고 사전트에게 지시했다.

사전트는 브라운의 지시에 따라 국내 정치세력에 대한 정치고문단의 연락 업무방침을 새롭게 개편했다.[46] 기존에는 '주간 정기 접촉'과 필요에 따른 '수시 접촉'으로 운영되었으나, 이번에 새로운 연락 업무지침은 이러한 연락 업무의 범주를 확대하고자 수시 접촉을 없애고 '기본 접촉 지시'와 '주간 접촉 지시'로 재편성했다. 새로운 연락 업무지침의 목적은 ① 미국대표단이 찾고자 하는 특정 정보를 획득하고, ② 미국대표단이 최선이라고 믿는 특정 시각이나 발언들이 비공식적인 접촉을 통해 한국인들에게 전달되도록 지시하기 위해서였다. 다만 사전트는 ②번, 즉 미국대표단의 시각을 한국인들에게 전달하는 경우 그 시각이 미국대표단, 또는 미국의 공식적인 입장이 아니라 정치고문단 인원의 개인적인 의견으로 표현되어야 함을 강조했다.

미소공위가 결국 결렬되고 한국문제가 유엔으로 이관되는 국면에서, 미국대표단장 브라운은 이전과는 전혀 다른 상황에 직면했다. 협상 상대였던 소련이 사실상 대화의 장에서 사라진 상황에서 미국이 목표로 삼고 있던 남한 단독정부 수립을 실현하기 위해서는, 미국의 입장을 대변할 수 있는 국내 정치세력의 결속이 절실하다고 판단했던 것이다. 따라서 어느 때보다 비공식적인 접촉 또는 연락 업무를 통해 국내 정치집단들과 지도자들에게 미국의 의도와 시각을 이들에게 은연중에 전달할 수 있는 활동이 필요함을 강조했다. 그리고 이에 대한 구체적인 임무 수행은 사전트를 필두로 한 정치고문단이 맡았던 것이다.

한편, 한국문제가 유엔으로 이관되면서 국내에서는 곧바로 유엔에 파견할 한국 대표 인선문제가 공론화되기 시작했다. 특히 우익세력을 중심으로 9~10월 동안 이승만을 유엔 파견 한국 대표로 추대하는 캠페인이 대대적으로 벌어졌다. 이승만의 유엔 대표 추대 캠페인은 동시에 남한 조기 총선거 실시 캠페인이기도 했다.[47] 그는 남한 총선거 즉시 실시를 촉구하기 위해 10월 15일 서울에서 14개 우익단체로 하여금 총선거촉진국민대회를 열게 하였고, 10월 26일에도 남산에서 국민대회를 열었다.

이승만이 유엔에 의한 남한 총선거를 기다리지 않고 조속히 선거를 요구한 것은 미군정의 김규식 지지와 유엔에 의한 한국문제 해결방안이 중도파의 득세를 가져올지 모른다는 두려움이 깔려있었기 때문이다. 이 때문에 10월 15일과 26일 두 차례의 대규모 군중집회에서는 주요 타격 대상이 중도세력들이었다.[48] 이처럼 우익은 유엔에서 한국인 대표 참관문제가 대두할 경우 미군정이 중도세력을 밀어줄 것을 우려하여 이승만 유엔 대표 추대 캠페인을 벌이고 남한 조기 총선을 주장했다.

당시 국내에서는 이러한 우익 진영의 남한 단선 주장으로 인해 한반도의 분할을 우려하는 민족주의 진영의 위기의식이 심화되면서, 1947년 후반부터 중도세력 중심으로 민족주의 진영과의 연대와 통합운동이 진행되었다. 1947년 10월 중간우파 정당들의 합당으로 홍명희가 주도한 민주독립당이 결성되었고, 민주독립당을 기반으로 하는 중도파 전선조직의 '강력한 연맹체'를 지향하는 민족자주연맹(이하 민자련)이 만들어졌다. 민자련은 10월 1일 김규식, 원세훈, 안재홍, 최동우, 김병로, 김붕준, 홍명희, 이극로 등 준비위원 30명의 선출을 시작으로 11월 중순부터 본격적으로 결성이 추진되었고 12월 20일에 전국대의원 800여 명이 참여한 가운데 천도교 강당에서 결성식을 가졌다.[49] 민자련은 4개 연합단체, 14개 정당, 25개 사회단체 및 개인으로 구성되었는데 4개 연합단체는 김규식계의 좌우합작위원회·시국대책협의회, 제3전선 계열의 민주주의독립전선·미소공위대책위원회였다. 민자련의 성격은 사실상 제3전선이었지만 김규식의 좌우합작위원회, 시국대책협의회 계열이 주도하였다.[50]

이런 가운데 1947년 11월, 한국문제가 유엔으로 이관된 지 두 달쯤 지난 시점에서 브라운은 남한 정세에 대한 새로운 판단을 내리기 시작했다. 특히 유엔에서 한국문제가 단기에 해결되지 않고 미국이 무기한으로 남한을 현재처럼 계속 점령통치해야 하는 경우를 가정해 미군정이 취할 행동 방안에 대한 권고안을 작성해 하지에게 제출했다.[51]

브라운은 권고안에서 미국의 남한정책에 대한 이승만–김구 세력의 비협조적인 자세는 변함이 없어 보이며, 소련 또한 공산주의자가 지배하는 통일된 한국에 대한 목표를 계속 추진할 것으로 판단하였다. 이 상황에서 남한의 법과 질서를 유지할 책임이 있는 주한미군 사령관은 ① 이승만, 김구의 정책을 지지하고 이승만에게 정권을 주는 것, ② 다른 한국 지도자를 선택해 그를 키우는 것, ③ 사령관이 사실상 남한 통치의 책임자governing head of South Korea로서 모든 한국인이 사령관의 정책을 충실하게 지지하도록 강요할 정도의 압력을 행사하는 것 등 세 가지 행동방침이 가능하다고 보았다.

그러나 브라운은 현실적으로 이승만을 설득하는 데 미국이 실패했고, 이승만 또한 따르지 않을 것이며 이승만에 대항할 만한 한국인 지도자가 없기 때문에 사령관이 선택할 수 있는 방법은 ③번뿐이라고 보았다. 즉 주한미군 사령관이 사실상 남한 통치의 수장으로서 모든 한국 정치세력에 대해 충실한 지지를 요구하고, 만약 미국의 정책에 반대하는 세력이 있다면 이들의 세력을 분쇄할 필요가 있다고 권고한 것이다. 또한 브라운은 이승만을 대체할 정치적 인물에 대한 기대에 대해 "분명 시간이 지남에 따라 누군가 부상할 것이고 궁극적인 결과는 한국에 더 큰 이익이 될 것이라 믿어 의심치 않는다"라고는 했지만 그것이 김규식이나 중도세력의 어떤 누군가가 될 것이라 거론하지 않았다.

브라운의 권고안이 작성된 1947년 말 시점에서 미군정은 이제 남한의 정치세력 중에서 어느 누구도 양성하거나 지지하지 않을 것이며, 한국문제가 유엔으로 이관된 시점에서 미군정이 주도적으로 정국을 이끌어가야 한다고 판단한 것으로 보인다. 이로써 1946년 중반 좌우합작위원회를 기반으로 추진된 미군정의 '중도정책'은 한국문제 유엔 이관 및 남한 단정안의 현실화라는 1947년 말 정세 변화 속에서 추진력을 상실하게 되었다.

1947년 11월 14일, 유엔 총회의 결의로 유엔한국임시위원단(이하 유엔임시한위) 내한이 결정되자 미국은 유엔임시한위를 이용하여 미국의 남한 단정 수립 정책을 법률적·절차적으로 합리화하기 위해 총력을 기울였다. 이제 미국의 대한정책 성공여부는 유엔임시한위가 얼마나 미군정의 선거계획에 협조하느냐가 관건이었다.

미군정은 유엔임시한위의 내한과 총선이 진행되는 현장인 '남한' 현지에서 새로운 국면 준비에 돌입했다. 그리고 미소공위 미국대표단은 미소공위 결렬의 책임 소재를 이유로 '비공식적'으로 해체되었지만,[52] 그 핵심 조직이었던 정치고문단은 해산되지 않고 역할을 이어갔다. 정치고문단은 소속을 주한미군사령부 정보참모부G-2로 옮긴 뒤,[53] 미국대표단이 있던 기존 덕수궁 사무실에 남아 미군정의 정치고문 기구로서 남한 점령정책과 운영을 계속 지원하였다.

미군정과 남한 정계 그 경계에서, 정치고문단

1945년 8월, 일제의 패망 이후 북위 38도선 이남의 한반도에 진주한 미24군단은 식민지에서 해방된 동시에 독립을 앞둔 '남한'이라는 복잡한 환경에 직면했다. 단순한 군사 점령을 넘어 '사실상의 정부'로서 남한을 통치한 미군정은 현지 정세를 이해하고 정책에 반영할 수 있는 전문가 집단의 조력이 필요했다. 이러한 배경에서 조직된 것이 바로 '정치고문단'이다.

정치고문단은 한국 전문가, 정치분석가들로 구성되었으며, 이들은 남한의 정치인들을 직접 만나 정보를 수집하고, 이들의 동향과 사회 분위기를 분석해 미군정의 점령정책에 대해 조언했다. 특히 미소공위

덕수궁 석조전에서 개최된 제2차 미소공동위원회 정치고문단 인사들.
좌측부터 미국대표단 단장 브라운Albert E. Brown 소장의 부관 알도스Kenneth G Althaus 중위, 슬론Justin Sloane, 언론 담당 앨런Allen 일병, 정치고문단 단장 사전트Clyde B. Sargent, 버치Leonard M Bertsch 중위, 핸슨Marilea Hanson.
*출처: 국사편찬위원회 전자사료관.

와 한국문제의 유엔 이관이라는 국면에서 정치고문단은 남한의 정치 지형을 실시간으로 분석하고 정책을 제시하는 역할을 수행했다.

물론 이들이 제안한 모든 정책을 주한미군 사령관 하지가 채택한 것은 아니었고, 하지와 정치고문단의 견해가 항상 일치했던 것도 아니었다. 그러나 분명한 것은 이들이 남한의 정세를 가장 가까이에서 관찰하고 이해한 집단이었으며, 미군정은 정치고문단의 분석과 제안을 남한 통치의 중요한 참고자료로 삼았다는 점이다.

'중도정책'의 추진, 남한 정치세력의 분화, 그리고 남한 단독정부 수립 논의 등 한국 현대사의 중요한 전환점마다 정치고문단은 미군정과 남한 정계 사이의 접점에 존재했다. 이들의 조언이 실제로 미군정의 정책 결정 과정에서 어떻게 수용되거나 배제되었는지를 추적하는 일은, 미군정 내부의 의사결정 구조와 그 한계, 그리고 정책 형성 과정에서 드러난 다양한 시각과 내부 갈등을 밝혀내는 데 중요한 단서를 제공한다.

나아가 정치고문단 구성원의 배경과 성향, 그리고 이들과 남한 정치세력과의 관계를 고찰한다면, 이들을 단순한 미군정의 실무자가 아니라 해방 직후 남한 정치 질서 형성에 영향을 미친 실질적인 행위자로 평가할 수 있을 것이다. 이러한 정치고문단의 활동은 당시 국제적 영향과 국내 정치세력 간의 상호작용을 보여주는 구체적 사례로서, 해방 공간의 정치적 역동성과 외부 요인의 작용을 이해하는 데 중요한 통찰을 줄 수 있을 것이다.

5. 여운형그룹의 월북과 북한군 창설의 숨은 이야기

◎ 김선호

여운형과 남북한 통합

1945년 해방 이후 새로운 국가를 건설하는 과정에서 남북한 통합을 위해 앞장섰던 인물은 많지만 그중에서도 선구적인 인물은 여운형이었다. 그는 남한 지역의 민족주의 세력과 공산주의 세력을 중재하기 위해 노력했을 뿐만 아니라, 김일성 등 북한의 정치세력과 직접 만나서 한반도의 분단을 막고 남북한을 통합하기 위해 노력했다.

국가 건설기 여운형의 남북한 통합 노력은 지금까지 주로 정치적인 측면에서 주목되어왔다. 선행 연구는 여운형의 남북한 통합 노력을 주로 통일독립론과 민족통일 노선이라는 정치사상의 차원에서 접근해 분석했다.[1)] 또한 여운형이 남한의 좌익과 우익을 통합해서 통일국가를 건설하려 했던 좌우합작운동에 주목해서 중간파로서 그 활동과 사상을 중점적으로 분석했다.[2)]

이 같은 연구를 통해 신국가 건설에 대한 여운형의 정치사상과 정치 활동이 밝혀졌지만 아직까지 해명되지 않은 주제도 많다. 먼저 여운형에 대한 연구가 민족통일독립론·좌우합작운동·인민당 등 정치

사상적 주제와 남한의 좌우익을 통합하려는 움직임에 집중됨으로써 남한과 북한을 통합하기 위한 활동이 주목되지 않았다. 또한 여운형이 남북한 통합을 위해 북한의 지도자들과 협의한 내용도 밝혀지지 않았다.

이 글은 국가 건설기 여운형의 남북한 통합 노력을 새로운 시각에서 접근하였다. 무엇보다 여운형이 1946년부터 남북한의 군대를 통합하기 위해 펼친 건군 활동에 주목했다. 현재까지 여운형이 해방 공간에서 자신을 지지하는 세력을 월북시켜 북한군 창설에 참여했다는 사실과, 이들을 통해 남북한의 군사적 충돌과 전면적인 전쟁을 방지하려고 했던 사실은 거의 알려지지 않았다.

여운형은 1943년에 설립된 조선건국동맹을 기반으로 1945년부터 자신의 세력을 입북시켰으며, 1946년에는 조선건국동맹의 군사조직 담당자 박승환朴承煥과 만주군 출신을 모아서 집단적으로 월북시켰다. 이들은 모두 여운형의 지시에 따라 월북했으므로 '여운형그룹'이라 부르겠다. 미국 국립문서관NA II에서 새로 발굴한 자료를 토대로 역사의 공백으로 남아있는 여운형그룹의 북한군 창설 참여 과정을 되짚어보자.

여운형그룹은 누구인가

여운형은 1944년 8월 10일에 '조선건국동맹'을 결성했다. 건국동맹의 목적은 일제의 패망을 가속화하기 위해 결정적 타격을 가하고, 곧

도래할 해방을 준비하기 위해 주체세력을 조직적으로 편성하는 것이었다.[3] 건국동맹은 1945년 3월경 동맹 산하에 '군사위원회'를 조직했다. 그리고 군사위원회를 통해 공산주의자들과 노농군勞農軍을 편성하고, 만주군관학교 출신을 중심으로 만주군 조직을 활용하며, 조선의용군·한국광복군과 연합작전을 시도하려고 구상했다. 특히 전문 군사 지식을 가진 만주군관학교 출신들과 협의해서 노농군 편성, 군사 행동, 군대 편성을 계획했다. 당시 여운형과 함께 군사 행동·군대 편제에 관한 계획을 세운 사람은 박승환이었다.[4]

박승환은 봉천군관학교 7기생으로 졸업 후 만주군 항공 조종사로 근무하다가 조선건국동맹에 가입했다. 그는 여운형으로부터 깊은 신뢰를 받았으며 건국동맹에서 군사조직을 담당했다. 박승환은 신경통 치료를 빌미로 장기휴가를 얻어 서울에 잠입해 여운형에게 군사 사항·조직 활동을 보고하고 연안延安·북경을 수차례 왕래했으며, 1944년 1월 국내에 잠입해 그해 여름에 건국동맹원들과 군사조직 문제를 논의했다. 그리고 만주로 돌아가 1944년 11월에 만주군 관계자들과 군사 행동을 결의했다.[5] 만주에서 박승환의 활동은 바로 여운형그룹이 형성되는 시발점이었다.

건국동맹에 관여한 방원철方圓哲은 여운형그룹의 형성에 대해 보다 구체적인 기록을 남겼다. 방원철은 1942년 12월 17일에 신경新京군관학교 1기생으로 본과를 졸업했다. 그는 1943년 1월 6일에 영안寧安에 주둔한 만주군 보병 제8단(연대)에 포병 교관으로 배치되었는데, 보병 제8단은 1944년 1월에 열하성熱河省 흥륙興陸으로 이동해 만주군 제5군관구에 배속되었다. 그는 1944년 8월에 중위로 진급한 후에 봉천奉天 육군훈련학교에 폭파교육 특별강습생으로 갔다가 봉천항공대에 근무하는 박승환을 만났다.[6] 당시 박승환은 봉천항공대 항공 중위였고, 방원철은 보병 제8단 중화기중대 선임장교였다.[7]

박승환은 방원철에게 제2차 세계대전이 곧 끝날 것이므로 만주군에 있는 조선인 장교들이 '조국 광복'을 위해 앞장서서 싸우자면서 건국동맹의 지하조직에 가입할 것을 제안했다.[8] 방원철은 박승환의 제안에 따라 건국동맹의 지하조직에 가입했다.[9] 그에게 부여된 임무는 부대에 있는 조선인 장교를 포섭하는 일과 비밀리에 권총과 실탄을 봉천까지 운반해오는 일이었다. 당시 만주군 보병 제8단에는 4명의 조선인 장교가 있었다. 그러나 방원철은 이들이 배치된 부대가 멀리 떨어져 있었기 때문에 조직사업을 진행하지 못했다.[10]

박승환이 접촉한 인물은 방원철뿐만 아니라 봉천군관학교 5기생 문용채文容彩와 7기생 이상렬李相烈, 신경군관학교 1기생 박임항朴林恒·이기건李奇建, 만주군 군의관 박동균朴東均 등 수십 명이었다. 박승환과 문용채, 이상렬, 박준호朴俊鎬, 최창륜崔昌崙은 1945년 4월 봉천에서 '조선건국동맹 만주분맹滿洲分盟 군사위원회'를 조직했다고 한다. 박준호의 기억에 따르면 이 조직의 대표는 박승환, 연락책은 금주錦州 주둔 만주군 헌병대 문용채, 군관학교 출신 장교 담당은 최창륜, 재정 담당은 박승환의 아내 김순자金順子의 형부였던 평양 갑부 최기영이었다.[11] 박승환과 함께 건국동맹에 관여했던 김순자에 따르면 최남근崔楠根(봉천 7기), 박창암朴蒼岩, 최창륜, 박준호 등이 박승환과 연락·신뢰 관계를 유지했다.[12]

그러나 박승환을 중심으로 만주군 장교들을 결집해 군대를 편성하고 군사 활동을 전개하려던 건국동맹의 구상은 조직을 결성한 지 불과 1년 뒤인 1945년 8월 15일 일제가 항복하면서 실행에 옮겨지지 못했다. 하지만 박승환이 만주에서 건국동맹의 군사조직을 결성하기 위해 형성한 인적 관계는 여운형그룹의 형성에 중요한 영향을 끼치게 된다.

해방 직후 여운형이 북한으로 파견한 인물은 박승환을 포함해서 총 11명이었다. 이들의 월북 이전 경력을 정리하면 〈표1〉과 같다.

봉천군관학교 출신은 2명으로 박승환과 최재환 모두 6기생이었다. 신경군관학교 출신은 7명으로 모두 1·2기생이었다. 간도특설대間島特設隊 출신은 3명인데, 박창암과 이재기(신경 2기생)는 1기생이고, 최재환(봉천 6기생)은 장교로 근무했다. 일제시기에 신경군관학교 1기생과 2기생 중에 조선인은 각각 13명과 11명이었다.[13] 이 중에서 여운형의 지시에 따라 월북한 인물은 1기생 5명과 2기생 2명이었다. 1·2기생 중 약 30퍼센트가 월북한 것이다. 여운형그룹은 학병 출신인 김인수를 제외하고 모두 만주국이 설립한 군관학교를 졸업한 인물이었다.

이들은 건국동맹 군사책 박승환을 통해 연결된 사람들이었다. 박임항·박준호·최창륜은 박승환과 같은 만주군 항공 병과였고 박준호와 최창륜은 박승환이 근무했던 봉천항공대에 근무했기 때문에 잘 알고 있었다. 또한 신경군관학교 1·2기생은 모두 25명에 불과했기 때문에 군관학교 재학 시절과 만주군 복무 시절에 서로에 대해 익히 알고 있었다.

이들의 또 다른 공통점은 학연과 지연으로 연결되어 있다는 점이

〈표 1〉 여운형그룹의 월북 이전 경력

이름	군사 경력	월북 이전 경력
김영택 金永澤	신경 1기	1921년 황해도 안악 출생. 1939년 만주 용정의 광명중학교 졸업. 1941년 4월 신경군관학교 1기 졸업. 1942년 12월 일본 육군사관학교 제56기 졸업. 1943년 3월 일본 육군경리학교 졸업. 졸업 후 만주군 소위로 임관했고 해방 당시 만주군 중위. 해방 후 서울로 귀국.
김인수 金仁洙	학병	함북 출생. 니혼대학日本大學 졸업. 학병 출신.
박승환 朴承煥	봉천 6기	1918년 경기도 파주 출생. 경성제2고등보통학교 졸업. 봉천군관학교 7기 졸업. 소위 임관 후 항공과로 전과. 만주군 항공 중위로 재직 중 건국동맹에 참가. 건국동맹의 군사책으로 만주군의 조선인 장교 포섭. 신경통 치료를 빌미로 서울·연안·북경을 왕래하며 항일운동 전개. 1943·1945년 태항산 밀행. 1945년 2~7월 연안 체류. 해방 직후 국군준비대 부사령 역임(1945. 12).
박임항 朴林恒	신경 1기	1919년 함남 홍원 출생. 용정 광명중학교 졸업. 1941년 4월 신경군관학교 1기로 수석 졸업. 1942년 12월 일본 육군사관학교 56기 졸업. 봉천 육군비행학교 조종과를 수료하고 신의주비행장에 배치. 해방 당시 항공 중위. 해방 후 조선건국준비위원회 청년부에서 활동. 1945년 11월 전국군사준비위원회 위원으로 참여. 부친 사망으로 월북했다가 다시 월남.
박준호 朴俊鎬	신경 2기	경북 칠곡 출생. 대구 경북고등보통학교 졸업. 일본 소년비행병학교 출신. 신경군관학교 2기 졸업. 견습 군관을 거쳐 만주군 항공 소위로 임관해 신경 비행부대에 배속. 봉천 항공대에서 근무.
박창암 朴蒼岩	간특 1기	함북 북청 출생. 연길사범학교 졸업. 조양천중학교 교사로 근무하다 간도특설대가 창설되자 입대. 1944년 박승환에게 포섭됨.
방원철 方圓哲	신경 1기	1920년 만주 연길현 출생. 1938년 12월 용정 영신중학교(이후 광명중학교) 졸업. 졸업 후 도쿄에서 고학. 1939년 4월 신경군관학교 1기로 입학, 1942년 12월 졸업. 1943년 1월 6일 목단강의 만주군 제6군관구 보병 제8단 제7련에 포병 교관으로 배속. 1944년 1월 승덕의 제5관구에 배속되었고, 중위로 진급해 제8단 직속 박격포중대장 역임. 해방 직전 제8단 상위. 1946년 1월 19일에 신의주로 입북해서 3월 서울에 도착. 3월부터 서울 중앙인민위원회 군사부에서 근무.
이기건 李奇建	신경 1기	1919년 평북 의주 출생. 만주 안동중학교 졸업. 1942년 12월 신경군관학교 1기 본과를 졸업하고 만주군 소위로 임관. 해방 당시 만주군 중위로 만주 동안성東安省 발리현勃利縣의 정안군靖安軍 포병단장 부관. 해방 후 입북.
이재기 李再起	신경 2기 (간특)	본명 이정린李廷麟. 1919년 함북 출생. 만주 영안농업학교 졸업. 1938년 12월 간도특설대 1기로 입대. 1944년 4월 신경군관학교 2기로 졸업해 만주군 육군 소위로 임관. 임관 후 간도특설대로 복귀. 해방 당시 육군 중위. 해방 후 이재기로 개명하고 서울로 귀국.

이름	군사 경력	월북 이전 경력
최재환 崔在煥	봉천 6기	1918년 출생. 1939년 12월 봉천군관학교 7기 졸업. 1940년 4월 만주군 소위로 임관해 간도특설대에서 제1중대 소대장으로 근무. 재직 중 중위로 진급. 1945년 11월 전국군사준비위원회 위원으로 참가.
최창륜 崔昌崙	신경 1기	함북 온성 출생. 용정 광명중학교 졸업. 1941년 4월 신경군관학교 1기 졸업. 졸업 후 항공과로 전과해 만주군 소위로 임관. 1942년 12월 일본 육군사관학교 56기 졸업. 이후 만주군 봉천비행단에서 복무. 해방 당시 만주군 상위. 1945년 8월 17일 박승환·양국진과 함께 비행기로 서울로 귀국.

* 출처: 丁一權·金錫範,《滿洲國軍誌》, 미간행, 1987; 친일인명사전편찬위원회,
《친일인명사전》1~3권, 2009, 민족문제연구소 등을 참고.

다. 김영택, 박임항, 방원철, 최창륜은 모두 연길현 용정에 있는 광명중학교 출신으로 1~2년 선후배 사이였다. 박창암도 연길현의 연길사범학교를 졸업했고, 이기건은 만주 안동중학교를 졸업했다. 이들은 이미 군관학교에 입학하기 전에 중학교와 '만주'라는 공간에서 성장기를 함께 보냈기 때문에 지리적·문화적 공통분모가 있었다.

또한 박승환과 최창륜은 일제 패망 직후부터 행동을 같이해서 관동군 비행기를 섭외해 1945년 8월 17일 함께 서울로 귀국했다. 또한 만주군 출신들은 1945년 11월 9일에 결성된 창군단체인 전국군사준비위원회에서 함께 활동했다. 준비위원회 위원 31명에는 문용채, 박승환, 박임항, 최재환, 최창륜이 포함되어 있었고, 최창륜은 병무부兵務部 상무위원을 맡았다.[14] 방원철은 이들보다 늦게 귀국했다. 그는 1946년 1월 19일에 북한으로 귀국했다가 3월에 서울로 내려왔으며, 여운형이 조직한 '조선인민공화국 중앙인민위원회 군사부'에서 활동했다.[15] 이들은 일제시기뿐만 아니라 해방 직후에도 서울에서

정치·군사 활동을 함께 전개한 인물들이었다.

여운형그룹은 학연과 지연, 군관학교 경력, 항공 병과, 사설 군사단체 등으로 인적 연결망이 중첩되어 있었다. 그만큼 이들은 단일한 그룹을 형성하기에 적합했다. 이들 중에 인적 연결망에서 분리된 인물은 김인수뿐이다. 학병 출신인 김인수가 여운형그룹에 들어온 계기는 정확히 알 수 없지만, 1946년 1월 18일 우익 학생들과 학병동맹이 무력으로 충돌한 학병동맹 사건과 관련되었을 가능성이 있다.[16] 이 사건으로 경기도 경찰국은 학병동맹원의 검거에 돌입했는데 이때 검거망을 피해 월북한 학병들이 있었기 때문이다. 대표적으로 학병동맹 위원장 왕익권王益權은 경찰의 포위망을 탈출해 숨어있다가 1946년 3월 12일에 월북했다.[17]

여운형그룹의 월북

박승환과 만주군의 건국동맹 군사조직 관련자들은 만주에서 해방을 맞이했다. 먼저 박승환은 관동군사령부에 긴급 연락을 취해서 비행기를 타고 1945년 8월 17일에 여의도비행장에 도착했다.[18] 그는 1945년 12월 20일부터 국군준비대 부사령을 맡아 건군 활동을 시작했지만 열흘 만에 부사령을 그만두고[19] 1946년 1월부터 본격적으로 여운형의 활동에 합류했다. 그는 여운형의 지시에 따라 만주군 출신들을 규합했다. 박승환은 1946년 3월에 신경군관학교 1기생 방원철·최창륜과 함께 서울시 계동에서 여운형과 면담했다. 여운형은 이

자리에서 남북 간의 전쟁을 방지하기 위해 건국동맹과 연계된 만주군 출신들이 북한군 창설에 참여할 필요가 있다고 역설했다.[20)]

특히 여운형은 월북할 만주군 출신들에게 "북에 가서 인민군 창설에 참여하여 북한 인민군 고위 장령將領이 되어 앞으로 일어날지도 모르는 무력남침의 쐐기 역할을 해야 한다"라고 강조했다.[21)] 여운형이 언급한 쐐기 역할이라는 것은 군대의 지휘권을 통해 무력충돌을 차단하는 것을 뜻했다. 그는 여운형그룹의 장교들이 북한군의 몇 개 사단에 대한 지휘권을 가지고 있다가, 북한이 남한을 무력으로 공격하라는 명령을 내렸을 때 부대를 움직이지 않으면 전쟁을 막을 수 있을 것이라고 판단했다.[22)] 방원철은 1947년 3월 북조선인민위원회에 제출한 인사 기록에 "우리들이 목적하고 온 인민군의 건설은 시기상조로 미성未成"이라고 씀으로써 월북의 목적이 북한군의 창설임을 공식적으로 밝혔다.[23)]

여운형이 1946년 3월에 만주군 장교들을 월북시킬 계획을 표명한 것은 북한의 정치세력을 만난 뒤에 한반도의 미래에 관해 정치적 입장이 섰기 때문이었다. 여운형은 사실 해방 이후 처음으로 1946년 2월 10~11일에 평양을 방문해 소련군 지도부와 김일성을 만났다. 여운형과 김일성은 북한 지역의 인민당 조직문제와 통일전선 문제 등을 논의했다. 두 사람은 새 조국을 건설하기 위해 남북의 민족세력이 통일해야 한다는 원칙에 공감했다.[24)] 회담 이후 여운형은 2월 13일 서울에 도착했고 이틀 뒤인 2월 15일에 개최된 '민주주의민족통일전선 결성대회'에서 5인의 의장 중 수석의장을 맡으면서 본격적으로 통일전선운동에 뛰어들었다.[25)]

신경군관학교 1·2기생들의 월북은 1946년 2월 11일에 진행된 여운형·김일성 회담의 결과였다. 이 회담에서 창군문제에 관해 어떤 논의가 있었는지는 알 수 없다. 그러나 월북 이후 여운형그룹의 배치 결과를 보면 북한군 창설에 필요한 장교들이 부족했던 김일성과 만주군 장교들을 확보하고 있던 여운형이 이들을 월북시켜 창군사업에 투입하기로 합의했던 것으로 보인다. 김순자는 여운형이 평양을 방문한 뒤에 박승환을 북한에 보냈다고 분명히 증언했다.[26)]

여운형의 지시에 따라 박승환과 방원철이 먼저 월북했다. 이들은 1946년 4월 초에[27)] 경기도 연천군 고랑포에서 만나 황해도 토성土城·여현을 거쳐 평양으로 갔다. 이들이 평양에 도착한 지 약 일주일 후에 서울에서 8명의 인원이 추가로 평양에 왔다. 이때 월북한 사람은 김영택, 김인수, 박임항, 박준호, 박창암, 이재기, 최재환, 최창륜이다.[28)] 방원철은 월북 당시 여운형이 김일성에게 보내는 편지를 한병옥韓炳玉에게 전달했다.[29)]

여운형그룹은 평양에 도착한 즉시 북조선임시인민위원회 사법국장 최용달崔容達을 찾아갔고, 최용달은 다음 날 김일성 북조선임시인민위원회 위원장의 비서인 한병옥[30)]과의 만남을 주선해주었다. 한병옥은 이들에게 '김일성 제4호댁(南山洞 1번지, 평안남도 도지사 관사 자리)'에 숙소를 마련해주었고, 평양에 도착한 지 3일 후 여기서 김일성을 만났다.[31)]

그런데 1946년 4월에 박승환의 주도로 월북한 그룹과 별도로 월북한 인물이 있다. 이기건이다. 이기건은 신경군관학교 1기생으로, 1944년 중국 금주에서 만주군 소위로 임관 직후 부대를 찾아온 박승환을 통해 건국동맹에 가입했다.[32] 그는 해방이 되자 고향인 신의주를 거쳐 1945년 9월 하순에 서울에 도착했고, 이때부터 여운형이 추진하던 건국사업을 도왔다. 여운형은 1945년 10월에 이기건을 불러서 김일성에게 밀서를 전달하라는 임무를 맡겨 월북시켰다. 평양에 도착한 이기건은 제4호댁에서 김일성을 만나 여운형의 편지를 전달했으며, 이 자리에는 최용건崔庸健과 김책金策도 동석했다.[33]

여운형은 1946년 4월 17일부터 25일까지 두 번째로 평양을 방문했는데 황해도 신막부터 평양까지 그를 안내한 사람은 월북한 이기건이었다. 여운형은 제2차 평양회담에서 주로 임시정부 수립 방안과 북조선임시인민위원회의 조기 수립에 대한 문제점을 제기했으며, 무정武亭과 김일金一 등 북한군 창설 주체와 직접 대면했다. 그는 4월 26일에 서울에 돌아왔다.[34] 여운형은 이기건을 통해 월북한 여운형그룹의 처우와 활동상을 전해 들었을 것이다.

북한군 창설 참여와 역할

여운형그룹이 북한에 도착했을 때 북한 지역에는 과거 일제 기관에서 활동한 인물들에 대한 정책이 수립되어 있었다. 북한의 정치세력은 해방 직후에 행정 경험과 기술을 가진 관리와 전문가의 경우 적극적·의식적 친일파가 아니라 보고 건국사업에 협력하면 공직자로 등용했다. 이는 건국사업에 투입할 전문가 집단이 부족했기 때문이었다.[35] 또한 소련과 북한 정치세력은 1946년 2월 8일 중앙 행정기관으로 북조선임시인민위원회를 설립했는데, 23명의 인민위원으로는 공산당원, 신민당원, 민주당원, 민족주의자, 일제시기 기술자 등 다양한 정치세력이 두루 선임되었다.[36] 여운형그룹은 해방 전에 건국동맹과 직간접적으로 연결되었고 군사기술을 가진 전문가 집단이었기 때문에 창군 요원의 대상이 될 수 있었다.

여운형그룹이 북한에 도착해 북한군 창설 과정에서 처음 부여받은 역할은 군관학교의 교관이었다. 북한의 정치세력은 이미 창군사업에 투입된 이기건을 제외하고 나머지 여운형그룹 10명을 처음에 진남포에 위치한 평양학원 교관으로 내정했다. 그러나 평양학원 원장 김책이 진행한 개별심사 과정에서 최재환이 간도특설대에 근무한 사실을 거듭해서 밝혔고, 이로 인해 여운형그룹의 교관 임명은 모두 취소되었다. 최재환은 그 직후 월남했다.[37]

그 후 조선공산당 북조선분국 간부부는 1946년 5월 초에 박승환에게 새로운 인사 배치 명령서를 전달했다. 박승환을 제외하고 7명은 사범전문학교·중학교의 교원으로 배치되었다. 이들 중 김인수만 1947년 2월 이후 북조선인민위원회 사무장 한병옥의 비서로 임명되었다. 김인수만 비서로 임명된 것은 박승환의 계획 때문이었다. 박승환은 김인수를 한병옥의 비서로 배치해서 그를 통해 북조선인민위원회의 각종 정보를 빨리 입수하려고 계획했다. 방원철이 북한에서 쓴 〈자서전〉을 보면 그가 평양사범전문학교 교원으로 재직한 시기는 1946년 6월 1일부터 8월 16일까지 두 달 보름이었다.[38]

여운형그룹이 북한군 창설 과정에 본격적으로 참여한 시점은 1946년 8월 13일이었다. 북조선로동당 간부부장 허정숙許貞淑은 8월 12일에 각 학교 교장에게 여운형그룹을 중앙당으로 올려보내라고 지시했다. 이와 함께 이들에게는 북조선인민위원회에서 발급한 공민증이 지급되었다. 흥미로운 것은 공민증의 직업란에 '직업혁명가'라고 쓰여 있었다는 점이다.[39] 북조선로동당이 여운형그룹을 친일파로 규정하지 않고 일제시기에 건국동맹에 관여한 경력을 높이 평가해서 직업혁명가로 규정한 것이다. 이것은 만주군 출신인 이들에게 일종의 면죄부를 줌과 동시에 창군사업에 참여할 명분을 만들어준 것이다.

여운형그룹은 8월 13일 제4호댁에서 김책·무정과 함께 '인민군 창설 제1차 회의'를 가졌다. 이 회의의 안건은 총사령부와 2개 보병사단의 조직에 관한 것이었다. 이 회의에서 김책은 미군이 주둔하는 한 평화적 남북 통일은 불가능하며 통일을 위해서는 반드시 강력한 군대를 창설해야 한다고 주장했다. 그는 여운형그룹이 정규군 군관학교를 나왔으므로 군사기술과 투지를 가지고 단시간 내에 "인민군 창설의 토대"를 마련해줄 것을 요청했다. 무정도 "조선혁명의 성패는 적보다 더 강력한 군사력에 있으므로 창군작업에 힘과 기술을 다 해줄 것"을 당부했다.[40] 김책과 무정이 여운형그룹에 주목한 것은 이들이 정규군 군관학교를 졸업했으며, 북한군을 창설할 수 있는 군사기술과 군사 능력을 보유하고 있다는 점이었다.

김책은 최소한 1946년 12월 말까지 2개 사단을 먼저 편성해야 한다고 강조했다. 이에 대해 박승환은 2개 사단을 몇 개월 안에 창설하려면 우선 북한에 있는 각급 산업체의 생산 능력을 조사해야 하므로 즉시 몇 개의 조사반을 조직할 필요가 있다고 건의했다. 김책은 이에 동의하면서 곧바로 작업에 착수하라고 지시했다. 여운형그룹은 북조선임시인민위원회 위원장 김일성의 명의로 된 신임장을 가지고 8월 14일부터 일주일 동안 전체 산업체의 생산 능력을 조사했다. 그리고 이 생산 능력에 맞추어 2개 사단 창설에 필요한 각종 장비의 소요량을 일람표로 작성해서 김책에게 제출함과 동시에 생산 명령을 하달해 달라고 요청했다. 그 결과 '나남사단'과 '개천사단'이 창설되어 12월 중순까지 인원과 장비의 보충을 완료했다.[41] 이처럼 여운형그룹이 처음 맡은 창군 업무는 2개 사단 창설용 군사 장비의 생산 능력과 소요량을 조사하는 것이었다.

여운형그룹이 맡은 또 다른 창군 업무는 북한군의 총사령부 건물을 확보하는 일이었다. 이 업무는 박창암에게 맡겨졌다. 박창암은 '총사령부 건설 총주임'으로 임명되어 일제시기에 평양의 남산 위에 세워진 무덕전武德殿을 총사령부 건물로 개조하는 공사를 감독했다. 총사령부 건물은 약 3개월간의 공사 끝에 1946년 11월 초에 준공되었다. 보안간부훈련대대부保安幹部訓練大隊部의 각 부서가 11월 중순에 새 청사에 입주했다.[42]

한편 여운형그룹은 군관학교와 병종 부대를 창설하기 위한 준비 작업에도 투입되었다. 이들은 2개 사단 창설계획을 마무리한 후에 평남 강서군 진지리에 군관학교를 만드는 계획을 작성했으며, 탱크학교와 포병부대를 창설하는 업무에 투입되었다. 이들이 작성한 창설 계획안은 상부의 결재를 받은 후에 최종적으로 소련군 연해주군관구 군사위원 슈티코프Terenty F. Shtykov 상장으로부터 재가를 받았다. 그러나 여운형그룹은 창군사업 중에서 군 편제와 인사문제에는 관여하지 못했고 철저히 배제되었다.[43]

여운형그룹이 맡은 북한군 창설 업무는 몇 단계 과정을 거쳐 최종적으로 확정되었다. 창설계획안의 결정 과정을 보면 여운형그룹은 부여된 업무에 대한 원안을 작성해서 전체회의에 회부해 심의, 검토를 받았다. 검토된 창설계획안은 먼저 무정이 결재한 다음에 김책에게 제출되었고, 김책이 슈티코프 상장에게 제출하면 그의 재가를 얻어 확정되었다. 당시에 김일성은 창설계획안을 직접 결재하지 않았지만, 김책에게 원안이 제출되면 그로부터 창설계획안을 보고받았다.[44]

여운형그룹은 1946년 11월 중순에 창군사업의 기초공작이 완성되고 총사령부 신청사에 모든 부서가 입주를 완료하자 정식으로 북한군 간부로 임명되었다. 최창륜은 보안간부훈련대대부 포병부 간부로 배치되었고, 박준호는 포병부 제도수로 임명되었다. 김영택은 보안간부훈련대대부 작전부에 배치되어 류신柳信과 함께 근무했고, 이재기도 작전부에 배치되어 교육 부문 업무를 맡았다. 박창암은 보안간부훈련대대부 후방부에 배치되어 김성국金成國과 함께 근무했다.[45] 박임항은 제1보병사단(보안간부훈련소 제1소) 참모장으로 임명되었고, 방원철은 북조선임시인민위원회 중앙경위대中央警衛隊 부대대장으로 배치되었다. 방원철이 직접 작성한 이력서에 따르면 그가 부대대장으로 공식 임명된 날짜는 1946년 12월 10일이다.[46]

중앙경위대 대대장은 1947년 10월 당시 동북항일연군東北抗日聯軍 출신 강상호姜相鎬였다.[47] 그는 1945년 10월 중순부터 김일성의 부관으로 활동했고,[48] 중앙경위대의 전신인 경위중대 시기부터 김일성의 경호 임무를 맡았다.[49] 중앙경위대의 임무는 당·정부기관·정당 요인과 평양시를 경비하는 것이었다. 또한 방원철은 중앙경위대 부대대장으로 근무하면서 만주에서 입북한 전 항일운동 전향자들에 대한 복권심사를 맡았다.[50] 노동당은 1946년 말까지 여운형그룹을 보안간부훈련대대부 군관과 정치요인·당·정권 기관 호위부대 부책임자로 임명하고 항일운동 전향자에 대한 복권심사를 맡길 만큼 정치적·사상적으로 신뢰하고 있었다.

한편 여운형그룹은 북한군의 군사제도를 처음 만드는 과정에도 참여했다. 이들은 3개 반으로 나뉘어 다음과 같은 창군 업무를 맡았다. 첫째, 북한군의 각 병과에서 사용할 우리말 구령을 제정하는 업무였다. 둘째, 소총, 기관총, 권총, 박격포, 탄약 등의 무기·부품 명칭을 우리말로 제정하고 그 단면도를 2개 사단에 배포하는 업무였다. 셋째, 장교용 군복, 모자, 구두, 무장대 등 각종 제복 양식과 계급장을 제작하는 업무였다. 넷째, 군사교육을 위해 임시로 사용할 수 있는 체육 교범, 제식 훈련·분대 전투 훈련·중대 훈련 정도를 실시하기 위한 기초훈련 교범을 제작하는 업무였다.[51]

군사용어(구령·병기·부품 명칭)·제복·군사 교범을 새로 만드는 업무는 박승환이 총괄적으로 지휘했으며, 각 반은 〈표 2〉와 같은 업무

〈표 2〉 여운형그룹의 북한군 군사제도 제정 담당 업무

반	구성	담당업무
제1반	박임항, 최창륜	우리말 군대 구령과 무기·부품 명칭을 제정하는 업무
제2반	김영택, 박준호	북한군의 장교 제복과 계급장을 제작하는 업무
제3반	방원철, 이재기	북한군의 각종 군사 교범을 제작하는 업무

* 출처 : 方圓哲 記, 앞의 자료, 192~193쪽.

를 담당했다.

박승환은 1946년 4월에 월북할 당시에 방원철에게 소장하고 있는 군사 서적을 모두 가지고 오라고 당부했고, 방원철은 그 말에 따라 군사 서적을 모두 가지고 월북했다.[52] 여운형그룹은 이 군사 서적을 참고해서 북한군의 초기 군사제도와 군사문화를 만들었다.

제1반은 월북할 때 가지고 온 조선어학회에서 제정한 군대 구령을 기초로 해서 우리말 구령을 만들었다. 그 결과 새로 만들어진 북한군 구령은 남한의 국방경비대에서 사용하는 구령과 거의 비슷했다. 구령 제정은 비교적 쉽게 완료되었다. 무기의 부품 명칭은 부품의 모양과 용도를 고려해서 그중에 해당 부품에 적합한 용어를 선택해서 만들었는데, 명칭을 짧고 기억하기 쉬운 말로 제정하는 데 오랜 시간이 걸렸다. 이들은 명칭이 최종 결재되면 즉시 평양시 서성리西城里에 있는 형무소의 석판石版공장으로 가서 수백 매의 석판인쇄 괘도를 제작해 각 사단에 보냈다.[53]

제2반은 북한군 장교의 제복과 계급장 제작을 맡았는데, 각국의 장교 복장을 두루 참고했다. 이들은 중국공산당 군대·소련군·독일군·일본군·프랑스군의 장교 복장을 도면으로 제작해서 채택 의견을 붙여 상부에 결재를 요청했다. 이들은 3개 안을 마련했는데, A안은 소련군의 제복을 그대로 도입하는 안이었고, B안은 일본군의 군복 상의, 프랑스군의 당고바지·드골 모자·무장대(허리띠), 소련군의 반장화로 구성하는 안이었다. C안은 일본군 장교 복장에 소련군의 견장·무장대·반장화와 독일군의 모자로 구성하는 안이었다. 최종적으로 B안이 채택되었다. 계급장은 소련군의 계급장을 그대로 상정했다.

그러나 슈티코프 상장이 소련군을 그대로 모방하는 것은 좋지 않다고 지적해서 한 줄에 별이 4개가 늘어선 계급장으로 변경되었다.[54)]

제3반이 맡은 군사 교범 제작은 여운형그룹에 맡겨진 창군 업무 중 가장 어려운 문제였다. 당시에는 북한군의 군대 편제와 무기체계가 만들어지지 않았기 때문에 독자적인 전범령典範令을 제정하는 것은 근본적으로 불가능했다. 여운형그룹은 일본군과 중국공산당 군대의 군사 교범을 검토했지만 북한군에 적합하지 않다고 결론내렸고, 소련군의 군사 교범은 어학 능력이 부족해서 참고하지 못했다. 이들은 잠정적으로 일본군의 전범령을 기초로 해서 소련군식 제식 훈련·분대 훈련·중대 훈련을 진행할 수 있는 《간단교범》을 제정해서 우선 사용하도록 했다. 북한군의 체육 교범은 완전히 일본식을 기초로 해서 개량했다. 여운형그룹의 군사제도·군사문화 제정작업은 1946년 12월 중순에 완료되었다.[55)]

이처럼 창군 당시 북한군의 구령·부품 명칭, 제복·계급장, 기초 훈련 교범은 여운형그룹에 의해 만들어졌다. 이들은 남한의 조선어학회에서 제정한 군대 구령, 일본군·프랑스군·소련군의 제복과 계급장, 일본군의 전범령을 기초로 해서 북한군의 구령·제복·계급장·교범을 제작했다. 여운형그룹은 북한군 창설 과정에서 군대의 운용 형식과 외형을 제정하는 데 참여했으며, 이들의 참여는 북한군에 다양한 군대의 군사적 요소가 유입되는 계기가 되었다.

숙청과 월남

여운형그룹은 1947년 1월 초까지 보안간부훈련대대부와 내무국 군대에 배치되어 군사 간부로 활동했다. 그런데 1947년 1월 상순에 이들에게 북조선로동당 간부부의 소환장이 발부되었다. 간부부장 허정숙은 여운형그룹 전원에게 군 복무를 중지하고 다른 직장으로 직업을 전환하라고 지시했다. 방원철은 허정숙의 권유에 따라 노동당에 입당했다.[56] 그가 소속된 당 단체는 '평양시 중구당中區黨'이었고 입당 날짜는 1947년 3월 16일이었다.[57]

흥미롭게도 미군이 6·25전쟁 중 북한에서 노획한 문서 가운데 이 당시 방원철의 발령에 관한 공문이 들어있다. 여운형그룹의 증언이 북한의 공식문서로 확인된 것이다. 북조선인민위원회 간부부장 장종식張鍾植은 3월 22일에 북조선인민위원회 교육국장에게 〈방원철 동지 소개의 건〉이라는 공문을 발송했다. 간부부장은 "이 동지를 귀 교육국 적임자로 소개함. 배치 후에는 즉시로 통지하고 이력서 1통을 제출하여주시기 바람"이라고 기재했다.[58] 간부부장의 지시에 의해 북조선인민위원회 교육국과 김일성대학 사이에 다음과 같은 2건의 공문이 오고 갔다.

북조선인민위원회 교육국 간부부장 이춘희李春熙는 1947년 3월 24일에 〈방원철 동무 소개의 건〉이라는 공문을 작성해서 김일성대학 총장에게 보냈다. 그 내용은 "이 동무를 귀 학교 체육교원으로 배치하여주시기 바람. 배치 후에는 통지서를 송부하여주시기 바람"이었다.[59] 김일성대학 총장 김두봉金枓奉은 3월 27일에 북조선인민위원

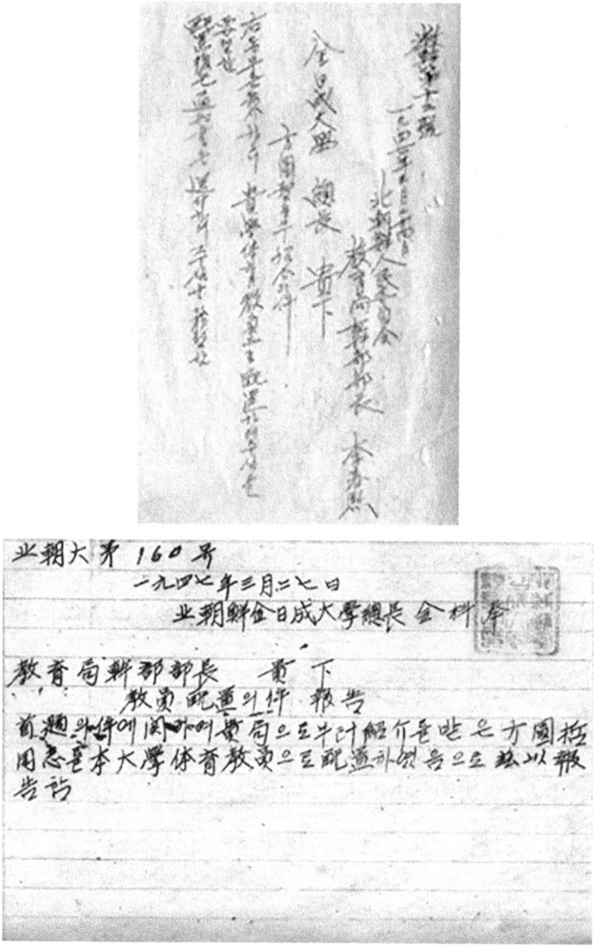

〈그림〉
〈방원철 동무 소개의 건〉과 〈교원 배치의 건 보고〉
(1947. 3)

회 교육국 간부부장에게 〈교원 배치의 건 보고〉라는 공문을 보냈다. 대학 측의 답변은 "귀 교육국으로부터 소개를 받은 방원철 동지를 본 대학 체육교원으로 배치하였으므로 이에 보고함"이었다.[60)]

방원철의 회고에 따르면 허정숙은 그가 입당한 직후에 소개 서신을 써준 뒤, 그를 북조선인민위원회 교육국장 한설야韓雪野에게 보냈다. 한설야는 서신을 열람한 뒤에 임명장을 작성해서 그를 김일성대학 총장 김두봉에게 보냈으며, 방원철은 당일에 김두봉에게 취임 신고를 하고 김일성대학 체육교수로 임명되었다.[61)]

노획문서와 방원철의 회고를 비교해보면 그가 북조선인민위원회 교육국장 한설야로부터 소개와 임명 공문을 받은 후에 김일성대학 총장에게 가서 체육교원으로 임명되었다는 사실이 정확히 일치한다. 방원철 외에 여운형그룹의 다른 인물들이 배치된 기관은 현재까지 알 수 없다. 노동당 간부부에서 여운형그룹을 일괄적으로 중학교 교사로 배치한 전례에 비추어볼 때, 다른 인물들도 방원철과 비슷하게 교육기관에 배치되었을 것이다.

김일성대학의 체육교수로 배치된 방원철은 일본의 체육 서적을 참고해 변증법적 유물론 등 공산주의 이론에 적합한 체육 이론을 작성해서 학생들을 교육했다. 또한 그는 김일성대학 내 노동당 당세포의 세포회의에 정기적으로 참석했으며, 세포회의에서 진행하는 독보회를 수차례 주도했다. 1947년 3월에는 김일성대학의 '메이데이(5·1절) 준비위원장'으로 선출되어 4월 초까지 단과대학별로 메이데이 준비위원을 선발하고 진행 과정을 점검했다.[62)] 이처럼 방원철은 김일성대학에서 노동당의 정식 당원으로 활동하고 메이데이 준비위원장으로 선출될 만큼 사상과 능력을 인정받았다.

그런데 방원철은 4월 3일에 대학으로 찾아온 2명의 보안대원에게 갑자기 체포되었다. 그는 대학 측에 알릴 겨를도 없이 이들에게 강제로 연행되었다. 방원철은 비밀장소에서 지령을 받은 지령문을 내놓으라고 심문을 받은 후에 평양시 서성리에 위치한 형무소로 이송되었다. 그는 형무소 소장을 접견한 후에 바로 수감되었다. 며칠 후에 방원철은 여운형그룹 전원이 서성리 형무소의 독방에 수감되었다는 사실을 확인했다.[63]

여운형그룹의 연행 경위는 노획문서에서 구체적으로 확인할 수 있다. 김일성대학 부총장 박일朴日은 방원철이 무단결근하자 1947년 4월 30일 북조선인민위원회 교육국장에게 이 사실을 보고했고 교육국 간부부장은 그 이유를 조사하라고 지시했다. 김일성대학 측은 수소문 끝에 방원철이 보안기관에 검속되었다는 사실을 확인하고 4월 30일 이를 교육국장에게 보고했다. 공문을 접수한 교육국은 당일 군인재판소 판사에게 방원철의 신병에 대한 조사를 의뢰했다.[64] 방원철의 검속은 그의 회고대로 김일성대학 측과 교육국에 전혀 통보되지 않고 갑자기 이루어진 것이다.

북조선인민위원회 교육국은 방원철의 검속 사실을 보고받은 후에 노동당 중앙당에 연락해서 그에 대한 처리방침을 논의한 것으로 보인다. 교육국장 한설야는 방원철이 체포된 지 20일이 지난 5월 19일에 김일성대학 부총장에게 보내는 '공문 초안'에서 "귀 대학 체육교원 방원철 동무를 긴급한 사정에 의하여 면직시키라"고 지시했다.[65] 교육국장 한설야가 김일성대학 부총장에게 정식으로 공문을 발송한

날은 4일 뒤인 5월 23일이다. 그런데 교육국장은 이 공문에서 공문 초안에 있던 "방원철 동무를 긴급한 사정에 의하여"라는 문구를 "방원철을 사정에 의하여"라고 변경해서 하달했다.[66)]

방원철의 회고와 김일성대학의 공문을 종합해보면 여운형그룹은 소속기관에 체포 사실이 통보되지 않은 상태에서 갑자기 연행되어 투옥되었다. 그리고 교육국은 방원철에 대한 보안기관의 검속이 '긴급한 사정'이라는 사실을 은폐하기 위해 공문 초안을 수정했다. 게다가 공문 초안에 써 있던 '동무'라는 단어를 삭제함으로써 그에 대한 평가를 절하했다.

그렇다면 갑자기 방원철과 만주군 출신에 대한 평가가 절하된 이유는 무엇일까? 이는 북한 내부의 변화와 관련 있다. 북한군은 1947년에 들어서 내부에 있는 일본군 출신 군관을 대대적으로 숙청했고, 이 숙청작업은 1947년 말에 완료되었다.[67)] 북한 정치세력은 정규군을 창설하기 위해 일본군·만주군 장교 출신 등 군사 경험과 군사 지식이 풍부한 인물들을 등용해 활용했다. 그리고 창군 과정이 일정 궤도에 오르자 이질적인 존재를 축출함으로써 군대의 정치·사상적 단일성을 확보하려고 계획한 것이다.

여운형그룹은 10명 중에 8명이 평양형무소에 투옥되었다. 북조선인민위원회 사무장 한병옥의 비서로 활동하던 김인수는 노동당에서 신뢰를 받았기 때문에 투옥되지 않고 사동정치학교寺洞政治學校 책임자로 배치되었다. 박승환은 당시 폐병을 앓고 있었기 때문에 투옥되지 않은 것으로 보인다.[68)]

여운형그룹이 평양형무소에 투옥된 지 3개월이 지난 1947년 7월

19일에 여운형은 서울시 혜화동에서 월남한 청년 한지근韓智根에 의해 암살당했다.[69] 여운형그룹은 여운형이 암살되기 3개월 전에 투옥되었기 때문에 이들의 투옥과 여운형의 죽음은 직접적인 연관성이 없다. 그러나 타격은 있었다. 여운형그룹은 다음 날인 7월 20일에 감옥에서 그의 암살 소식을 들었다. 형무소 측은 며칠 후에 여운형그룹을 독방에서 다른 수감자들이 있는 단체방으로 옮겼고, 이들에게 제공되던 사식도 끊었다.[70]

여운형그룹이 투옥된 지 1년이 지난 1948년 4월 평양에서는 남북협상이 시작되었다. 남북협상 당시 근로인민당은 당수 백남운白南雲과 함께 정당 대표 23명을 평양에 보냈다.[71] 이들은 북한의 고위간부들에게 박승환·방원철 등 여운형그룹을 만나보고 싶다는 의견을 전달했다. 그러나 북한 간부들은 이들이 모두 출장 중이라서 어렵다고 답했고, 근로인민당 간부들은 결국 여운형그룹을 만나지 못했다. 그러나 근로인민당 간부들의 면담 요청은 북한 정치세력에게 정치적 부담으로 작용했던 것 같다. 북한의 정치세력은 1948년 5월 6일 여운형그룹을 평양형무소에서 출감시켰다.[72]

이들은 형무소를 나온 다음에 북조선인민위원회 내무국 정치보위부장 방학세方學世의 집무실로 이송되었고, 이곳에서 한 명씩 귀향조치되었다. 이날 출감한 이는 김영택, 박준호, 박창암, 방원철, 최창륜 등 5명이었다. 박임항과 이재기는 6개월 전인 1947년 11월에 먼저 석방되어 직장에서 근무하고 있었다. 여운형그룹이 1948년 5월에 출감했을 때 박승환은 폐가 나빠 요양소에서 요양 중이었다. 건국동맹의 군사조직 담당자이자 여운형그룹의 리더였던 박승환은 건국의

꿈을 펼쳐보지도 못한 채 1948년에 폐병이 악화해 사망했다.[73)]

여운형그룹은 출옥 후에 새로운 직장을 배정받았다. 방원철은 전차사업소에서 평양에 신설 중인 전찻길 공사장에 인부로 배치되었다. 박창암과 이재기는 서평양철도국 주물공장과 선교리 산소공장에 노동자로 배치되었고, 박준호는 평양시 선교리 곡산공장에 굴뚝 소제공으로 배치되었다. 박임항은 강원도 원산에 있는 처갓집에 거주하면서 서울-원산을 오가며 명태 장사를 했고, 박창암은 고향인 함경북도 북청으로 갔다. 최창륜은 수감되기 전에 살던 평양시의 관사에서 살았으며, 김영택은 출감 당시 괴혈증에 걸려서 거동이 불가능했기 때문에 평양시 기림리에 있는 자택에서 요양했다.[74)]

이들은 1948년 7월 하순부터 부인들을 통해 비밀리에 연락을 취하며 남한으로 탈출할 것을 모의했다. 1948년 9월 23일 추석날을 월남하는 날로 잡고, 황해도 신막·여현·토성을 거쳐 서울로 내려갈 계획이었다. 이들은 9월 23일 낮 12시에 가족들과 함께 열차를 타고 황해도 신막으로 이동했다. 38선에서 도보로 임진강을 건넜는데, 소련군에 쫓겨 흩어졌다가 9월 26~27일에 개성을 거쳐 서울역에 도착했고, 9월 28일에 육군본부 정보국을 찾아가 귀순 절차를 밟았다.[75)] 이때 단체로 월남한 인물은 박준호, 박창암, 방원철, 이재기, 최창륜 등 5명이었다.

김영택·박임항·이기건은 이들과 다른 경로로 월남했다. 김영택은 평양에서 치료를 받다가 처가가 있는 원산으로 이사했고, 원산에서 4월 23일에 철원을 거쳐 서울에 도착했다. 그는 양국진 육군본부 군수국장의 도움으로 국군 장교로 현지 임관했다. 박임항은 단체로 월남한 사람들보다 일주일 앞선 1948년 9월 17일에 원산에서 철원을 경유해 월남했다. 그는 이범석李範奭이 국방부 장관으로 임명되자 소령으로 임관해 육군본부 작전과장을 맡았다.[76] 이기건은 북한군 제1사단 참모장까지 승진했다. 그러나 그도 1948년 3월 말에 부대를 탈출해 은신해 있다가 5월 초에 월남했다.[77]

북한행은 실패했는가?

여운형은 해방 전부터 독립국가의 군대를 건설할 계획을 가지고 있었고, 해방 이후 남과 북의 정치세력이 각각 독자적으로 군대 창설을 추진하자 그 계획을 변경했다. 그는 자신의 영향력 아래 있던 만주군 출신을 북한군 창설 과정에 참여시켜 향후 남북의 군사적 충돌을 방지하려고 구상했다. 그리고 1946년 2월 10~11일 평양에서 김일성을 만나 남북의 민족세력이 합작해 통일정부를 수립한다는 노선에 합의했다.

박승환과 신경군관학교 1·2기생 등 11명은 1945년 10월부터 1946년 4월 초까지 월북했고 북한의 정치세력은 이들을 북한군의 창설 요원으로 투입했다. 여운형그룹은 6개월 동안 북한군의 지휘부와 보병부대·군관학교의 설립에 참여했으며 군사 용어·제복·군사 교범 제작을 주도했다. 그러나 이들은 창군 과정이 일정 궤도에 오르자 1947년 4월에 숙청되었고 여운형마저 1947년 7월 19일에 암살되었다. 그 후 여운형그룹은 월북한 지 2년 5개월 만인 1948년 9월에 집단적으로 월남했다.

국가 건설기 여운형의 남북한 통합 구상은 결과적으로 실패했지만, 그의 노력이 무의미했던 것은 아니다. 1946년 4월에 월북한 여운형그룹은 창군 과정에서 만주군 출신과 월북자라도 그 능력과 사상으로 공헌할 수 있다는 사실을 북한 정치세력에게 보여주었다. 따라서 여운형그룹의 북한군 창설 과정 참여는 북한의 정치 공간에서 이질적 존재의 존재 근거를 입증하고 활동 입지를 개척했다는 점에서 역사적 의미가 있다.

6. '한교'에서 '조선족'으로
-만주 지역 한인의 신분 변화와 그 의미

◎ 임찬혁

해방과 함께 돌아간, 돌아가지 않은,
돌아가지 못한 사람들

제2차 세계대전의 종전에 따른 가장 큰 영향은 미국과 소련을 중심으로 한 새로운 세계 질서가 형성된 것이다. 이는 세계 각지에 대한 동맹국들의 전후 처리 과정을 통해 실현되었는데, 동아시아 지역의 경우 전후 처리의 핵심은 일본제국주의의 잔재를 청산하고 국가 간 경계 및 민간인의 귀속을 확정짓는 것이었다.

이런 맥락에서 과거 만주로 불리던 중국 동북 지역과 한반도 북부는 소련의 점령 지역으로, 한반도 남부와 일본은 미국의 점령 지역으로 설정되었다. 일제 패망 후 소련이 일시적으로 점령했던 만주 지역은 중소우호동맹조약에 의해 중국 국민정부가 접수할 예정이었지만, 복잡한 전후 질서 속에서 미소 양국의 이해관계가 미묘하게 얽히고 만주 지역을 포함한 전 중국의 지배권을 둘러싼 국공 양당의 치열한 각축 속에 결국 중국공산당의 지배하에 놓이게 되었다.

전후 질서의 재편과 더불어 동아시아 각지의 인구 이동문제가 중요한 화두로 떠올랐다. 해외 한인의 경우 미국과 소련을 위시한 제2

차 세계대전 당시 동맹국들은 상호 견제를 위한 경계의 획정과 한반도 전후 처리 방안으로 신탁통치안을 논의하는 데만 골몰한 채 해외 한인문제의 처리에 체계적인 정책을 수립하지 않았다.

제2차 세계대전 종전 당시 중국에는 230만 명이 넘는 한인들이 살았는데 그중 120만 명은 국공내전의 격변기에 고국으로 귀환하였고 나머지는 현지에 잔류하여 현재 중국 조선족 사회의 원형을 이루었다. 중국 지역 한인 사회는 일본제국주의의 중국 침략과 전쟁이 이어지는 속에서 규모가 확대되고 성격이 변질되었으며, 전후 국공 간의 대립 속에서 점차 해체되고 재편되었다.

특히 주목해야 할 것은 제2차 세계대전 종전 후 전후 처리의 일환으로 진행된 동아시아 각지의 인구 이동이 한민족의 경우에는 시기적으로 독립국가 건설 내지는 민족국가 수립의 과도기 단계와 서로 중첩된다는 점이다. 따라서 중국 조선족을 포함한 해외 한인의 고국 귀환 내지는 현지 정착의 실상을 구명함에 있어서 국제 사회로부터 부여된 한인의 '국적'문제에 대한 논의가 반드시 뒷받침되어야 할 것이며 이를 통해 이른바 민족과 국적이 서로 엇갈리게 되는 상황에 대해 역사적인 분석과 설명이 가해져야 한다.

1945년 8월, 일제의 패망과 더불어 중국 국공 양당 사이에는 수항권受降權 문제를 둘러싼 첨예한 갈등이 표출되었다. 이는 만주 지역을 포함한 중국 각지에 거주하던 한인들의 거취에 직접적으로 영향을 미쳤으며 환국을 앞둔 대한민국임시정부 측 인사들은 중국 국민정부의 한인문제 처리 과정에서 중요한 역할을 했다.

9월 3일, 임시정부 주석 김구는 〈국내외 동포에게 고함〉이라는 연설을 통해 임시정부의 조속한 환국 못지않게 해방 후 중국 거주 한인 교포들의 안전 및 귀국은 물론 국내외 거주 동포들의 구제문제를 임시정부 '당면정책' 중의 한 가지로 매우 중요하게 간주했다.[1]

9월 중순, 임시정부 측은 보다 적극적으로 귀국 교섭을 전개하여 26일 김구와 장개석 사이에 면담이 이루어졌다.[2] 해당 면담을 통해 김구는 "400만 한교에 대해 일부 악질 친일분자를 제외하고는 관용을 베풀어줄 것과 동북 각 성에 흩어져 있는 한인들을 위해 특별기구를 설치할 것" 등을 국민정부 측에 요청했다.[3]

사실상 이는 중국 관내 지역 한인들이 대부분 국내로 귀환한 후 만주 지역에 남아있던 한인들에 대해 중국국민당·공산당이 실행한 정책의 핵심이라고 해도 과언이 아니다. 왜냐하면 '일부 악질 친일분자를 제외하고 관용을 베풀어준다'는 것은 곧 한인들의 '양유良莠'를 구분하여 거주권을 준다는 것을 의미하고, '동북 각 성에 흩어져 있는 한인들을 위해 특별기구를 설치한다'는 것은 곧 해당 지역 한인들을 위해 특별한 제도를 실행해야 한다는 것을 의미한다고 볼 수 있기 때문이다.

이 글은 전후 만주 지역 한인들의 신분이 '한교'에서 '조선족'으로 바뀌는 역사적 과정을 국민당과 공산당의 정책을 통해 살펴보고 그것이 갖는 의미를 탐구해보고자 한다. 19세기 말부터 일제 식민지기에 이르기까지 보다 나은 삶을 찾아 고향을 등지고 낯선 땅에 이주했던 한인들은 이때에 이르러 또 한 번 커다란 선택의 기로에 놓이게 되었다.

국민정부의 만주 지역 진출과 한인문제 처리

관내關內 지역에서 만주 지역으로의 국민당의 진주 노선을 고려했을 때 남만南滿(오늘날 요령성 지역)은 자연히 국민당의 우선적인 '수복구'가 되었다. 그런데 19세기 말부터 일제 패망에 이르기까지 해당 지역에 상당한 규모의 한인 사회가 형성되어 있었는데, 국민정부가 만주 지역에서 군사 행동을 개시함에 따라 고국으로 귀환하지 않고 남만 지역에 남아있던 한인들은 고스란히 전화에 노출될 수밖에 없었다.

국민당 정부 당국이 만주 지역에서 온전히 자리를 잡기 전까지 현지 한인문제 처리를 담당한 것은 군사 접수 임무를 맡은 동북보안사령장관부였다. 당시 남만 지역 한인 사회가 처했던 상황은 동북보안사령장관부가 동북행영東北行營의 비준核准을 받아 1946년 3월 10일자로 공포한 '한교처리임시판법(이하 '임시판법')'의 해당 내용을 통해 어림짐작해볼 수 있다.

〈동북보안사령장관부처리한교임시판법東北保安司令長官部處理韓僑臨時辦法〉[4]

제1조. 동북보안사령장관부는 군사 접수 기간 한교문제 처리 시 본 판법에 따라 실행한다.

제2조. 접수 기간 각 성, 시, 현의 한교는 순차적으로 본국으로 송환하는 것을 목표로 하되 모든 송환 및 관리판법은 중국 법령에 따라 처리한다.

제3조. 무릇 생산에 종사하지 않고 정당한 직업이 없는 한교는 일률로 기한 내에 집중을 마치고 우선적으로 본국에 송환한다. 해당 집중 및 송환 시기는 구체적인 상황에 따라 수시로 정할 것이다.

제4조. 현재 농전 수리 업종에 종사하는 한교는 일률로 현 상태를 유지하여 계속 경작하게 하고 적절히 구조하되 구체 판법은 따로 정할 것이다.

제5조. 한교 중 기술인원에 대해서는 '일적원공잠행징용통칙日籍員工暫行徵用通則'의 유관 규정에 따라 처리한다.

제6조. 한교 중 공산당에 가담한 자는 조사를 거쳐 신분이 밝혀지면 직업에 상관없이 일률로 본국으로 송환한다.

제7조. 이하 여러 가지 행위를 한 한교에 대해서는 구체적인 상황에 따라 전범 또는 한간으로 검거하여 법원에 송치해 심리를 받게 한다.

1. 일본군 특무로 일했던 자.
2. 일본인을 등에 업고 중국 인민을 능해凌害한 자.
3. 일본인을 도와 물자를 빼돌린 자.
4. 위금違禁 물품을 경영하거나 기타 죄행을 저지른 자.

제8조. 동북 한교의 집중 및 송환, 잠시 거주를 허락하거나 법에 따라 검거하는 등 사항은 일괄적으로 동북보안사령장관부 한교사무처에서 판리하되 모든 한교의 자유로운 이동을 금한다.

제9조. 본국으로 송환할 한교의 집중과 관리, 송환 그리고 휴대할 수 있는 물품 등 사항은 일률로 일교에 대한 처리판법을 준용한다.

제10조. 동북 한교는 송환, 거류 또는 검거여부에 상관없이 산업집조 등을 일인산업처리판법日人產業處理辦法의 규정에 따라 일률로 잠정 압수한다.

제11조. 동북 한교의 사유산업에 관해서는 부동산의 경우 계거契據와 함께 유가증권, 거액금전 또는 귀중품 등 동산의 경우 현물과 함께 소유인이 청책淸册을 작성해 동북보안사령장관부로 보내 보관하게 해야 한다.

제12조. 동북보안사령장관부에서 이상의 계거契據와 재물을 접수하면 곧바로 정식으로 된 수거를 내주고 적절히 보관하거나 중앙은행으로 보내 대신 보관하게 해야 한다.

제13조. 동북 한교의 산업은 국유 또는 사유를 불문하고 생산을 방애하지 않는 원칙하에 계속해서 원래 소유인 또는 점유인이 관리 및 이용하게 하되 함부로 이전 또는 변경할 수 없다.

제14조. 동북보안사령장관부에서 압수한 한교의 산업은 추후 조선인 및 대만인 산업처리국에 이송할 경우에 대비해 총청책을 작성하여 법에 따라 핵정한 후 몰수하거나 발환發還한다.

제15조. 잠정적으로 거류가 허가된 한교는 성, 시, 현에 따라 한국교민회를 조직하여 한교 관리를 위한 보조기관으로 삼되 각 성, 시, 현 정부의 지도와 감독을 받아야 한다. 해당 조직 강요는 따로 정한다.

제16조. 본 판법은 군사 접수 기간에 한해 적용되는바 군사 접수가 완료된 후 따로 한교처리판법을 공포할 때 곧바로 폐지될 것이다.

제17조. 본 판법은 핵준일로부터 시행한다.

우선 이상의 '임시판법'은 국민당 정부가 군사적으로 동북 지역을 접수하는 기간에 현지 한인들에게 적용될 조치로 추후 별도로 기타 판법이 마련되면 곧바로 폐지될 것이라 명시하였다. 하지만 총 17개 조항으로 구성된 해당 '임시판법'은 '시한부' 조치라고 보기에는 상당히 구체적인 내용을 담고 있어 동북 지역에 진입한 국민정부 당국의 초기 한인정책을 비교적 자세히 보여준다.

해당 임시판법 제4조에 따르면 농전 수리업, 즉 농업생산에 종사하는 한인은 일단 계속 농사를 지을 수 있다고 하여 그에 대해 적절한 구제책을 강구할 것이라고 표명함과 동시에 기술직 인원의 경우 일본인 원공의 예를 좇아 잠시 유용할 것이라고 밝혔다. 하지만 임시판법 제2조에서 명시했듯 당시 국민정부의 한인정책은 근본적으로 접수 지역 내 모든 한인을 순차적으로 본국에 송환하는 것을 목표로 삼고 있었다.

이는 해방을 맞이한 한인들에 대해 중국인들이 좋지 못한 인식과 악감정을 가졌던 것이 크게 영향을 미친 것으로 보인다. 중국인들은 대체로 중일전쟁기 중국에 온 한인들 가운데 일제 세력에 편승해 불법행위를 저지른 자가 많다고 인식하고 있었다.

하지만 국민정부 입장에서 제2차 세계대전 당시 전범이나 부일협력자[韓奸]를 포함해 공산당에 가담해 활동한 한인들의 경우 법원의 심리를 받게 하거나 송환 조치를 취하는 것은 어느 정도 이해할 수 있겠다. 하지만 강제송환을 앞둔 일반 한인의 경우에도 그들의 자유로운 행동을 금지하거나 집중관리 조치를 취하고 일본인에 준해 휴대 품목 등에 관한 규정을 마련한 것은 시의적절치 못했을 뿐더러 그중에는 일견 가혹한 부분 또한 없지 않았다.

소련군 철수 후 만주 지역에서의 국공 양당의 충돌이 1946년 6월 초 잠시 소강상태에 진입했음을 감안하면 이상의 '임시판법'은 동년 3월부터 6월 초까지 국민당 군대가 도달했던 만주 지역에서 실행된 것으로 보인다.

국민정부의 초기 한인정책은 실제 시행 과정에서 여러 가지 착오를 거듭하면서 점차 수정되어갔다. 당시 한인문제 처리는 한인 출신의 국민당 군대 현직 소장 김홍일이 동북보안사령장관부 산하에 세운 한교사무처를 통해 실행되었다. 김홍일은 국민정부를 향해 현지 한교들의 형편을 전달하는 한편 본인의 의견을 장문의 서신으로 제시하면서 국민정부의 한인정책을 수정할 필요가 있다고 건의하였다.

그는 국민정부가 모든 한교들을 일본군 포로 및 일본 교민과 같이 전부 본국으로 송환하는 정책에 대해 이의를 제기하였다. 즉 동북 지역 한교 특히 농사를 짓는 '순량한 한농'들까지 구축하는 것은 그들의 공황 심리를 부추겨 오히려 공산당에 가담할 수 있게 할 것이며, 뿐만 아니라 한반도 내 화교에 대한 한국인들의 반감을 불러일으킬 수 있고 소련에도 침투할 수 있는 공간을 열어줄 수 있는 등 동북 지역의 사회·경제에 심각한 영향을 미칠 것이라고 우려하였다. 그러면서 김홍일은 관계 부서에 조속히 한교 처리에 관한 법규를 만들어줄 것을 건의하는 한편 필요할 경우 동북 지역 한교에 대해 특정법(특별법·필자 주)을 만드는 것도 검토해달라고 제안하였다.

김홍일이 올린 한교문제 관련 의견사항은 국민정부 외교부에서 〈한교처리판법대강〉(이하 '판법대강')을 마련하는 데 참고가 되었다.

동북 지역 한인에 대한 국민정부의 초기 정책이 무조건 본국으로 송환하던 데에서 죄를 짓지 않고 정당한 직업을 가진 자에 한해 현지 거주를 허용하는 쪽으로 선회한 것은 현지 한인들의 입장에서 볼 때 매우 의미 있는 변화였다.

〈한교처리판법대강韓僑處理辦法大綱(1946. 6. 10, 국민정부핵준國民政府核准)〉[5)]

1. 중국 지역에 있는 한교의 경우 군사 인원을 제외하고 본 판법의 적용을 받는다.
2. 중국 지역에 있는 한교에 대해 마땅히 조사와 등기를 거쳐 다음의 구체적인 상황에 따라 처리해야 한다.
1) 전범 혐의가 있거나 기타 불법행위를 저지른 자는 법에 따라 처벌하거나 한국으로 송환해야 한다.
2) 행위가 선량하고 정당한 직업이 있거나 한국대표단 및 각지 선무단에서 직책을 맡고 있는 한교 중에서 중국에 거주하기를 원하는 자에 대해서는 계속 거주할 수 있게 허가하고 지방 당국에서 거류증을 발급해주어야 한다. 단, 필요할 경우 경제 형편이 은실한 보증인이 담보[鋪保]를 서야 한다.
3. 위 규정에 부합되는 한교에 대해 일반 외교관리판법에 따라 재산을 처리하고 충분한 보호를 제공해야 한다.

동북보안사령장관부에서 공포한 '임시판법'에 비해 외교부에서 제정한 '판법대강'에 나타난 가장 큰 변화는 "행위가 선량하고 정당한 직업이 있거나 임시정부 주화대표단 및 각지 선무단에서 일하는 자들" 중에서 본인이 원할 경우 계속 중국에 거주할 수 있고 지방 당국에서 거류증을 발급해준다는 내용이었다. 이를 통해 동북 지역 한인들은 무조건 본국으로 송환될 처지에서 벗어나 현지에 잔류할 수 있는 근거가 마련되었다. 그런 의미에서 국민정부의 만주 지역 한인정책은 초기 해당 문제에 대한 관리권을 놓고 벌어진 논란을 어느 정도 마무리함과 동시에 한인의 현지 거주권을 초보적으로 인정했다는 점에서 의미 있는 첫걸음을 내디뎠다고 볼 수 있었다.

이 과정에서 한교사무처는 국민정부가 동북 지역을 군사적으로 접수한 이후 동북보안사령장관부 산하에 예속되어 있다가 외교부 주동북특파원공서 산하로 잠시 이관되었고 나중에 다시 동북행원東北行轅 산하로 이관되는 등 귀속이 여러 번 바뀌었다. 한인문제 처리의 전체 구조를 놓고 볼 때 상하 계통이 확실치 않고 인원 편제나 예산 배정 등 기술적인 부분도 제대로 해결되지 못하는 등 문제점이 많았다. 한인문제 처리 과정에 나타난 문제점이 미시적인 부분이었는데, 여기에 1947년 중반 이후 국공내전 전세가 국민정부 측에 불리하게 전개된 거시적인 부분까지 합쳐지게 되면서 국민정부의 만주 지역 한인정책은 결국 좌절의 결말을 맞게 되었다.

중국공산당의 조선인 정책 실행과 '조선족'의 탄생

중국공산당은 일제 패망 직후부터 만주 지역에 진출하여 1945년 말, 1946년 초에 이르면 어느 정도 해당 지역에 대한 전략적 안배를 마쳤다. 그러나 국민당 또한 만주 지역을 접수하려는 의지가 강했기 때문에 이 과정에서 양측의 충돌은 불가피하게 되었다. 결국 중공중앙(중국공산당 중앙당)은 1946년 6월 동북국東北局을 향해 "장기적인 타산을 하여 중소도시 및 광대한 농촌 지역에서 근거지를 건립하는 투쟁을 벌이고 군대에 휴식과 정돈의 시간을 주어 병사들의 피로를 회복하고 사기를 높여야 한다"고 지시함으로써 "양개대로 점령양상讓開大路, 占領兩廂(큰 길을 내어주고 주변을 차지한다는 뜻: 필자 주)"으로 표현되는 중국공산당의 만주 지역에서의 전략 방침이 최종적으로 낙착되었다.

이로부터 얼마 지나지 않은 1946년 8월, 중공 길림성위吉林省委가 길림성 정부, 길림성 군구와 함께 연변 지역으로 옮겨와 사무를 처리했는데 이러한 상황은 1948년 3월까지 지속되었다. 다시 말해서 연변 지역 조선인 사회에서 진행된 토지개혁이 사실상 중공 길림성위의 직접적인 관리, 감독하에 진행되었음을 의미한다.

토지개혁은 단지 토지라고 하는 생산수단에 대한 분배작업에 그치지 않고 여러 가지 형식의 전투와 투쟁 과정이 한데 결부된 한 차례 '혁명'이었다. 따라서 해당 과정에서 농민들의 인식 수준을 제고해야 함은 물론 개혁 과정을 이끄는 간부들의 정책에 대한 이해도를 높이고 구체적인 실천 과정에서 업무 능력을 제고하는 것 또한 당시 중국공산당이 직면한 중요한 과제였다.

연변 지역의 토지개혁이 한창 진행 중이던 1946년 12월, 중공 길림성위 군중공작회의가 개최되어 국공내전 발발 후 토지개혁을 포함한 제반 사업 상황에 대해 검토하고 향후 개선책을 논의하였는데, 해당 회의에서 길림성 정부 주석 저우바우중周保中이 '연변 조선민족문제'에 관한 중요한 연설[6]을 발표했다.

저우바우중은 연변의 민족문제가 항상적이고 어려운, 심사숙고를 요하는 문제임을 전제하면서, 1946년 중반 이후 반년간에 걸친 토지개혁 과정에서 농촌의 토지 관련 문제가 연변 지역 민족문제의 핵심임이 밝혀졌지만 토지문제를 해결한다고 해서 연변 지역의 민족과 관련된 모든 문제가 곧바로 해결되는 것은 아니라고 강조하였다. 그러면서 일제 패망 전후를 아울러 연변 지역 조선인들의 토지 관련 문제를 자세히 분석한 후 다음과 같이 결론 내렸다.

일제가 패망하기까지 연변 지역의 조선인 농민들은 동양척식주식회사[東拓]의 '권유'에 따라 이른바 '자작농창정'을 함으로써 중농계층의 규모가 상당히 증가했고 부농의 숫자도 날로 늘어났지만 그렇다고 해서 농촌의 계급관계 면에 있어 조선인 지주가 중국인 지주의 봉건통치를 대체한 것은 아니었다. 일제 식민정책의 지배하에 직접 수탈과 착취를 당한 것은 어디까지나 중국인 농민과 조선인 농민이었고 중국인 지주계급의 지위는 근본적으로 바뀌지 않았다.

즉 일부 조선인들이 일제를 등에 업고 혜택을 누리는 듯한 모습은 과거 중국인과 조선인 사이에 적지 않은 모순을 유발했는데, 해당 모순의 실질에 대해 저우바우중은 가난한 조선인 농민이 중국인 지주계급에 대해 가진 대립과 원한의 감정이라고 보면서 과거 조선인을 압박한 것은 중국인 군벌 내지는 지주, 고리대금업자였지 중국의 노농대중은 아니었다고 분석했다. 즉 민족 차별과 민족 대립의 외양에는 계급 모순과 계급 통일의 본질이 내재되어 있어 계급 모순을 해결하면 민족 모순도 자연히 해결된다는 논리를 펼쳤다.

이어 저우바우중은 토지개혁을 통해 비록 중국과 조선의 민족관계가 어느 정도 개선되었지만 앞으로의 민족사업에 있어 정확한 사업 방식과 인내심이 필요하다고 지적하면서 중국공산당의 민족정책을 천명하기에 앞서 동북 지역에 거주하는 조선인의 지위문제부터 언급해야 한다고 강조했다.

그는 만주사변 전인 1928년부터 동북 지역의 중공 당조직은 조선인 특히 연변 지역의 조선인에 대해 중국 내 소수민족의 일원으로 간주하면서 중국인과 동등한 권리를 가진다고 인식했고 조선인의 자치권과 분립권分立權을 인정해주었으며 그러한 조선인의 소수민족 지위는 지난 14년간의 항일투쟁 속에서 더욱 확고해졌다고 지적했다.

이처럼 저우바우중의 연설 내용의 핵심은 비록 일제 패망 후 중국공산당이 정식으로 조선인을 중국 내 소수민족이라고 공포하지는 않았지만 사실상 토지개혁 등 과정에서 민족 평등정책을 실행했고 앞으로도 그러한 정책을 계속 발전시켜나갈 것이라고 천명했다는 점이었다. 이는 국공내전의 한가운데서 토지개혁 과정을 겪고 있던 연변 지역 조선인들의 신분 및 지위에 대해 중국공산당이 명확한 입장을 표명한 것으로 볼 수 있었다.

저우바우중의 연설에서 주목해야 할 부분은 첫째, 토지개혁을 거치면서 조선인의 중국 내 소수민족으로서의 신분과 지위가 명확해졌다는 점이다. 둘째는 그러한 인식이 형성되는 과정이 결코 순탄하지만은 않았는데 그 과정에서 민족과 계급 면에 있어 인식의 심화 과정을 거쳤다는 점이다. 즉 민족은 서로 다르지만 토지개혁을 거치면서 조선인 농민과 중국인 농민 모두 지주계급으로부터 수탈과 착취를 당하는 운명공동체라는 점을 공히 인식하게 되었다는 것이다.

1947년에 들어서자 만주 지역의 국공내전 형세는 점차 중국공산당에 유리한 쪽으로 바뀌었고, 1948년 3월에 이르기까지 중국공산당은 연달아 국민당 군대를 대거 섬멸함으로써 만주 지역에서 최종 승리를 거둘 수 있게 되었다. 이와 때를 같이하여 한반도 정세에도 획기적인 변화가 나타났는데, 1948년 8월과 9월 남북한 각각에 단독정부가 수립된 것이다.

이러한 상황 변화에 따라 아직 내전 중에 있으면서 각급 정권 기구를 온전히 수립하지 못한 연변 지역과 해당 지역에 거주하는 조선인들이 한반도 특히 북한 지역과 교류하는 과정에서 과거와는 다르게 공식적으로 적절한 관계를 수립해야 할 필요성이 생겼다. 즉 토지개혁 과정에서 연변 지역 조선인들의 신분과 지위를 명확히 구분할 필요성이 제기되었다면 이때 와서는 그러한 조선인들의 신분·지위를 법적으로 명확히 규정할 필요성이 제기되었던 것이다.

그에 관한 중공당의 고민은 〈연변 민족문제에 관한 연변지위延邊地委의 의견〉이라는 문서와 〈민족정책 중의 몇 가지 문제에 관하여(초안)〉이라는 문서를 통해 잘 드러난다. 이 가운데서 앞 문서[7]에는 중공당의 만주 지역 조선인에 대한 인식과 정책, 북한과 중국의 국경에 관한 원칙적 입장 및 국경지대 조선인들의 생활문제에 대한 인식 등이 자세히 언급되었는데 특히 연변 지역 조선인들에 대한 중국공산당의 정책에서 '공민'과 '교민'을 명확히 구분해야 한다고 강조한 부분이 눈에 띈다.

그에 따르면, 중국공산당이 지칭한 이른바 '공민'이란 무릇 연변 지역에 거주하는 조선인들 가운데서 현지 정부에 호구를 등기하여 호적이 있는 자는 중국 '공민'으로 간주하고, 잠시 연변에 와서 지내며 호적이 없는 자는 북한 '교민'으로 간주한다는 것이다.

뿐만 아니라 중국 정부의 비준을 받아 북한으로 출국했다가 다시 연변으로 돌아온 자도 '교민'으로 간주하고 중국 정부의 비준을 받지 않고 북한에서 온 자 또한 '교민'으로 간주해야 할 것인데, 일부 '공민'의 가족이 북한에 있긴 하지만 가장과 그의 개인 재산이 연변 지역에 있는 경우에 한해 정부의 허가를 받고 해당 가장의 북한에 있는 가족이 연변 지역에 올 경우 중국 '공민'의 자격을 부여할 수 있다고 규정하였다.

이와 같이 〈연변 민족문제에 관한 연변지위의 의견〉에서는 '공민'과 '교민'의 신분을 확정하는 구체적인 사례에 대해 자세히 언급하였는데 이를 통해 중공 연변지위에서는 토지개혁 과정에 토지를 분배받은 현지 조선인에 대해서는 그들이 중국 '공민'의 자격, 즉 중국 국적을 보유했다는 사실을 인정해주었지만, 현지에 삶의 기반을 두지 않은 '북한에서 온 자'에 대해서는 통상적으로 그들을 북한 '교민'으로 규정했던 것이다. 즉 이는 연변 지역에서의 토지개혁이 해당 지역 조선인들의 신분 변화를 가져온 중요한 사건이라는 것을 재차 증명해주었다.

한편 1948년 12월에 작성된 〈민족정책 중의 몇 가지 문제에 관하여(초안)〉[8]에서도 계속해서 '공민'과 '교민'을 구분할 필요성에 대해 언급하였다. 해당 문서에 따르면, '공민'과 '교민'의 권리와 의무는 마땅히 명확히 구분되어야 하는 바, 그에 따라 중국에 입적하여 거주하는 조선인과 북한(에 사는 조선인) 사이의 관계는 같은 민족이 두 개의 국가에 거주하고 있는 것으로 보아야 한다고 지적하였다.

그렇다면 왜 이 시점에서 연변 지역에 거주하는 조선인과 북한에 사는 조선인 사이의 관계가 "같은 민족이 두 개의 국가에 거주하는 것"이라는 언급이 나타났을까? 실제로 강 하나를 사이에 두고 서로 연결되어 있기 때문에 연변 지역을 포함한 만주 지역에 거주하던 조선인들이 두만강을 건너 북한에 가려고 한 현상은 그전에도 이미 광범하게 있었지만 1948년에 들어 해당 지역 조선인들의 북한으로의 이동은 점차 까다로워지고 있었다.

요컨대 1948년 말, 1949년 초에 이르러 연변 지역의 미래 지위를 설정하는 문제 및 어떤 방식으로 해당 목표를 이룰 것인가 하는 문제는 중국공산당 앞에 중요한 과제로 부상했다. 일제 패망 후 연변 지역을 대국민당 투쟁의 근거지로 설정해 토지개혁을 비롯한 여러 가지 사회개혁 작업을 진행하여 결국 만주 지역의 국공내전에서 중국공산당의 승리가 기정사실화하는 등 그간 중국공산당이 펼친 여러 가지 정책이 가시적인 성과를 거두게 되자 해당 성과를 보다 공고하게 제도화시킬 필요성이 제기되었던 것이다. 그러기 위해 중국공산당은 정권 건설문제를 본격적으로 고민하게 되었고 연변 지역의 조선인들을 정권 건설 과정에 적극 참가시켜 그들이 스스로 정권을 창출하게 함으로써 연변 지역을 안정시키고 발전시켜가려 했다.

연변 지역에서의 정권 건설을 위해서는 선거를 통해 각급 간부를 선발해야 했는데 연변 지역 촌급 단위의 선거 시범작업은 1948년 11월 중순에 시작되어 1949년 2월까지 일단락되었고, 그것을 토대로 1949년 2월 7일부터 본격적인 촌급 단위의 보통선거가 시작되어 그 해 3월 24일까지 선거작업이 마무리되었다.[9)]

촌급 단위의 선거작업을 통해 연변 지역의 57개 가(街), 548개의 촌에 비교적 완전한 행정조직이 건립되었고 제도적으로 분업이 명확한 사업체계가 수립되었으며 무산계급 지도하에 농촌 사회에서는 빈농·고농을 중심으로 기타 중농을 결집하고, 도시에서는 노동자를 중심으로 기타 근로대중을 결집하는 계급 원칙이 확립되었다.

그러나 보다 근본적으로 촌급 단위의 보통선거를 통해 누가 선거권·피선거권을 가지는가 하는 이른바 '공민권' 문제가 명확해짐으로써 토지개혁을 통해 기본적인 생산수단을 획득한 농민들이 사회적으로 진정한 의미에서 주인공이 되는 문제를 제도적인 측면에서 확실히 해결하게 되었다. 또한 촌급 단위의 선거를 통해 구성된 (인민)대표회의라는 이른바 대의기구와 정부위원회라는 이른바 집행기구 사이의 관계를 사람들에게 명확히 인식시키고 그러한 절차를 제도화하려는 시도도 촌급 단위의 보통선거가 갖는 중요한 의미 가운데 하나였다.

연변 지역의 조선인들에게 선거는 단순히 계급적 역학관계의 확립 및 그에 따른 재산권의 법적인 확보라는 일반적인 합의를 넘어 그들이 중국의 한 소수민족으로서 이른바 '조선족'이라는 정체성이 확립되기 시작한 중요한 계기가 되었다. 물론 그 후 한국전쟁의 발발과 1950년대 말의 자연재해기 등을 거치면서 조선족의 민족 정체성은 끊임없이 부침을 겪게 되었는데, 그런 의미에서 이 시기에 아직 완성된 상태는 아니었던 것이다.

전후 동아시아 질서 재편과 민족:
국적의 교차점에 선 '중국 조선족'

중국 조선족이 형성되는 과정은 제2차 세계대전의 전후 처리 및 새로운 국제 질서의 수립 과정에서 보여준 국적문제 처리의 한 가지 특수한 사례로 국민국가 수립 단계에 민족과 국적이 서로 다르게 획정되는 상황이 나타나게 하였다. 다른 한편으로는 19세기 중엽 이래 장장 한 세기에 걸친 조선인의 만주 지역 이주사에 새로운 이정표가 세워지게 된 계기로 볼 수 있다. 그 결과 한반도에서 이주한 조선인들은 만주 지역의 개척자로서 그 역할을 인정받고 현지 주민으로서의 법적 지위와 재산권 등을 보장받게 되었던 것이다.

한편 1945년에서 1952년까지 국공 양당이 만주 지역에서 펼친 한인(조선인)정책은 한인문제에 대한 서로의 인식과 해법이 근본적으로 달랐던 점 외에도 제2차 세계대전 종전에 따른 전후 처리문제로 인해 시기적으로 일치하지 않았을 뿐만 아니라 각자 주요 정책을 실행한 지역 또한 상이했지만 양자 사이에는 상통한 부분 또한 없지 않았다.

우선, 국민당 입장에서 한인문제는 기본적으로 외국 교민[外僑]에 대한 처리문제였는데 다만 제2차 세계대전 당시 일제 식민치하에 있었던 한국의 현실과 해방 후 그에 따른 한국의 지위 및 국내외 한인의 애매한 처지로 말미암아 이른바 '한적 사병'이라는 호칭이 제기되었고 한인의 처우 면에서도 여러 가지 문제가 발생하는 등 우여곡절을 겪게 되었다. 그러나 아이러니하게도 이는 국민당의 만주 지역 한인에 대한 '거류'정책이 마련되게 된 시발점이 되었다.

중국공산당의 조선인 정책 또한 잘 짜인 각본에 따라 치밀하게 추진된 것은 아니었다. 비록 중국공산당이 건당 이래 줄곧 동북 지역에 거주한 조선인을 중국 내 소수민족으로 인정했다고는 하지만 그러한 인식이 선언적 수준을 넘어 본격적으로 실행에 옮겨진 것은 제2차 세계대전 종전 후 만주 지역으로 이동하여 '근거지' 정책을 펼치면서부터였다.

다음으로, 해방 당시 만주 지역에 거주한 한인 중에서 가족 단위의 농민이 다수를 차지한 상황에서 그들의 현지 거주를 가능케 하기 위한 토지문제에 대한 해법을 놓고 봐도 비록 국민당이 택한 '농대農貸'정책과 중공당의 토지개혁 정책은 근본적으로 성격이 다른 두 가지 정책이었지만, 해당 정책을 통해 동북 지역 한인이 현지에 거주할 수 있는 물질적 토대를 마련하고 나아가 그것을 바탕으로 한인의 거주권 보장과 법적 지위에 대한 논의에 이르게 되는 과정은 국공 양당의 한인정책에서 서로 상통하는 부분이라고 볼 수 있다. 즉 정책 실행에 있어 성패가 갈리긴 했지만 양측 모두 조선인(한인) 농민문제에 주목해 토지 영농에 대한 정책을 펼치려 했던 것이다.

그런 맥락에서 국민당이 만주 지역에서 패퇴하기 직전 해당 지역에서 가장 많은 한인이 거주하던 연변 지역의 상황을 분석하고 그에 관한 대책을 마련하고자 했던 것은 '우연한' 일이 아니었다. 뿐만 아니라 연변 지역에 거주한 한인의 국적문제에 대해 국민정부 당국이 심각하게 고민했듯이 중공당의 입장에서도 이 문제는 그리 간단치 않았는데, 그들이 추구한 이른바 계급의식의 강화를 통해 민족 모순을 해결한다는 논리도 마냥 순조롭게 전개된 것은 아니었다. 그 일례로 제2차 세계대전 종전 후 연변 지역에서 나타났던 북한행 귀환 행렬이 1950년대 말, 1960년대 초에 이르러 재차 나타난 것을 떠올려볼 수 있다.

다시 말해서 이는 국민국가 수립 단계에서 민족과 국적이 서로 다르게 획정된 하나의 특수한 사례로 '중국 조선족'이 '탄생'하게 된 과정을 잘 보여주는 것으로 해당 과정은 단기간에 일괄적으로 이루어진 것이 아니라 수많은 반복과 굴곡의 연속을 거쳐 이루어진 것이었다.

02부

제2부 〈전쟁과 평화〉는 1950년대 전쟁과 평화를 둘러싼 거시적인 국제관계를 다루는 전반부와 전쟁에 동원되거나 휘말린 이들의 경험을 다룬 후반부의 9편의 글로 구성됐다. 먼저 1~4장은 1950년대 지구적 냉전과 동아시아 차원에서 활발하게 전개된 '평화' 담론과 운동에 대한 남북한과 사회주의 국가들의 인식과 대응을 살펴보았다.

1장 〈6·25전쟁 전후 북한의 평화운동론〉은 북한의 '평화' 담론을 장기적인 시야에서 추적한다. 해방 이후부터 6·25전쟁 전후까지 북한이 어떻게 '평화'를 말해왔는지를, 소련·중국 같은 다른 사회주의 국가의 평화 담론과 연동해 분석한다. 1948년 정부 수립 직후부터 북한은 국제적인 평화옹호운동에 적극 참여함으로써 국제적 승인을 얻어내면서도 자신의 통일 방안에 대한 국제적 여론을 모으고자 했다. 6·25전쟁 발발 이후 1952년 10월에 열린 아시아평화대회를 기점으로 북한은 사회주의를 넘어 상이한 사회체제인 비공산 정부와 협력하며 대중투쟁 노선을 더욱 확장해나갔다. 정전협정 체결 이후, 북한은 한반도 평화 유지와 한국문제의 평화적 해결을 위한 국제회의에 적극 참여하며 특히 아시아·아프리카의 신생국들과 연대하려는 움직임을 보였다. 그런데 이 시기 북한은 소련발 평화공존론보다는 중국의 평화공존 5원칙을 기본 출발점으로 삼았으며, 평화공존의 원칙을 지지하면서도 한반도의 경우는 미국이 평화보다 대결을 추구하므로 경각심을 가져야 함을 강조했다.

2장 〈평화의 붐에 대응하라〉는 동아시아 전체로 시야를 넓혀 1948~1950년 사회주의 진영의 평화론과 평화운동이 남한·북한·일본·중국의 4개국에 어떤 주체와 경로를 통해 수용되었고, 해당 국가들에서 어떻게 인식·활용되었는지 살폈다. 흥미롭게도 냉전의 양대 진영에 속한 남한과 일본, 북한과 중국에서의 그 전개 양상은 상이했다. 당대 평화론과 평화운동은 남한에서 발디딜 공간은 조금도 허용되지 않았으나, 같은 미군의 점령지였음에도 일본에서는 평화문화, 평화옹호대회, 평화서명운동 등이 활발히 전개됐다. 또한 사회주의 평화론과 평화운동은 북한에서 적극 수용됐으나, 국공내전을 치르는 중국공산당은 외려 반전 평화를 경계하고 차단하는 다른 양상을 보였다.

3장 〈상실한 평화의 기회〉는 이승만의 북진통일론이 1954년 열린 제네바회담에서 어떠한 영향을 미쳤는지 살펴보았다. 특히 이 글은 이승만의 북진통일은 한미상호방위조약의 체결이나 군사·경제 원조를 얻기 위한 대미 협상용을 넘어 미국 및 유엔 참전국과 불필요한 갈등을 일으켰으며 제네바회담이라는 중요한 국제회의에서 한국이 적극적으로 움직이지 못하게 하는 제약 요인이었음을 강조한다. 이처럼 이승만의 강고한 북진통일론은 한반도 정전 이후 최초로 열린 평화회담에서 한반도 평화를 위한 소중한 기회를 잃어버린 원인이었다.

4장 〈1950년대 이승만 정부의 유엔 가입 시도와 남북한 동시가입론의 대두〉는 1950년대 중반 이승만 정권의 유엔 가입 추진운동을 살펴보고, 이를 통해 남북한 동시가입론이 등장하는 과정을 제시했다. 특히 1956년 전국적인 대중운동으로 전개됐던 대규모 유엔 가입운동의 배경에는 당시 일본의 유엔 가입이 가시화되는 상황에서 반일주의를 내세우던 정부의 절박함이 있었음을 드러냈다. 또한 남한의 유엔 가입 시도는 외려 소련의 남북한 동시 가입 제안과 유엔 총회에서의 논의로 이어짐으로써 남북한 모두 거부했던 '두 개의 한국/조선'이 국제적으로 논의되는 역설적인 상황에 이르게 되는 경과를 밝혔다.

이상 4편의 글들은 6·25전쟁을 전후한 시기 등장한 평화 담론이 해당 국가의 고유한 역사적 맥락과 지구적·지역적 냉전의 상황에 따라 다르게 전개됐으며, 특히 남북한에서는 냉전뿐 아니라 분단의 규

전쟁과 평화

정성에 대한 이해 방식의 차이를 보여준다. 이러한 글들이 주로 국제관계, 담론, 거시적 차원에서의 전쟁과 평화 문제 등을 다루었다면, 이어지는 글들은 전쟁의 행위자 측면에 주목했다.

5장 〈한국전쟁과 국제적십자위원회의 '인도주의'〉는 국제적십자위원회가 한반도에서 인도주의 구호를 전개하기 위해 어떤 노력을 전개했는지를 살펴보았다. 국제적십자위원회는 1949년의 새로운 제네바협약에 따른 인도주의 구호를 실행하고자 전쟁이 발발한 남북한에 대표단을 파견하려고 노력했다. 그런데 공산군은 친서방적인 유엔의 기구로 인식하며 입국을 거부했으며, 유엔군은 전쟁 수행의 장애물로 여기며 협조적이지 않았다. 이처럼 적대적이고 이분법적인 냉전 질서하에서 국제적십자위원회의 중립과 인도주의는 실행되기 어려웠다. 그럼에도 1952년 제18차 국제적십자회의는 한국전쟁과 관련된 2개의 중요한 결의안을 채택하는 등 일부 성과를 내기도 했다.

6장 〈한국전쟁기 소년병들의 전쟁 체험〉은 소년병들이 전쟁에서 겪었던 다양한 경험들을, 이들이 남긴 회고록을 중심으로 전황의 전개 과정에 따라 보여준다. 소년병들의 이야기는 그동안 공식 전사로 알려진 전쟁사의 전투사 위주의 설명이나, 전쟁에서 아군의 목표와 행위를 정당화하려는 거품 낀 미사여구를 걷어내고 전쟁의 내면을 생생하게 전해주고 있다.

7장 〈중국군 포로 1만 4,000여 명은 왜 대만행을 선택했는가?〉는 중국군 포로의 두 번에 걸친 대만행 과정과 이들에 대한 교육, 국군 편입 그리고 대내외 선전 활동을 분석했다. 1차 대만행은 1953년 6월 반공포로 석방 당시 탈출한 이들이었고, 2차는 정전협정 체결 이후 1954년 1월 본국 송환을 거부한 포로들이었다. 특히 포로들은 국내외 선전에 적극적으로 동원됐는데, 동아시아 지역에서는 방문지의 중국 교포들의 포섭이 주임무였으나 미주와 유럽 지역에서는 중국공산당과 소련의 만행을 알리고 동시에 중화민국의 건재함을 선전하기 위한 것으로 차이를 보였다.

8장 〈한국전쟁기 북한의 농촌 동원과 농민의 반응〉은 북한 농촌에서 전쟁이 인민들에게 해석되고 전달되는 방식과, 농민들을 생산전선으로 동원하기 위해 북한 지도부가 구축한 논리를 《농민신문》을 중심으로 살펴보았다. 1950년 말 유엔군 점령을 겪은 직후 신문은 농촌 각지에서 미군이 입힌 피해를 적극적으로 고발했으며, 이에 대한 분노와 복수심을 표출했다. 그리고 전선이 고착되고 전쟁이 장기화하자, 이제 신문은 피해의 참상보다는 어려움을 이겨내는 열성 농민들의 의지와 투지를 강조하는 방향으로 변화했다. 특히 신문에서 농민 비판기사가 자주 등장하는 것은, 역설적으로 당시 농촌에 개입하는 국가에 대한 농민들의 불만을 방증하는 것이었다.

9장 〈북한의 전재고아 해외 위탁사업과 냉전의 미디어〉는 1950년대에 북한의 전쟁고아들이 사회주의 나라들에 위탁된 경위, 현지에서 받은 교육, 그들의 생활상에 대해 남북한 신문에서 재현됐는지 살펴보았다. 북한 지도부는 전쟁 이후 수많은 전재고아를 동유럽 국가들에 보내 이들에게 교육과 생계를 맡겼다. 그런데 국제주의적 연대와 인도주의의 실천처럼 보이는 이 사업이, 실제로는 냉전기 선전과 이미지 전쟁의 중요한 소재로 활용되었다. 즉 고아들은 제국주의 침략의 피해자이자 사회주의의 보호를 받는 아이들로 재현됐다. 반면 남한 신문에서는 고아들이 '끌려가 노역'했다는 반인도적 이미지로 소개됐다. 이처럼 1950년대 북한 전쟁고아를 둘러싸고 만들어진 적대적인 냉전적 이미지는 여전히 남북한과 일본에서 지속되고 있다.

1. 6·25전쟁 전후 북한의 평화운동론

◎ 정용욱

해방 직후 한반도에서 전쟁과 평화의 문제

2006년 가을, 일본 교토에서 개최된 〈역사 인식과 동아시아 평화포럼〉 대회에 참석했을 때 일이다. 2002년부터 시작된 그 대회는 일본의 역사 교과서 왜곡을 반대하는 한·중·일 삼국의 학자, 교사, 시민단체들의 모임으로 출발해서 한국, 중국, 일본을 오가며 회의를 개최했고, 회를 거듭하며 평화를 염원하는 동아시아 민중 공동의 역사 인식을 마련하는 자리로 발전했다. 그해의 주제는 "전후 역사와 평화의 선택"이었는데, 회의 말미에 방청객 가운데 한 노인이 일어나 자신은 1946년 '평화헌법' 제정 당시 일본의 전쟁 포기를 꿈도 꾸지 못했으나 일본이 이렇게 장기간 평화를 유지한 것은 아시아에서 전쟁과 민주화운동 덕분이라는 감상을 얘기했다. 종전 무렵 열세 살이었다는 노인은 당시 몇 년 이내로 전쟁이 다시 일어날 것이고, 그러면 자기도 군대에 징집될 수밖에 없으리라 생각했다고 발언했다.

노인의 발언은 조금 충격적이었다. 일본의 전후 평화를 그렇게 아시아의 다른 국가들에서 일어난 전쟁, 그리고 아시아의 민주화와 연결하여 사고하는 것을 평범한 일본 시민의 입을 통해서 확인할 수 있으리라고는 미처 생각하지 못했다. 다른 한편으로 전쟁이 막 끝난 시점이라면 평화로운 미래에 관한 논의가 흘러넘쳐야 했을 곳에서 어린 소년이 새 전쟁의 도래와 군대에 끌려갈 것을 걱정했다는 말을 선뜻 이해할 수 없었다. 하지만 그 노인의 발언에 드러난 인식은 종전 직후에는 예외적인 것이 아니라 일반적이었던 모양이다. 아키라 이리에는 20세기의 전쟁과 평화에 관해 저술하면서 1945년을 하나의 전쟁이 끝남과 동시에 또 다른 대규모 전쟁 가능성이 대두한 해로 적었고, 이는 제1차 세계대전이 끝난 1918년에는 생각할 수 없었던 것이라고 평가했다. 그는 그러한 정서가 지배적이었던 원인으로 원래부터 존재하던 미소 두 나라 간의 뿌리 깊은 불신과 동유럽, 중근동 지방에 도래한 냉전을 들었고, 또 미국과 영국 사회를 지배하던 현실주의적 국제관계론과 핵무기의 출현이 상호보완적으로 1945년 직후의 비관적 전망을 형성했다고 지적했다.[1)] 노인의 발언에서 보듯이 당시 동북아시아에서도 제2차 세계대전의 종식이 바로 평화로 이어지리라 생각한 사람들은 그리 많지 않았다.

그러면 과연 그 당시 한국인의 전쟁관과 평화관은 어땠을까? 한국은 해방과 함께 격렬한 변화의 소용돌이에 휩싸였고, 정치·사회 상황도 평화와는 거리가 있지만 식민잔재의 청산이라는 화급한 과제 앞에서 현상 유지를 위한 '평화와 질서' 유지 주장은 정당성이나 대중적 지지를 얻을 수 없었다. 그리고 한반도에서 사태 발전은 탈식민의 과제가 미소 양 점령군의 통치와 미소 양국의 '냉정冷靜 전쟁' 속에서 왜곡되고, 또 통일된 독립국가의 실현 가능성이 점차 사라지면서 오히려 남북 간 분단과 전쟁 위기의 고조로 나타났다. 오기영이 쓴 아래의 글은 분단이 현실화하는 시점에서 한반도 정세를 보는 한 기자의 위기의식을 잘 드러낸다.

> 제2차 세계대전의 종결과 함께 미소美蘇는 그 전시戰時 중의 우호를 버리고 각기 본래의 위치로 돌아갔다. 이 본래의 위치는 피차 적대의 위치거니와 이제야 세계를 지배할 수 있는 단 두 개의 거물이 마지막 단판씨름을 겨루려는 것이다. 그리하여 비록 총성은 그쳤으나 이로써 세계는 평화를 찾은 것이 아니라 다시금 새로운 전쟁을 출발하는 시간에 불과하였음을 알 수 있다.……
> 그렇다면 이러한 2대 진영의 상호 적대 상태하에서 희생되는 것은 무엇이며 희생되는 자는 누구인가? 물을 것 없이 세계평화의 희생이요 현금 냉정 전쟁에 휩쓸려 들어간 약소국가들인 것이다. 그중 기구한 처지에 있는 자가 바로 우리 조선이요 누구의 희생보다도 더 큰 희생이 이 민족의 통일의 상실이며 독립의 미수未遂인 것이다.……
> 남북의 분단은 항구화할 것이요 그리하여 반신半身은 소측에서 반신은 미측에서, 가열苛烈한 냉정 전쟁의 도구가 될 것이며 만약 이 사태가 발전하는 날 극동의 화약고는 마침내 폭발될 우려조차 기우라 단정할 용기도 없는 것이다. 생각이 여기 이르러 우리의 주장할 것은 오직 하나가 있을 뿐이니 그것은 민족자결의 원칙이다.[2)]

이 글은 해방 이후 한국인들의 '평화' 논의가 점차 '평화통일론'으로 수렴될 수밖에 없는 상황을 잘 보여준다. 분단이 현실화하는 1947년 가을부터 한반도에서 평화 논의는 마치 소용돌이처럼 모두 평화통일론으로 빠져들어가는 형국이었다. 반면 남북 양측에 분리 정부가 수립된 뒤 양측에 수립된 정부는 '북진통일론'과 '국토완정론'으로 맞섰다. 그리고 6·25전쟁을 거친 뒤 북한은 휴전협정 체결 이후 한국문제의 정치적 해결을 위해 개최된 제네바회담에서 평화통일 방안을 제시한 이래 1950년대 내내 평화적 통일 방안을 공식화해서 남측에 다양한 제안을 했다. 반면 조봉암과 진보당이 당 정강인 '평화통일론'으로 이승만 정부의 탄압을 받았듯이 남한 사회에서는 평화통일이 공개적으로 논의되기 어려운 형편이었고, 남한 정부는 북진통일론을 주장했다.

북한은 정부 수립 전후 국토완정론을 공개적으로 표방했지만 6·25전쟁을 전후하여 평화통일론과 함께 평화운동을 대중적으로 전개했다. 도대체 북한에서 전개된 평화운동의 실체는 무엇이고, 그것에 반영된 담론의 내용과 성격은 어떤 것이었을까? 냉전은 지구적 분쟁이었지만 세계 각 지역에서 같은 방식으로 진행되지는 않았다. 마찬가지로 평화는 인류가 추구하는 보편적 가치이지만 냉전기에 평화를 위한 실천적 노력과 그것을 매개하는 평화 담론은 지역별로 상이할 수밖에 없었고, 해당 지역마다 고유한 역사적 맥락과 내용을 가지게 마련이었다. 이 글은 냉전기 한반도에서 '평화론' 전개 양상을 북한에서 진행된 평화운동을 통해 살펴보고자 한다.[3)]

전전 북한의 평화운동론

반전 평화를 목표로 하는 민간조직인 '세계평화대회'가 1949년 4월에 시작되었고, 제1차 대회에 72개국에서 2,200여 명의 대표가 참가했다. 유럽에서 이미 냉전적 대치 구도가 초보적으로 형성되면서 세계평화대회가 호소한 일련의 요구는 한층 더 서방 진영을 겨누면서 평화 민주 진영의 정치적 지향과 밀착해서 전개되었다. 대회 참가자들은 주로 친공산당 인사와 공산당 외곽조직이 많았다. 미국을 필두로 한 서방 국가들은 세계평화대회를 일찍부터 공산당의 정치 도구로 간주했고, 그 대회에 참가한 개인이나 단체에 대해 공산당 또는 친공산당이라는 꼬리표를 달았다.[4] 그러나 참가 구성원이나 조직 성분, 활동 방식, 그리고 정치적 지향의 측면 등을 포괄해서 볼 때 이 대회는 훨씬 더 풍부하고 복잡한 스펙트럼을 가졌다.

소련은 "오늘날 평화보위운동은 실질적으로 무당파적 민주운동이며, 그 성질 또한 매우 광범위해서 각기 다른 형식과 다른 정도로 수억 명의 인민에게 보급된 인민운동"이라고 주장했는데 평화운동의 실제 진행을 보면 일리가 있다.[5] 평화대회의 상설 조직에는 공산당원과 친공산당 인사가 많았지만 평화대회와 평화이사회가 광범한 영향력을 가질 수 있었던 것은 핵심적 역할을 한 조직자나 지도자들 중 당파적 입장의 한계를 초월하는 능력을 가진 사람들이 많았다. 그들은 평화운동이 직업적 정치가들에 의해 조정되거나 또는 정치적 메가폰에 휩쓸리는 것을 막을 수 있었다. 평화대회 주석인 프랑스의 핵물리학자 졸리오 퀴리Jean Frédéric Joliot-Curie가 큰 역할을 했고, 특히 평화운동의 발의와 성립에 문학가, 예술가, 과학자, 철학자들과 같은 지식인, 문화인들이 활약했다.

국제 평화운동의 발전에서 1950년 3월 19일 스웨덴 스톡홀름에서 개최된 세계평화대회상설위원회 제3차 회의의 호소로부터 시작한 반핵서명운동은 하나의 전환점이 되었다. 1950년 11월까지 세계적으로 이 서명운동에 서명한 연인원이 5억 명에 달했다. 이 운동이 성공한 원인은 '반핵'이었다. 이 의제는 국가, 파벌, 계층을 막론하고 공유한 우려감을 기반으로 삼았으며, 그 의제가 간단명료하면서도 정치성을 배제했기 때문에 광범한 정치적 활용성과 포용성이 있었다. 민중의 입장에서 핵무기에 대한 공포, 그리고 전쟁에 대한 증오감은 특정한 정치적 경향에 대한 의심을 뛰어넘었다.[6)]

북한에서 평화운동 캠페인은 1949년 세계평화대회 이전부터 나타난다. 1949년 2월부터 3월로 예정된 평화옹호 전국연합대회 준비의 일환으로 각지에서 군중대회가 개최되었다. 평화옹호 세계대회를 소집하기 위한 평화옹호 국제문화인 연락위원회와 국제민주여성동맹의 호소에 호응해서 1949년 3월 24일 평양에서 평화옹호 전국연합대회가 개최되었다. 북한의 31개 동맹·단체들을 대표하여 1,550명의 작가, 배우, 미술가, 과학자, 기사, 교수, 노동자, 농민, 기업가, 상인, 종교인, 여성, 청년 및 사회활동가가 참가했다. 이 집회에서 평화옹호 세계대회 민족준비위원회가 결성되었고, 한설야, 박정애, 김창준 등을 대표로 선출했으며, 4월에 개최되는 파리 평화옹호 세계대회에 참가할 것을 결정했다.[7)] 한설야는 문화계, 박정애는 여성계, 김창준은 종교계를 각각 대표했다. 국제 평화옹호운동이 초기에 작가, 과학자, 예술가 등 문화인들 위주로 전개된 것에 호응하여 북한도 평화옹호운동의 전면에 문화인들과 민주여성총동맹(여맹), 민주주의청년총동맹(민청), 직업총동맹(직맹), 기독교연맹 등 대중단체, 종교단체들의 대표들을 전면에 배치했다.

한설야는 1949년 4월 25일 프랑스 파리의 평화옹호 세계대회에서 조선민주주의인민공화국 대표단 수석 자격으로 연설했다. 그는 "새 전쟁방화자들의 군비 확장, 전 세계 각처에 거대한 숫자의 군사기지 창설, 원자력을 평화 파괴에 사용하려는 시도"는 "파쇼 학살자들로부터 구라파 인류와 문명을 구원한 소련을 반대하는 것이며, 신민주주의 국가들을 반대하는 것이며, 민족 독립을 지향하는 인민들을 반대하는 것이며, 자기 나라들에서 장성 강화되는 민주역량을 반대"하는 것으로 규정했다.[8] '새 전쟁방화자들'은 북대서양조약기구를 조직한 미영 블록을 의미하며, 연설 내용은 대회 참가자들의 일반적 인식과 별로 다르지 않았다. 그는 전쟁세력 대 평화세력으로 세계를 양분했고, 평화세력으로 소련, 신민주주의 국가들, 식민지 민족해방운동 세력, 자본주의 국가들의 민주역량을 들었다. 신민주주의 국가들이란 제2차 세계대전 후 새로 수립된 체코슬로바키아, 폴란드, 헝가리, 알바니아, 동독, 유고슬라비아 등 동구의 인민민주주의 국가들과 중국, 북한을 의미했다.

그는 북한에서 평화옹호운동이 "조선의 통일과 독립과 민주화를 방해하는 미국 군대의 조선 지역으로부터의 즉시 철거 요구와 밀접히 연결되었다"면서, "조국의 국토 완정과 완전 자주독립" 요구와 평화옹호운동을 등치시켰다. 그는 연설의 절반 이상을 할애하여 북한의 제반 개혁 성공에 따른 인민들의 물질문화 생활 향상과 미국의 남한 예속화 정책에 따른 남한의 경제적 실패를 대비했다. 그리고 "조선 인민은 자기의 국사를 자기 자체로 해결할 자기의 법적 권리의 실현을 달성하기 위하여 투쟁하면서 남조선으로부터의 미군 철거를 더욱 완강히 요구할 것"이라는 결의로 연설을 끝냈다. 이 대회는 평화옹호세계대회위원회를 조직했는데, 한설야와 박정애가 위원 140명의 일원으로 뽑혔다.

한설야는 조국통일운동을 평화옹호운동의 일환으로 위치 짓고, 미군 철퇴와 반동배 처단을 당면 과업으로 설정했다. 그는 한반도에서 평화운동은 곧 통일운동이라며 때마침 결성된 조국전선의 활동과 평화옹호운동을 연결했다. 다른 한편으로 그는 평화운동의 실행전략으로 '비폭력주의nonviolent pacifism'보다는 사실상 '전투적 평화militant peace'운동을 통해서 목표를 달성해야 한다고 주장했다. 평화운동은 그 실행전략을 둘러싸고 '비폭력주의'와 '전투적 평화' 사이에서 논쟁을 계속해왔다. 라틴아메리카 출신으로는 처음으로 1945년 노벨 문학상을 수상한 칠레의 시인 가브리엘라 미스트랄Gabriela Mistral은 반식민지 투쟁에서는 수동적으로 전쟁을 거부할 것이 아니라 적극적인 투쟁이 필요하다며, 6·25전쟁 당시 비폭력주의에 반대한다고 주장했다. 한설야도 그녀와 같은 주장을 펼친 셈이다.[9] 귀환보고대회 이후 각지에서 개최된 군중대회와 각 직장 보고대회 역시 한설야가 제시한 논리를 반복했다.

1949년부터 적극적으로 전개된 북한의 평화옹호운동은 1950년에 한층 강화되었다. 《로동신문》은 2월 하순부터 거의 매일 전국 각지의 평화옹호 군중대회를 보도하기 시작했다. 북한은 2월에 평화적 조국 통일을 촉진하는 평화옹호자대회를 개최했고, 최고인민회의는 세계위원회의 평화 제의 호소문에 대한 토론을 진행했다. 최고인민회의 3월 6일 회의에서 평화옹호전국민족위원회 대표 김익두를 필두로 김창준, 이기영, 박정애, 김창준, 홍기문, 이기석, 이홍렬, 이극로, 박윤길, 최경덕 등 각계 대표와 문화인들이 토론을 이어나갔다.[10] 그런데 그 회의의 결정문은 평화옹호위원회세계위원회의 호소문을 전적으로 지지 찬동한다는 첫 문장을 제외하면 나머지 모든 지면을 미국과 이승만의 전쟁 도발 책동과 조국전선의 평화적 조국 통일 방책을 대비시키고, 또 유엔조선위원단이 이승만의 내전 준비를 은폐해주는 도구라는 것을 주장하는 데 할애했다. 그 결정문은 "미제국주의자들의 조선에 대한 음흉한 식민지 예속화 정책과 그들의 침략도구인 유엔조선위원단의 조선 내정 간섭에 대한 음흉한 시도를 걸음마다 더욱 폭로 규탄 배격하며 그들의 비호하에서 조국의 평화적 통일을 방해하는 이승만 매국 역도들을 타도 분쇄하고 국토 완정 조국 통일을 급속히 쟁취하기 위한 투쟁을 일층 맹렬히 전개하라고 호소한다"는 문장으로 끝난다.[11]

1950년 2, 3월 북한의 평화운동은 스톡홀름에서 3월에 개최될 예정이었던 1950년도 3차 평화옹호 세계대회를 준비한다는 의미를 가졌고, 동시에 평화운동과 통일운동의 결합을 한층 강화하고 이를 적극적인 대남 평화통일 공세와 연결했다는 특징을 가진다. 1949년의 평화옹호운동이 여맹, 민청, 직맹 등 각종 대중단체와 문화인들 위주로 전개되었다면 1950년의 평화옹호운동은 정권 기관이 나서서 논의를 수렴했다. 또 아래에서 살펴보듯이 직장 단위로 평화옹호상설위원회를 조직해나갔다. 1950년 봄에 고조된 북한의 평화옹호운동은 4월 하순부터는 스톡홀름 3차 대회의 호소에 호응해서 평화옹호서명운동으로 전개되었고, 서명운동은 전쟁 발발 때까지 이어졌다.

산업성은 1950년 3월 20일 평화옹호자대회를 개최했다. 이 대회는 직장 단위 평화운동의 실체를 잘 보여줄 뿐만 아니라 운동의 조직 기제나 내적 동력, 그리고 운동의 실제 전개 양상과 활동 내용을 드러낸다. 이 대회는 직맹, 여맹 등 각 대중단체의 산업성 대표들의 주도로 조국 통일을 위한 구체적 행동 방침을 제시했다. 보고자와 토론자들은 통일을 위해서 2개년 인민경제계획의 초과 완수, 인민군대 경비대의 강화와 그 가족의 원호사업 확대, 김일성 수상 주위에 단결, 남한 인민들에 대한 적극적인 원조, 소련과의 친선 도모, 적에 대한 경각성 제고 등을 제기했다.[12] 보고자의 보고 내용과 토론자들의 토론 내용은 평화 옹호라는 보편적인 구호가 '2개년 인민경제계획의 초과 완수', '인민군대 경비대의 강화', '원호사업 확대'와 같은 북한의 상황과 정세에 부합하고, 또 보고자들의 일상적 활동을 반영한 구체성 있는 구호로 바뀌었으며, '조국 통일'로 초점이 맞춰졌음을 보여준다. 대회는 위원들을 선출하여 산업성 평화옹호위원회를 조직하고, "산업성 평화옹호자대회 결정서"를 채택하는 것으로 회의를 마무리했다. 위원회는 산업성 소속 직원들을 간부부터 일반 직원까지 모두 포괄할 수 있는 조직 형식을 취했다.

북한사회과학원에서 1973년에 출간한 《정치사전》은 '평화'를 아래와 같이 정의한다.

평화의 성격은 전쟁과 마찬가지로 이러저러한 계급이 실시하는 정책에 의하여 규정된다. 노동계급이 주권을 잡은 우리 사회주의 사회에서는 침략전쟁에 이해관계를 가지는 그 어떤 계급이나 계층이 없다. 제국주의자들과 착취계급의 평화는 그들의 약탈적이며 침략적인 정책의 연장이며 자기 나라 근로자들과 식민지 인민들을 노예화하기 위한 평화이다. 이러한 평화는 평화가 아니다. 진정한 평화는 평화의 교란자들을 반대하여 투쟁하며 억압자들의 통치를 뒤집어 엎을 때에만 달성될 수 있다. 평화를 유지 공고화하기 위해서는 무엇보다 먼저 우리의 주체적 역량을 강화해야 한다.[13)]

사전에 반영된 '평화'에 대한 기본 입장은 전쟁을 '정의의 전쟁'과 '부정의의 전쟁'으로 나누듯이 평화를 '착취계급의 평화'와 '진정한 평화'로 구분한다. 특히 제국주의 시대에 들어서는 전쟁방화자가 제국주의 세력이기 때문에 이들을 물리치지 않고서는 평화를 이룰 수 없다고 본다. 이어서 "평화는 우리의 힘이 강할 때에만 보장될 수 있으며, 침략과 전쟁은 제국주의의 본성이므로 제국주의자들에게 구걸하는 방법으로는 평화를 유지할 수 없고 주체적 혁명역량을 강화하여 침략자들을 소멸할 수 있을 때 평화의 유지와 공고성이 담보된다"고 강조한다. 북한의 입장은 평화에 대한 이분법적 구분에 입각하여 자신은 평화를 지향하지만 제국주의자, 착취계급은 그렇지 않으며, 따라서 그들과의 전쟁은 불가피하다는 것이다.

북한은 평화운동을 대중적 차원에서 통일운동의 일환으로 진행했는데 그것을 이끈 것은 평화옹호전국민족위원회였고, 위원회의 대중적 기초는 각종 군중단체와 문화인 단체, 종교인 단체들이었다.《로동신문》은 스톡홀름 대회를 전후한 1950년 3월과 4월에 평양, 원산, 신의주, 해주 등 도시 지역은 물론이고, 화천군, 금천군, 북청군, 평강군, 성천군, 경성군 등 농촌 지역에서도 평화옹호자대회가 개최되었음을 보도했고, 또 아오지 탄광, 원산석면, 성진제강소, 원산수산 등 직장 단위에서도 평화옹호자대회가 개최되었음을 보도했다. 산업성 평화옹호상설위원회가 조직된 시점이 1950년 3월 하순이었듯이 그 무렵 직장, 또는 지역 단위로 평화옹호자대회를 거쳐 상설위원회들이 결성된 것으로 보인다. 직장 단위 상설위원회의 결성은 각급 조직이 가진 동원 역량을 자극하고 또 강화하는 효과를 초래하고, 평화운동을 직장과 지역의 일상적 활동과 연결하는 역할을 했다. 이것은 평화운동이 대중단체 위주의 선전·교육 활동으로부터[14] 직장이나 학교와 같은 생산·생활 거점을 기초로 실제적 행동을 조직하는 단계로 접어들었음을 의미한다.

북한은 스톡홀름에서 채택된 평화옹호세계위원회 제3차 회의 호소문에 따라 1950년 4월 중순부터 평화옹호서명운동을 적극적으로 전개했다. 스톡홀름 회의의 호소문은 핵무기의 금지를 요구한 '반핵' 구호가 핵심이었다. 반핵 구호는 간결함과 정치적 성격의 배제로 인해 각국에서 광범한 민중을 지지 대열에 끌어들였지만 핵무기 위협은 주로 미소 사이에서 발생하는 것이었고, 북한 상황에서 그 구호는 조금 낯설었다. 북한에서 스톡홀름 호소문은 반핵보다는 한반도 상황과 밀접히 연결된 다른 구호들로 대체되었다. 평화옹호서명운동 소식을 전하는 1950년 4월 하순의《로동신문》기사들에 나타난 아래

구호들은 이 운동이 북한의 상황과 맥락에서 어떻게 수용되고 전개되었는지 보여준다.

- 서명운동은 평화적 조국 통일을 위한 투쟁의 일환(근로인민당 위원장 리영)
- 평화옹호투쟁은 조선 인민의 리익과 긴밀히 련계되여 있다(김일성 종합대학 학생들)
- 우리는 미제의 식민지 예속화 정책을 분쇄키 위해 서명한다(평양철도공장 로동자들)
- 조국 통일과 평화옹호를 위한 투쟁의 선두에(남포제련소 로동자 점관조)
- 평화와 자유와 녀성들의 권리를 위하여 서명하자!(평양시 각계 녀성들 평화옹호 서명)
- 우리 조국의 평화적 통일과 민족문화의 발전을 위하여(평양시립 예술극장 예술인들)
- 평화옹호서명운동은 인민의 단결과 투쟁력을 과시한다(목사 박기환씨 담)
- 매국 역적들을 타도 분쇄하고 조국의 평화적 통일을 위하여(애국투사 유가족 평양직조공장에서)
- 평화 옹호 서명 광범히 진행(평북도 각지에서, 평남도 각지에서, 함북도 각지에서)
- 전 세계 평호 애호 인사들과 단결하여 평화를 고수하자(교통성 산하 로동자 사무원들)

젊은 세대는 전쟁을 절대 반대한다!(평양지구 각대학생들)[15)]

이 기사들은 서명운동이 도시에서는 직장 또는 학교를 중심으로, 농촌에서는 지역 단위로 진행되었음을 보여준다. 또 문화계와 종교계를 대표하는 인사들이 선전 활동의 선두에 섰다. 제시된 구호들은 해당 직장이나 단체의 정체성이나 일상적 활동을 반영했으나 《로동신문》 4월 23일 자 사설 〈평화 옹호와 조국 통일을 위한 전투적 구호〉에 나타나듯이 그 초점은 당시 정세를 반영하여 조국 통일에 있다.

전쟁 이전 북한의 평화옹호운동을 정리하자면 평화운동은 통일운동의 일환이었을 뿐만 아니라 통일운동의 일상적 동원 양식이었다. 1949년 6월 남과 북의 정당, 사회단체들은 평양에서 조국통일민주주의전선(조국전선)이라는 통일사업 전담조직을 만들었다. 그 기구에 남한의 정당, 사회단체뿐만 아니라 북한의 정당, 사회단체가 모두 가입했다. 조국전선은 남과 북의 정당, 사회단체들을 망라한 통일사업 기관이었지만 활동의 중점을 통일사업이나 그것과 연관된 대남사업 등 정치사업에 두었고, 그 간부진으로 남측 출신들이 전면에 배치되었다. 남과 북에 서로 다른 정부가 수립된 뒤 북한은 이 조직을 통해서 통일운동을 전개했지만 이 기구는 대남 정치사업에 중점을 둔 하나의 전선체였다.[16)] 그리고 북한에서 평화운동은 대중들을 통일운동에 동원하기 위한 유용한 형식이었다. 평화운동은 대중들에게 북한 정부의 통일 방침을 교육하고 선전하기 위한 효과적인 수단이자 동시에 북한 사회의 일상적 활동을 통일운동과 연결하는 역할을 했다. 평화운동은 이를 통해서 대중들의 역량을 통일운동으로 결집하고, 통일운동의 정치적·사회적·문화적 저변을 확충하는 역할을 했다.

마지막으로 전쟁 이전 북한 평화운동의 대외적 측면이 가지는 의미를 살펴보자. 동아시아에서 평화운동의 전개와 관련하여 흥미로운 것은 중국에서 평화운동은 1950년 5월 중앙 정부가 각종 군중단체에 연합으로 평화옹호서명운동을 전개할 것을 요구하는 통지를 내려보낸 것으로부터 시작되었다.[17] 반면 북한에서는 세계 평화옹호운동의 발의 단계인 1949년 초부터 적극적으로 이 운동에 참가하기 시작했다. 북한은 왜 중국보다 1여 년 이른 시점부터 평화옹호운동에 적극적으로 참가했을까?

북한 정부 수립 직전인 인민회의 5차 회의에서 행한 한 대의원의 발언 내용을 살펴보자.

> 최고인민회의와 통일중앙정부가 가진 바 국제적 의의는 현하 국제련합기구는 형식의 유무를 불구하고 사실상 완전히 두 개의 체계로 나눴다고 봅니다. 이 현상은 지난 6월 초에 열렸던 런던 6개국 회의와 6월 24일 파란 서울 와르샤와에서 열렸던 8개국 외상회의에서 완전히 볼 수 있습니다. 그리하여 세계 각국은 그 어느 국가임을 불구하고, 또는 그 국가 자체가 요구하고 요구치 않음을 막론하고, 그 국가의 성격과 발전 지향에 따라 그 어느 편에든지 가담치 않을 수 없으며 또 가담하게 될 것입니다. 그런 고로 이러한 국제연계를 거부하고는 국가의 독립이 있을 수 없는 것입니다. 그러기 때문에 이러한 국제생활의 법적 위신을 높이기 위하여서도 최고인민회의와 통일중앙정부 수립이 완전 자주독립을 위한 중요 시

급한 과업이라고 생각합니다.[18)]

이 발언은 최고인민회의 설치와 통일중앙정부 수립의 필요성을 당시 국제정세와 관련해 강하게 제기했다. 국제정세 인식은 이미 냉전이 현실화되어서 세계가 양대 진영으로 나뉘어 있고, 그로부터 새로 수립될 정부는 어느 한편에 가담할 수밖에 없다는 것이다. 그리고 남한 단독선거로 38선 이남에 정부 수립이 일정에 오른 시점에서 이북에서도 하루빨리 정부를 수립하여 "국제생활의 법적 위신을 높이자"고 주장한다. 그런데 유엔 주도의 한국문제 해결을 인정하지 않았고, 또 유엔한국위원단을 거부했던 북한 입장에서 유엔 결의에 따라 정부를 수립한 남한에 대항하여 국제적 위신을 높일 수 있는 공간을 어디에서 찾을 수 있을까?

당시 미국이 절대적 우위를 차지했던 유엔을 통해 국제적 승인을 얻어낼 수 없는 상태에서 북한이 새로 수립한 정부의 국제적 승인을 얻어내고, 대외관계를 확대할 공간으로 평화운동에 주목하고 그것에 적극적으로 참가한 것은 자연스러운 선택이었다. 북한이 1949년 평화운동이 발의되던 첫 시기부터 적극 참가한 것은 정부 수립 후 소련을 필두로 한 사회주의, 인민민주주의 국가들과의 외교관계 수립은 물론이고 평화운동에 참여한 서방 또는 식민지 상태로부터 갓 해방된 나라들, 이른바 평화 애호세력들과의 친선관계 수립과 연대 활동을 통하여 자신의 국제적 지위를 확인받으려는 의미가 강했다.

또 북한은 평화운동에 참여한 각국 정부와 단체, 인사들을 향해 북한이 수행해오고, 또 구상한 한국문제 해결 방안의 정당성을 선전하고 그 노선적 정당성을 홍보했을 뿐만 아니라 그에 대한 지지를 얻어내려고 노력했다. 한마디로 평화옹호운동은 대외적으로 갓 수립된 북한 정부가 국제적 승인을 얻어내고, 또 자신의 통일 방안에 대한 국제적 지지를 모으는 유용한 창구이자 무대였다. 북한은 한반도 통일이 세계 평화옹호투쟁의 일부분이라는 논리를 평화운동에 적극적으로 참여함으로써 대외적으로 선전할 수 있었다.

전쟁기 북한의 평화운동론

6·25전쟁 개전 다음 날 김일성은 방송을 통해 후방의 민중들에게 모든 사업을 전시태세로 개편하고, 모든 역량을 동원하여 전선을 원조할 것을 요청했다.[19] "모든 것을 전선을 위하여", "모든 것을 전쟁의 종국적 승리를 위하여"라는 구호가 지배적인 상황이었으나 전쟁 초기에 북한은 전쟁 발발 이전 평화운동의 수행 과정에서 유지했던 선전 노선을 전시 상황에 맞추어 지속하는 형식으로 평화운동을 이어갔다. 북한은 대내외적으로 전쟁이 미국과 이승만 정권의 무력침공에 의해 도발된 북침이고, '부정의의 전쟁'에 대항해서 싸우는 '정의의 전쟁'이라고 선전했다. 북한은 국제정세를 분석한 해설자료를 다수 발행했는데 그 내용은 대체로 미국의 개입이 불법적이고, 세계 여론으로부터 지지를 받지 못하고 있으며, 북한이 전 세계 평화민주 세력의 지지와 성원을 받고 있다는 점을 강조했다.[20]

개전 초기 북한은 6·25전쟁이 내전이라는 점을 강조했다.[21] 개전 이전 북한의 선전 노선은 38도선 연선의 무장 충돌, 조국전선의 평화적 통일 방안 제의에 대한 남측의 거부를 예로 들어 이승만 정권의 전쟁 기도를 비판했지만 그것을 미국의 식민지 예속화 정책과 한반도 침략 책동의 일환으로 선전했고, 전쟁세력의 우두머리로 미국을 더 강하게 비난했다. 하지만 개전 초기 북의 선전 노선은 이전 태도와 달리 미국에 대한 비난을 자제하고, 비난의 초점을 이승만 정권에 돌렸다. 개전 후 김일성의 첫 번째 방송 연설은 이승만 정권의 전쟁 도발과 전쟁 준비를 장황하게 열거하면서도 미국이 전쟁에 직접 연루되었다는 언급을 자제했다. 김일성은 "이승만 역도들은 자기들의 사리 탐욕과 지배를 유지하려고 우리 조국을 미제의 식민지로, 그들의 군사적 침략기지로, 미국 독점 자본가들의 이윤의 원천지로 만들고 있다"며 비난의 초점을 미국의 식민지 예속화 기도보다 미국을 끌어들인 이승만에게 돌렸다.[22]

김일성의 연설은 미국 참전 이전 시점인 전쟁 발발 다음 날 이루어졌고, 미국의 참전을 우려해서 미국에 개입의 명분을 제공하지 않기 위한 의도로 작성된 것이라 그랬겠지만 그러한 선전 노선은 남한 점령 초기에 그대로 유지되었다. 북한군이 38선 이북으로 후퇴한 1950년 겨울에 미 공군 인적자원연구소는 대전 근방 농촌 마을에서 북한군 점령이 남한 농촌 사회에 끼친 영향과 주민 반응을 조사했다. 조사 보고서는 마을 주민을 대상으로 한 선전의 초점이 한국을 미제국주의자들에게 팔아넘긴 이승만 정부를 향한 비난에 집중했다고 적었다. 또 전쟁은 전적으로 내전이며 어떤 나라도 간섭할 권리가 없음에도 불구하고 미국이 부당하게 간섭하고 있지만 그것은 성공할 수 없

고, 결국 장제스를 버리듯 이승만을 버릴 것이라고 강조했다.[23)]

북한의 남침은 사르트르Jean Paul Sartre와 메를로퐁티Maurice Merleau-Ponty의 논쟁에 나타나듯이 평화운동 진영에 논쟁을 불러일으켰지만[24)] 6·25전쟁의 발발은 오히려 대중 사이에서 전쟁에 대한 공포감을 확산하고, 평화에 대한 염원을 강화하는 계기로 작용했다. 스톡홀름 선언에 대한 서명이 6·25전쟁 이후 비약적으로 증가했다는 사실이 당시 분위기를 잘 보여준다. 이탈리아에서는 전체 1,700만 서명자 가운데 1,300만 명이 전쟁 발발 이후 서명했고, 미국에서도 300만 서명자 가운데 절대다수가 1950년 6월 25일 이후 서명했다. 중국에서도 전쟁 발발 이전부터 서명이 진행되었으나 발발 이후 서명자가 비약적으로 증가했고, 8월 26일에는 6월 말의 서명자 수에 비해 2배 이상 증가한 8,600만 명에 이르렀으며, 11월 중순까지 2억 2,373만 명이 서명해서 예정된 목표를 초과했다.[25)] 전쟁 이전 1억 4,000만 명이었던 서명자가 전쟁 발발 후 한 달여 뒤인 8월 초에는 3억 3,600만 명으로 늘었다.[26)]

개전 초기 자신의 전쟁 수행을 평화운동에 적극적으로 연루시킨 북한의 노력은 대내외적으로 전쟁의 정당성을 홍보하기 위한 작업이라는 성격이 강했다. 한편 전쟁의 경과와 진행 과정에 따라 북한은 '평화'에 대한 호소와 평화운동의 필요성을 점차 강조했다. 전쟁 초기부터 북한 측 무기와 장비의 열세, 특히 미국 공군력과 해군력의 압도적 우세로 공군 폭격과 해군 함포 사격에 의해 전장은 물론 후방의 피해가 걷잡을 수 없이 커졌다. 또 유엔군의 인천상륙작전 성공으로 북한군의 군사적 승리 가능성이 점차 사라졌다.[27)] 북한은 중국군 참전으로 일시 전황을 호전시켰으나 1951년 봄이 지나면서 전선은 지금의 휴전선 근처에서 고착되었고, 교전 쌍방 어느 쪽도 군사적으로 상대방을 압도할 수 없다는 것이 명백해졌다. 미군을 중심으로 한 유엔군과 중국군의 참전에 따라 전쟁이 국제전으로 전환함에 따라 북한은 더 이상 전쟁의 내전적 성격을 강조할 수 없게 되었다. 그리고 전쟁의 참상과 피해가 보다 적나라하게 드러남에 따라 평화에 호소하는 선전의 필요성은 점차 커졌다.

북한은 대체로 소련, 중국은 물론 동유럽 인민민주주의 국가들의 원조와 자본주의 국가들에서 파업과 태업을 들어 평화민주 진영의 북한 지원을 대내적으로 홍보하는 한편 서명운동을 통해 세계 평화옹호운동에 참여하는 형태로 평화운동을 이어갔다. 북한은 개전 직후 점령한 남쪽의 '해방 지구'에서 스톡홀름 호소문 지지 서명운동을 전개했다. 개전 약 한 달 전인 5월 28일 자 《로동신문》은 서명운동에 568만 명이 참가했다고 보도했는데, 9월에 발행한 선전 재료는 16세 이상의 서명자가 미해방 지구를 제외하고 모두 1,331만 9,102명에 달한다고 적었다.[28] 세계 평화옹호운동 진영도 전쟁 도발의 책임문제를 의식했는지 세계평화이사회의 1950년 8월 18일 결정문은 "어느 곳에서든 침략에 반대한다"는 것을 강조했다.[29]

북한 평화운동의 진행과 관련해서 주목할 것은 1951년 봄부터 세계 평화운동 진영 측 제안을 토대로 현존 분쟁의 평화적 해결을 위한 국제적 노력을 지지하기 시작했고, 식민지 민족해방운동과 평화운동의 관련성, 특히 아시아 지역에서 평화운동을 강조하고 그것에 적극 참가하기 시작했다는 점이다. 1951년 3월 12일 조국전선 중앙위원회에서 세계평화이사회의 5대 강국 간 평화조약 체결에 관한 호소문과 "어떠한 지배적 그룹의 도구로 될 것이 아니라 정부 간의 협정의 장소가 되도록 헌장이 그에게 부여하는 역할로 돌아갈 것"을 요구하는 유엔에 관한 결정서를 토의하고, 이를 지지하는 성명서를 채택했다. 그리고 약 한 달 뒤인 4월 13일 개최된 평화옹호전국민족위원회 중앙위원회 회의에서 세계평화이사회 베를린 회의 호소문을 지지하는 서명운동을 전개하자는 호소문을 채택했다.[30)]

미국, 소련, 영국, 프랑스, 중국 5대 강국 간 평화조약 체결 요청은 1950년 11월 제2차 평화옹호 세계대회에서 처음 제기되었다. 제2차 대회는 제1차 대회 이래 평화옹호운동의 전반적 사업과 증대되는 전쟁위기에 직면하여 운동을 확대할 데 대한 보고, 전쟁 선전의 금지, 원자무기의 금지, 전반적 군비 축소를 위하여 광범한 사업들을 전개할 데 대한 대책 등의 보고와 토의를 거쳐 세계 평화 유지 및 공고화를 위한 프로그램을 작성했고, 현존 분쟁의 평화적 해결의 제1보로 5대 강국 회의 개최 요구와 평화옹호투쟁 참가를 전 세계 인민들에게 호소하는 대회 선언서 및 유엔에 보내는 호소문을 채택했다. 세계평화이사회는 1951년 2월 21일 베를린에서 회의를 개최하고 호소문을 채택했다. 이 호소문은 세계 전쟁 위험을 발생시키는 원인에 관한 그들의 의견 여하를 불문하고 5대 강국의 평화조약 체결을 요구하면서 이를 위한 서명운동을 벌일 것을 호소했다. 또 유엔에 이사회 대표들을 파견하여 평화옹호 세계대회 호소문 및 평화이사회의 여러 결정을 토의하고 자기 의견을 표명하도록 하는 결정서를 채택했다.[31)]

북한에서는 1951년 4월 중순부터 세계평화이사회 호소문 지지 서명운동이 활발하게 전개되었다. 《로동신문》은 4월 내내 지역과 직장의 서명운동 진행 사례와 각계 인사들의 서명 독려 메시지를 실었고, 서명운동이 시작된 지 약 열흘 뒤인 4월 25일 이미 137만 4,000여 명이 참가했다고 보도했다. 서명운동은 군대에서 적극적으로 진행되었고, 전쟁이 한창 진행 중이었지만 민간에서도 조직적 동원이 대대적으로 이루어졌다.[32] 서명운동은 북한이 여전히 전쟁에서 최종적 승리를 목표로 내걸었지만 국제적 평화운동에 의탁하는 형태로 분쟁상태 해결의 가능성을 염두에 두기 시작했음을 보여준다.

세계평화이사회 호소문 지지 서명운동이 있은 지 약 1년 뒤인 1952년 5월 17일 조선평화옹호전국민족위원회는 '아시아 및 태평양 지역 평화옹호대회'(이하 '아시아평화대회') 소집을 지지하여 공동 발기 및 준비에 대한 조치를 결정했다. 이어서 6월 19일 평화옹호전국민족위원회와 아시아평화대회 조선준비위원회는 연합회의를 개최하고, 아시아평화대회 조선준비위원회 대표를 선정했다.[33]

아시아평화대회 발기 소식이 전해진 5월 중순부터 이미 대회 소집을 지지, 환영하는 군중대회를 직장과 지역 차원에서 맹렬하게 전개했고, 《로동신문》은 중국을 비롯해 아시아 및 태평양 지역 각국의 대회 준비 상황을 연일 보도했다. 1952년 9월 8일, 마침내 제2차 평화옹호 전국민족대회가 개최되었다. 이 대회에서 '아시아 및 태평양 지역 평화옹호대회와 조선 평화옹호자들의 당면 과업'을 토의하고, '조선에서 미제 침략자들의 만행을 즉시 정지시키며 평화 위업에 궐기할 것'을 전 세계 평화 애호 민중들에게 호소하는 호소문을 채택했으며, 아시아평화대회와 비엔나에서 개최될 세계평화옹호민중대회에

파견할 대표를 선출했다.[34)]

아시아평화대회는 10월 2일 개막되었고, 12일 회의에서 〈조선문제 결의안〉을 채택했다. 결의안은 정전협상에 미국이 성실하게 응할 것, 제네바협정에 따라 포로를 즉각 송환하고, 적대 행동을 정지할 것, 미국의 세균무기, 네이팜탄 등 대규모 살육무기 사용 금지, 정전 후 일체 외국 군대의 조선에서 즉시 철퇴 등을 요구했다. 대회에서 5대 강국 평화조약 체결을 위한 운동을 강화할 데 대한 결의문이 채택되었고, 또 민족적 독립에 관한 결의문도 채택되었다. 대회는 15일 폐막되었고, 21일 북한의 평화옹호전국민족위원회는 대회의 사업 성과를 총화하고, 향후 사업계획을 토의, 결정했다.[35)]

미국은 대회를 예의주시했다. 국무부 정보분석실은 대회 준비 과정에서 나타난 특징들을 분석하여 대회가 개최되기 이전인 9월 19일 "아시아·태평양 평화회의와 아시아에서 공산주의자들의 전략"이라는 분석 보고서를 작성했다.[36)] 보고서는 대회와 세계평화이사회가 후원하는 다른 회의들의 긴밀한 연계에도 불구하고, 공산주의 선전기구들은 이 대회를 '아시아·태평양인들'의 자발적인 운동으로 선전하기 위해 노력했고, 대회의 5월 준비모임은 표면적으로 아시아 민중들, 특히 인도 민중의 요구에 응해서 중국의 후원자들이 소집했다고 지적했다. 사전준비 과정은 중국이나 소련보다 아시아의 다양한 국가들을 참가시키는 데 집중했고, 가능한 한 공산주의자들의 역할을 최소화하려는 경향을 보였다. 보고서는 세계노조연맹과 국제민주여성동맹 후원으로 베이징에서 열렸던 1949년 회의들과 이 대회를 비교하며, 1949년 회의가 사실상 공산주의 혁명가들의 회합이었음에 비해 이 대회는 서로 다른 사회체제를 가진 나라들의 다양한 생활 방식을 대표하고, 선의를 가진 다채로운 개인들의 모임이며, 또 이들은 혁명에 관심을 가진 것이 아니라 '평화', '문화', '국제적 긴장 완화', '생활 방식의 자유로운 선택'에 관심을 가진다고 서술했다.

이 대회는 참가자뿐만 아니라 투쟁 노선의 측면에서도 1949년 회의들과 달랐다. 1949년 회의들은 중국공산당의 승리 경험에서 나온 무장투쟁을 기본으로 하고 다른 합법·비합법 대중투쟁을 보조로 하는 전술적 배합을 공식화했다. 1949년의 연설들은 중국을 모델로 한 무장투쟁이 다른 아시아 국가들에서도 공산주의 승리의 핵심임을 명확히 했다. 또한 공산주의의 승리와 권력 획득은 노동계급 해방과 생활조건의 근본적 개선에서 전제조건임을 명확히 했다. 이러한 인식과 대조적으로 새로운 전략을 주창한 1952년 대회는 무장투쟁의 필요성이나, 공산주의자들의 권력 획득과 인민민주주의 수립의 즉각적 필요성을 전혀 언급하지 않았다.

마찬가지로 아시아의 다양한 식민지 전쟁과 대중봉기에 관한 언급도 대조적이었다. 1949년 회의들은 베트남, 말레이시아, 인도네시아, 버마, 필리핀, 남한의 무장투쟁을 안건으로 상정했고, 다른 지역에서도 무장투쟁을 강화할 것을 요청했다. 이 대회는 대조적으로 단지 인도네시아, 말레이시아, 한국에서의 전쟁만 안건으로 상정했으며, 그것도 투쟁을 강화할 것이 아니라 평화적인 해결을 요청했다. 공산주의자들이 말하는 '평화적 협상을 통한 해결'은 민족 독립, 외국군 철수, 한국의 경우 제네바협정의 원칙에 기초한 휴전을 뜻했다.

보고서는 대회가 취한 투쟁 방식과 선전 노선의 변화가 가지는 실천적 의미를 지적하는 것도 잊지 않았다. 공산주의 선전용어에서 '평화'란 단지 서구가 음모한 '전쟁'에 대한 반명제를 의미할 뿐이었다. 하지만 대회의 5월과 6월 준비회의는 '문화'와 '자유무역', '평화적 재건'을 강조했다. 이를 서구의 침략과 잔학행위, 세균전을 통한 대중학살, 무역 제재, 재군비와 대비시켰으며, 그 결과로 생긴 아시아 '민중'들의 경제적·사회적 불만과 대비시켰다. 공산주의자들은 이제 무장투쟁 전술보다 대중투쟁, 다양한 통일전선 활동과 선전, 심지어 비공산 정부와의 협력을 포함한 의회 활동을 보다 강조했다. 아시아의 모든 비공산 지역 공산당들은 노동자뿐만 아니라 자본가나 전문가들의 경제적·사회적 불만까지 포괄할 것을 강조하고, 비공산 정부, 정파들과 협력할 것을 제의했다. 전체적으로 아시아의 비공산 국가에서 공산주의자들의 선전은 민족주의, 반전론, 반서구 감정, 반미감정을 이용할 것과 중립주의 정서를 강화해서 서방에 대항할 것을 강조했다.

보고서는 아시아평화대회 본회의가 개최되기 전에 작성되었지만 그 당시 아시아에서 평화운동의 전개 양상, 대회의 전반적 분위기와 특징뿐만 아니라 대회가 가지는 역사적 의미를 잘 포착했다. 그리고 6·25전쟁의 휴전협상 국면에서 북한이 대회에서 거둔 성과를 지적할 필요가 있다. 북한은 대회에서 정전협상 또는 전쟁 수행 과정에서 북한과 중국이 취했던 입장을 유엔군 입장이나 전쟁 수행 방식과 대비해 '평화 대 전쟁'의 구도 속에 위치 지으려고 노력했다. 그러한 노력은 〈조선문제 결의안〉의 채택으로 참가자들로부터 지지를 받았다.

보고서는 아시아 평화운동의 새로운 경향을 예리하게 지적했다.

보고서는 아시아에서 평화운동의 성장을 공산주의자들의 투쟁·선전 노선 변화로 단순하게 치환해버렸지만 그 이전에 주목할 것은 무엇보다 아시아 각국의 평화운동 세력이 한자리에 모여 독자적인 국제대회를 치를 정도로 성장했다는 사실이다. 공산권 국가뿐만 아니라 비공산권 국가를 포함하여 보다 다양한 성향과 계층의 사람들이 아시아 각국을 대표하여 참가했으며, 참가자들은 혁명과 무장투쟁보다는 평화와 협상을 선호한다고 선언했다. 또 그들의 관심은 어느 한 체제의 선택이 아니라 다양한 삶의 양식 선택, 경제적·사회적 불만의 해소, 문화, 그리고 평화에 있었다. 그런 분위기는 서로 다른 체제에 속한 저우언라이周恩來와 네루가 1954년에 평화공존 5원칙에 합의하고, 1955년 반둥회의에 참가한 아시아·아프리카의 많은 국가가 비동맹주의를 표방하며 독자적인 길을 걷기 시작하는 것을 암시하기에 충분했다.

대회에 참가한 북한 대표들은 정력적으로 활동했고, 비중 있는 역할을 맡았다. 대회 초반부에 한설야는 한국문제의 평화적 해결 방안에 대해 보고했고, 대표단 일원인 현훈은 6일 차 회의에서 일본문제에 관해 연설했다.[37] 또 《로동신문》은 대회를 지지하고 환영하는 북한 각 지역과 직장의 군중대회부터 참가 각국의 준비 상황, 북한 측 대표단 활동 상황, 대회 일정과 진행 상황 그리고 운동의 성과와 의의에 이르기까지 대회 준비가 본격화한 5월 초순 이후 대회가 폐막하고 북한 측 대표단이 귀국한 10월 하순까지 연일 대회 관련 기사를 보도했다. 보도의 빈도나 양을 보면 《로동신문》은 이전과 이후의 다른 어떤 평화운동보다 이 대회를 중요하게 취급했고, 대회가 전쟁기 북한 평화운동에서 가지는 중요성을 알 수 있다.

전쟁기 북한의 평화운동과 관련하여 흥미로운 것 중의 하나는 북한이 유엔군 포로들을 대상으로 평화옹호운동을 열심히 선전했고, 전쟁포로들 사이에서 조직 활동을 활발하게 벌여 포로들로 하여금 평화옹호위원회를 조직하게 했다는 점이다. 북한은 이 전쟁포로 평화옹호위원회를 대외 선전에 활용했다. 위원회는 세계평화이사회나 유엔 총회와 안보이사회에 세균전 등 미군의 전쟁범죄 규탄, 전쟁 종식 청원 등의 내용을 실은 편지들을 빈번하게 발송했다.[38]

전체적으로 전쟁기 북한의 평화운동은 그 이전과 마찬가지로 대외적 선전에서 핵심적 역할을 담당했고, 대내적으로도 중요한 역할을 했다. 다른 한편으로 전쟁의 경과가 역으로 북한 당국이 평화운동의 필요성을 한층 절감하도록 만들었으며, 아시아 지역의 평화운동을 강조하게 만들었다. 북한은 이후 평화운동을 매개로 국제적인 연대 활동과 외교 활동을 활발하게 펼쳤는데, 아시아의 평화운동 세력이 성장함에 따라 북한의 평화운동이 지향했던 연대의 대상과 활동의 중심이 서서히 변화하기 시작했다.

전후 북한의 평화운동론

정전회담은 한국에서 분쟁을 종결시키기 위해 전투행위와 모든 무력행동을 종결시킬 '정전停戰'을 목적으로 개최된 군사회담이었다. 이 회담을 통해서 교전 쌍방 간에 체결된 정전협정은 단지 전쟁상태의 종식을 문서화했을 뿐이고, 한반도의 지속적 평화를 담보할 수 있는 그 어떤 조항도 협정문에는 존재하지 않았다. 정전협정에 나타난 휴전의 성격은 순전히 군사적인 것이었고, 정전협정은 전쟁 종식과 항구적인 평화 정착, 통일의 가능성을 열어놓은 것이 아니었다. 오히려 전쟁 이후 휴전상태를 유지한 것은 휴전선을 경계로 한 양측의 적나라한 힘의 대치였고, 그러한 정전 구조는 오늘날까지 계속된다. 양측은 지속적으로 군사력을 증강, 확충했으며 그에 따라 한반도에서 군사적 긴장도 고조되었다. 양측은 모두 상대방에 대한 억제력을 유지한다는 명분으로 정전 이후에도 막대한 병력을 유지했으며, 신무기 배치를 금지한 협정을 무력화하면서 신무기를 도입하고 군비를 증강하는 데 열을 올렸다.

전후에도 한반도에서 군사적 긴장이 완화되지 않았고, 적대관계가 종식되지 않았던 사정으로 인해 북한에서 평화운동의 역할과 비중은 전혀 감소되지 않았다. 북한의 전후 평화운동과 관련해서 먼저 확인할 것은 평화통일과 평화운동의 관련성이다.

평화통일에 관한 자신의 입장과 관련해 제네바회담에서 공개한 북한 측 통일 방안은 북한 대표 남일 수상의 1954년 4월 27일 자 기조연설에 집약되어 있다. 북한의 통일 방안은 "(1) 자유로운 의사표시의 기초 위에서 통일정부를 형성할 총선거 실시, (2) 북한 최고인민회의와 남한 국회에 의하여 선출된 남북조선 대표들로 조선위원회를 조직하자"는 것이다. 또 이를 위해 남북의 경제 및 문화 교류, 즉 통상, 재정, 회계, 운수, 경계선 관계, 주민 통행 및 서신 자유, 과학문화 교류 및 기타 관계를 설정하며 그를 발전시킬 정책들을 즉시 취할 것과 "전조선위원회가 전조선 선거법에 따라 외세를 배제하고 자유스러운 조건 밑에서 총선거를 실시함에 도움을 주기 위하여 중립국 감시위원단을 조직하고 이 중립국 감시위원단은 총선거를 감독할 것"을 제안했다. 이러한 통일 방안 실현의 전제로서 북한은 6개월 내에 일체 외국 군대는 한반도로부터 철거할 것을 요구했고, 또 "극동에서 평화 유지에 가장 관심을 가진 해당 국가들 측으로부터 조선의 평화적 발전을 보장하며, 또 조선을 단일 독립 민주국가로 평화적으로 통일시킬 과업의 해결에 도움이 될 조건들을 지어줄 필요성을 인정할 것"을 제안했다.[39]

북한은 이러한 입장을 보다 유연하게 적용하는 방식으로 1954년 제8차, 9차 최고인민회의에서도 남한에 대해 평화통일 촉진 방안들을 제안했다. 8차 최고인민회의는 '남북조선의 각 정당, 사회단체 및 각계각층 대표자 연석회의' 또는 '남북조선 당국의 협상회의 소집'을 제의해서, 협의 대상을 당국자 회담으로까지 확대했고, 9차 최고인민회의는 "남북조선 국회 대표단의 상호 파견과 군비 축소문제를 포함한 일련의 실질적 문제를 토의할 것"을 제의했다.[40] 북한은 1950년대 내내 이러한 입장과 통일 방안의 틀을 유지했다.

정리하자면 1950년대 북한의 통일 방안은 남북 총선거를 통한 통일정부 수립이라는 평화적 '통일 방안'과 남북 간 정치, 경제, 문화적 교류와 남북 민중 간의 상호 왕래 등 조성된 장벽을 제거할 '실천 방안'으로 나눌 수 있다. 또 이에 덧붙여 한반도에서 평화 유지와 한국 문제의 평화적 해결을 위한 유관 국가들의 회의 및 '국제협정'이 가지는 중요한 의의를 인정했다는 점이 이전과 다른 큰 특징이었다. 자유로운 선거 분위기 조성을 위해 총선거 이전에 외국 군대의 한반도에서 철수를 여전히 조건으로 내걸었지만 한국문제의 해결을 위해서 유관 국가 간의 국제협정이 필요하다는 점을 인정한 것은 북한의 통일정책에서 큰 변화라고 할 수 있다.

북한은 전후에도 평화운동을 계속 강조하면서 통일사업을 "세계 평화옹호운동의 불가분리의 한 부분"으로 간주했고, "세계 평화 애호 민주 진영과의 국제적 단결을 투쟁 승리의 튼튼한 담보"로 인식하면서 세계 평화옹호운동에 적극 참여했다.[41] 더구나 북한의 평화적 통일 방안이 국제적 보장과 조건을 만들어줄 관련 국가들의 국제협정과 국제회의를 상정한 상태에서 국제적 연대와 대외 활동의 필요성은 더욱 강조될 수밖에 없었다. 그런데 북한 평화운동의 국제적 연대의 주요 대상과 중심적 활동 공간이 전후 바뀌기 시작했다. 전후 복구 과정에서 소련과 동구 인민민주주의 국가들, 그리고 중국의 정치·경제적 원조와 소련, 중국의 군사적 지원이 중요했기 때문에 북한은 이 나라들과의 유대를 무시할 수 없었다. 하지만 북한 평화운동의 국제적 연대 활동에서 강조점이 전후 아시아·아프리카 지역으로 서서히 옮아간 것 또한 사실이다.

조국전선과 평화옹호전국민족위원회는 1955년 4월 국제 긴장상태 완화를 위해 인도 뉴델리에서 개최한 아시아 제국諸國 회의에 대표들을 파견했고, 1956년 5월 31일에는 아시아의 평화와 민중들 간의 친선 단결을 위한 '조선아세아단결위원회'를 결성했다. 이 위원회는 "제국주의자들의 식민주의를 반대하며 아세아의 평화와 각 민족들의 자주독립 및 호상친선과 단결을 자기 사업의 목적으로" 삼았다.[42] 또

1955년 4월 인도네시아 반둥에서 개최된 '아시아 및 아프리카 회의'(반둥회의)에 대해서《로동신문》은 대회의 준비 과정부터 회의 일정, 회의의 성과와 의의에 이르기까지 자세하게 보도하면서 지대한 관심을 나타냈을 뿐만 아니라 대회의 성과를 전적으로 지지했다.

주목할 것은 아래《로동신문》기사에 나타나듯이 북한이 반둥회의의 성과와 의의를 '평화공존'의 승리로 인식했다는 점이다.

> 아세아 및 아프리카 회의의 성과는 국제관계에서의 긴장상태를 완화하며 이 지역의 평화를 유지 공고화하며 이 지역 인민들 간의 친선적 뉴대를 강화하는 데 중요한 기여를 하였다.
>
> 아세아 및 아프리카 회의가 달성한 성과는 평화적 공존의 리념이 이 지역 인민들에게 얼마나 광범히 침투되고 있으며 또 얼마나 위대한 생활력을 가지고 있는가를 다시 한번 똑똑히 보여주었다.……
>
> 아세아 및 아프리카 회의 참가자들은 '……회담, 절충, 중재 또는 법적 조정과 같은 평화적 방법들과 그리고 당사자들 자신이 택하는 기타의 평화적 방법들에 의한 모든 국제적 분쟁들의 해결'을 호소하였다.
>
> 조선 인민은 이 원칙을 전적으로 지지 환영한다. 조선 인민은 조선의 평화적 통일문제가 이와 동일한 원칙에 립각하여 해결되여야 한다고 인정한다.[43]

《로동신문》은 이틀 후 다시 반둥회의의 성과에 대해 "실로 아세아 및 아프리카 회의가 보여준 전반적 특징은 회의의 압도적 다수 대표단이 진실로 평화와 평화적 공존을 염원하고 있다는 사실이었다. 전 인류의 절반 이상을 차지하는 두 대륙 인민들의 이 일치한 염원은 그 누구도 무시할 수 없다. 회의의 성과는 그대로 국제평화 역량의 승리를 의미한다"고 논평했다.[44] 북한은 아시아에서 비동맹 국가들의 출현을 '평화공존' 염원의 승리로 인식하는 한편으로 이들 아시아 국가들이 광대한 '평화지대'를 창설할 것이라고 전망했다. 북한은 아시아에서 '평화지대'의 확장은 이 나라들이 첫째, 정치적인 독립은 달성하였으나 독자적인 경제발전을 위해 평화가 필요하다는 점, 둘째, 평화의 필요성 때문에 '공산주의 위협'의 신화 속에 숨은 제국주의자들의 침략적 군사블록을 반대한다는 점, 셋째, 이 나라들이 사회주의 진영과의 친선과 실무적 연계에서 큰 이익을 얻고, 이 나라들에 대한 사회주의의 견인력이 크다는 점을 들었다.[45] 아시아에서 비동맹 국가들의 출현을 평화공존의 승리로 파악하면서 동시에 아시아 국가들의 경제발전 욕구와 연결시킨 점이 주목된다.

전후 강조된 평화공존론은 북한 평화운동의 정신적 기초였지만 그것에 대한 북한의 태도와 접근 방식은 보다 면밀한 분석이 필요하다. 특히 1960년대 들어 북한이 소련의 대미對美 평화공존 노선을 공개적으로 비판하는 것과 관련하여 세밀한 독해가 필요하다. 다소 길지만《로동신문》의 아래 기사를 먼저 살펴보자.

> 실로 제네바 4렬강 정부 수뇌자 회의는 오늘날 평화를 위한 국제적 협조가 전적으로 가능하며 '랭전'으로부터 벗어날 수 있으며 국제적 난문제들을 능히 협상의 방법으로 해결할 수 있다는 것을 보

여주었다. 조선 인민은 렬강 정부 수뇌자 회의에서 아세아 및 극동 문제들에 대하여 응당한 주의가 돌려지지 못한 것을 유감으로 생각하나 그러나 이 회의가 미해결 문제들을 앞으로도 심의 해결하기 위한 길을 열어놓았다는 것을 확신하고 있으며 회의의 성과를 환영하고 있다.

그리하여 현 시기 국제정세는 일정한 호전을 보여주고 있으며 평화 유지 공고화사업에서 커다란 성과들이 달성되였다. 그러나 이러한 사실은 결코 평화의 원쑤들의 책동이 전부 없어졌다는 것을 의미하지는 않는다. 서부 독일에서는 재무장이 진행되고 있으며 대만 지역에서의 긴장상태는 의연히 제거되지 않고 있으며 인도지나에서는 제네바정전협정 리행에 장애를 조성하려는 시도들이 로골적으로 가해지고 있다. 더우기 우리 조선에 있어서는 미제와 리승만 역도의 전쟁정책으로 인하여 조국의 평화적 통일을 달성하는데 막대한 난관이 가로놓여 있으며 정전협정 그 자체도 그들의 부단한 파괴음모에 부닥치고 있다. 이 사실을 순시라도 망각하여서는 안 될 것이다.[46)]

기사는 기본적으로 냉전 종식을 위해서 평화공존이 필요하다는 입장이다. 하지만 그것이 아시아와 극동의 위기, 특히 한반도 위기 해결을 위해 제대로 작동하고 있는지 회의적이며, 오히려 이 지역에서 위기가 조장되는 것에 대해 경각심을 가져야 한다고 주장한다. 즉, 서로 다른 제도(체제) 간의 평화공존을 원칙적으로 지지하나 한반도의 경우 미국은 평화보다 대결을 추구하므로 이에 대해 경각심을 가질 수밖에 없다는 것이다. 이 기사는 어찌 보면 냉전의 평화와 분단의 평화의 분기점을 보여준다. 북한은 평화공존 원칙과 관련해서는 흐루쇼프의 평화공존론보다 저우언라이와 네루 사이에 교환된 평화공존 5원칙을 기본 출발점으로 삼았다.[47)]

전후에도 북한은 평화운동을 한국문제의 정치적 해결 방안인 평화적 통일 방안과 연계하고 그것을 대내외적으로 선전하는 공간으로 활용했고, 대중들을 통일운동에 동원하는 데 활용했다. 특히 아시아·아프리카의 신흥독립국들과 친선·유대관계를 확대하고 강화하는 데 평화운동이 중요한 역할을 했고, 평화운동의 주요 연대 대상국과 활동 지역이 종래의 사회주의권과 인민민주주의 국가들로부터 아시아로 이동했다. 하지만 1950년대 후반으로 접어들면서 북한에서 대중운동적 차원의 평화운동은 점차 쇠퇴했고, 평화옹호전국위원회나 '조선아세아단결위원회'와 같은 평화운동 추진 기구들은 주로 정부나 당 차원에서 처리하기 애매한 대외적 관계를 맺는 창구, 즉 민간외교 기구의 역할을 했다.

냉전기 한반도에서 평화 담론의 경계:
체제, 민족 그리고 자주

실천적 측면에서 북한 평화운동이 가진 특징은 통일운동의 일환이자 대중들을 통일사업에 동원하는 운동으로 기능했다는 점이다. 평화운동이 시작될 무렵 통일운동을 담당할 조국전선이라는 전선체 조직이 출범했지만 양자 사이에 통일운동의 수행 영역과 역할을 둘러싸고 일정한 분담이 이루어졌다. 조국전선이 주로 대남사업과 그로부터 제기되는 정치운동을 담당했다면 평화운동은 군중운동의 차원에서 북한 민중들을 통일사업에 동원하며, 민중의 일상적 활동 영역으로까지 통일운동을 확산시키는 역할을 했다. 그 과정에서 평화옹호와 조국 통일의 연관성과 국내외 정세에 관한 교육과 선전이 광범하게 이루어졌다.

한편으로 북한의 평화운동은 국제적 차원의 통일전선 사업 또는 통일전선 형태의 실천 양식이었다. 제2차 세계대전 이후 평화운동은 사회주의자들이 전 세계적 차원에서 반제투쟁을 조직하는 중요한 투쟁 형식이 되었다. 사회주의 체제가 일국적 차원이 아니라 진영 차원에서 존재할 수 있게 된 상황은 평화운동의 역량 편성에서 사회주의자들에게 유리하게 작용했다. '반전', '반핵'의 구호는 제2차 세계대전이 초래한 폐허 위에서 재건과 독립을 모색하던 각국 민중들에게 큰 호소력을 가졌다. 그리고 유럽 중심의 평화운동이 냉전이 전개됨에 따라 아시아, 아프리카, 라틴아메리카 지역으로 확대된 것에서 알 수 있듯 '평화'는 신흥독립국이나 식민지 민족해방운동 세력에게도 중요한 과제였다.

북한의 경우 평화운동은 한반도에서 탈식민 과제 해결과 진영 외교를 결합하거나 사회주의·인민민주주의 국가들 이외의 지역, 국가로 대외관계를 확대할 수 있는 유용한 공간이자 무대였다. 평화운동은 냉전체제하에서 신생국 북한을 국제적으로 승인받고, 한국문제 해결과 관련해서 자기 노선의 정당성을 선전할 수 있는 외교 활동과 국제적 연대를 위한 창구 구실을 했다. 그런 면에서 북한이 당시 전세계적으로 활성화된 평화운동에 적극적으로 참여한 것은 사회주의 진영과의 관계만을 고려한 양자택일의 노선적 선택이거나 소련을 중심으로 한 사회주의 진영 노선에 대한 일방적 추수는 아니었다. 평화운동은 정부 수립 이후, 국제정세와 한반도 정세를 고려하여 나름대로 북한이 주동적으로 선택한 운동 형식이었다.

담론의 측면에서 북한 평화운동이 가진 특징을 이해하기 위해서 사회주의자들의 평화관, 당시 평화운동을 둘러싼 세계적·지역적·국가적 차원의 역관계, 평화운동 내부의 역량 편성, 국제정세의 변화, 북한이 처한 대내외 환경과 정치적·외교적 지향 등을 종합적으로 고려해야 한다.

북한은 통일운동을 '평화운동의 불가분리의 일부'로 파악했고, 통일운동을 한반도 차원의 반식민지 민족해방운동으로 간주했다. 사회주의자들은 전쟁을 정의의 전쟁과 부정의의 전쟁으로 나누듯이, 평화도 착취계급의 평화와 진정한 평화로 구분했다. 북한에게 반식민지 민족해방운동은 정의의 전쟁이었고, 게다가 북한이 주장하는 북침론을 전제로 했을 때 평화세력과 전쟁세력의 구분은 자명했다. 북한은 전쟁 전후 일관되게 민주기지론을 통일전략으로 내세웠고, 전전의 민주기지론이 무력에 의한 통일을 배제하지 않는 것이었다면 전후에는 사실상 평화공존론에 입각해서 통일사업을 구상하지 않을 수 없게 되었다. 6·25전쟁이 냉전이 열전으로 진행될 수 있다는 사실을 체감할 수 있게 해준 데다 그 열전이 모두 유럽 이외의 지역에서 발발하고 있는 현실에서 평화공존론은 더 이상 체제 간 대립을 해소하는 차원의 문제가 아니었다. 이제 막 독립을 획득했거나 독립을 향해 나아가는 아시아·아프리카의 많은 국가와 민족에게 평화는 독립, 또는 독립 이후의 경제적 발전을 위한 안정적 조건의 확보문제와 관련되었다.

평화공존론의 존재 기반이 미소를 대표로 하는 체제 대립을 직접적으로 반영하던 공간으로부터 아시아, 아프리카 등 진영 대립으로 환원할 수 없는 보다 넓은 공간으로 확대됨에 따라서 외형적으로는 똑같이 평화공존론을 표방하더라도 내부적으로 그 해석, 또는 그것의 적용을 둘러싸고 분지分枝와 차이가 생길 수밖에 없었다. 북한은 아시아에서 비동맹 국가들의 등장과 세력화를 '평화공존'의 승리로, 또 '평화지대'의 확장으로 파악했지만 1956년 흐루쇼프가 표방한 평화공존론에 대해서는 일정하게 거리감을 표출했고, 1962년 쿠바 미사일 위기 이후 소련의 평화공존 노선을 공개적으로 비판했다.

북한 《로동신문》은 흐루쇼프가 평화공존 노선을 표방한 소련공산당 제20차 대회를 보도할 때 그의 사업보고를 아무런 논평 없이 전문 게재했는데 그러한 보도 태도는 그 이전과 비교해 매우 이례적이었다. 1958년에는 중국 《인민일보》의 사설 〈현대 수정주의는 비판되어야 한다〉를 게재하여 중소분쟁의 와중에서 중국의 손을 들어주는 방식으로 소련의 평화공존 노선을 비판했다. 그리고 1962년 최용건과 류사오치劉少奇의 공동성명에서 "평화공존을 이데올로기 투쟁과 경제경쟁만으로 한정하여 해석해서는 안 된다. 특히 사회주의와 자본주의 국가 사이의 평화공존을 억압민족과 피억압민족의 관계로까지 확대하여서는 안 되고, 평화공존을 구실로 제국주의에 반대하는 투쟁이나 각국 인민의 혁명투쟁을 지지한다는 국제적 의무를 포기하면 안 된다"며 소련의 평화공존 노선을 공개적으로 비판했다.[48] 북한은 1960년대 후반에는 중국의 소극적인 베트남 지원을 비판하며 자주 외교 노선을 한층 명확하게 표명했다.[49]

1950년대 전반까지만 해도 평화공존론을 공유하며 평화운동에 동참했던 북한, 중국, 소련이 1950년대 후반부터 모두 독자적인 외교 노선을 모색하기 시작한 것을 어떻게 이해할 것인가? 그리고 그러한 노선의 분지分枝가 '평화'의 현실적 존재 양식에 대한 사고의 차이를 반영하는 형태로 일어난 것을 어떻게 해석할 것인가? 다른 한편으로 그 시기 북한 평화론의 특성에 대한 이해를 돕기 위해서 그것을 동시대 또는 이후의 동향까지 염두에 두면서 남한의 평화론 또는 통일론과 비교해보는 것도 의미가 있다.

전쟁 이후 해외 한인들 사이에서 중립화 통일론이 나오고, 또 4월 혁명 이후 남한의 통일운동에서 통일 방안에 대한 다양한 모색이 이루어지면서 그것이 결국 중립화 통일론과 남북협상론으로 수렴된다. 그 논의들은 각자의 입장에서 나름대로 냉전의 규정성을 '평화적'으로 극복할 방안을 찾아가는 과정에서 안출되었다. 북한의 통일론까지 포함하여 논의들은 각자 서로 다른 체제와 상황 속에서 '평화'와 '통일'을 모색했다. 그 논의들 사이의 공통성과 차별성이야말로 결국 한반도에 미치는 냉전과 분단의 규정성에 대한 이해 방식의 차이를 드러낸 것이 아닐까?

참고로 북한 외무성 관리와 외교관들이 남한의 중립화론에 대해 논평한 내용을 보고한 평양 주재 소련대사의 보고를 통해 남북 간 인식의 편차를 제시하는 것으로 글을 마치고자 한다.

> 남조선과 북조선의 평화통일에 대해: 추가 보고로 이 문제에 대해 발언한 (북조선: 인용자) 외무성 일꾼은 남조선과 해외 거주 조선인들 사이에 조선을 중립지대로 만들자는 분위기가 있다는 점에 대해 많은 관심을 부여했다. 이 과정에서 보고자는 조선을 중립지대로 만드는 것의 긍정적인 측면과 부정적인 측면을 해명하였다. 박길룡의 말에 따르면 보고자는 조선을 중립지대로 만드는 것에 대해 직접적인 견해를 밝히지는 않았지만 그럼에도 불구하고 회의 참석자들은 그가 조선을 중립지대화 하는 쪽에 호의적이라는 느낌을 받았다. 토론에 참여하여 발언한 5~6명의 대사들은 조선의 중립화에 단호하게 반대했다. 논의를 종결지으며 남일은, 현재 조선의 중립화에 대한 문제는 논의의 가치가 없다고 말하였으나, 조선의 중립화 문제에 대해 결정적이고 직접적인 반격을 가하지는 않았다.[50)]

2. 평화의 붐에 대응하라

– 한국전쟁 발발 전후 동아시아 국가들의 평화론과 평화운동

◎ 김태우

평화의 해일이 밀려오다

한국전쟁 발발 직전인 1950년 3~6월 전 세계는 전례 없는 반전反戰·반핵反核 평화서명운동의 열기에 휩싸여 있었다. 동서 진영을 막론한 세계 각국에서 소위 '스톡홀름 호소문Stockholm Appeal 서명운동'이 광범하게 진행되었던 것이다. 스톡홀름 호소문은 1950년 3월 15~19일 스웨덴 스톡홀름에서 진행된 제3차 세계평화회의World Peace Council(WPC)에서 채택된 것으로서, 핵무기의 불법화와 국제적 통제, 핵무기 사용국의 전범 처리 등을 주장하는 반핵·반전 호소문이었다. 그런데 매우 간단명료한 네 문장으로 구성된 이 호소문에 불과 수개월 만에 세계 각국 수억 명이 지지와 서명을 함으로써 전 세계적 평화운동의 일대 붐을 일으키고 있었다.

미국은 당대 평화운동의 급속한 확산이 소련과 그 영향력하의 사회주의 진영 국가들에 의해 주도되고 있다는 사실에 주목하며, 그 전례 없는 확산과 성공을 "공산주의 선전communist propaganda"으로 철저히 격하하고 경계했다.[1)]그러나 1950년 8월 초 세계평화회의 위원장이었던 프랑스인 졸리오 퀴리Jean Frédéric Joliot-Curie(1935년 노벨 화학상 수상자)의 발표에 의하면, 스톡홀름 호소문에는 프랑스 전체 인구 약 30퍼센트에 해당하는 1,200만 명의 서명과 이탈리아 전체 인구 약 30퍼센트에 해당하는 1,460만 명의 서명도 포함되어 있었다. 해당 통계자료는 심지어 미군 점령하에 있던 서독에서도 200만 명이 서명했고, 미국 내에서도 135만 명이 지지 서명에 동참한 사실을 보여주었다. 다시 말해 미국의 강력한 영향력하에 있던 국가들에서도 평화서명운동에 대한 커다란 반향과 지지가 있었다는 사실을 확인할 수 있다.[2)]

냉전 초기 반전과 평화에 대한 절대적 지지는 어쩌면 매우 당연한 현상이었다. 특히 냉전의 동서 진영을 막론한 유럽인들의 호응은 더욱더 그러했다. 제2차 세계대전기 유럽 대부분의 도시들은 복구를 기대할 수 없을 정도로 심각하게 파괴되었고, 1939년에서 1945년 사이에 전쟁과 관련해 사망한 유럽인은 전쟁 발발 당시 프랑스 전체 인구와 유사한 약 3,650만 명으로 추산되고 있었다.[3)] 제2차 세계대전 직후 유럽 민중은 황폐한 도시와 인간성의 파괴라는 참기 힘든 현실 속에서 평화를 갈구하지 않을 수 없었다. 그리고 당대의 이 같은 현실에 가장 기민하고 효율적으로 접근한 정치세력이 바로 소련을 중심으로 한 사회주의 진영이었다.

1947년 9월 말 소련은 코민포름Cominform(공산당 정보국) 창립대회를 개최하고, 미국을 최대의 적으로 규정하는 '양대 진영론two camps theory'을 공식적으로 발표했다. 소련공산당 서기 즈다노프Andrei Zhdanov가 발표한 양대 진영론은 제2차 세계대전 후 세계가 미국 주도의 '제국주의 진영'과 소련 주도의 '민주주의 진영'으로 양분되었다고 주장했다. 그리고 이 양대 진영은 각각 미국 주도의 '전쟁세력'과 소련 주도의 '평화세력'으로 표상되었다. 이후 스스로를 평화옹호세력으로 강조한 사회주의 진영의 평화론과 평화운동은 유럽을 중심으로 세계 곳곳에 급속히 확산되어나갔다. 이에 미국은 당시 소련발 평화론과 평화운동을 이른바 '평화 공세peace attack'로 규정하고 철저히 경계하지 않을 수 없었다.[4)]

이 글은 위와 같이 소련과 사회주의 진영을 중심으로 확산된 평화론과 평화운동이 한국전쟁 발발 전후 동아시아 4개 국가들, 즉 대한민국, 조선민주주의인민공화국(북한), 중국, 일본에 미친 영향에 대해 조망해보고자 한다. 우선 이 주제와 관련하여 기존에 발표된 중국과 한국 연구자들의 '중국'과 '북한' 지역 사례 연구가 주목해볼 만하다. 첸웬성陈文胜과 청카이程凱는 중국에서 진행된 평화서명운동의 전개 과정을 분석했고, 정용욱과 김태우는 북한의 평화운동 수용과 영향에 대해 연구했다.[5)] 일본 지역 사례에 대한 구체적 연구는 현재까지 부재하지만, 일본 전체 평화사平和史의 관점에서 '스톡홀름 호소문 서명운동'의 위상에 대해 간략히 언급한 논저들은 있다.[6)] 그리고 마지막으로 당대 평화운동에 대한 대한민국의 인식과 대응에 대한 사례 연구는 전혀 없는 상황이다.

이에 이 글은 당시 동서 진영을 가리지 않고 전 세계적으로 확산된 1950년의 평화서명운동이 동아시아의 남한, 북한, 일본, 중국이라는 4개국에 어떤 주체와 경로를 통해 확산 혹은 억제되었는지 구체적으로 살펴보고자 한다. 특히 기존 연구의 공백이라고 볼 수 있는 남한과 일본 사례에 대한 역사적 분석과 함께, 사회주의 국가인 중국과 북한에서 평화론과 평화운동이 상이한 배경과 내용 속에서 전개될 수밖에 없었던 원인을 파악해보고자 한다. 또한 기존 연구들이 철저하게 결여하고 있는 비교사적 연구 방법을 통해 냉전 초기 동아시아 개별 국가들의 상이했던 냉전사적 위상에 대해서도 검토해볼 것이다. 이 같은 연구는 서구 중심적 냉전 서사를 극복하기 위한 지구사적global history 냉전 연구, 혹은 아시아 지역 냉전의 전개를 식민주의 투쟁 경험과의 상관성 속에서 검토하고자 하는 연구와 긴밀히 연결될 수 있을 것이다.

미군 점령하의 일본과 한국의 상반된 '평화' 인식과 대응

전후 일본의 생활평화주의와 평화서명운동

남북한과 중국, 일본 중에 제2차 세계대전 직후부터 '평화'의 문제가 가장 중요하게 대두된 국가는 단연 일본이었다. 평화는 전후 일본 국가정책의 기본 방침, 즉 '국시國是'였고, 1946년 11월 공포된 일본 헌법 9조(평화헌법)는 그 상징적 집약체였다. 당시 일본에 평화란 국제 사회로의 복귀와 생존의 기본조건처럼 인식되었다. '헤이와平和'는 전후 일본인들이 반드시 순종해야만 하는 개념이 되었고, 개인들의 삶 속에서 일상적으로 더불어 살아가야만 하는 존재로 자리매김하기 시작했다. 평화는 전후 일본의 일상 속에서 크고 작은 공원과 거리의 이름으로, 식당과 메뉴의 이름으로, 게임센터와 파친코센터의 이름으로 도처에 빠르게 스며들었다.[7)]

그런데 '생활평화주의everyday-life pacifism'라고 불릴 정도로 급속히 일상화되기 시작한 전후 일본의 평화는 그들의 자발적 의지와 역량이 아닌, 점령군의 전후 개혁에 의해 강제된 것이었다. 연합군 최고사령부의 초기 점령정책은 민주화와 비군사화에 초점이 맞춰져 있었다. 1946년 미국의 주도하에 만들어진 헌법 9조는 일본의 전력戰力 보유 금지와 국가 교전권交戰權 불인정을 주요 내용으로 했다. 또한 점령군은 자신의 핵심 정책으로 봉건적이고 권위주의적인 경향의 시정, 종교와 신앙의 자유, 기본적 인권의 보장, 정치범 석방, 민주적 정당 장려 등의 방안을 전개해나갔다.[8)]

전후 점령군의 개혁 조치에 의해 부여된 사상, 언론, 집회의 자유는 일본 군국주의하에서 오랫동안 억눌려 있던 각종 사회운동의 재개를 가능하게 해주었다. 공산주의와 사회민주주의로 대표되는 전전戰前 일본의 사회운동은 중일전쟁과 태평양전쟁기 군부독재의 극심한 사상 탄압으로 사회 표면에서 완벽히 모습을 감춘 상태였다. 당시는 치안유지법을 중심으로 한 사상 탄압이 정점에 달해 있었다. 때문에 공산주의는 물론 자유주의, 민주주의, 평화주의조차 반국가적 사상 취급을 받으며 철저하게 억압받고 있었다.[9)] 그러나 1945년 9월 이후 점령군 총사령부가 민주화와 비군사화 정책을 실시하게 되자, 사상과 언론에 대한 정치적 구속은 상당 정도 제거될 수 있었다. 군사 점령하에서 자유주의나 민주주의는 물론이고 공산주의에 대해서도 일단 사상의 표현이나 선전 보급 활동의 자유가 주어졌다.[10)] 사회주의 진영의 평화론과 평화운동을 전개할 수 있는 공간이 일정 기간 동안 전후 일본에서 자유롭게 열렸던 것이다.

실제 일본공산당은 점령군의 개혁 조치에 의해 일본 내에 특수하게 형성된 평화 무드를 적극적으로 활용하면서, 냉전 초기 사회주의 진영의 평화론과 평화운동을 적극 수용·전파해나가기 시작했다. 1945년 11월 공산당을 제외한 구舊무산정당 각 파의 연합에 의해 일본사회당이 결성되었고, 같은 해 12월 일본공산당도 공식적으로 재건되어 합법적 활동을 시작했다. 그리고 사회당과 공산당은 민주주의적 개혁을 천명했던 연합군 최고사령부의 점령정책에 대한 치밀한 분석이나 비판 과정 없이 미국의 점령정책에 쉽게 편승하는 전략 방침을 선택했다. 소위 일본공산당의 '점령하의 평화혁명론'이 그 핵심 내용이었다. 이는 1946년 2월 일본공산당의 강령적 방침으로 선택된 노선으로서, 연합군을 '해방군'으로 인식하고, 미군 정책에 무조건적으로 협력하면서, 평화적이고 민주적인 방식으로 정권을 획득한다는 전략이었다. 즉, 폭력을 취하지 않고 민주주의적이고 의회주의적 방법으로 정권을 장악한다는 정책이었다.[11]

일본공산당의 '점령하의 평화혁명론'은 실제 1949년 중의원선거에서 일약 300만 표를 얻고 35명의 당선자를 내면서 커다란 성과를 거두기도 했다. 그러나 공산당의 평화혁명론은 1950년 한국전쟁 발발을 전후한 시기 맥아더 총사령관의 지령에 의한 소위 '레드퍼지レッドパージ(red purge)'가 공공기관과 민간기업에서 실시되며 급속히 쇠퇴하기 시작했다. 이에 더해 1951년 혁명적 투쟁을 강조하는 스탈린의 신강령이 하달됨으로써, 1952년 이후 점령하의 평화혁명론은

사라지고 무장투쟁 방침이 그 빈자리를 대신하게 되었다.[12)]

흥미롭게도 일본 역사 최초의 평화운동은 이와 같은 정세 속에서 '평화'의 원칙을 중시했던 시기의 일본공산당에 의해 주도되었다는 점에서 눈여겨볼 만하다. 일본 현대사에서 평화운동은 사회적으로 꽤나 중요한 위상을 차지하고 있는데, 통상적으로 평화운동은 지식인과 정치인의 반전·반핵운동에서 시작하여 점차 반기지·반원전의 주민운동으로 확대·정착된 것으로 분석되고 있다.[13)] 그런데 이렇듯 광범한 일본 평화운동의 시작점이 다름 아닌 제2차 세계대전 직후 일본 공산주의자들의 평화운동으로부터 비롯되었다는 사실에 주목할 필요가 있다.

일본 평화사학자들은 일반적으로 1949년 '평화를 지키는 모임'(현재의 '일본평화위원회')의 발족과 1949년 4월 '평화옹호 일본대회'의 개최를 일본 평화운동사의 출발점으로 간주한다. 그런데 일본의 '평화를 지키는 모임'은 같은 해 유럽의 '세계평화평의회World Committee in Defense of Peace' 발족에 의해 형성되었고, 도쿄의 '평화옹호 일본대회' 또한 유럽의 '세계평화회의WPC' 개최에 직접적으로 영향받았다는 사실을 눈여겨볼 필요가 있다.[14)] 세계평화평의회와 세계평화회의는 전 세계의 매우 다양한 진보적 인사와 단체를 포함하고 있었지만, 그 형성 과정에서 소련과 유럽의 사회주의 국가들이 주요한 역할을 담당했다는 사실만은 명백했다. 요컨대 전후 일본 공산주의자들의 직간접적 영향력하에서 개최된 다양한 평화 관련 모임과 대회들이 일본 평화운동의 결정적 출발점이 되었던 것이다.

여기에 더해 1950년 일본 내의 '스톡홀름 호소문' 서명운동의 전개 과정은 냉전 초기 사회주의 세력을 중심으로 확산된 평화운동의 영향력을 보다 분명하게 보여준다. 일본사회당과 공산당이 합법적인 정치 활동을 벌이고 있던 일본에서도 전 세계 다른 지역처럼 스톡홀름 호소문 서명운동이 전개되었다. 일본 측 자료에 의하면, 일본 시민 약 645만 명이 이에 지지·서명했다고 한다.[15] 서명운동은 해외에서 먼저 고조되긴 했지만, 일본공산당조차 평화혁명론을 외칠 정도로 '평화'의 분위기가 압도하고 있었고, 히로시마와 나가사키에서 실제 핵무기 공격을 받기도 했던 일본에서 600만 명 이상의 시민들이 반핵 서명운동에 참여하는 것은 어쩌면 매우 당연한 현상이었다. 비록 일본에서 스톡홀름 호소문 서명운동은 대중적 침투에서 일정한 한계를 지녔던 혁명적 진보세력 중심의 사회운동이었지만, 현대 일본 시민사회에서도 여전히 중요한 의미를 지니는 반전·반핵 평화운동의 전범을 보여주었다는 측면에서 역사적으로 중요하게 평가할 수 있을 것이다.

실제 1955년 8월까지 3,000만 명 이상의 서명을 확보하면서 일본 내의 국민적 평화운동으로 확산된 '원수폭금지原水爆禁止 서명운동'의 진행 과정은 스톡홀름 호소문의 영향을 잘 보여준다. 원수폭금지 서명운동은 1954년 3월 1일 태평양의 비키니Bikini 환초環礁 부근에서 조업 중이던 선원 23명이 미국의 수중 핵실험에 의해 피폭된 이른바 '비키니 사건'에 의해 촉발된 평화운동이었다. 사건 발생 이후 일본 사회 각계의 규탄성명이 잇따랐고, 5월부터 본격적으로 전개된 원수폭금지 서명운동의 서명자 수는 1954년 말에 약 2,000만 명, 1955년 8월에는 3,000만 명 이상을 기록하게 되었다.[16] 당시 서명운동은 일본 보수층을 포함한 전례 없는 국민운동적 성격을 지니면서 급속히 확산되었다. 따라서 사상·조직적 측면에서 일본공산당계에서 주도한 '스톡홀름 호소문' 서명운동과는 분명한 차별성이 있었다.

그러나 1954~1955년의 원수폭금지 서명운동은 1950년 스톡홀름 호소문 서명운동의 조직적·경험적 연장선상에서 성공할 수 있었다는 사실을 간과해서는 안 될 것이다. 두 운동은 사상·조직 면에서 분명한 차이점이 있었지만, 실제로 원수폭금지 서명운동은 사무국이나 세계대회 준비 등과 같은 조직 활동의 측면에서 다수의 공산당 계열 활동가들로부터 중요한 지원을 받고 있었다.[17] 또한 비록 스톡홀름 호소문 서명운동이 일본 공산주의자들에 의해 주도되었다 할지라도 그 진행 과정에서는 당파를 초월해 폭넓게 인사를 포용하고, 운동 슬로건도 비교적 온건한 구호를 내세우고 있었기 때문에 당대 공산당의 영향력을 넘어서는 645만 명의 지지를 이끌어낼 수 있었다는 사실에 주목할 필요가 있다. 공산당 세력 외에도 반핵·반전 평화의 목소리에 공감한 다수의 혁신적 진보세력들이 이 최초의 평화운동에 동참했던 것이다. 때문에 1948~1950년 일본의 평화운동이 비록 공산당 세력에 의해 주도되었다 할지라도 이를 단순한 공산주의 선전 활동에 불과하다고 치부해버리는 것은 정당한 평가가 아니다.

한국의 폭력적 극우 반공체제 수립과 평화 거부

전 세계적으로 사회주의 진영의 평화론과 평화운동의 영향력이 급속히 확장되었던 1948~1950년, 한국 사회는 역사학자 서중석의 평가처럼 소위 '극우 반공체제極右反共體制' 혹은 '국가보안법 체제'

로 급속히 변화하고 있었다. 이 시기 한국 사회에서는 자유민주주의적 원리에 대립되는 권력, 그것을 뒷받침하는 극우적 정책, 이승만을 총재로 한 각종 동원단체의 출현, 민民이 국가에 직속되는 현상 등으로 특징지어지는 극우 반공체제의 현상이 급속히 확대·발전된 시기였다.[18] 1948~1950년 사이에 발생한 비인도주의적 사건들, 즉 제주 4·3사건(1948~1949)과 여순사건(1948)에서의 수만 명의 민간인 학살, 숙군肅軍 명목하에 벌어진 수천 명의 군인 학살(1948), 사상 전향轉向 담당기구로서 조직된 국민보도연맹國民保導聯盟의 탄생(1949)과 해당 조직원들에 대한 비국민화와 대량학살(1950) 과정 등은 자유민주주의와는 완연히 대립되는 극우적 반공사회 지향성을 보여주고 있었다.

제주4·3사건과 여순사건 등의 사례에서 볼 수 있는 것처럼, 1948~1950년 당시 한국에서 공산주의자들은 언제든지 비국민非國民으로 간주되어 박멸당할 수 있는 존재였다.[19] 그리고 대량학살을 동반한 정부 주도의 급속한 '반공국민' 만들기 프로젝트는 한국에서 '평화'라는 단어의 확산과 정착을 현실적으로 매우 어렵게 만들었다. 아이러니하게도 같은 시기 패전국 일본에서 평화가 일상화되던 풍경과 달리, 해방을 맞은 한국에서는 반공, 안보, 폭력 등이 일상적 풍경으로 자리 잡고 있었다.

이 같은 상황은 당대 한국 공산주의자들의 운동 노선에도 직접적으로 영향을 주었다. 원래 해방 직후 한국 공산주의자들은 해방군으로 들어온 미군과의 협력 노선을 공식적으로 천명하고 있었다.[20] 그러나 미군정의 인민위원회 탄압, 찬반탁 논쟁, 정판사 위조지폐 사건, 10월항쟁 등의 과정을 거치면서 조선공산당 활동이 사실상 불법화되자, 사회주의·공산주의 계열의 운동 노선 또한 급속히 비타협적·폭력적으로 변화하기 시작했다. 특히 전 세계적으로 사회주의 진영의 평화론과 평화운동이 확산되었던 1948~1949년, 남한 지역에서 활약했던 공산주의자들은 무장투쟁을 자신의 핵심적 투쟁 노선 중 하나로 인식·실행하고 있었다. 예컨대 1948년 여순사건 직후의 지리산 무장투쟁, 남로당 조직 내의 신설 군사부 체계 수립, 북한 강동정치학원에서 훈련받은 유격대원들의 남파, 접경 지역 인민유격대훈련소에서 군사 훈련을 받은 노동당원의 남파 등은 그 대표적 사례들이다.[21]

이렇듯 1948~1949년 한국의 폭력적인 극우 반공체제 수립, 공산주의자들의 적극적 무장투쟁 노선 추진 등에 의해 남한 지역은 비평화非平和가 일상인 공간으로 변해갔다. 일본공산당과는 달리 적극적 유격투쟁 노선을 채택한 남한 지역 공산주의자들은 소련과 유럽 중심의 반전평화론과 평화운동에 관심을 가질 여력조차 없었다. 그리고 공산주의와 관련된 모든 것에 공격적 입장을 취했던 한국 정부와 언론 또한 사회주의 진영을 중심으로 확산되고 있던 평화론과 평화운동에 대해 매우 비판적이고 공격적인 관점을 여과 없이 드러냈다.

우선 '평화론'과 관련된 기사부터 살펴보자. 예컨대 1948년 5월 30일 자 《경향신문》은 마셜George Marshall 미 국무장관의 발언을 인용하는 방식으로 "소련의 평화 공세"에 대하여 "고의적이고 불순한 선전전에 불과"하고, "전쟁에 대한 감상적 공포심과 평상 상태 갈망"을 이용해 국가를 위태롭게 만드는 정책이라고 비난했다.[22] 1949년 4월, 《동아일보》의 〈전쟁과 평화〉라는 제목의 기사는 미국 뉴욕에서 평화대회를 개최한 평화운동가들을 "소련의 제5열"이라고 호칭하면서, "전쟁을 불원하는 인류의 평화열을 선동함으로써 북대서양동맹 등의 출현을 극력방해하여 냉전의 지구전을 망행하자는 소蘇측의 교묘한 일종의 냉전적 전술"이라고 지탄했다.[23] 이렇듯 당대 한국 언론에 제시된 사회주의 진영의 평화론은 "평화라는 문자 무기", 위선적인 "선전 공세", "장막을 수선하기 위한 준비적 조치", 실제적 침략이 뒤따르는 "이념적 침략" 등으로 표상되었다. 평화론의 긍정적 측면에 대한 언급은 전적으로 부재했다.

당대 '평화운동'과 관련된 언론의 태도도 유사했다. 한국 언론들은 비록 사회주의 진영에 의해 주도되긴 했지만 동서 양 진영의 다양한 평화의 목소리가 혼재되어 있던 당대 평화운동에 대해, 반공주의적 관점에서 사실을 왜곡하거나 친소적인 부분만을 과장해서 기사화하곤 했다. 예컨대 1948년 8월의 '평화옹호 세계지식인대회World Congress of Intellectuals in Defense of Peace'에 대해 "선전대항책 강구"라는 제목을 붙여서 마치 반공주의적 국제대회인 것처럼 왜곡 보도했고,[24] 1949년 세계평화회의에 대해서는 "공산주의자가 후원하는"이라는 수식어와 함께 친소적이고 친공적인 이미지만을 의도적으로 강조했다. 특히 해당 기사는 개회 과정에서 미국의 흑인가수가 "미국에 있는 흑인들은 절대로 소련과 싸우지 않으리라"고 언급한 사실을 부각시키면서, 평화운동의 5열적五列的 성격을 강조했다.[25]

한국 언론은 1950년 스톡홀름 호소문 서명운동에 대해서는 놀라울 정도로 완벽히 함구했다. 당시 동서 진영을 가리지 않고 전 세계에서 폭발적 호응을 얻었던 반핵·반전 서명운동에 대한 언급이 한국 사회에서는 철저히 억제·거부되었다. 놀랍게도 관련 기사를 찾는 것이 거의 불가능했다. 필자가 유일하게 발견해낸 스톡홀름 호소문 관련 기사는 서명운동에 대한 해외의 비판적 움직임과 관련된 것이었다. 해당 기사에 의하면, 1950년 6월 3일 덴마크 코펜하겐에서 개최된 사회당 회의에서 "원자탄을 불법화하라는 공산주의자들의 청원을 공격하고 원자탄의 불법화는 서유럽을 공산주의 침략으로부터 방위할 수 없을 것이라는 결의를 채택"했다는 것이다. "소련의 소위 평화공세는 소련 독재주의를 '캄푸라지camouflage'하는 것"이라는 비난도 추가되었다.[26)]

이렇듯 1948~1950년 한국 사회는 당대 전 세계 여론에 강력한 영향력을 행사했던 사회주의 진영의 평화론과 평화운동의 수용과 확산이 철저하게 억제된 사회였다. 같은 시기 미군의 점령하에 있으면서도 600만이 넘는 평화서명운동의 성과를 거둘 수 있었던 일본과는 사뭇 다른 모습이었다. 이렇듯 상이한 평화운동의 전개는 한국전쟁 이전 시기 '평화'가 일본 사회의 생존을 위한 일종의 '국시'로 간주되고, 점령군에 의해 공산주의 활동이 합법적으로 인정되었던 상황과 밀접하게 관련되어 있었다. 반면에 1948~50년 한국은 대량학살을 동반한 강력한 극우 반공체제가 구축되면서 공산주의는 물론 자유주의나 평화주의와 관련된 일체의 사상과 활동까지 철저하게 억압된 사회였다. 때문에 당대의 평화론과 평화운동은 사실상 한국 사회에서 그 첫걸음조차 내딛지 못하게 되었다.

중국과 북한, 평화운동에 다르게 대응하다

1948~1949년 중국의 불수용과 북한의 외형적 수용

1948년 9월 조선민주주의인민공화국의 수립과 1949년 10월 중화인민공화국의 수립은 전 세계 혁명세력들에게 매우 고무적인 사건이었다. 두 신생 사회주의 국가는 동아시아의 방대한 영토와 인구를 포함하고 있었기 때문이다. 그런데 흥미롭게도 국가 수립 초기의 두 신생국은 '사회주의 모국'이라고도 불리는 소련과의 관계가 사뭇 달랐다는 점에 주목할 필요가 있다. 1945년 8월의 스탈린과 중국 국민당 정부 사이의 '중소우호동맹조약' 체결에서 상징적으로 드러나듯이, 제2차 세계대전 직후 중국공산당과 소련은 꽤나 불편한 관계를 유지하고 있었다. 그리고 이 같은 관계는 1950년 1월 스탈린과 신중국 사이에 새로운 중소우호동맹조약이 체결될 때까지 사실상 계속되었다. 반면에 1945년 8월 소련은 완연한 '해방자'로서 북한 지역에 입성했고, 김일성세력 주도하의 공산당 정권 수립에 매우 중요한 역할을 했다. 이렇듯 사뭇 다른 냉전 초기 중국과 북한의 대소련 관계는 1948~1949년 사회주의 진영의 평화론과 평화운동에 대한 관점과 대응에도 직접적 영향을 미쳤다.

중국에서 공산주의 세력은 1919년 5·4운동 직후의 반제국주의적 열기 속에서 새롭게 형성된 혁명적이고 민족주의적인 정치세력이었다. 이들 중 다수는 중국을 구하기 위해, 다시 말해 소련과 사회주의가 중국인들의 반제국주의를 이념적으로 지지해줄 수 있다는 사실에 이끌려 공산당에 가입한 사람들이었다. 그런데 실상 중국공산당은 소련의 영향력이 보다 강력했던 당 설립 초기부터 온전히 자주적이거나 민족주의적일 수는 없었다. 통상적으로 중국공산당의 민족주의적 성격이 보다 강화된 시점은 1935년 준이遵義 회의에서 마오쩌둥이 실권을 장악한 이후부터로 평가된다. 이를테면 1930년대 후반 중국에 체류했던 미국 외교관들은 중국공산당이 공산주의 색채보다 민족주의 색채가 더 진하다고 인식했고, 제2차 국공내전 기간 동안의 미국 정부는 중국공산당이 유고의 티토 정권과 같이 될 수 있다고 기대했다.[27)]

실제 마오쩌둥은 중국 내의 혁명과 전쟁 수행 과정에서 중국적 특수성을 매우 강조한 인물이었다. 1938년 그는 마르크스주의의 중국화라는 슬로건을 사용하면서, "중국의 특수성을 외면한 마르크스주의로 그의 국민들을 묶어버린다면 그 마르크스주의란 중국의 특유한 것이 아니라 다만 허무맹랑한 추상에 불과할 것"이라고 강조했다.[28)] 이 같은 마오의 민족주의적 성향은 전쟁 수행 방법에도 직접적으로 반영되어, 소련의 교범을 "그대로 베껴다 쓴다면 그 역시 발을 신에다 맞추는 격이 되어 패전하게 된다"고 주장하기도 했다.[29)]

이렇듯 역사적으로 민족주의적 성격이 강했던 중국 공산주의자들이 심지어 제2차 세계대전 직후 소련과 불편한 관계를 유지하고 있던 상황 속에서, 1948~1949년 시기 소련과 유럽의 환경 속에서 형성된 평화론과 평화운동을 무조건적으로 수용할 리가 없었다. 게다가 1948~1949년 시기는 여전히 중국 대륙에서 공산군과 국민당군 사이의 제2차 국공내전이 진행되고 있는 시기였기 때문에 반전과 평화의 관점을 당원과 군인들에게 유포할 이유가 없었다. 오히려 당시 중국공산당은 전쟁에 대한 공포나 거부감을 유발할 수 있는 반전 평화 메시지의 유포를 경계하거나 막아야 할 상황에 처해 있었다고 볼 수 있다.

실제 국공내전기 중국공산당의 정책과 공산군의 전략·전술은 매우 공격적이었다. 역사적으로 살펴보아도, 1920년대 이래 공산당의 급속한 성장은 지속적 공세와 확장에 의해 달성된 것이었다. 마오쩌둥은 1929년 홍군紅軍의 기본 목표로서 다음과 같은 공격적인 내용의 세 가지를 제시했다. 첫째, 목숨을 걸고 적과 투쟁한다. 둘째, 대중을 무장시킨다. 셋째, 전쟁을 위해 자금을 모은다. 이렇듯 마오는 병력과 대중의 무장, 필사의 투쟁을 가장 중요한 목표로 강조했다.[30] 그는 항일전쟁기 전쟁이 너무 오래 지속될 경우 '평화'를 모색할 의사가 있느냐는 질문에 대해서는 "절대 안 됩니다"라고 답해 전쟁 지속의 중요성을 역설하기도 했다.[31] 그에게 공격적인 무장투쟁과 전쟁의 지속은, "정권이 없었던 상태로부터 정권의 탈취로……혁명적 근거지가 없었던 것으로부터 혁명 근거지의 창설로" 나아갈 수 있게 만들어준 원동력이었다.[32]

이와 같이 사회주의 진영의 평화론과 평화운동이 전 세계적으로 급속히 팽창하던 1948~1949년, 중국공산당은 오히려 소련의 정치사상이나 정치운동을 무비판적으로 수용해서는 안 된다는 문제의식, 그리고 전쟁의 지속을 강조하는 공격적인 전쟁·평화 인식을 옹호하고 있었다. 때문에 반전평화론과 평화운동이 중국공산당 내에서 거론조차 되지 않았던 것은 일면 매우 자연스러운 현상이었다. 반면에 같은 시기 북한은 매우 다른 정치·사회적 상황에 처해 있었다. 1948

~1949년 북한 사회의 가장 대표적인 정치 선전구호는 다름 아닌 "소련을 향하여 배우라"였다.

1948년 9월 9일 수립된 조선민주주의인민공화국은 1945년 8월 이래 해방군으로 북한 지역에 발을 디딘 소련군의 강력한 감독과 후원하에 수립되었다. 비록 해방 직후 소련군은 인민위원회를 통한 간접통치 방식을 취하긴 했지만, 이 시기 소련군의 역할이 북한 사회 전반에 걸쳐 매우 중요했다는 사실에 대해서는 논쟁의 여지가 없다.[33] 또한 소련은 1948년 12월 소련군의 한반도 완전 철수 이후에도 평양 주재 소련대사관이나 조소문화협회朝蘇文化協會와 같은 조직을 통해 여전히 북한 사회에 강력한 정치·사회적 영향력을 행사하고 있었다.

그런데 당시 소련의 영향력은 북한 사회를 향한 하향식의 일방적인 것이었다기보다는, 소련의 정치·경제·사회·문화를 일종의 근대적 롤모델로 간주했던 북한 사회와의 쌍방향적 관계에 의해 강화된 측면이 있었다. 앞서 언급했듯이 1948~1949년 북한 사회의 대표적 선전선동 구호 중 하나는 "소련을 향하여 배우라"라는 호소였다.[34] 러시아 역사 최대의 국제적 영향력과 경제발전을 이루었다고 자부했던 스탈린 시대의 소련은 신생 조선민주주의인민공화국의 전면적인 롤모델로 간주되고 있었다.

실제 소련의 제도, 사상, 문화를 배우기 위한 북한 지도부와 인민들의 열기는 대단하였다. 조소문화협회를 중심으로 한 소련문화 배우기 열풍은 그 단적인 예다. 기존 연구에 의하면, 1948년 한 해에만 약 745만 명의 관람객이 조소문화협회 주관의 전람회를 관람했다고 한다. 전람회는 대체로 소련 인민들의 근로생활과 여가생활 등을 보여주는 내용으로 구성되었다.[35] 실제 이 같은 전람회는 강원도 인제군과 같은 지방에서도 대규모로 개최되어, 1948년 한 해 동안 약 6만여 명(누적총계)에 이르는 인제 군민들이 소련 관련 강연과 사진전람회에 참여하기도 했다.[36] 이 같은 통계는 당시 북한의 소련문화 수용의 적극성을 직접적으로 반영한 것으로 평가할 수 있다.

이와 같은 사회적 분위기 속에서 당대 사회주의 진영의 평화론 또한 북한 사회에서 빠르게 수용·확산되기 시작했다. 1948~1949년 냉전적 대립 상황을 해설하는 북한 서적에서 당대 평화론에 입각한 세계 인식을 찾는 것은 그리 어려운 일이 아니다. 1948년 북조선로동당 선전선동부가 편찬한 미국의 대외정책에 대한 한 서적은 냉전의 "두 진영" 대립에 대하여 "쏘베트동맹을 선두로 하는 민주주의" 진영과 "미국을 선두로 하는 제국주의적" 진영의 대립, 혹은 "전 세계 평화사업의 초소에 있는 세력"과 "전쟁방화자들"의 대립으로 표상했다.[37] 1949년 북조선로동당 선전선동부가 편찬한 또 다른 서적 또한 당대 세계사의 가장 중요한 변화로서 "미영제국주의자들의 침략쁠럭 결성과 이를 반대하여 총궐기한 전 세계 인민들의 강력한 평화옹호운동으로 특징"지어진다고 해설했다.[38] 1948~1949년 사회주의 진영의 평화론과 세계 인식이 북한 사회에 고스란히 이식된 정황을 확인할 수 있다.

북한 지도부는 1949년 4월의 세계평화회의에 북한대표단을 파견하여 스스로 이른바 '평화 진영'의 일원임을 대외적으로 분명히 드러내기도 했다. 1949년 북한에서는 지식인과 문화인을 중심으로 한 세계평화회의 준비 정황이 포착된다. 1949년 3월 24일 북한 내의 31개 동맹단체 대표 1,550명의 참석하에 '평화옹호 전국연합대회'가 개최된 것이다. 이 대회에서는 평화와 관련된 다양한 문제들이 토론되었고, '평화옹호 세계대회 민족준비위원회'의 결성까지 결의되었다. 이후 평화옹호 전국대회의 호소를 지지하는 보고대회들이 북한 전 지역에서 진행되었다.[39] 1948~1949년, 북한은 평화론의 수용으로부터 세계평화회의 참석에 이르기까지 사회주의 진영의 평화 담론과 운동을 매우 적극적으로 수용한 정황을 확인할 수 있다.

그런데 여기서 반드시 짚고 넘어가야 하는 역사적 사실은 당대 북한 지도부가 내적으로 부단히 전쟁을 준비하고 있었다는 점이다. 1949년 초 김일성은 스탈린과의 만남에서 한반도 무력통일의 필요성을 강하게 주장했다. 김일성은 "현재의 정세에 비추어볼 때 군사적 수단을 통해 전국을 해방하는 것은 필연적"이라고 스탈린에게 호소했다.[40] 그리고 앞서 살펴보았듯이, 북한 지도부는 모스크바에서 돌아온 직후부터 남한 지역에서의 유격대 무장투쟁을 강화한 사실을 확인할 수 있었다. 요컨대 1948~1949년 북한은 당대 소련을 사회발전의 롤모델로 간주하면서 평화 담론을 포함한 소련의 사상·문화·제도적 요소들을 적극적으로 수용했지만, 이는 사실상 외형적 수용이었을 뿐 내적으로는 반전평화론과는 상반되는 무력통일 정책을 오히려 중시하고 있었다. 김일성을 중심으로 한 북한 정권은 마오의 중국공산당 정권만큼이나 민족주의적 성향이 매우 강한 집단이었고, 이 같은 성향이 아직까지는 완연히 외적으로 표출되지 않았을 뿐이었다.

1950년 평화서명운동에 대한 수용과 변용: 중국의 '반침략'과 북한의 '통일'

1950년 1월 신중국과 소련의 '중소우호동맹상호조약'의 체결은 중국공산당과 소련의 관계를 그 이전과는 질적으로 다른 것으로 전환시키는 조치였다. 이제 중국은 전 세계적 냉전 대립 구도하에서 소련을 수장으로 하는 사회주의 진영에 완연히 소속되었다. 이후 1950년대 초반 중국과 소련은 정치적 밀월관계를 지속했고, 해방 직후 북한의 "소련을 향하여 배우라"는 구호와 유사하게, 중국에서도 "소련의 오늘은 바로 우리들의 미래다"라는 인식이 전 사회적으로 확산되어나가기 시작했다.

실제 1949년 건국 직후 중화인민공화국과 소련의 사회·경제적 격차는 상당하였다. 소련은 이미 고도의 사회적 통합과 공업화를 달성한 상태였음에 반해, 신중국은 대만문제 등을 중심으로 아직 내전 상황조차 완전히 종결되지 않았을 뿐만 아니라, 경제적 기초도 빈약하고 사회적 통합의 수준도 매우 낮은 단계에 있었다. 때문에 신중국 건설 초기에 두드러지게 강조된 것이 전 인민적 정치운동이었다. 토지개혁운동으로부터 평화서명운동, 항미원조운동抗美援朝運動, 반혁명진압운동反革命鎭壓運動, 삼반오반운동三反五反運動에 이르기까지, 국가 수립 직후 전 인민적인 사회동원운동이 상호계승 혹은 동시진행의 형태로 반복되었다.[41)]

"평화서명운동[和平签名运动]"으로 불린 중국의 '스톡홀름 호소문 서명운동'은 1950년 당시에는 "전국적 승리 이후 최대 규모의 가장 조직적인 첫 번째 선전운동"이라는 역사적 평가와 함께 정부 주도하에 강력하게 추진되었다.[42] 1950년 5월 9일 중국 정부는 "세계 평화보위를 위한 서명운동의 전개"를 중앙인민정부 정무원에 지시했고, 5월 15일에는 세계평화회의의 중국 지부인 '중국평화보위대회'의 선도하에 전국적인 평화서명운동을 전개할 것을 명했다.[43] 신중국은 사회주의 진영의 일원으로서 자신의 역할에 충실하고자 했음을 알 수 있다.

그러나 서명운동의 경과는 중앙 정부의 주도에도 불구하고 한국전쟁 발발 이전까지 매우 지지부진했다. 신중국은 서명운동을 통해 평화민주 역량의 연대를 강조하는 '국제주의적 교육'과 '진영의식'을 심화하고자 했다. 그러나 현실에서는 이 같은 의도가 원활히 작동하지 않았다. 중국인들은 국공내전기에 주입된 전쟁과 평화에 대한 인식 때문에 평화를 위한 투쟁을 낯설어했다. 많은 사람들이 "중국이라는 국내 사정에 부합하지 않는다"[44] 고 생각했다. 운동에 대한 신념도 부족했다. 결과적으로 초기 약 한 달 동안의 서명운동은 형식적으로 흘러 5월 중순부터 6월 하순까지 2,671만 명의 서명을 받는 데 그쳤다. 10월 10일까지 1억 7,569만여 명, 11월 중순까지 2억 2,373만여 명이 서명했다는 사실과 비교해볼 때, 6월 하순까지의 서명자 수가 매우 적었다는 사실을 확인할 수 있다.[45]

6월 하순 이후 서명자가 폭발적으로 증가한 원인은 한국전쟁의 발발이었다. 한국전쟁 발발 이전까지 평화서명운동의 필요성을 현실적으로 절감할 수 없었던 중국인들은 한국전쟁의 발발과 미국의 전쟁 개입으로 인해 평화론과 평화운동을 완전히 다른 시각에서 볼 수 있었다. 특히 중국인들 입장에서는 대만문제 등을 중심으로 내전이 완전히 종식되지 않았다는 인식이 팽배해 있었는데, 한국전쟁 발발과 함께 이뤄진 미 제7함대의 대만해협 진입은 중국인들 입장에서 일종의 '침략'행위로 인지될 수 있었다. 실제 한국전쟁 발발 직후 중국은 "중국 인민의 미국의 대만과 조선에 대한 침략 반대 운동위원회"를 조직하고, 7월 17일부터 "미국의 대만과 조선 침략 반대 운동주간"을 전개했다.[46)]

이렇듯 한국전쟁 발발 직후 중국에서는 기존의 평화론에서 '전쟁세력', '전쟁방화범', '침략자'로 표상되었던 미국이 완연한 '침략자'로 각인되는 현실적 계기가 마련되었다. 이후 중국 내의 평화서명운동은 그 현실적 필요성에 대한 중국인들의 자각 속에서 2억 명이 넘는 서명자를 기록하며 마무리될 수 있었다. 또한 중국은 전쟁이나 핵무기에 대한 공포를 양산할 수 있는 '반전'이나 '반핵'이라는 구호 대신 '반침략'이라는 구호를 더 적극적으로 활용하면서, 추후의 전쟁동원을 위한 '항미원조운동'으로 자연스럽게 이어나갈 수 있었다. 중국 지도부는 유럽적 정치환경 속에서 핵심적으로 구사되었던 반전과 반핵 담론 대신 자신의 민족주의적 성향과도 잘 부합되는 '반침략' 담론을 적극적으로 활용했던 것이다.

이상과 같이 신중국이 한국전쟁 발발 이후 반침략 논리를 통해 스톡홀름 호소문 서명운동을 강력하게 추진할 수 있었음에 반해, 한국전쟁 발발 이전인 1950년 5월에 서명운동을 사실상 종료했던 북한은 중국처럼 '반침략' 논리를 전면에 내세우며 평화운동을 전개할 수는 없었다. 1990년대 소련 붕괴 이후 공개된 여러 한국전쟁 관련 문서들이 증명하고 있는 것처럼, 1950년 초 김일성은 스탈린을 향해 남한 지역을 향한 '선제 무력공격'을 강력하게 주장했고, 스탈린은 이를 승인했기 때문이다. 이렇듯 선제공격을 통한 개전을 내부적으로 준비하고 있는 상황에서, 중국과 같은 반침략 논리를 전면적으로 강조하는 것은 체제 내적 모순을 야기할 수도 있었다. 때문에 북한 또한 평화서명운동의 반핵과 반전 담론을 적절히 변용하여, 자신의 상황에 맞는 담론과 운동을 개발해내야만 했다.

중국의 선택이 '반침략'이었다면, 북한의 선택은 '통일'이었다.[47] 양자 모두 반핵과 반전[전쟁 자체에 대한 반대]이라는 스톡홀름 호소문의 핵심 주장으로부터 일정 정도 벗어나 있었지만, 평화라는 문제의식 속에서 자기 사회에 맞는 담론을 개별적으로 개발해낸 것이다. 북한은 1950년 3월 3일 최고인민회의 제3차 회의에서 〈평화옹호 세계위원회 평화 제의 호소문에 관하여〉를 결정하면서 평화서명운동을 본격적으로 시작했다. 해당 결정문은 "호소문을 전적으로 지지 찬동"한다고 발표했지만, 결정문은 반핵·반전 관련 내용 대신, 이승만 정권, 유엔한국위원단, 미국의 정책 등을 강력하게 비난하는 내용으로 구성되었다. 스톡홀름 호소문 관련 결정문은 다음과 같은 문장으로 끝을 맺었다. "조국의 평화적 통일을 방해하는 리승만 매국역도들을 타도분쇄하고 국토 완정 조국통일을 급속히 쟁취하기 위한 투쟁을 일층 맹렬히 전개하라고 호소한다."[48]

북한 내의 스톡홀름 호소문 서명운동은 평화옹호전국민족위원회 위원장 한설야의 담화문 발표를 시작으로 1950년 4월 21일경부터 본격화되었다. 한설야의 담화문을 통해 알 수 있는 북한 내의 평화서명운동의 진행 과정은 아래와 같다.

> 지난 제5차 최고인민회의는 평화옹호전국민족위원회의 요청에 의하여 전체 조선인민들의 열렬한 지지와 환호를 받는 평화 제의 호소문을 토의하고 평화옹호운동을 전 인민적 과업으로 광범히 전개할 데 대한 결정서를 채택하였다. 평화옹호전국민족위원회는 동호소문 40만 매와 서명용지 50만 부를 인쇄하여 각지에 발송하였으며, 이와 함께 평화옹호전국민족위원회는 국제국내의 평화옹호운동에 대한 문헌 각각 삼만 부씩을 인쇄하여 각 지방으로 발송하는 한편, 각 지방사업을 구체적으로 지도하기 위하여 중앙으로부터 많은 대표들을 지방으로 파견하였다.[49]

위의 담화문을 통해 알 수 있듯이 북한에서 평화서명운동은 중앙정부의 수직적 결정 하달과 핵심 사회단체의 신속한 결정 이행이라는 방식을 통해 전국적으로 급속히 확산되었다. 최고인민회의의 토론과 결정, 평화옹호전국민족위원회의 호소문과 용지 발송, 평화서명운동 관련 문헌의 제작과 발송, 서명운동을 지도하기 위한 선전원의 파견 등이 위로부터의 지시에 의해 일사불란하게 진행되었다. 이는 사실상 같은 시기 중국의 진행 방식과 매우 유사하다.

한설야는 위의 인용문에 이어서, "평화서명운동은 우리 조국 남반부를 침략하고 있는 미제국주의자들의 식민지 예속화 정책과 그의 침략 도구 유엔위원단의 음모책동을 반대하며 리승만매국도당을 고립파멸시키는 투쟁과 긴밀히 결부되는 것"이라고 주장했다. "이 호소문에 서명하면서 조국의 평화적 통일을 위한 투쟁결의를 더욱 새롭게" 해야 한다는 것이다. 한설야의 담화문 옆에는 근로인민당 위원장 리영의 담화문도 함께 수록되었는데, 이 글은 그 제목 자체가 〈서명운동은 평화적 조국통일을 위한 투쟁의 일환〉이었다.[50] 최고인민회의의 결정문으로부터 실행을 독려하는 담화문들에 이르기까지 핵심 담론으로서 '평화'와 함께 '통일'이 중요하게 부각된 사실을 확인할 수 있다.

한설야의 담화가 발표된 1950년 4월 21일, 평양의 각계 문화인들이 문학예술총동맹 중앙위원회에 모여서 함께 기명하는 것으로부터 실질적인 서명운동이 시작되었다. 4월 22일 자 《로동신문》에는 전날 호소문에 직접 서명하는 한설야와 백남운의 사진이 게재되기도 했다.[51] 이후 《로동신문》은 568만 명이라는 서명운동 전체 참가자 수를 공식적으로 발표한 1950년 5월 28일 자 기사에 이르기까지 단 하루도 거르지 않고 서명운동을 대대적으로 기사화했다.[52] 해당 기사들에는 북한 전역의 공장, 농장, 학교 등에서 서명운동이 어떤 방식과 내용으로 진행되었는지 구체적으로 보여준다. 가장 전형적인 진행 방식은 서명운동의 의의에 대한 해설강연이 짧게 진행되고, 이후 선참자의 서명과 일부 참가자들의 솔선 서명, 그리고 최종적으로는 마을이나 공장 대부분의 사람들이 집단적으로 서명하는 방식으로 진행되곤 했다.

스톡홀름 호소문 서명운동은 서유럽을 포함한 세계 대부분의 지역에서 '반핵'과 '반전'이라는 간명한 주제하에 단기간에 세계 수억 명의 지지를 이끌어낼 수 있었다. 반면에 아이러니하게도 공산당 집권하의 중국과 북한에서는 '반핵'과 '반전'이라는 주제 대신 '반침략'(중국) 혹은 '통일'(북한)이라는 주제가 핵심적 담론으로 운위된 정황을 확인할 수 있었다. 냉전 초기 진영 담론은 그 예하의 국가들에 심

대한 영향을 미치곤 했지만, 서로 다른 근대의 경험을 지닌 동아시아의 4개국은 저마다의 사회적 과제 앞에서 냉전의 담론과 운동을 자기 사회에 맞게 적절히 변화시켜 활용했음을 알 수 있다.

세계적 냉전과 동아시아의 열전, 그리고 평화

이 글은 1948~1950년 사회주의 진영의 평화론과 평화운동이 동아시아의 남한·북한·일본·중국의 4개국에 어떤 주체와 경로를 통해 수용되었고, 해당 국가들에서 어떻게 인식·활용되었는지 살폈다. 냉전이라는 당대의 양극적 국제 질서의 관점에서 볼 때, 미군 점령하의 남한과 일본은 당연히 사회주의 진영의 평화론과 평화운동을 철저하게 거부했고, 북한과 중국은 이를 매우 적극적이면서도 무비판적으로 수용했을 것으로 판단하기 쉽다. 그러나 이제껏 살펴본 것처럼, 실제 현실은 전혀 그렇지 않았다. 이를테면 한국전쟁 발발 이전까지 중화인민공화국은 사회주의 진영 주도의 '스톡홀름 호소문 서명운동' 추진 과정에서 일정한 저항과 한계에 부딪혔던 반면에, 일본은 미군 통치하에서도 645만 명의 지지 서명을 이끌어낼 수 있었다.

일본이 소련과 사회주의 진영을 중심으로 전개되었던 평화서명운동에서 적잖은 성과를 낼 수 있었던 이유는 아이러니하게도 미군의 일본 점령정책과 직접적으로 관련되어 있었다. 제2차 세계대전 후 일본에서는 '평화'가 점령군에 의해 일종의 국시로 강조되고 있었다. 연합군 최고사령부의 초기 점령정책은 민주화와 비군사화에 초점이 맞춰졌고, 소위 '생활평화주의'라고 불릴 정도의 평화문화를 일본 사회 전체에 빠르게 확산시켜나갔다. 이에 일본공산당조차 '점령하의 평화혁명론'을 내세우며, 평화적·의회주의적 방식을 통한 정권 탈환을 자신의 핵심 목표로 상정하기도 했다. 일본은 이 같은 전 사회적 분위기 속에서 1949년 '평화를 지키는 모임'과 '평화옹호 일본대회'를 발족하여 사회주의 평화운동과의 연대를 강화했고, 1950년에는 그 합법성을 인정받고 있던 일본공산당의 주도하에 평화서명운동을 성과적으로 추진할 수 있었다.

반면에 한국에서는 1949년 6월 미군의 완전 철수에도 불구하고 사회주의 진영의 평화론이나 평화운동이 발 디딜 수 있는 공간은 조금도 허용되지 않았다. 당대 한국의 정치적 관점에서 보면, 평화론과 평화운동에 대한 거부는 어쩌면 매우 당연한 사회적 현상이었다. 1948~1950년 한국은 제주4·3사건과 여순사건으로 대표되는 대량학살을 동반한 폭력적 극우 반공체제를 구축하고 있었기 때문이다. 요컨대 당대 한국 사회에서는 공산주의는 물론 자유주의나 평화주의까지 숨 쉴 공간이 없었기 때문에, 사회주의 진영의 평화운동이 한국 사회에 그 발걸음을 내딛는 것은 현실적으로 불가능했다.

한편 소련의 강력한 영향력하에 탄생한 조선민주주의인민공화국은 1948년 시점부터 사회주의 진영의 평화론과 평화운동을 적극적으로 수용했음에 반해, 1948~1949년 중국 공산주의자들은 이를 오히려 무시·거부하고 있었다. 당대 중국공산당은 국공내전의 전쟁 상황에 처해 있었기 때문에 전쟁에 대한 공포나 거부감을 유발할 수 있는 반전 평화의 메시지를 오히려 경계하고 차단했던 것이다. 게다가 민족주의적 성향이 강했던 마오쩌둥의 중국공산당은 소련과 유럽 중심의 사상이나 운동을 무비판적으로 수용하기를 꺼렸다. 반면에 1948~1949년 북한은 "소련을 향하여 배우라"는 당대의 대표적 선전 구호와 함께, 사회주의 진영의 평화론과 평화운동을 적극적으로 수용하여 사회적으로 유포했다.

중국공산당은 1949년 10월 중화인민공화국 수립에 성공하고, 1950년 1월 소련과 '중소우호동맹상호조약'을 체결하면서 평화운동에 대해서도 다른 관점을 취하기 시작했다. 1950년 '스톡홀름 호소문 서명운동'이 전 세계적으로 확산되는 가운데, 중국 정부도 사회주의 진영의 일원으로서 평화서명운동에 동참하고자 했던 것이다. 중국에서의 평화서명운동은 그 시행 초기 약 한 달 동안 중국 국내 사정에 부합하지 않는다는 비판과 함께 지지부진했으나, 6월 말 한국전쟁의 발발과 함께 급속한 성과를 거두기 시작했다. 한국전쟁 발발과 함께 이뤄진 미 제7함대의 대만해협 진입이 중국인들에게 일종의 '침략'행위로 인지되었기 때문이다. 이후 '스톡홀름 호소문'의 핵심 내용이었던 '반핵'의 구호 대신, 중국은 '반침략'의 구호를 중심으로 서명운동을 전개하여 11월 중순까지 2억 2,000만 명이 넘는 사람들의 지지를 획득할 수 있었다. 한편 북한은 한국전쟁 발발 이전에 평화서명운동을 사실상 종료했는데, 중국과 마찬가지로 스톡홀름 호소문의 '반핵' 구호를 그대로 수용하기보다는, '통일'이라는 담론을 중심으로 서명운동을 전개하여 일정한 성공을 거둘 수 있었다. 북한은 불가피하게 사회주의 진영의 평화서명운동을 수용하는 모양새를 취하면서도, 1950년 내적으로 전쟁을 준비하고 있는 상황 속에서 '반전'과 '반핵' 구호를 '통일' 담론으로 변용하여 사회적으로 유포했던 것이다.

우리는 이상과 같은 개별 사례 연구와 비교사적 연구의 병행을 통해 동아시아에서 냉전문화가 양극적 진영론에 의해 천편일률적으로 형성되지 않았다는 사실을 확인할 수 있다. 최근의 냉전사 연구들이 주장하듯이, 동아시아의 냉전 전개는 과거 식민주의 역사와의 긴밀한 상관관계 속에서 검토해야만 한다는 사실을 이 연구 또한 입증하고자 했다. 동아시아 여러 국가는 제국주의 일본의 식민통치와 침략의 역사에 서로 다르게 영향받으면서, 냉전 초기 매우 상이한 사회적 과제와 갈등구조를 형성하고 있었다. 그리고 이 같은 상황의 연장선상에서, 전 세계적으로 소위 '냉전[Cold War]'적 질서가 본격적으로 형성되던 시기에, 동아시아 국가들은 국공내전(1946~1949)과 한국전쟁(1950~1953)이라는 '열전[Hot War]'을 치러내야만 했다. 그 '열전'의 시기에 외부로부터 주입된 '평화' 담론과 '평화'운동이 동아시아 4개 국가에서 서로 다른 양상으로 수용·거부·변용된 것은 역사적 우연이라기보다는 필연에 가까웠다고 볼 수 있을 것이다.

3. 상실한 평화의 기회

-이승만의 북진통일과 제네바회담*

◎ 송재경

북진통일, 한미동맹 체결을 위한 수단?

이승만의 북진통일 주장은 한미상호방위조약의 체결, 곧 한미동맹의 수립을 위한 수단이었는가? 한국 사회와 학계의 일각에 퍼져 있는 '신화' 중 하나는 이승만이 미국으로부터 상호방위조약을 얻어내기 위해 북진통일을 주장하고 반공포로를 석방하는 '벼랑 끝 전술'을 폈다는 것이다. 이와 같은 이해는 우선 한미상호방위조약 서명 후에도 북진통일을 둘러싼 한미 간의 갈등이 지속되었다는 사실을 해명하지 못한다. 또한 북진통일의 역사적 성격을 매우 한정적으로 이해한다는 점에서 한계가 있다. 당대 이승만이 끈질기게 주장한 북진통일은 단순히 한미동맹 체결여부만 관련된 문제가 아니었다. 한미관계 전반부터 한국의 국내 정치, 국제 사회의 한반도 문제 논의, 동아시아 냉전 등 다양한 층위에서 갈등과 조정, 반향을 불러일으켰다. 이를 종합적으로 파악하고 판단해야 북진통일의 역사적 성격을 이해할 수 있다.

이승만의 북진통일 주장과 관련하여 널리 알려지지 않은 사실 중 하나는 그것이 한미상호방위조약 합의 이후에도 한미 간의 격렬한 갈등을 일으켰고, 나아가 제네바회담이라는 중요한 국제회담에도 중대한 영향을 미쳤다는 것이다. 1953년 7월 27일 정전협정의 체결, 8월 8일 덜레스 미 국무장관과 변영태 외무장관의 한미상호방위조약 서명 후에도 이승만은 북진통일이 한국의 주권 행사라는 견해를 유지했다. 또한 정전은 정치회담을 열어 관련국들이 한반도 문제를 논의할 때까지 일시적으로 유지된다고 주장했다. 한미상호방위조약을 이미 얻은 상황이었음에도, 그 대가로 북진통일 주장을 포기할 생각은 없었다.

실제로 이승만은 한미상호방위조약과 별개로 단 한 번도 북진통일을 포기하거나, 6·25전쟁의 정전을 충실하게 준수하겠다고 약속한 적이 없다. 그리고 북진 주장을 중단하는 대신 그 대가를 미국으로부터 얻으려는 협상도 시도하지 않았다. 미국이 정전협정 체결을 강경하게 밀어붙였기 때문에 일시적으로 물러났을 뿐이었다. 정전협정 체결 직전인 1953년 7월 로버트슨 국무부 차관보와 회담에서 이승만은 정전을 방해하지 않겠다고 했지만, 조건부이자 일시적 약속이었다. 그는 정전협정 체결 이후 정치회담으로 한반도 통일문제가 해결되지 않는다면, 전쟁을 무조건 재개해야 한다고 끈질기게 주장했다. 이승만은 한국군 단독으로 북진할 수도 있다고 위협했다.

이승만의 북진통일 주장은 오히려 한미동맹의 성립을 늦추는 역할을 했다. 한미상호방위조약 합의에도 불구하고 이승만이 북진통일 주장을 포기하지 않았기 때문에, 미국은 일종의 안전장치가 필요했다. 미 의회는 조약을 비준하면서 한국 측이 무장공격을 받는 경우에만 방위조약이 발동된다는 단서를 붙였다. 미국 정부는 한국군의 작전통제권을 유엔군사령부 산하에 둔다는 내용의 합의의사록을 교환해야만 한미상호방위조약을 발효하겠다고 고집했다. 일련의 과정에서 동맹의 수립은 4개월가량 지연되었다.

이런 면에서 이승만의 북진통일은 한미동맹 체결을 위한 수단으로만 해석할 수 없다. 이승만이 장기간 추구한 신념이자 주장으로 접근할 필요가 있다. 그리고 그것이 국면에 따라 정치, 외교, 군사, 한미관계 등 다양한 범주에서 어떠한 영향을 미쳤는지 구체적으로 살펴보아야 한다. 그래야 단편적이고 단선적인 기존의 이해를 극복할 수 있다.

이승만의 북진통일 주장이 가진 역사적 의미를 평가하기 위해, 그것이 1954년 제네바회담에 끼친 영향에 주목하려 한다. 제네바회담은 우선 남북한이 국제 사회의 한반도 문제 논의에 정식 참여하여 목소리를 낼 중요한 기회였다. 한국인들은 한반도 문제의 당사자임에도 불구하고 2차 세계대전 말기 연합국의 논의나 미군정기 미국과 소련의 공동위원회, 1947년 유엔 총회의 한반도 문제 논의 등 국제회담에 공식적으로 참여할 수 없었다. 정부 수립 이후에도 유엔에서 참관인 자격으로 연설할 기회를 얻는 데 그쳤다. 이런 면에서 제네바회담은 한국이 본격적으로 한반도 문제를 해결할 원칙과 방안을 제시하고, 통일 방안 논의의 주도권을 잡을 기회였다. 이처럼 중대한 회담에서 북진통일 주장은 어떤 식으로 한국의 전략과 입장에 영향을 끼쳤는지, 그리고 그 결과는 어떠했는지 분석하려 한다.

이 글은 세 가지를 설명할 것이다. 첫 번째는 이승만의 북진통일 주장과 논리의 구성이다. 북진통일에 대한 기본적 이해를 갖춰야, 그것이 왜 제네바회담까지 이어졌는지 이해할 수 있다. 또한 북진통일이 어떻게 한국 측 입장에 반영되었는지 확인할 수 있다. 두 번째는 회담 이전 이승만의 북진통일 주장이 미국 및 유엔 참전국의 입장에 어떠한 영향을 주었는가 하는 점이다. 마지막으로 제네바회담에서 한국대표단의 움직임이 회담의 전개와 결말에 준 영향을 살펴볼 것이다.[1)]

이 글의 주요 자료는 미 국무부의 대외문서자료집Foreign Relations of the United States(이하 FRUS로 표기) 가운데 한국 관련 문서, 국사편찬위원회가 간행한 이승만 관계 서한자료집(《대한민국사자료집》), 신문 등이다. FRUS는 미 국무부가 특정 시기 미국과 다른 국가 또는 지역 간 주요 이슈를 선정하여 그와 관련한 외교문서, 내부 보고서, 정보 보고서 등을 모아놓은 것이다. 6·25전쟁과 제네바회담은 미국 입장에서 중요한 사건이었기 때문에 상당한 분량의 문서를 자료집으로 편찬했다. 이승만 관계 서한자료집은 이승만과 프란체스카 여사가 임병직 주유엔 대표, 양유찬 주미대사, 로버트 올리버 개인고문 등과 교환한 서한들을 모아놓은 자료집이다. 이승만은 외무부를 경유하지 않고 자신이 직접 주미대사에게 지시하거나, 미국 측과 협상하여 외교를 직접 장악하려 했다. 따라서 이승만의 서한들은 일종의 외교문서이기도 했다. 이상의 자료를 기반으로 이승만과 미국 양측의 입장을 교차 분석했다.

회담 전 이승만의 북진통일 주장과 유엔 참전국의 입장

이승만의 북진통일 주장을 세부적으로 뜯어보면, 핵심적인 주장은 두 가지로 나뉜다. 첫 번째는 한반도는 한국 정부의 영토이기 때문에, 북한 또한 한국 정부가 관할해야 한다는 소위 '흡수통일' 주장이다. 구체적으로는 38선 이북 지역에 총선을 실시하여 국회의원 100명을 뽑아 한국 국회에 합류시키고, 한국 정부가 행정적으로 북한 지역을 관할하는 '38선 이북 총선거안'을 내세웠다. 한반도가 한국 정부의 영토라는 인식은 제헌 헌법의 제4조 "대한민국의 영토는 한반도와 그 부속 도서로 한다"에 들어간 바 있다. 두 번째는 북한의 공산주의자들이 한국 정부의 흡수통일을 거부한다면, 한국 정부는 무력을 동원하여 북한을 공격해서라도 점령해야 한다는 무력통일 주장이다. 이승만은 통일을 위한 무력 동원은 한국 정부가 주권을 행사하는 것이며, 따라서 외부의 누구도 간섭할 수 없다는 논리를 폈다.[2] 두 주장을 국제적으로 인정받으려면, 우선 한 가지 요건을 갖춰야 했다. 국제 사회가 한국 정부를 한반도 중앙 정부National Government of Korea로 승인하는 것이었다.[3]

널리 알려졌다시피 미국은 1946년과 1947년의 미소공동위원회에서 만족스러운 결과를 얻지 못하자 한반도 문제를 유엔 총회로 이관했다. 유엔은 1947년 11월 14일 자로 유엔 감시하 남북한 총선거를 시행, 국회를 구성하고 국회가 한반도 중앙 정부를 설립하는 방안을 결의했다.[4] 이렇게 구성된 한반도 중앙 정부는 남북한의 점령 당국으로부터 정부 기능을 이양받아 통일과 독립을 이룰 예정이었다. 그런데 소련의 반대로 38선 이북 지역의 선거 시행이 불가능해지자, 미국 주도하에 38선 이남 지역만의 단독선거가 1948년 5월 10일 치러졌다. 이후 1948년 9월에 열린 제3차 유엔 총회의 의제 중 하나는 5·10선거로 수립된 대한민국 정부의 인정이었다.

문제는 한국 정부의 국제법적 지위를 어떻게 승인하느냐였다. 1947년 11월 14일 자 유엔 결의안은 분명 한반도 중앙 정부의 수립을 추구했지만, 5·10선거로 구성한 국회와 한국 정부는 실질적으로 38선 이남 지역의 한국인들만 대표했다.

미국의 초기 입장은 한국 정부를 한반도 중앙 정부로 인정하여, 새로 수립된 이승만 정부를 정치적으로 지원하려는 것이었다. 그러나 영국, 캐나다, 호주, 인도 등 주요 우방국들과 협의하면서 곧 중앙 정부 승인이 어렵다는 사실을 깨달았다. 영국과 영연방 국가들은 우선 한국 정부가 한반도의 절반만 통치하는 상황에서 해당 정부를 중앙 정부로 인정할 수 없다고 주장했다. 또 미국이 한국 정부를 중앙 정부로 승인한다면, 소련 측 또한 북한 정부를 중앙 정부라고 주장하면서 맞서리라 우려했다. 이 경우 한반도 분단을 고착할 뿐만 아니라, 미소 갈등을 격화시킬 수 있었다.[5)]

결국 미국은 다른 국가들과 타협했다. 미국, 호주 등이 공동 발의하여 1948년 12월 12일 총회를 통과한 결의안은 한국 정부의 지위를 "한반도 내 유일한 합법 정부"라는 모호한 표현으로 인정했다.[6)] 결의안은 한국 정부가 한반도 내에서 유엔임시한국위원단의 선거 감독을 받은 지역을 통제하고 관할하게 된 합법적 정부이며, "한반도Korea의

유일한 정부"라고 규정했다.[7)]

이처럼 유엔의 결의안은 한국 정부를 한반도 중앙 정부로 명시하지 않았다. '한반도 내 유일한 합법 정부'는 추후 한국 정부를 중심으로 한반도를 통일할 명분을 제공할 수 있는 문구였다. 그러나 1948년에 수립된 한국 정부가 당장 한반도를 영토로 관할한다고 인정하지는 않았다.

따라서 이승만의 흡수통일, 무력통일 주장은 처음부터 국제 사회의 인정을 받을 수 없었다. 명분과 실리의 두 측면에서 무리한 주장이었다. 유엔이 한국 정부를 한반도 중앙 정부로 인정한 바 없으므로, 명분상 한국이 38선 이북 지역을 관할해야 한다는 주장은 성립할 수 없었다. 무력통일 또한 한국이 북한을 침공할 경우 중국을 포함한 주변 지역의 확전, 나아가 미소를 포함한 제3차 세계대전까지 일으킬 가능성이 있다는 점에서 국제 사회의 지지를 받을 수 없었다.

그럼에도 이승만은 유엔의 승인을 두고 '통일정부'라는 표현을 사용하면서, 곧 입국할 유엔한국위원단이 한국 정부 중심의 흡수통일을 추진할 것처럼 발표했다.[8)] 유엔이 한국 정부를 한반도 중앙 정부로 승인하지 않았다는 사실은 의도적으로 은폐했다. 또 한국군의 증강과 호국군의 창설이 이뤄진 후 1949년 2월부터는 무력통일을 추구하기 시작했다. 이승만은 한국을 시찰하러 온 미 육군부 장관 로얄Kenneth Royall에게 더 많은 소총과 탄약을 요구하면서, 짧은 시일 내에 북한으로 진격하고 싶다고 언급했다.[9)] 로얄은 그 주장이 주한미군의 철수를 요청하는 것이나 마찬가지라고 경고했고, 이승만은 공격을 취하지 않겠다고 대답하여 일단 수습했다. 그러나 1949년부터

1950년 초까지 이승만의 호전적인 발언은 반복적으로 나왔다.[10] 또 이승만은 군사 원조를 제공하는 미국 측의 동의를 구하지 않은 채 한국군을 증강했다. 미국은 이승만의 "군사적 모험" 가능성을 우려할 수밖에 없었고, 한국군의 탄약과 포탄 등 주요 군수물자를 최소한으로 공급하여 북한을 공격할 여지를 주지 않으려 했다.

이승만의 흡수통일, 무력통일 주장은 6·25전쟁의 발발과 함께 북진통일이라는 용어로 합쳐졌다. 그리고 전쟁 초기부터 정전협정 체결에 이르기까지, 끈질기게 일관적으로 이어졌다. 이승만의 입장은 유엔의 한반도 문제 논의에 다시 영향을 미쳤다.

1950년 9월 인천상륙작전의 성공과 함께, 미국은 유엔군의 38선 이북 진격과 한반도의 통일을 추구하려 했다. 미국은 유엔 총회의 승인에 앞서 가장 중요한 동맹국인 영국, 프랑스의 동의를 구하려 했다. 이때 미국의 기본 입장은 한국 정부를 중심으로 통일을 달성해야 한다는 것이었다. 흡수통일의 원칙을 내세우지는 않았지만, 한국 정부가 '한반도 내 유일한 합법 정부'로 승인받았다는 점을 명분으로 주장했다. 그러나 영국과 프랑스는 한국 정부 중심의 통일을 반대했다. 한국 정부가 한국인 대다수의 지지를 얻지 못했으며, 한반도 전체에 대한 주권을 보유하지 않는다는 입장이었다. 영국은 한반도 전역에서 다시 선거를 치러 통일정부를 수립하자고 제안했다. 프랑스는 한반도 통일과 함께 이승만 정부를 재수립할 경우, '공포정치'를 펼 수 있다고 보았다. 프랑스 측은 유엔이 일종의 신탁통치를 시행해야 한다고 언급했다.[11]

그렇다면 이들은 왜 한국 정부 중심의 통일을 반대했을까? 이승만의 강경한 반공주의와 북진통일과 같은 호전적 발언이 문제였다. 먼저 당대 유럽의 지식인층은 타이완의 장제스, 남베트남의 바오다이와 함께 이승만을 전근대적 독재자로 비판했다. 이런 면에서 영국, 프랑스는 여론의 부담을 안고 6·25전쟁에 참전하는 중이었다. 따라서 양국은 국내 비판 여론을 무시하면서 이승만 정부를 중심으로 하는 흡수통일을 지지하기 어려웠다. 전쟁 초기 한국군과 경찰이 일으킨 보도연맹 등 학살사건 또한 양국이 이승만 정부를 옹호할 수 없는 이유 중 하나였다. 이승만 정부가 반공주의를 앞세워 남한에서 학살을 벌일 수 있다면, 북한에서 자행하지 않으리라는 보장은 없었다. 프랑스가 언급한 '공포정치'는 이 점을 지적하는 표현이었다.

무엇보다도 이승만의 북진통일 주장은 영국, 프랑스의 이해관계에 부합하지 않았다. 영국과 프랑스는 미국의 요구로 6·25전쟁에 참전했지만, 전쟁의 장기화는 바람직하지 않았다. 영국은 미국의 자원이 한국과 아시아의 공산주의 봉쇄에 쏠리는 대신, 유럽을 중심으로 사용되기를 원했다. 프랑스의 경우 한국보다 인도차이나의 식민지 유지가 더 중요했고, 역시 미국의 지원을 필요로 했다.

북진은 2차 세계대전 이후 평화를 원하는 유엔의 기조에도 맞지 않았고, 이승만의 강경한 주장은 미소의 충돌을 야기할지도 몰랐다. 6·25전쟁 발발 직후 영국, 인도를 중심으로 유엔에서는 미국과 소련을 중재하여 한반도의 휴전을 이끌려는 움직임이 있었다. 그러나 이승만은 서울을 잃고 남쪽으로 밀리는 상황에서도 공개적으로 휴전 중재를 비난하고 반대했다. 이승만은 1950년 7월 13일 한국은 침략자를 물리칠 때 38선에서 멈추지 않으리라고 선언했다.[12] 유엔의 입장에서 이승만의 호전적 주장은 우려가 되는 문제였다. 따라서 영국, 프랑스 외에도 유엔 회원국들 다수가 한국 정부 중심의 흡수통일을 반대했다. 유엔의 미국대표단이 제5차 유엔 총회에 앞서 유엔군의 38선 북진과 한반도 통일문제에 관한 의견을 청취할 때, 각국은 한국이 38선 이북 지역을 자동으로 관할해서는 안 된다는 입장을 냈다.[13)]

결국 미국은 한국 중심의 통일을 고집하지 않았다. 유엔 총회에 참석한 한국대표단은 이승만의 지침에 따라 미국대표단에 흡수통일 및 무력통일을 지지해달라고 했지만, 미국 측은 거부했다. 1950년 10월 7일 자 유엔 총회의 한반도 문제 결의안은 기존 결의안이 한국 정부를 '한반도 내 유일한 합법 정부'로 승인했다는 사실을 상기시켰지만, 통일 자체는 '남북한의 대의기구'가 주체가 되어야 한다고 규정했다.[14)] 한국 정부가 아닌 대의기구를 통일의 주체로 내세운 것은 이스라엘의 수정안이 통과된 결과였다.[15)] 이스라엘 측은 한국 정부가 "유권자의 자유의사로 실시된 선거에 기초하여 수립되었다고 인정할 수 없으며, 국회의원 대다수가 현재 이승만 정권을 지지하지 않는다"는 점을 지적했다. 이승만 정권의 대의성이 떨어진다는 사실을 상기시킨 것이었다. 이스라엘의 수정안은 찬성 29, 반대 2, 기권 22로 절반이 넘는 지지를 받았다.

유엔 총회 결의안이 통과된 후, 유엔한국위원단은 10월 12일 부로 38선 이북 지역에 대해 한국 정부의 권한을 제한한다고 결의했다.[16)] 미국 또한 유엔 총회와 유엔한국위원단의 결정에 따라 한국 정부의 38선 이북 지역 관할을 물리적으로 막고, 유엔군이 군정軍政을 설치하도록 했다. 다만 미국은 한반도의 통일이 실제 이뤄지게 된다면,

실질적으로 한국 정부를 중심으로 진행할 생각이었다.

이처럼 한반도 통일문제나 이승만의 흡수통일, 무력통일에 대한 유엔 참전국의 입장은 명확했다. 영국, 프랑스 등 주요 참전국은 유엔이 한국 정부를 한반도 중앙 정부로 승인하지 않았다는 명분과 이승만의 급진적 주장을 견제하려는 실리의 측면에서 흡수통일을 지지하지 않았다. 미국은 흡수통일을 지지하는 입장이었으나, 유엔 참전국의 의견을 일정 부분 받아들여야 했다.

이상의 구도는 정전협정 체결 이후 본격적으로 한반도 문제를 논의하는 제네바회담까지 이어졌다. 미국은 회담에 앞서 한국과 유엔 참전국, 그리고 회담 상대방인 공산 측의 입장을 고려하여 세 가지 방안을 마련했다. (1) 한국 중심의 흡수통일(유엔 감시하 38선 이북 지역 총선거), (2) 한국 헌법하 남북한 총선거(유엔 감시하 남북한 총선거) (3) 새로운 제헌국회 및 중앙 정부 선거(국제 감시하 남북한 총선거)였다. 각각의 방안에는 외국군 철수문제에 대한 고려도 있었는데, (1)안과 (2)안의 경우 총선 실시 전후 외국군 철수, (3)안은 한반도 중앙 정부 수립 후 12개월 내 철수를 상정했다. (1)안은 한국의 입장을 그대로 담았고, (3)안은 영국 등 유엔 참전국이 선호할 내용으로 구성했다.[17]

미국의 회담전략은 한국과 유엔 참전국 양측의 입장을 절충하여 (2)안으로 단합하도록 유도하는 것이었다. 공산 측이 대대적으로 양보하지 않는 한 한반도 통일은 불가능하리라 생각했다. 중요한 건 한국과 미국을 포함한 유엔 참전국이 단일한 의견을 모아 회담에서 공산 측에 대항하는 그림을 만드는 것이었다. 그래야 제네바회담이 실패하더라도 '자유세계'의 단합을 선전하는 한편, 회담의 실패 책임을 공산 측에 돌릴 수 있었다. 문제는 이승만과 한국이 북진통일 주장을 포기하고 미국과 협조하느냐 여부였다.

이승만 대 유엔 참전국:
1954년 제네바회담의 한반도 문제 논의

1948년에서 1950년대 중반에 이르기까지 제2차 세계대전의 종전과 냉전의 도래, 핵무기 군비경쟁, 6·25전쟁 등의 국제정치 흐름은 전 세계적 차원에서 평화에 대한 갈망을 불러일으켰다.[18] 1950년 핵무기 불법화 등 반핵·반전을 내건 스톡홀름 호소문 서명운동이 전 세계적 호응을 얻은 것이나, 사회주의 진영을 중심으로 평화운동이 활발하게 전개된 데서 볼 수 있다. 1954년 제네바회담의 개최도 그 연장선상에서 이해할 수 있다. 미국은 사회주의 진영이 평화론과 평화운동을 전유하지 못하도록 막고, 스스로를 평화의 옹호자로 이미지화할 필요가 있었다. 그럼에도 불구하고, 제네바회담은 전쟁의 양 진영이 한반도 평화와 통일을 모색한다는 점에서 역사적 의의가 큰 것이었다.[19]

미국과 소련이 모두 평화와 대화를 이야기하는 1954년의 시점에, 이승만은 오히려 강경하게 그것을 반대했다. 베를린 4개국 외교장관회의가 한창 진행 중이던 2월 10일 이승만은 중국과 평화를 논의하려는 미국의 정책이 옳지 않으며, 필요하다면 단독으로 전쟁을 재개할 것이라고 주장했다.[20] 또한 베를린에서 합의한 제네바회담 개최를 '유화宥和'라고 비난했다.[21]

6·25전쟁이 실패로 돌아간 직후에도, 이승만은 왜 이렇게 강경한 입장을 내세웠을까? 한 가지 주목해봐야 할 것은 그가 양 진영의 대립을 선과 악의 대결로 인식하고, 힘으로만 공산주의를 억누를 수 있다고 여겼다는 사실이다.[22] 이승만의 서한이나 연설, 기자회견 등은 상당히 일관된 내용으로 채워졌다. 그 가운데 하나가 공산주의 세력이 남아있는 한 '평화'는 진정한 의미의 평화가 아니고, 양 진영의 충돌이 벌어질 때까지 일시적인 평화에 불과하다는 식의 인식이었다. 이승만은 따라서 공산 측과 협상으로 유지하는 평화는 유화이고, 추후 닥쳐올 재앙을 더 키울 뿐이라고 주장했다. 오히려 소련과 공산 진영이 취약한 지금 당장 무력을 동원하여 공산 측을 약화시켜야 한다고 믿었다.

이승만은 자신의 신념과 주장을 한국의 외교정책에 반영하려 했고, 특히 제네바회담같이 직접 참여할 수 없는 국제회담에도 관철하려 했다. 그것을 가능하게 할 방안 중 하나는 측근을 투입하는 것이었다. 이승만은 정부 수립 초기부터 외교 라인에 측근을 대거 투입했고, 중요한 외교문제는 철저히 자신의 구상을 한국 정부의 입장으로 관철하려 했다. 초대 외무장관으로 1923년부터 자신을 돕던 윤치영을 임명하려 했다. 윤치영을 내무장관으로 임명하면서 대신 외무장관이 된 장택상이 1948년 12월 사임하자, 오랜 기간 자신의 비서로 활동한 임병직으로 교체했다. 그 밖에 정한경 주일특사, 한표욱 주미대사관 참사, 김세선 주미대사관 참사, 남궁염 뉴욕 총영사, 윤병구 외무부 고문 등도 모두 이승만과 개인적인 친분이 깊은 인사들이었다.[23]

이들 외에도 이승만의 개인고문인 로버트 올리버Robert T. Oliver가 미국을 상대로 하는 한국 정부의 외교·선전 활동에 깊숙이 개입했다. 올리버는 펜실베이니아주립대학 연설학과Department of Speech 교수로 재직하면서, 동시에 이승만에게 개인적으로 고용된 인물이었다. 기본적으로 미국에서 주미한국대사관을 지원하면서 미국 측과 주요 협상에 참석하거나, 연설문, 언론 기고문 등을 작성하는 역할을 했다. 올리버는 어떠한 공식 직위도 없었지만, 1948년 유엔 총회, 1953년 한미상호방위조약 협상 등 중요한 회담에서 한국대표단에 합류하여 활동했다.

이승만은 올리버를 고용하면서 연봉으로 4,000~5,000달러를 지급했다. 또 올리버의 활동비도 지불했는데, 1949년의 경우 연봉을 포함하여 총 2만 달러 수준이었다. 그 밖에 이승만의 요청으로 올리버가 미국 외부로 출장을 갈 경우, 그 경비도 이승만이 부담했다. 1948년 파리 유엔 총회의 경우 비용이 무려 5,000달러에 달했다. 이승만이 개인적으로 고용한 외국인 고문은 올리버뿐만이 아니고, 제이 윌리엄스 J. J. Williams, 프레스턴 굿펠로우, 해롤드 노블, 해롤드 레이디, 존 스태거즈 등 다양한 인물들이 알려져 있다. 이들에게 지급한 자금의 출처나 규모는 불분명하다. 이승만은 한국 정부의 공식 에이전트를 임명하여 선전을 하는 대신 비밀리에 활동하려 했고, 따라서 한국 정부의 자금을 공개적으로 동원할 수는 없었을 것이다. 남궁염 뉴욕 총영사가 미국에서 집행하는 달러를 관리했다는 사실만 알 수 있다.

1954년 제네바회담 또한 중요한 국제회담이라는 점에서 이승만은 올리버를 한국대표단과 함께 파견했다. 올리버가 제네바 출장으로 손해보는 펜실베이니아주립대학 월급 2,000달러를 보전해주는 조건이었다. 대표단은 변영태 외무장관, 임병직 유엔 한국대표, 양유찬 주미 한국대사 등 외교 라인의 주요 인물을 모두 포함한 10명 규모였다.

한국대표단은 회담 초기 이승만의 북진통일 주장을 충실하게 고수했다. 북진을 노골적으로 주장하지는 않았지만, 그것을 가능하게 할 원칙들을 인정받으려 했다. 우선 4월 27일 첫 연설에서 유엔 감시하 38선 이북 지역 총선거안을 제시하여, 흡수통일을 한국의 공식 입장으로 밝혔다. 또 이승만이 무력통일을 이루기 위해 주장하던 중국군 철수도 요구했다. 변영태는 연설을 통해 '중국 침략자'들은 한반도에서 철수해야 하지만, 유엔군 철수문제는 그것과 상관이 없다고 언급했다.[24)]

공산 측은 한국 정부의 정통성을 인정하지 않았고, 또 유엔은 교전 당사자이기에 선거를 감시하는 등 한반도 통일문제에 개입할 권한이 없다는 입장을 취했다. 공산 측은 남북한의 사회단체 대표로 구성된 전조선위원회의 주관하에 남북한 총선거를 실시하는 방안을 제시했다. 또 선거에 앞서 모든 외국군이 6개월 내에 철수해야 한다고 주장했다.

한국과 공산 측이 타협의 여지가 없는 입장으로 충돌하는 가운데, 영연방의 호주는 양측 안을 중재하려 했다. 4월 29일 4차 회담에서 호주는 유엔 감시하 남북한 총선거에 한국이 동의해줄 것을 종용하면서, 동시에 공산 측의 외국군 완전 철수 대신 단계적인 철수를 제시했다.

영국과 영연방의 움직임은 미국 측이 원했던 '유엔 참전국들의 단합'을 깨는 것이었고, 따라서 미국 입장에서 바람직하지 않은 전개였다. 유엔 참전국 내부의 의견 조정은 쉽지 않았고, 호주와 뉴질랜드 등 영연방 국가들은 총선 전 외국군 동시 철수라는 공산 측 주장 쪽으로 입장이 기울기까지 했다. 미국은 미리 준비한 (2)안으로 한국과 유엔 참전국들의 의견을 모은 후 회담 종결을 서둘러야 했다. 미국에게 최선은 유엔 참전국의 단일한 의견으로 (2)안을 공산 측에 제시하고, 공산 측이 거부하면 회담의 결렬 책임을 떠넘기면서 한반도 문제의 논의를 중단하는 것이었다.

미국은 이승만을 설득해야 했다. 변영태와 한국대표단은 이승만의 지시 없이 입장을 바꿀 수 없었고, 따라서 미국의 (2)안을 지지할 수 없었다. 미국은 제네바회담의 시작과 동시에 아더 딘을 특사로 파견하여 이승만에게 회담의 진행 상황을 전달하고 관련 논의를 하도록 했는데, 그로 하여금 이승만이 (2)안에 동의하도록 설득하라고 지시했다.[25)]

이승만은 딘과 한미상호방위조약의 조약문 수정 등 자신이 희망하는 몇몇 문제를 논의했다. 그러나 그 대가로 제네바회담에서 미국과 협조할 생각은 없었다. 딘이 어떤 식으로 타협을 시도해도 이승만은 제네바회담에서 한국의 입장을 (2)안으로 바꾸는 데 동의하지 않았다. 이승만은 중국군이 철수하고 인민군이 항복하는 조건이 선행되어야 남북한 총선거를 받아들일 것이라고 고집했다.

이승만-딘 회담이 5월 3일부터 5월 21일 사이 아무런 진전을 낳지 못하면서, 제네바회담 또한 교착상태가 이어졌다. 그사이 이승만의 완고한 입장은 유엔 참전 16개국 내부에 균열과 갈등이 있다는 점을 부각시키고, 한국과 유엔 참전국 측이 한반도 문제의 해결을 실질적으로 추구하지 않는다는 인상을 주었다. 반면 북한과 중국 측은 단합하여 통일 방안을 제시하면서 자신들이 한반도의 평화적 해결을 위해 노력한다고 선전했다.[26)] 이러한 구도는 세계를 대상으로 하는 여론전에서 한국과 유엔 측이 불리하게 만들었다.

미국과 영국을 비롯하여 유엔 참전국 측은 보다 합리적으로 보일 통일안을 내놓도록 변영태와 한국대표단을 끊임없이 압박했다.[27] 한국대표단은 마침내 내부 협의 끝에 이승만의 승인 없이 재량껏 타협을 시도하기로 결정했다. 인민군 항복과 같은 비현실적 요구를 고집하는 대신, 최소한 미국 및 유엔 참전국과 한국 사이 갈등을 줄이는 외교가 필요했다. 5월 15일 변영태는 마침내 미국 측에 14개조를 제안했다. 14개조 가운데 주요 조항은 다음과 같다.

> ① 통일되고 독립한 민주 한국을 수립할 목적으로 이에 관한 종전의 유엔 결의에 의거하여 유엔 감시하 자유선거를 시행한다.
> ② 자유선거는 이러한 선거가 종래 가능하지 못했던 북한에서 시행하고, 남한에서도 그 주민의 대다수가 원한다면 이를 행한다.……
> ⑪ 대한민국 현 헌법은 전 한국 입법부에 의하여 개정되는 경우를 제외하고는 계속하여 그 효력을 갖는다.
> ⑫ 중국군은 선거일 1개월 전에 철수를 완료한다.
> ⑬ 유엔군의 한국으로부터 점진적 철수는 선거 전에 개시할 수 있으나, 통일 한국 정부의 전 한국에 대한 효과적 통제가 달성되고 유엔이 그것을 인증할 때까지 완료해서는 안 된다.
> ⑭ 통일되고 독립한 민주 한국의 영토 보전과 독립은 유엔이 보장한다.[28]

변영태는 14개조로 이승만의 기존 입장을 상당 부분 반영하면서도, 미국 및 유엔 참전국 측과 갈등을 줄이고자 했다. 1조와 2조에서 드러나듯 변영태는 유엔 감시하 남북한 총선거로 전 한국 입법부all-Korea legislature를 수립하는 방안을 제시하되, 남한의 경우 주민들의 다수가 희망할 경우에만 선거를 시행한다는 조건을 달았다. 미국의 (2)안에 담긴 남북한 총선거를 받아들이는 동시에, 북한만 대상으로 선거를 시행할 여지를 남겨두려는 시도였다. 12조와 13조는 외국군 철수와 관련한 이승만의 입장을 반영했다. 중국군은 선거 한 달 전 완전히 철수해야 하고, 유엔군은 선거 이후까지 남아있어야 했다. 대신 이승만이 고집하던 '인민군 항복'조건은 넣지 않았다.

변영태 안은 중국군 단독철수를 주장한다는 점에서 여전히 미국의 (2)안과 상당한 의견 차이를 보였다. 특히 영국, 영연방 등은 유엔군의 철수 없이 중국군의 철수만 요구하는 게 비현실적이라는 입장이었다. 그럼에도 불구하고 미국은 이승만이 주장하던 '인민군 항복' 부분이 빠졌다는 점에서 변영태 안이 한국 측으로부터 이끌어낼 수 있는 최선의 제안이라고 여겼다. 중국군 철수는 원래 정전회담의 의제에 외국군 철수가 포함되어 있었기에 주장할 수 있는 부분이었다. 반면 한국대표단이 인민군 항복을 함께 요구한다면, 한국이 협상 중단과 북진을 공개적으로 선언하는 것이나 마찬가지였다. 미국이 가장 피해야 할 상황이었다.

변영태는 미국과 협의를 거쳐서 마침내 5월 22일 11차 회담에서 수정한 14개조[29]를 제출했는데, '인민군 항복'조건의 삭제 등 일부는 이승만의 승인을 얻지 않은 상태에서 수정을 강행했다. 2조의 경우

"남한 주민의 다수가 동의할 경우"라는 내용을 삭제하고, "한국 헌법의 절차에 따라" 남북한 총선거를 실시한다고 수정했다. 12조와 13조는 원안대로 유지하여 중국군의 선거 전 철수와 유엔군의 선거 후 철수를 요구했다.

변영태 안은 38선 이북 총선거라는 흡수통일의 핵심 원칙을 포기했고, 남북한 총선거를 받아들였다. 다만 "한국 헌법의 절차에 따라 실시한다"는 내용을 넣음으로써, 이승만 정부를 선거 실시의 주체로 했다. 형식적으로는 유엔 결의안에 따라 남북한 총선거를 시행하되, 실질적으로는 이승만 정부 중심의 흡수통일을 추구할 수도 있도록 구성했다. 미국의 제안에 따라 수정한 이 문구는 한국과 유엔 참전국의 이견을 교묘하게 봉합했다.

변영태와 한국대표단은 이승만의 입장을 고수해서는 회담에서 얻을 것이 없었기에 미국과 협조를 선택했다. 회담이 길어질수록 한국과 미국, 유엔 참전국들 사이 외교적 분열만 깊어졌고, 단일한 움직임을 보이는 공산 측의 입장만 유리해졌다. 이승만은 자신의 북진통일 주장과 직결된 흡수통일 원칙, 중국군 철수와 인민군 항복을 고수했는데, 전쟁이 정전으로 끝난 상황에서 비현실적으로 보일 조건이었다. 이는 공산 측 대표단뿐만 아니라 미국과 유엔 참전국들조차 지지를 거부한 주장이었다. 한국대표단이 이승만의 지시를 고수한다 해도, 이승만의 요구사항 관철은 불가능했다.

이승만은 언론 보도로 변영태의 14개조 제안을 구체적으로 알게 되었고, 인민군 또는 북한 공산주의자들의 항복을 조건으로 넣지 않았다고 분노했다. 이승만은 변영태를 소환하고 제네바회담에서 한국

대표단을 철수하는 대응까지 고려했다. 그러나 이미 엎질러진 물이었다. 변영태 안은 한국대표단의 입장으로 회담에서 공식적으로 제안되었고, 전 세계 언론이 그 내용을 보도했다. 브릭스 주한미대사는 이승만에게 동맹국들이 변영태 안을 환영하는 상황에서 한국대표단을 철수시킬 경우 심각한 영향을 미칠 것이라고 설득했다. 이승만은 결국 당분간 상황을 지켜보겠다는 입장을 취했다.[30)]

공산 측은 당연히 변영태 안을 거부했고, 유엔 대신 동수의 공산국과 비공산국으로 구성된 감시위원회를 통해 선거를 시행하는 방안을 제시했다. 미국은 공산 측의 변영태 안 거부를 명분으로 유엔 참전국에 한반도 문제 논의 중단을 설득했다. 1954년 6월 15일 마침내 한국을 포함한 16개국은 공동으로 회담 철수를 발표했다. 16개국은 공동선언[31)]으로 한반도 문제 논의가 무산된 책임을 공산 측에 돌렸다.

변영태와 한국대표단의 타협과 14개조 덕분에 미국은 한국과 유엔 참전국 사이 갈등의 격화를 모면하고, 계획대로 제네바회담의 한반도 문제 논의를 결렬시킬 수 있었다. 그동안 이승만이 흡수통일 원칙, 중국군 철수와 인민군 항복 등 북진통일과 직결된 주장을 고수하면서 일었던 견해 차이와 갈등을 일단 봉합하는 데 성공했다. 이로써 제네바회담의 한반도 논의는 일단락되었지만, 그 과정에서 있었던 한미 갈등은 후폭풍으로 계속 이어졌다. 한반도 문제 종결은 변영태와 대표단의 타협으로 인해 가능했던 것이지, 이승만과 미국 사이 이견이 조정된 결과가 아니었기 때문이었다.

이승만은 미국과 대립을 그대로 이어갔다. 미국은 이승만을 워싱턴에 초청하여 '한반도 문제의 평화적 해결' 원칙과 정전 준수를 약속 받으려 했고, 그 대가로 군사 원조, 경제 원조 및 한미상호방위조약의 발효를 제시하려 했다. 미국은 양측이 약속할 내용을 한미합의의사록으로 문서화했고, 이승만과 협상하려 했다. 반면 이승만은 1954년 7월 27일 아이젠하워와 회담에서 북진통일을 다시금 설득하려 했고, 미국의 '평화적 해결' 원칙을 격렬하게 거부했다. 이승만은 7월 28일 미국 상·하원 합동연설에서 미국과 중국의 전면전을 공개적으로 주장하는 '폭탄 발언'을 터뜨렸다. 이승만의 연설은 핵무기 사용이나 소련과 충돌까지 감수해야 하는 것으로, 제3차 세계대전을 각오하자는 충격적인 내용이었다. 아이젠하워 정부와 함께 미국 정계의 이승만에 대한 반응이 싸늘해지는 순간이었다. 이어 이승만은 백두진과 손원일 등으로 하여금 한미합의의사록 협상을 맡도록 하고 귀국했다. 이승만이 없는 상태에서 이뤄진 의미 없는 협상이었다. 백두진과 손원일에게는 재량권이 없었고, 어떤 합의가 이뤄져도 이승만이 승인하지 않으면 무효화될 것이었다. 실제 협상은 서울로 이어져야 했다.[32)]

서울의 한미합의의사록 협상 또한 험난했다. 양측 실무진의 협상은 우선 한국의 북진통일 주장과 미국의 평화적 해결 주장으로 부딪쳤다. 이어 원-달러의 고정환율, 대한 원조 액수(10억 달러 대 7억 달러), 한미 간 협의에 의한 군사 원조물자 조달 등 세 가지 문제를 둘러싸고 이견을 좁히지 못했다. 양측의 협상은 한국의 유엔군 대여금 지급 중단과 미국의 유류 공급 중단이라는 보복조치가 이어진 후, 한국 측이 사실상 항복하는 것으로 끝났다. 한국이 그나마 관철한 것은 미국 측 한미합의의사록 초안에 담긴 "평화적 수단을 통해서 한국 통일을 지지한다"는 내용의 삭제였다. 실질적인 성과는 아니었다.

한미합의의사록 체결은 마침내 북진통일 문제를 둘러싼 한미 간의 공개적인 충돌을 일단락지었다. 그리고 미국이 한미상호방위조약의 비준서 교환에 동의함으로써 마침내 한미동맹의 성립으로 이어졌다. 그러나 동맹 간 손상된 신뢰를 되돌릴 수는 없었다. 미국은 동맹 성립 후에도 한국군의 작전통제권을 계속 쥐고, 한국군과 밀접한 관계를 맺어 한국의 북진을 막을 일정한 통제력을 확보하려 했다. 상호 신뢰가 아닌 통제를 중심으로 하는 동맹의 시작이었다.

상실한 평화의 기회: 북진통일의 유산

이상에서 살펴본 것처럼, 이승만의 북진통일 주장은 정전협정 체결과 한미상호방위조약 합의에서 멈추지 않았다. 일단 정전협정의 체결과 적대행위 중지가 이뤄진 상황에서, 유엔군과 공산군 양측 모두 전쟁의 재개를 원치 않았다. 3년간 막대한 희생과 비용을 치른 결과물이 6·25전쟁 정전협정이었다. 그런데도 이승만은 제네바회담 개최 전부터 정전은 일시적인 것이고, 한반도 문제를 다루는 정치회담이 실패로 돌아가면 전쟁을 재개해야 한다고 주장했다.

나아가 이승만은 제네바회담에서 한국대표단으로 하여금 38선 이북 총선거를 골자로 하는 흡수통일의 원칙을 고수하도록 했고, 중국군 철수 및 인민군 항복이라는 비현실적인 요구사항까지 덧붙였다. 그러면서 영국 및 영연방 등 유엔 참전국과 대립했고, 미국과도 갈등을 빚었다. 한국의 입장은 제네바회담의 진행 자체를 방해했다. 유엔 참전국 측과 공산 측의 회담은 중단된 상태에서, 미국이 한국과 다른 유엔 참전국 사이를 중재하려는 움직임만 이어졌다. 미국의 입장에서 최선은 유엔 참전국 내부 갈등을 봉합하고, 회담을 적당히 결렬시키는 것이었다. 한국이 강경한 태도를 고수하는 한, 회담은 어떠한 현실적 결과를 낳을 수 없었다. 실제 미국은 변영태를 설득하여 유엔 참전국 내 입장 차이를 적당히 갈무리하는 데 성공했고, 이후 곧바로 회담의 결렬을 이끌어냈다.

제네바회담의 사례에서 드러나듯, 이승만의 북진통일은 결코 한미상호방위조약의 체결이나 군사·경제 원조를 얻기 위한 대미 협상용 카드에 그치지 않았다. 한미동맹 수립 이후에도 북진통일은 대미외교와 대외정책의 주요 기조였고, 미국 및 유엔 참전국과 불필요한 갈등을 야기하는 요인 중 하나였다. 또한 제네바회담이라는 중요한 국제회담에서 한국이 적극적으로 움직이지 못하게 제약하는 요소였다.

제네바회담은 한반도 문제에 영향력을 끼칠 수 있는 주요 강대국들이 대거 참석했다는 점에서 분명 중요한 기회였다. 한국은 구체적이고 합리적인 통일안을 제시하여 주요 강대국들의 지지를 확보하고, 통일 논의의 주도권을 잡아야 했다. 통일을 진정으로 추구하려면, 중립화 통일과 같이 강대국들의 이해관계를 조정할 방안을 제시해야 했다. 오스트리아식이든 무슨 방식이든 합리적인 방안을 제안할 기회였다.

그러나 이승만의 북진통일 주장이 한국 측 입장으로 그대로 관철되면서, 한국은 설득력 있는 제안을 전혀 내놓지 못했다. 오히려 회

1953년 6월 25일 이승만 대통령이 중앙청 광장에서 개최된 '6·25 북진통일의 날 국민대회'에서 연설하는 모습이다. 이승만은 당시 진행 중이던 정전협정 협상을 두고 "남북 분열을 국제조약으로 인정"하는 것이자, 중국군의 북한 "점령을 허가"하는 것이니 한국이 "사형선고를 받는 것"이라고 주장했다. 또한 "우리라도 싸움을 계속할 기회를 달라고 요구"했다. *출처: 국사편찬위원회 전자사료관.

1954년 7월 28일 이승만 대통령이 미 상·하원에서 연설하는 모습이다.
이승만은 7월 27일 아이젠하워와 정상회담에서 한반도 통일과 관련한 '비밀 군사계획'을 제안하려 했으나, 아이젠하워는 논의를 거부했다. 다음 날 연설에서 이승만은 "소련의 수소폭탄은……먼저 미국의 대도시에 떨어질지도 모를 일"이라며, 미·중 전쟁 등 공산세력 약화를 위한 군사 조치를 촉구했다.
*출처: 국가기록포털 한미동맹 70주년 기념 특별 사진전.

담 내내 한국, 미국과 유엔 참전국 내부의 갈등만 키웠다. 반면 공산측은 단일한 입장 아래 민족 자주와 평화적 해결 등을 원칙으로 내세우면서 세계 여론을 대상으로 활발한 활동을 할 수 있었다.

무엇보다도 한국은 제네바회담에서 통일문제의 기본 원칙조차 합의를 끌어내지 못했다. 예컨대 1971년 남북회담에서 합의한 자주·평화·민족대단결 수준의 원칙조차 세우지 못했다. 제네바회담에서 남북한 및 주요 강대국이 이러한 원칙에 합의했다면, 추후 구체적 통일안을 논의할 기반을 마련할 수 있었다. 그러나 이승만의 북진통일 고수는 이 모든 것을 불가능하게 했다. 평화를 유화라고 주장하며, 선과 악의 이분법을 밀어붙이는 데에는 대화와 협상의 여지가 없었다. 오히려 남북한의 적개심만 더 자극할 수 있었다. 이런 면에서 제네바회담은 한국의 입장에서 '상실한 평화의 기회'였다.

4. 1950년대 이승만 정부의 유엔 가입 시도와 남북한 동시가입론의 대두*

◎ 류기현

유엔 가입문제와 남북한의 체제 경쟁

유엔 가입은 1948년 이래 대한민국 정부의 가장 중요한 외교적 목표 중 하나였다. 유엔에 회원국으로 가입한다는 것은 국제 사회에서 합법적인 주권국가로 공인받는 것을 의미했기에, 북한과 체제 정통성 경쟁을 벌여야 했던 한국은 그 누구보다도 유엔 가입을 간절히 원했다.[1)] 특히 1948년 제3차 유엔 총회 195(III) 결의안을 근거로 "유엔이 승인한 한반도의 유일 합법 정부"라고 주장한 한국 정부의 입장에서 유엔 가입은 국가 정체성과 직결된 가장 중요한 외교적 과제 중 하나였다.[2)]

한국 정부는 1991년 제46차 유엔 총회에서 북한과 더불어 유엔에 가입하기까지 40년이 넘는 세월 동안 여러 차례에 걸쳐 유엔 가입을 시도했다. 주유엔대한민국대표부가 정리한 바에 따르면 한국 정부는 최초로 유엔 가입을 신청한 1949년부터 1991년 이전까지 "단독 명의로 5회, 우방국 주도로 5회 가입을 시도"할 정도로 정력적으로 유엔 가입을 추진했다.[3)] 1960년대까지 한국 정부는 스스로를 한반도의

'유일 합법 정부'로 규정하며 유엔 단독 가입을 추진했지만, 1973년 '6·23선언'을 기점으로 북한과의 동반 가입 또한 용인한다는 정책으로 전환했다.[4)] 그러나 안보리 상임이사국 소련의 거부권 행사, 남북한 동시 가입에 대한 북한의 부정적 태도 등으로 한국의 유엔 가입은 난항을 겪었고, 탈냉전의 와중인 1991년 9월에 이르러서야 북한이 160번째, 남한이 161번째 유엔 회원국으로 가입했다.

이처럼 해방 이후 유엔 가입문제는 한국 외교사 및 남북한 체제 경쟁을 이해하는 데 중요한 주제이지만, 1991년 남북한 유엔 동시 가입을 제외한 다른 부분에 대한 한국 사회의 관심은 적다. 즉 1991년 가입 과정에 대해서는 많은 연구와 회고담이 있지만, 1949년부터 1991년 이전까지 한국 정부가 여러 차례 유엔 가입을 시도한 사실은 크게 주목받지 못했다. 이 시기 한국의 유엔 가입 시도를 단순한 선전적 행위 내지는 '외교 실패'로 치부했기 때문일 것이다.

그러나 1991년 이전 한국의 유엔 가입 시도는 단순한 '외교 실패'가 아니라, 이 과정에서 남북한을 별개의 국가적 실체로 인정하는 '두 개의 한국' 논의 및 남북한 유엔 동시가입론이 태동하는 배경이 되었다는 점에서 주목해야 한다. 또한 한국 정부가 1973년 6·23선언을 기점으로 남북 동시 가입을 공식 수용하기 훨씬 이전부터 국제 사회에서는 남북한 유엔 동시 가입 주장이 나왔고, 특히 이러한 주장이 뜻밖에도 1950년대 중·후반 냉전의 적대국인 소련을 통해 처음 등장한 사실에 주목해야 한다.

이 글은 1991년 이전 한국 정부의 유엔 가입 시도를 역사화하는 작업의 일환으로 1950년대 중·후반 이승만 정부의 유엔 가입운동을 살펴본다. 당시 이승만 정부는 '유엔 가입 추진운동'이라는 대규모 대중 운동과 외교적 노력을 병행하며 유엔 가입을 적극 시도했다. 1950년대 이후에도 유엔 가입 시도는 간헐적으로 있었지만, 일반적인 외교 교섭뿐만 아니라 대규모 대중운동까지 전개하며 유엔 가입을 추구한 것은 이 시기가 유일하다.[5] 이 글은 유엔 가입 추진운동의 배경과 전개 과정, 운동의 역설적 귀결로서 남북한 유엔 동시가입론이 등장하는 과정, 그것이 남긴 역사적 유산은 무엇인지 추적해본다.

1,000만 명을 동원한 유엔 가입 추진운동

한국이 처음 유엔 가입을 시도한 것은 1949년이다. 정부 수립 직후 한국은 1949년 1월 19일 고창일 외무장관 서리 명의로 유엔 가입 신청서를 유엔 사무총장에게 제출했다.[6] 한국의 첫 번째 가입 신청은 안보리에서 찬성 9표, 반대 2표를 얻었지만 반대 표 중 한 표가 상임이사국인 소련의 표였던 관계로 가입은 좌절되었다.[7] 이에 대응하는 차원에서 북한도 외무상 박헌영 명의로 가입 신청을 제출했으나 안보리에서 2대 9로 부결되었다. 1949년 11월 4차 유엔 총회는 한국이 헌장 4조에 따른 유엔 가입 자격을 갖추었음을 확인하고 안보리에 한국 가입 신청의 재심을 요구하는 296(IV)호 결의안을 통과시켰으나 실질적인 결과는 얻어내지 못했다.[8] 1951년 12월 한국 정부는 장면 국무총리 명의로 사무총장에게 유엔 가입을 요청하는 서한을 다시 발송했지만 별다른 진전은 없었고, 1955년까지 한국의 가입문제는 유엔 총회나 안보리에서 본격적인 논의 없이 답보상태에 빠져 있었다. 안보리에서 소련의 거부권을 넘어설 방법을 찾지 않는 한 한국의 유엔 가입은 현실적으로 어렵다는 것이 국내외의 지배적인 전망이었다.

한국 정부는 유엔 가입에는 실패했으나 1949년에 유엔 산하 전문기구 중 하나인 WHO에 가입하면서 뉴욕 유엔 본부에 상주 옵서버 대표부를 설치할 자격을 얻었고, 뉴욕 옵서버 대표부를 기반으로 유엔 외교를 전개했다.[9)] 그러나 한국은 유엔 정회원국이 아닌 관계로, 분단의 당사자임에도 불구하고 매년 유엔 총회에서 열린 '한국문제' 토의에 참가하려면 회원국의 결의를 거쳐 별도의 초청 절차를 밟아야 하는 등 불편을 겪었다. 보편성의 원칙에 따라 헌장을 준수할 의지와 능력이 있는 모든 국가가 가입하는 유엔에서 계속 소외되었다는 사실은 분명 커다란 외교적 약점이었다.

그런데 한국 정부는 1956년 초부터 강력한 유엔 가입 의사를 밝히며 전방위적인 노력을 전개하기 시작했다. 1956년 3월 조정환 외무장관은 덜레스 미 국무장관에게 각서를 보내 한국 정부가 유엔의 승인을 받은 유일 합법 정부인 만큼 미국이 한국의 가입을 다시 한번 추진해 달라고 공식 요청했다.[10)] 1956년 7월에는 주미대사 양유찬이 국무부 극동 담당 차관보 로버트슨을 만나 유엔 가입을 추진해줄 것을 요청했고, 이후 1956년 여름부터 연말까지 한국 관료들은 여러 차례에 걸쳐 미국에 한국의 유엔 가입을 위한 강력한 노력을 촉구했다.[11)]

왜 1956년이라는 시점에 한국 정부는 적극적인 유엔 가입 공세에 나섰을까? 첫째, 1955년 10차 유엔 총회에서 16개국이 새로 유엔 회원국으로 가입한 사실을 들 수 있다. 보편성의 원칙에 따라 유엔 헌장 4조가 제시한 조건을 갖춘 국가들은 모두 회원국이 될 수 있음에도 불구하고, 미소 냉전의 격화에 따라 회원국 가입에 대한 상임이사국의 거부권 사용이 빈번해지면서 1950년 9월 인도네시아가 가입한 이래 5년 동안 한 국가도 유엔에 가입하지 못했다. 교착상태가 장기화하자 서방 진영과 공산 진영 양측이 패키지 딜 같은 정치적 해결책을 동원하여 회원국 가입문제를 해결해야 한다는 목소리가 높아졌다. 그 결과 양 진영의 합의하에 1955년 12월 8일 10차 총회는 '통일문제'가 없는 18개 신청국의 가입 신청을 검토해줄 것을 안보리에 요청하는 918(X)호 결의안을 통과시켰다. 즉 남북한, 남북베트남, 동서독 등 정치적 합의가 어려울 것으로 예상되는 분단국가들을 제외한 나머지 가입 신청국 전부를 일괄 가입시키자는 방안이었다. 18개국 중 안보리에서 소련이 거부권을 행사한 일본, 대만이 거부권을 행사한 몽골을 제외하고 나머지 16개 국가들의 가입이 성사되며 유엔 회원국은 60개국에서 단숨에 76개국으로 증가했다. 안보리에서 18개국 가입에 대한 표결을 실시하기 직전 대만 대표는 한국과 남베트남의 가입 신청도 검토해달라는 기습적인 발의를 제기했지만 소련의 거부권 행사로 좌절되었다.

이처럼 16개국이 정치적 타협으로 유엔에 일괄 가입한 사실은 한국 정부를 자극하는 요인이 되었던 것으로 보인다. 10차 유엔 총회가 끝난 직후 《조선일보》는 "우리의 유엔 가입문제에 대해서 행정부와 국회는 어떠한 열의를 보였으며 재외 사절들은 무슨 노력을 하였는가"라고 비판하면서 "시급히 올바른 외교정책을 수립"할 것을 주문하는 등 한국이 유엔 가입에서 소외된 데 대한 비판적인 여론이 상당했다.[12] 5년간 지속된 신규 회원국 가입의 교착상태가 해소됨으로써 한국 정부는 어떤 식으로든 유엔 가입을 위한 적극적인 행동을 취하지 않을 수 없는 상황에 놓였다.

둘째, 일본이 1956년에는 유엔에 가입할 것이라는 전망이 한국 정부로 하여금 강력한 행동에 나서도록 자극했다. 일본의 하토야마 이치로 내각은 1955년부터 소련과의 국교 회복을 위한 강화협상을 시작했다. 1955년 12월 10차 유엔 총회가 일본을 포함한 18개국 일괄 가입안을 통과시켰음에도 불구하고 소련은 몽골 가입에 대한 대만의 거부권 행사에 보복하는 차원에서 안보리에서 일본의 유엔 가입에 대한 거부권을 행사했다. 그러나 소련이 일본과 강화협상을 진행 중인 만큼 1956년 11차 총회에서는 일본 가입에 거부권을 행사하지 않을 것이라는 전망이 나오고 있었다.[13]

반일주의를 핵심 통치이념 중 하나로 삼았던 이승만 정권은 일본의 유엔 가입 가능성을 예의주시했다. 이미 1955년 초부터 이승만 정권은 하토야마 내각이 소련과의 강화협상뿐만 아니라 중국과의 경제교류, 북한과의 민간교류 등 사회주의권에 대한 접근을 시도하자 관제시위를 통해 "용공 일본"을 강력하게 규탄하고, 1955년 8월에는 대일 통상 및 여행 금지조치를 발표하는 등 일본과 각을 세웠다.[14] 이승만 정권은 일본의 '침략성'과 '용공성'을 강조하면서 일본의 안보위협을 줄기차게 강조했다. 그러한 이승만 정권의 논리 속에서 한국이 가입하지 못한 유엔에 일본이 회원국으로 가입하는 것은 결코 방관할 수 없는 일이었다.

1956년 4월 조정환이 주한미대사관 측에 "미국이 일본의 유엔 가입을 추진하는 것과 똑같은 에너지로 한국 가입을 추진해달라"고 요청하는 등 한국 정부는 일본의 유엔 가입 동향을 민감한 시선으로 관찰했다.[15] 1956년 10월 일본과 소련의 전쟁상태를 공식 종결하는 일소 공동선언의 발표로 일본의 유엔 가입이 목전에 다가오자, 11월 한국은 타이페이 주재 대사를 통해 대만 정부에 일본 가입에 대한 거부권 행사를 요청했지만 뜻을 이루지 못했다.[16]

이러한 배경에서 추동된 이승만 정권의 유엔 가입 노력을 가장 잘 보여주는 것이 1956년 7월부터 1957년 초까지 전국적인 대중운동으로 전개된 '유엔 가입 추진운동'이다.[17] 유엔 가입을 위해 전 국민적인 대중운동을 전개한 것은 1991년 유엔 가입이 실현되기 전까지 이때가 유일무이한 사례다. 유엔 가입 추진운동은 국회의 발의로 시작되었다. 1956년 7월 16일에 열린 국회 정기회의에서 국회 외무위원장을 맡은 자유당의 박영출 의원은 유엔 가입을 위해 전 국민적인 운동을 전개하자는 결의안을 제출하면서 다음과 같이 발언했다.[18]

> 일본은 거의 거족적인 운동을 1년 전부터 전개해가지고 그자들 자신의 판단으로나 대략 국제 외교가들의 정통된 이야기는 아마 금년 제11회 유엔 총회에서 일본 유엔 가입은 실행될 것이 아니냐 하는 말이 돌고 있는 것입니다. 만일 일본이 대한민국보다도 유엔에 가입이 먼저 된다고 하는 사실을 우리가 꿈에서라도 이것을 상기한다고 하면 실로 비분강개를 금할 수 없겠습니다.……우리 국회로서는 무슨 문제보다도 우리의 생명을 걸어놓고도 대한민국은 일

본보다도……우리가 먼저 유엔에 가입을 보아야 할 것으로 우리는 결사적으로 이를 결심하고 해나가야 할 줄 압니다.……유엔가입국민운동 촉진을 위해서……국민 각계각층을 망라한 강력한 추진위원회를 만들어서 이 임무를 수행시키도록 부탁해보자는 이 생각이 올시다(밑줄은 인용자).

만약 일본이 한국보다 먼저 유엔에 가입하게 된다면 "실로 비분강개를 금할 수 없는 일"이라는 박영출의 발언은 반일주의의 실천으로서 유엔 가입운동이 갖는 의미를 직설적으로 보여주었다는 점에서 주목할 만하다.

외무위원회 결의안이 국회에서 만장일치로 통과됨에 따라 유엔 가입운동을 추진하기 위한 각종 조직이 구성되었다. 먼저 1956년 7월 20일 윤치영을 위원장으로 하는 유엔 가입 촉진 국회특별위원회가 구성되어 전국조직의 결성을 준비했다.[19] 8월 8일에는 유엔 가입 추진 전국위원회가 공식 결성되었는데, 위원장에는 국회의장 이기붕, 부위원장에는 조병옥, 윤치영, 조경규, 홍성수, 임영신 등이 선임되었다.[20] 이승만 정권의 2인자였던 이기붕을 비롯해 위원장·부위원장에 선임된 인사들의 면면은 유엔 가입운동에 대한 이승만 정권의 큰 관심을 보여줌과 동시에 이 운동이 강력한 관제운동으로 추진될 것임을 시사했다.

유엔 가입 추진 전국위원회는 국민을 상대로 한 계몽선전 활동, 강연 등도 계획했지만 가장 핵심적으로 추진한 사업은 '1,000만 명 서명운동'이었다. 1,000만 국민의 서명을 받아 11차 유엔 총회에 참석할 한국 대표를 통해 유엔에 전달한다는 계획이었다. 전국위원회는 서명운동의 원활한 진행을 위해 1956년 8월 말~9월 각도에 위원회를 결성하고 군·면 지부 결성도 추진했다. 전국위원회는 9월 25일부터 10월 10일까지를 서명운동 기간으로 정하는 한편, 군중집회 장소 및 동·이장, 통·반장 조직 등의 기층 행정조직을 최대한 활용하여 서명을 수집하게 했다.[21]

전국적인 관제운동의 결과 한국 정부는 11차 유엔 총회에 유엔 가입을 호소하는 1,000만 명의 서명을 보낼 수 있었다. 1956년 12월 20일 한국 정부는 뉴욕의 유엔 본부로 1,000만 국민의 서명을 담은 유엔 가입 진정서를 전달하였는데, 주미한국대사관의 진정서를 전달하는 데만 12대 이상의 트럭이 동원되었다.[22]

이승만 정권은 다가올 11차 총회에서 한국 유엔 가입의 가능성이 있으며, 유엔 가입 추진운동이 그런 가능성을 키울 것이라며 운동의 의미를 강조했다. 1956년 8월 11일 유엔 주재 대사 임병직은 귀국 담화에서 "한국이 유엔에 가입할 수 있는 기회는 대단히 증대"되었으며, 소련의 거부권이라는 방해 요소가 있지만 "기술적인 면, 도의적인 의무관계 및 합법적인 수속 등 제문제에 있어서 한국은 유리한 입장"이라고 주장했다.[23] 그는 또한 현재 벌어지고 있는 "거국적인 국민운동"이 "유엔 가입의 가능성을 증대시킬 것"이라며 유엔 가입 추진운동을 호평했다.

소련의 거부권 행사에 대한 대응과 관련하여 한국 정부 관계자들은 첫째, 총회에서 압도적 다수표를 획득하면 안보리의 검토를 거치지 않을 방법이 있을 것이라고 주장했다. 1956년 11월 양유찬은 로버트슨을 만난 자리에서 "총회에서 3분의 2 찬성표를 획득하면 안보리 검토가 필요하지 않을 것"이라며 총회의 압도적 여론으로 소련의 거부권 행사를 기각하자고 주장했다.[24] 둘째, 한국은 신회원국 가입의 기본 규정인 헌장 4조의 적용 대상이 아님을 주장하자는 견해가 있었다. 1956년 7월 국회가 유엔 가입 추진운동을 처음 발의하는 자리에서 박영종 의원은 "우리나라가 유엔에서 탄생되었고 유엔에서 승인한 나라이고 유엔에서 수호한 나라"인 만큼 한국과 유엔 간에는 다른 국가와 구분되는 특수관계가 존재하므로, 이를 근거로 한국은 회원국 가입을 위해 안보리 결정을 요구하는 헌장 4조의 적용 대상이 아님을 강조해야 한다고 주장했다.[25]

그러나 이러한 주장들은 실현 가능성이 낮았다. 사실 신규 회원국 가입만큼은 안보리 상임이사국의 거부권 행사 대상이 되어서는 안 된다는 주장은 한국만의 고유한 주장은 아니었고, 1946년 이래 호주 및 일부 라틴아메리카 국가들이 비슷한 주장을 한 적이 있었다.[26] 그러나 다수의 유엔 회원국들은 상임이사국의 거부권을 무시하는 행위는 유엔 헌장에 위배된다고 보았고, 미국 또한 거부권의 무력화에 대해서는 소극적이었다.[27] 소련의 거부권 무력화는 또 다른 상임이사국인 미국 자신의 거부권 무력화로도 이어질 수 있기 때문이었다. 《조선일보》, 《동아일보》 등 당시의 주요 언론들 또한 유엔 가입운동의 취지는 환영하면서도 "유엔 가입의 현실적 방도가 무엇인지 알기 어렵다"며 의문을 표했다.[28] 〈한국의 유엔 가입은 가능한가〉라는 글을 《한국일보》에 발표하여 유엔 가입 가능성에 공개적으로 의문을 제기한 외무부 정무국 3등서기관 신동영이 파면 처분을 당한 일도 있었다.[29]

이처럼 현실적으로 안보리에서 소련의 거부권을 넘을 방법이 없는 한 한국의 유엔 가입은 사실상 불가능했고, 이승만 정권의 고위층 또한 대외적 언설과는 달리 내부적으로는 유엔 가입이 현실적으로 어렵다는 사실을 인정했다. 유엔 가입 추진운동이 한참 진행 중이던 1956년 10월 초 이승만의 개인고문이자 한국 정부의 유엔 외교에도 광범위하게 개입했던 올리버는 이승만에게 보낸 서한에서 "사실 나는 러시아가 거부권을 행사하는 한 대한민국이 유엔에 가입하지 못할 것이란 사실을 우리 모두가 알 것이라고 생각"하지만 "대한민국은 유엔 가입을 요구하지 않을 수 없으며", 유엔 총회에서 "가능한 한 많은 표를 획득하는 것이 중요하다"고 언급했다.[30)]

올리버의 언급에서 읽을 수 있듯이 이승만 정권의 현실적인 목표는 유엔 가입을 실현하는 것이 아니라 총회 내 서방 진영의 수적 우위를 활용하여 세계 여론이 한국의 유엔 가입을 지지한다는 상징적인 결의안을 얻어내는 것이었다. 1950년대까지 유엔에서 소련이 직접적으로 통제할 수 있는 사회주의 국가는 10개국이 채 되지 않은 반면, 미국은 영연방 및 라틴아메리카 국가들의 지지를 바탕으로 견고한 수적 우위를 구축한 상황이었다.[31)] 1956~1957년 국면에서 유엔 가입문제는 북한과의 경쟁에서 유일 합법성 확보문제, 그리고 무엇보다 반일주의의 실천이라는 측면에서 이승만 정권의 핵심적 통치 이데올로기와도 연결되었다. 이 때문에 이승만 정권은 어떤 식으로든 유엔 가입과 관련한 제스처를 취할 필요가 있었는데, 관제운동으로 여론을 동원한 다음 유엔 총회 내 서방 진영의 압도적인 수적 우위를 활용해 결의안을 얻어냄으로써 최소한 상징적인 성과를 얻어낼

수 있는 방안을 선택했다고 볼 수 있다.[32)]

유엔 가입 추진운동의 역설적 귀결: 남북한 유엔 동시가입론의 등장

그런데 한국의 유엔 가입 노력에 키를 쥐고 있던 미국의 태도는 전반적으로 소극적이었다. 미국은 북한, 중국, 북베트남, 몽골 등의 가입을 양보하지 않는 한 소련이 한국 가입에 동의할 가능성이 없다고 보았다.[33)] 1956년 3월 조정환의 각서에 대해 덜레스는 미국이 한국 가입을 위해 앞으로도 최선을 다하겠으나 한국의 빠른 가입은 소련의 존재로 쉽지 않다는 원론 수준의 답변을 보내왔다.[34)] 1956년 7월부터 12월까지 한국 정부는 미국 측에 여러 차례에 걸쳐 유엔 가입을 추진해달라고 요청했지만 그때마다 미국은 상황을 지켜보자는 말로 직접적인 답변을 회피했다.

미국은 1955년 10차 총회의 결과에 대해 부담을 느꼈다. 10차 총회 당시 18개국의 일괄 가입을 추진하는 과정에서 다수 회원국은 소련의 거부권 행사가 확실시되는 상황에서는 한국이나 남베트남 등 논란이 될 수 있는 국가들의 가입을 추진해서는 안 된다는 견해를 표명했기 때문이다.[35)] 즉 거부권 행사로 유엔 내 분열을 야기할 가능성이 큰 분단국가의 가입문제를 적극적으로 밀어붙이지 말아야 한다는 것이 상당수 회원국의 견해였다. 한국의 가입 추진은 미국으로서는 일정한 정치적 부담을 떠안아야 하는 일이었던 것이다. 미국은 총회 결의안을 통해 한국과 남베트남의 가입 자격을 재확인하는 조치는 두 국가의 가입에 대한 회원국들의 전반적인 지지의 정도를 검토하고 결정해야 한다고 보았다.[36)]

11차 총회가 한창 진행 중이던 1957년 1월 중순 미국은 태도를 바꾸어 한국과 남베트남의 가입을 추진하는 쪽으로 선회했다. 회원국의 예상 표결에 대한 분석을 진행한 결과 한국의 가입문제를 총회에 상정할 경우 라틴아메리카 국가들의 지원, 대부분의 유럽 국가들, 그리고 일부 아프리카·아시아 국가들의 지지를 바탕으로 3분의 2 찬성표를 획득할 수 있을 것이라고 판단했기 때문이다.[37)] 미 국무부는 뉴욕의 유엔 총회 대표단에 한국의 유엔 가입을 호의적으로 재검토할 것을 요청하는 결의안을 총회 특별정치위원회에 제출하라는 지시를 내렸다.[38)] 1월 23일부터 특별정치위원회는 한국과 남베트남의 가입 검토를 안보리에 요청하는 13개국 공동결의안을 검토하기 시작했다.[39)]

그런데 변수가 발생했다. 1월 24일 특별정치위원회에서 소련이 남북한과 남북베트남의 동시 가입을 제안한 것이다. 소련은 이 국가들의 동시 가입이 분단국가들 간 상호 접촉과 통일을 촉진할 것이라고 주장하였는데, 소련의 유엔대사 소볼레프가 발언한 내용의 핵심적인 부분을 옮겨보면 다음과 같다.[40)]

> 조선과 베트남에는 상이한 정치·경제 구조를 지닌 두 개의 별개 국가들이 존재한다.……조선과 베트남을 통일할 수 있는 유일한 방법은 두 지역의 분단국가들이 각각 상호 신뢰를 형성하는 것이다. 다른 방법으로, 특히 강대국 정치가 개입된다면 현재의 분단은

불가피하게 영구화될 것이며 긴장도 증대될 것이다. 조선이나 베트남의 어느 한쪽만 가입시킨다면 유엔은 동등한 권리에 입각한 통일의 기회를 파괴하게 될 것이다. 그래서 소련은 조선과 베트남의 가입을 검토할 때가 무르익지 않았다고 본다. 그러나 본 위원회가 이 문제를 논의하자고 주장한다면, 조선민주주의인민공화국과 남조선, 그리고 베트남민주공화국과 남베트남의 동시 가입을 검토하는 형태가 되어야 할 것이다. 이로 인해 관련 국가들은 상호 접촉을 실행하고 관계 회복을 추구하게 될 것이므로, 이 국가들의 통일을 촉진하는 데 도움이 된다. 그런 접근은 헌장의 정신에 완전히 부합한다(밑줄은 인용자).

유엔 동시 가입 제안은 소련의 기존 입장을 감안하면 커다란 입장 전환이었다. 그간 소련은 한국의 유엔 단독 가입 시도에 대해 한국 정부는 "외국 점령 당국이 세운 괴뢰정부"라며 가입 자격이 없다는 단호한 태도를 견지했다.[41] 소련은 분단국가의 가입은 "분단을 영속화하고 평화통일에 지장을 준다"며 남북한의 유엔 가입 또한 통일 이후에 이루어져야 한다고 주장했다. 물론 소볼레프가 북한·북베트남에 대해서는 각각 "조선민주주의인민공화국"과 "베트남민주공화국"으로 정식 국호를 호칭한 반면 대한민국·베트남공화국은 "남조선"과 "남베트남"이라고 호칭하며 온도 차를 보이기는 했지만, 그럼에도 "두 개의 별개 국가들"의 존재를 명시적으로 언급한 것은 기존 입장과는 확연히 구분되는 것이었다.

소련의 남북한 동시 가입 제안은 '두 개의 조선(한국)'을 사실상 수용한다는 것을 의미했다. 소련은 흐루쇼프 집권 이후 대외적으로 '평화 공존'을 표방하며 자본주의 진영과의 긴장 완화를 모색했다. 분단국가들을 대하는 소련의 정책에도 변화가 있었는데, 소련은 1955년 9월 동독과 상호관계 조약을 체결하는 동시에 서독과도 외교관계 정상화에 합의하며 '두 개의 독일'을 추구하는 모습을 보였다.[42] 이미 '두 개의 독일'을 인정한 소련은 한반도에서도 마찬가지로 상황이 허락된다면 '두 개의 한국'을 인정할 수도 있다는 의사를 내비친 것이다.

'한반도 유일의 합법 정부'를 자임하는 남한 정부는 당연히 동시가입을 수용하지 않았다. 유엔 총회 대표단의 일원으로 뉴욕을 방문한 조경규 국회부의장은 성명을 통해 "유엔 가입문제에 있어 소위 '보따리 흥정'의 일부가 되거나 그러한 흥정을 절대로 수락하지는 않을 것"이라며 명백한 반대 의사를 밝혔다.[43]

소련의 우방인 북한의 속내는 보다 복잡했다. 소련의 동시가입안은 '하나의 조선'을 내세운 북한의 입장과는 충돌한다는 점에서 북소관계에 폭발성 있는 사안이 될 가능성이 컸다. 북한은 일단 표면적으로는 소련의 제안을 지지한다는 의사를 밝혔다. 동시가입안이 나온 3일 뒤인 1957년 1월 27일 자 《로동신문》 사설은 소련의 제안이 "남북의 접근과 조선에서의 긴장상태를 완화하는 데 도움이 될 것"이라며 찬성 의사를 밝혔다.[44] 그러면서도 사설은 동시가입안이 '하나의 조선' 논리에 배치되는 것임을 의식한 듯 소련의 제안이 '두 개의 조선'을 영구화하는 것이 아니라 "조선 인민이 자기 손으로 평화적 통일을 달성하도록 함에 도움을 주려는 것"임을 강조했다. 몇 달 후인 1957년 5월 북한 외무성 참사 전동혁은 소련대사관 참사관 쉐스테리코프를 만난 자리에서 한반도의 합법 정부는 조선민주주의인민공화국이 유일하므로 유엔 동시가입안을 납득할 수 없다며 불편한 심기를 표출했다.[45] 동시가입안은 남한의 국가적 실체를 인정할 수 없는 북한 입장에서는 무척 불편하고 불온한 주장이었다.

이처럼 당사자인 남북한은 모두 소련의 동시 가입 제안을 수용하지 않았지만, 소련이 안건을 제기한 유엔특별정치위원회 현장에서는 적지 않은 반향이 있었다. 1957년 1월 28일에는 인도와 시리아가 남북한과 남북베트남에 국한하지 않고 모든 신규 가입 신청국들의 가입을 검토해달라고 안보리에 요청하는 합동결의안을 제시했다.[46] 이들은 자신들의 제안이 거부당하면 소련의 동시가입안을 지지하겠다고 선언했다. 중립국으로 분류되는 국가들 또한 동시 가입 제안에 공명하기 시작한 것이다. 서방 진영의 일부 국가들 또한 인도-시리아안에 동요하는 모습이 관찰되었다.[47] 한국 정부가 야심차게 추진한 유엔 가입운동이 오히려 남북한 동시가입안이라는 예상치 못한 대응을 불러왔고, 그에 대한 유엔 내 각국의 반응 또한 한국 입장에서는 심상치 않은 측면이 있었던 것이다.

그럼에도 1957년 1월 30일 특별정치위원회는 안보리에 한국과 남베트남의 가입 검토만을 주장하는 서방 측 13개국의 결의안을 다수결로 통과시켰고, 소련의 동시가입안은 통과되지 못했다. 서방 진영의 견고한 수적 우위 때문에 가능한 결과였다.

그러나 구체적인 표결 결과는 한국 정부에 실망을 안겨주었다. 찬성과 반대가 각각 45표·8표였는데 기권표가 찬성표의 절반에 가까운 22표가 나온 것이다. 당시까지 유엔에서 이루어진 한국 관련 표결에서 전례 없는 사례였다. 특별정치위원회를 통과한 한국·남베트남 가입 결의안은 2월 28일 총회 본회의 표결을 거쳐 1017(XI)호 결의안으로 확정되었지만, 이때도 찬성 40, 반대 8, 기권 16이라는 결과가 나왔다.[48] 표결 직전까지 한국 정부는 3분의 2 득표를 자신했고, 미국 또한 그와 비슷한 수준의 득표를 예상했지만 두 나라의 자신감과는 무색하게 80개 회원국 중 절반 정도만 한국의 단독 가입을 지지한 것이다.[49] 이는 한국 정부의 선전과는 달리 '한반도의 유일 합법 정부'라는 논리가 국제 사회의 보편적 지지를 받기는 쉽지 않다는 것을 보여주었다. 비록 통과되지는 못했지만 남북한을 동등한 국가로 인정하는 것을 전제로 하는 소련의 동시가입안에 공명하는 국가들이 나타나는 등, 유엔 가입 추진운동까지 전개하며 전방위적인 노력을 벌인 한국 정부 입장에서는 실망스러운 결과였다. 언론 또한 이 결과에 대해 비판적이었는데, 《경향신문》은 한국의 유엔 가입 노력은 "세계 여론의 압도적인 지지를 구하는" 것이 목적임에도 불구하고 다수의 기권표가 발생한 것을 문제삼으면서 외교적 노력의 부족을 질타했다.[50]

한국 정부는 유엔 가입 표결 결과에 충격을 받았고, '유일 합법성' 논리를 지키고 북한과의 경쟁에서 우위를 점하기 위해서는 중립국 외교가 필요하다는 사실을 절감했다. 특별정치위원회 표결 직후 조정환 외무장관은 "가까운 장래에 중립주의를 표방하는 외국의 국민들과 친하려는 의도를 갖고 있다"며 중립국 외교를 추진하겠다는 의사를 표명했다.[51] 이미 1956년 양유찬 주미대사가 라틴아메리카 국가들을 순방하며 대미외교 일변도를 벗어나 보려는 움직임을 보였지만, 조정환의 중립국 외교 선언 이후 한국 정부는 동남아시아·중동·

아프리카 지역에 친선사절단을 파견하여 움직임을 가속화했다. 이에 1957년 3~5월에는 남베트남 공사 최덕신이 이끄는 동남아시아 사절단이, 5월~6월에는 김정렬이 이끄는 중동·아프리카 사절단이 파견되었다.[52)]

그간 이승만 정부는 미수교국이 주일대사에게 주한대사를 겸임시키는 방식의 수교를 제의할 경우 이를 모두 거부했다. 이 또한 이승만 정부의 반일적 태도 때문이었으나, 1959년 3월 이승만 정부는 처음으로 주일스웨덴대사의 주한 겸임공사 발령을 수용하고 국교를 수립했다.[53)] 한국에 별도 공관을 설치하기가 현실적으로 쉽지 않은 중립국과의 접촉면을 넓히기 위해 기존의 외교 원칙을 수정한 것이다. 유엔 가입 추진 과정에서 국제정치의 현실을 체감한 결과였다.

11차 총회가 한국 가입 재검토를 요구하는 결의안을 통과시켰음에도 불구하고 결국 한국의 가입은 실현되지 못했다. 1017호 결의안에 따라 공은 안보리로 넘어갔지만, 1957년 9월 9일 열린 안보리 회의에서 소련은 또다시 한국 단독 가입에 거부권을 행사했다. 1957년 10월 25일 12차 유엔 총회는 한국과 남베트남이 유엔 가입 자격이 있음에도 소련의 거부권 행사로 가입하지 못했음에 유감을 표하고 두 국가의 유엔 가입 자격을 다시 확인하는 1144(XII)호 결의안을 통과시켰지만, 한국의 가입 추진 동력은 이미 상당 부분 소진되었다.

1958년 13차 총회에서도 한국은 가입문제를 총회 의제로 올리고자 했다. 그러나 미 국무부는 총회에서 한국 가입을 위한 조치를 시도할 경우 "소련의 대응을 야기할 것"이며 "그 과정에서 북한의 위상만 높아질 것"이라고 한국의 시도에 명확하게 선을 그었다.[54)] 즉 총회에서 한국의 가입문제를 제기하면 소련은 또다시 남북한 동시가입론으로 대응할 것이며, 이는 유엔 회원국 여론에 영향을 줄 수 있으므로 아예 이 문제를 제기하지 않는 것이 낫다는 판단이었다. 그럼에도 한국 정부는 총회 의제로 제기가 불가능하다면 안보리에서라도 가입문제를 제기해달라고 강력히 요구했다. 한국 정부의 강력한 요구에 따라 미국은 1958년 12월 9일 영국, 프랑스, 일본과 더불어 안보리에 한국 가입문제를 제기했으나 예상대로 소련은 거부권을 행사했다.[55] 1959년 14차 총회에도 한국은 가입문제를 총회 의제로 제기해달라고 수차례 요구했지만, 미국은 1958년의 2·4파동, 1959년의 조봉암 사형 등 민감한 정치적 문제들 때문에 한국에 대한 국제 사회의 지지를 장담할 수 없다며 거부했다.[56] 중립주의 성향의 신생 독립국들이 회원국으로 가입하면서 유엔 내에서 새로운 세력으로 부상하기 시작한 시점에서 미국이 굳이 위험을 떠안고 한국의 가입을 추진할 이유는 없었던 것이다.

유엔 가입 추진운동의 유산, 그리고 북한의 '적대적 두 국가' 선언

1950년대 중·후반 한국의 적극적인 유엔 가입 시도는 성과보다는 상처를 남겼다. 한국 정부가 자신한 총회의 3분의 2 득표에 실패했을 뿐더러, 남북한 동시가입안의 등장이라는 예상치 못한 '역효과'를 만난 것이다. 반공주의와 더불어 반일주의를 국민 동원과 사회 통제의 수단으로 활용한 이승만 정부는 일본의 유엔 가입 움직임에 어떤 식으로든 대응해야 했고, 그 결과가 유엔 가입 추진운동이라는 대중운동이었다. 한국 정부의 궁극적 목표는 유엔 단독 가입을 통해 자신의 '유일 합법성'을 실체화·제도화하는 것이었고, 현실적으로 그것이 불가능한 상황에서 최소한 유엔 총회에서 '압도적'인 찬성표를 얻어 상징적 승리를 쟁취하고자 했으나 결국은 실패했다.

소련의 남북한 동시 초청안 등장 이후 미국은 한국의 유엔 가입 시도에 더욱 소극적으로 나왔고, 미국이 움직이지 않는 상황에서 한국 정부에 주어진 선택지는 국제적 상황이 호전되기를 기다리거나, 동시가입안을 받아들이는 것뿐이었다. 1991년 남북한 동시 가입이 실현되기 전까지 안보리에서는 한국의 가입문제가 간헐적으로 논의되었지만, 1957년을 마지막으로 전체 회원국이 집결한 총회에서는 한국의 유엔 가입을 촉구하는 결의는 나오지 않았다. 한국 정부의 유엔 가입운동은 한국 정부가 주장하는 "유엔이 승인한 한반도의 유일 합법 정부"라는 논리가 국제 사회에서 보편적 지지를 받기 어렵다는 것을 역설적으로 증명했고, 이는 한국 정부가 결국 북한과의 장기적 공존 및 북한의 국가적 실체를 수용하는 방향을 선택하게 될 것임을 예견했다고도 볼 수 있다. 한국의 유엔 단독 가입 시도가 좌절된 과정은 표면적으로는 냉전구조 속에서 발생한 외교 실패의 사례였지만, 동시에 한국이 '두 개의 한국'의 현실을 불가피하게 인정하는 계기로도 작동했다.

최근 북한의 대남·통일 정책 변화는 1950년대 중·후반 남북한 유엔 동시가입론과 '두 개의 한국' 논의의 역사적 위치를 다시 묻게 한다. 김정은 국무위원장은 2023년 12월 말 제8기 제9차 당중앙위원회 전원회의에서 "북남관계는 더 이상 동족관계, 동질관계가 아닌 적대적인 두 국가 관계, 전쟁 중에 있는 두 교전국 관계로 완전히 고착되었다"고 선언하고, 대남·통일 정책 관련 기구들의 전면적 개편을 지시했다.[57] 분단 고착화의 가능성을 거론하며 남북한 유엔 동시 가입에 오랫동안 반대했고, 냉전 이후에도 '하나의 조선' 논리를 강하게 고수했으며, "우리 민족끼리"를 내세웠던 북한의 전통적 입장에서 이탈을 선언한 것이다. 북한의 "두 적대국가" 선언이 북한의 대남·통일 정책의 근본적·불가역적 전환을 의미하는지, 아니면 현재의 경색된 한반도 주변 질서에 대한 일시적 대응인지는 아직 분명하지 않은 듯하다. 북한의 '두 적대국가' 담론이 향후 어떻게 구체적인 정책으로 구현되느냐에 따라 1950년대 유엔에서 본격적으로 공론화되기 시작한 '두 개의 한국' 논의에 대한 역사적 평가도 유동적으로 변화할 것이다.

5. 한국전쟁과 국제적십자위원회의 '인도주의'

◎ 신유진

국제적십자위원회의 '중립성'

러시아와 우크라이나의 전쟁이 장기화되는 상황에서, 볼로디미르 젤렌스키Volodymyr Zelensky 우크라이나 대통령은 국제적십자사를 거세게 비난했다. 젤렌스키는 2022년 10월 러시아의 올레니우카 수용소 포격으로 수십 명의 포로가 죽임을 당했을 때, 국제적십자위원회International Committee of the Red Cross(이하 ICRC)[1]의 대표단 파견을 요청했으나 이루어지지 않았다고 비판했다.[2] 그리고 다음 해 6월에는 노바 카호우카 댐의 붕괴로 침수된 지역을 살피면서, "그들은 그곳에 없다They aren't there"라며 국제적십자위원회와 유엔을 비난했다.[3]

적십자가 우크라이나 포로들을 위해 충분히 노력하지 않는다는 젤렌스키 대통령의 비난이 겨냥한 것은 바로 적십자의 '중립의 원칙principle of neutrality'이다. 이에 현 국제적십자위원회 총재 미르야나 스폴야릭Mirjana Spoljaric은 적십자가 우크라이나와 러시아에 있는 수백 명의 포로를 방문했다고 언급하면서, 이는 적십자가 엄격하게 중립을 고수했기 때문에 가능했다고 주장했다. 중립의 원칙은 오로지 인간의 편을 들기 위한 것으로, 적십자는 전시의 모든 교전국과의 대화를 통해 희생자들의 처지를 개선하기 위해 노력하고 있다고 발언했다.[4)]

'중립'이 〈국제적십자운동 기본 원칙〉[5)]으로 명시된 것은 1965년이지만,[6)] 적십자의 정체성 그 자체였다. 그러나 그만큼 지켜내기 힘든 가치였다. 특히 냉전기는 적십자의 중립이 비난받고 흔들리던 시기였다. 그럼에도 적십자는 두 차례 세계대전에서 겪은 한계를 극복하고자 1949년 새로운 제네바협약을 탄생시켰다. 세계적으로도 평화와 인도주의를 수호하려는 1948년 12월의 '세계인권선언Universal Declaration of Human Rights'과 1950년 3월의 '스톡홀름 호소문Stockholm Appeal'이 열렬한 호응을 얻었다.[7)] 그러나 자유주의 진영과 공산주의 진영은 자유나 평화 등의 가치를 점유하기 위해 경쟁하기 시작했다. 그런 때에 발생한 6·25전쟁은 인도주의를 어떻게 지켜낼 수 있는지를 시험해볼 수 있는 중요한 무대였다. 특히 국제적십자위원회가 한반도에서 인도주의 구호를 전개하기 위해 어떤 노력을 펼쳤고, 그 위상과 한계가 어떠했는지 냉전의 영향과 연관지어 살펴보고자 한다.

먼저 1장에서는 제2차 세계대전 이후 국제적십자위원회의 위상을 살피고 6·25전쟁에서 당면한 과제가 무엇이었는지 살펴본다. ICRC가 남한과 북한에서 인도주의 구호 활동을 펼치기 위해 어떤 노력을 했는지 확인한다. 그리고 그 과정에서 드러난 구호 활동의 한계가 양 진영의 비협조와 불신에서 기인했음을 밝혀낸다. 2장에서는 제18차 국제적십자회의International Conference of the Red Cross and Red Crescent에서 6·25전쟁과 관련된 2개의 결의안이 채택된 성과와 한계, 의미를 분석한다. 그러나 제18차 회의에서도 드러난 ICRC의 불안정한 지위는 여러 한계를 보여주었으나 구호 활동은 계속되었음을 강조한다. 주요 자료로는 국제적십자위원회 문서관이 제공하는 성명 Communiqué이나 일반 활동 보고서, 회의록, 보고서 등을 활용하였다. 특히 Collection des Communiques de Presse는 ICRC가 공식적으로 발표한 성명을 담고 있는 자료로 조직의 입장을 확인하기 용이하였다.

남북한 전쟁희생자들을 위해 ICRC가 펼친 인도주의 구호 노력

제2차 세계대전의 종결은 인도주의 단체에 또 다른 시작을 의미했다. 전쟁에서 드러난 구호 활동의 문제점들을 개선하기 위한 노력이 전개되었다. 가장 오래된 인도주의 단체 중 하나인 국제적십자운동(이하 적십자)도 마찬가지였다.

스위스의 청년실업가 앙리 뒤낭Jean-Henri Dunant이 1859년의 솔페리노 전투를 목격하고 나서 1863년에 조직한 '국제부상자구호위원회International Committee for Relief to the Wounded'[8]에서 기원한 적십자는 세계대전에서 유의미한 역할을 일궈내며 1917년과 1944년에 노벨 평화상을 수상했다.[9] 그러나 여전히 조직의 역량은 부족했고, 찬사와 비난을 동시에 받고 있었다. 특히 국제부상자구호위원회를 근원으로 하는 국제적십자위원회는 논란의 대상이었다.

ICRC에 대한 극단적인 평가의 이유로는 주 활동이 연합군에 치중되어 있었고, 나치 독일의 전쟁범죄에 대해 맡은 바 책무를 수행하지 못했기 때문이었다. 특히 소련은 히틀러의 제3제국하에서 소련군 포로들의 비인간적인 억류상태에 대해 ICRC가 침묵한 점을 맹렬히 비난했다.[10] 그리고 스위스의 영세 중립주의에 기반하여 위원 전체를 스위스 국민으로 선출한다는 적십자의 규약은 오히려 문제가 되었다.[11] 즉 당시 스위스 정부가 동유럽 공산주의 국가들과 동맹을 맺지 않아 비난받고 있었기 때문이다.[12] 제2차 세계대전 이후 스위스의 중립성이 의심받는 가운데, 국제적십자위원회와 스위스 정부의 과도하게 밀접한 관계는 미국으로부터도 강하게 비판받았다.[13] 즉 스위스 시민들로만 운영되는 국제적십자위원회의 규약은 오히려 비민주적이고 중립적이지 못하다는 비판의 근거로 작용한 것이다. 당시 ICRC는 중립적이고 독립적인 '중재자'로서의 역할에 대해 꾸준히 의심받았다.

국제적십자위원회의 "중립적이고 독립적인 기구"라는 성격은 선언만으로 가능한 것이 아니었다.[14] 적십자의 기본 원칙에 따르면, "힘의 자원이 없는 적십자로서는 인도적 사명의 수행을 위해 모두에 대한 신뢰의 확보는 필수적인 것이며, 신뢰는 적십자의 생명인 것이다."[15] 제1, 2차 세계대전에서 ICRC에 대한 신뢰는 상당히 제한적이었고 때문에 '중립'은 완전하지 않았다. 1948년에 취임한 폴 루게Paul Ruegger ICRC 총재는 조직의 친서방적인 성격을 완화하여 중립성을 확립하고자 애썼다.[16] 하지만 냉전이 찾아왔다.

냉전이 도래했음에도 새롭게 탄생시킨 1949년의 제네바협약은 ICRC의 중대한 성과이자, 인도주의에 대한 세계적인 염원의 표출이었다. 제네바협약은 적십자를 표상하는 핵심 요소로서 적십자 기구와 함께 발전했다. 1864년 8월 외교회의에서 채택된 최초의 제네바 협약은 육전에서의 부상자 및 병자에 대한 보호를 명시한 10개의 조문이었다. 이어서 1906년에 해상에서의 부상자 및 병자, 조난자에 대한 제2협약, 1929년에 포로의 대우에 관한 제3협약이 추가되었다. 그리고 1934년 초안이 작성된 민간인 보호에 관한 제4협약까지 포함되어, 1949년 8월 12일 제네바 외교회의에서 〈제네바 4개 협약Geneva Conventions of 12 August 1949 for the Protection of War-Victims〉이 제정되었다.[17] 이는 세계대전의 참상을 토대로 기존 협약을 개선하고 처음으로 민간인 보호를 명시한 새로운 차원의 협약이었다.

이후 1년도 안 되어 발발한 6·25전쟁은 전쟁희생자에 대한 보호를 제도적 장치로써 강화한 1949년의 제네바협약이 제대로 작동할지를 확인할 수 있는 무대였다. 그리고 주요 교전국들이 제네바협약을 비준하지 않은 때였기에, 협약의 미래가 걸린 일이기도 했다. 특히 향후 공산권에서의 적십자 활동을 위한 초석을 확립하는 데 더욱 중요했다. 만약 북한이 ICRC의 역무service 제공을 거절한다면, 새로운 제네바협약이 약화할 것이 우려되었다.[18] '이데올로기적 중립'[19]을 준수해야 하는 적십자에 이념전의 성격이 강한 6·25전쟁은 이후 냉전기 동안 ICRC의 역할과 위상이 어떠할지 보여주는 중요한 선례가 될 것이었다.

ICRC의 남북한 활동 제안과 결과

국제적십자위원회는 한반도에서 전쟁이 발발했다는 소식을 듣자마자, 남한과 북한에 ICRC의 역무 제공을 제안하는 공식 요청을 보냈다. ICRC는 제네바협약 제3조에 따라 비국제적인 충돌일 경우에도 공평한 역무 제공을 제안하면서, 비록 남북한이 1929년 협약과 1949년 협약의 가입국, 비준국이 아닐지라도, 인도적 원칙의 적용을 막아서는 안 된다며 제네바협약의 준수를 촉구했다.[20] 그에 따라 남한에는 홍콩 주재 ICRC 대표 프레데릭 비에리Frédéric Bieri가, 북한에는 팔레스타인 주재 ICRC 대표단장 자크 드 레이니에Jacques de Reynier가 ICRC 대표로 임명되었다. ICRC는 미국에도 역무 제공을 제안했다.[21]

7월 3일 남한에 도착한 비에리는 이승만 대통령을 만나 인도주의적 원칙의 준수를 약속받았다.[22] 이에 딘 애치슨Dean Acheson 미 국무부 장관은 미국이 인도주의적 원칙을 따를 것이라고 확약했다. 한편 맥아더 유엔군 사령관도 제네바협약을 준수하겠다고 선언했다.[23] 한편 레이니에는 북한 정부의 허가를 받지 못해 남한에 체류하고 있었다.[24] 그러던 중 북한은 7월 13일 유엔 사무총장에게 제네바협약을 따를 것이라는 전보를 보냈고, 유엔 사무총장은 이를 ICRC에 전달했다.[25] 당시 북한은 ICRC를 유엔 휘하의 기구로 간주하고 있었다. 이에 ICRC는 유엔으로부터의 독립성을 증명하는 것이 중요함을 인지하고 당시 유엔 사무총장 트리그브 리Trygve Lie에게 우려를 전달했다. 이에 리 사무총장은 ICRC가 독립적인 기반 위에 북한과 협조할 수 있도록 ICRC에 대한 지지 표명을 중단했다.[26] 그러나 ICRC를 친서방적인 유엔 기구로 인식하는 공산권의 편견을 불식시키기에는 부족했고, 이는 ICRC의 한반도 구호 활동에 제약을 가져왔다.

국제적십자위원회는 북한 정부와 접촉하고자 다양한 방법을 활용했다. 먼저 6월 28일 스위스 베른에 있는 소련공사관에 ICRC 대표단의 북한 입국을 위한 통과사증transit visa을 요청하는 서한을 보냈다. 그러나 소련은 북한이 입국비자를 내줄 때까지 통과사증을 발행해줄 수 없다고 거절했다. 중국에도 동일한 요청을 했으나, 역시 북한의 허가 없이는 불가하다는 답변을 받았다.[27] 한편 레이니에는 라디오를 통해 북한에 입국 가능한 장소와 시간을 알려달라고 요청했다. 게다가 루게 총재까지 나서서 공식적으로 제네바협약 적용의 긴요성을 강조하고, 북한에 ICRC 대표단의 입국 허가를 요청했다. 물론 루게는 성공확률이 희박하다는 것을 잘 알고 있었으나 ICRC가 아무 노력도 하지 않는다고 여겨지는 것보다 낫다고 판단한 것이다.[28] 그러나 9월 말까지도 ICRC 대표의 북한 입국비자 문제는 해결되지 않았다.[29] 결국 ICRC는 레이니에를 남한대표단에 배치했다.[301]

그렇다고 북한에 대표단 파견을 위한 국제적십자위원회의 노력이 중단된 것은 아니었다. ICRC는 전보나 편지, 라디오 등의 다양한 수단을 통해 북한에 꾸준히 연락을 시도했고, 1951년 12월 10일까지 그 횟수가 200회를 넘었다.[31] 중국홍십자회(중화인민공화국의 적십자사)에도 수차례 협력을 요청했으나, 중국홍십자회는 북한의 허가가 있기 전에는 어떠한 역할도 할 수 없다고 거절했다.[32] 북한의 지원 허가가 언제 날지 기약이 없던 때였지만, ICRC는 언제든지 신속한 구호물자 분배가 이루어질 수 있도록 홍콩 등지에 구호물자를 장기간 저장해놓았다.[33]

그리고 국제적십자위원회는 전쟁 초부터 '안전지대'를 만들자고 제안하기도 했다. 즉 공·해상의 폭격을 비롯한 모든 적대행위로부터 전쟁포로와 민간인을 보호할 수 있는 지대를 만들자는 것이었다.[34] 이는 제네바협약의 '제14조: 병원 및 안전을 위한 지대 및 지구'에 의거한 것으로, 관계국의 협정 체결과 ICRC의 주선을 명시하고 있다.[35] 국제적십자위원회가 전적으로 지원하겠다고 한 안전지대 제안에 대해 공산군은 아무런 답도 하지 않았다.[36]

이러한 공산군의 비협조와 그로 인한 한반도에서의 ICRC의 불공평한 활동은 유엔군 참전국들의 불만을 자아냈다. 첫째로, 가장 중대한 문제는 공산군이 주장한 유엔군의 제네바협약 위반의 진상을 확인할 수 없다는 점이었다. ICRC는 위반 사례에 대한 조사위원회의 구성을 여러 번 제안했으나, 공산군은 전부 거절했다.[37] 당시 제네바협약 위반 주장을 둘러싼 공산군과 유엔군의 대응은 매번 유사하게 전개되었다. 공산군은 유엔군의 제네바협약 위반을 제기했고, 이에 유엔군은 본인들이 제네바협약을 준수하고 있다고 반박하며 남북한에 공정한 조사가 이루어져야 한다고 주장했다. 그러자 공산군은 자신들이 제네바협약을 잘 지키고 있기 때문에, ICRC가 와서 할 일이 없다고 반박했다.

이 레퍼토리가 반복되는 동안, 국제적십자위원회는 유엔군의 협약 위반 사례를 꾸준히 보고받았다. 1950년 7월 초부터 동부 유럽의 적십자사와 중국홍십자회는 민간인과 북한적십자사 건물에 대한 유엔군의 폭격을 고발했다. 그리고 북한의 유사한 불만사항들이 말리크Y. A. Malik 주유엔소련대사를 통해 유엔에 접수되었고, 특히 의무대 공격과 같은 협약 위반 사례들은 ICRC에 통보되었다.[38] 이에 미국은 공산권의 정치적 선전이라 주장하며 위반 사실을 부인했다.

두 번째로는 중앙정보포로국Central Prisoners of War Agency의 운영에도 부정적인 영향을 끼쳐 미국을 비롯한 유엔군 참전국들이 분개했다. 국제적십자위원회는 스위스 본부에 중앙정보포로국을 창설하고, 교전국들이 보내는 포로 색인카드를 기반으로 수집한 정보를 포로들의 본국에 보내는 임무를 수행했다.[40] 그러나 전쟁 3년 동안 북한이 외무상 박헌영의 이름으로 보낸 포로 명단은 1950년 8월 18일과 9월 15일의 110명이 전부였다.[41] 이후 국제적십자위원회는 간접적으로 유엔군 포로에 대한 정보를 수집할 수밖에 없었다. ICRC는 홍콩에서 중국 라디오 방송을 통해 1951년 말까지 1,955명의 정보를 취합할 수 있었다.[42] 그러나 국제적십자위원회는 그 정보의 진위조차 제대로 확인할 수 없는 처지였다. 이는 ICRC의 역할 수행에 상호성이 결여되었음을 의미했다.

당연하게도 공산군 수중의 유엔군 포로에 대한 구호도 불가능했다. 미국과 영국 적십자사는 자국 포로들을 위해 마련한 구호품—음식 꾸러미, 의료 키트 등—을 분배할 수 있는지 ICRC에 문의했다. 이에 ICRC는 1950년 11월 6일 북한 외무성에 전보를 보내 문의했으나, 답신은 없었다.[43] 1951년 11월에는 미국적십자사가 ICRC에 미군 포로들을 위한 물품 목록을 보내며 분배 방법에 대해 물었으나, 국제적십자위원회로서는 달리 방도가 없었다.[44] 당시 북한과 중국은 ICRC의 구호 제안을 철저하게 무시하고 있었다.

이에 분노한 미국 정부는 ICRC에 더 적극적인 정책을 요구하는 등 국제적십자위원회를 강하게 압박했다.[45] ICRC는 자신들의 "명백한 무능함"을 지적하는 미국을 자극하지 않는 선에서 중립을 지키고

자 노력했다. 한 예로, 1952년 2월 거제도 포로수용소에서 포로 송환 희망여부 재조사 중에 포로들과 수용소 당국이 충돌했을 때를 들 수 있다.[46] ICRC 대표단은 사건에 대한 보고서를 작성하여 양측에 보내려 했다. 그런데 유엔군사령부는 이 사건이 북한과는 무관하다며, 보고서를 북한에 보내지 않기를 원했다. 국제적십자위원회는 보고서를 공정하게 양측 교전세력에 보내야 하는 의무가 있기에, 보고서를 북한에 보내지 않으면 비난받을 것이 자명했고, 그렇다고 양쪽에 보고서를 보내면 미국이 분노할 것이었다. 결국 ICRC는 어느 쪽에도 보고서를 보내지 않고 출판하기로 결정했다.[47]

민간인 구호 권한을 얻기 위한 ICRC 남한대표단의 노력

미국의 국제적십자위원회에 대한 불신은 ICRC 남한대표단의 활동에도 영향을 미쳤다. 모든 제네바협약을 준수하겠다는 미국의 선언과 달리, 남한에 파견된 ICRC 대표단의 권한은 제3협약 내로 제한되고 제4협약에 명시된 민간인 구호에 대한 자율권은 주어지지 않았다. 전쟁기 동안 남한에서 민간인 구호는 유엔안전보장이사회가 채택한 결의안 제85호(1950. 7. 31)를 통해 통합사령부가 독점했고 1950년 12월부터는 유엔군사령부 특별참모부 보건복지부를 모태로 하는 주한유엔민간원조사령부United Nations Civil Assistance Command in Korea(이하 UNCACK)가 원조물자를 전반적으로 관리·분배하는 역할을 맡았다. UNCACK으로 민간 원조 권한이 위임되기 전인 1950년 9월 말, 국제적십자위원회는 남한대표단에 독립적인 구호에 대한 허가를 받기 위한 협상을 지시했다. ICRC는 자신들의 구호 활동이 독립적이고 중립적이어야 함을 강조하고, 유엔의 감독 없이 ICRC의 독자적인 구호가 이루어진다면 북한에 ICRC의 유용함을 증명할 수 있을 것이라 여겼다.[48] 국제적십자위원회는 자신들의 '예외'가 인정되기를 기대했으나, 통합사령부는 그를 인정하지 않았다.[49]

이후 ICRC는 지속적으로 유엔군사령부와 미 국무부에 독자적인 구호작전의 허가를 요청했다. 1951년 1월 14일 루게 총재는 제네바협약에 따른 모든 활동을 할 수 있도록 허가해달라는 제안서를 유엔 사무총장과 미 국무부에 보냈다. 그럼에도 허가가 나지 않자 남한에 파견된 대표가 유엔군의 신임을 받지 못한 것이 문제라고 생각하여, ICRC는 9월 레이니에 대신 오토 레너Dr. Otto Lehner를 임명했다. 그러나 여전히 유엔군사령부는 민간인 구호에 대한 ICRC의 권한을 허가하지 않았다.[50] 이에 국제적십자위원회는 민간인 구호 권한을 유엔에 빼앗긴 점이 위험한 선례를 남긴 것이라고 평가했다.[51]

ICRC 남한대표단의 권한이 제한된 배경에는 미 국무부와 유엔군사령부·국방부 간의 의견 대립이 존재했다. 1951년 10월 리지웨이Matthew B. Ridgway 유엔군 사령관은 루게의 4개 협약에 대한 ICRC 권한 승인 요청을 워싱턴과 논의 없이 거부했다. 당시 국무부는 승인이 이루어지지 않으면 많은 사람이 미국이 제네바협약을 준수하지 않는다고 여길 것이며, 이는 공산주의자들의 선전에 힘을 실어줄 것이라고 경고했다.[52] 그러나 국무부의 계속된 승인 요청에도 불구하고, 국방부의 허가는 나지 않았다. 군사작전을 수행하는 유엔군사령부와 국방부 입장에서 ICRC의 인도주의 활동은 방해가 될 뿐이었다.

이는 1952년 5월 28일 브래들리Omar Bradley 장군과 콜린스Joseph

Lawton Collins 장군의 비망록에서도 드러난다. 브래들리는 공산주의자들의 비난을 반박하기 위해 중립국들을 확보해놓는 것이 필요하다면서 인도와 스위스를 언급한 반면, ICRC는 배제했다. 콜린스는 이에 동의하면서 ICRC를 믿어서는 안 된다고 답했다. ICRC가 포로수용소에서 포로를 통제하는 데 사용하는 수단들—음식 공급을 중단한다거나 진탕 수류탄concussion grenades을 사용하는 것 등—을 반대하고 있었기 때문이었다.[53] ICRC는 미국의 편이 아니었고 적십자의 인도주의는 전쟁을 효율적으로 수행해야 하는 입장에서 그저 비효율적이고 불필요한 것이었다.

미국의 인도주의는 ICRC의 인도주의와 달리 그 대상을 구별했다. 미국은 한반도에서 '반공 인도주의'라는 헤게모니 깃발을 들고 군사작전을 우위에 둔 대민 통제로서 민사 활동을 전개했다.[54] 즉, 미국의 인도주의하에서 피란민은 구호 대상이 아니라 감시와 통제의 대상으로, 방해가 될 경우 제거해도 무방한 존재였다.[55] 그런 미국의 입장에서 "전쟁터에서 부상자를 차별 없이 도우려는" 적십자의 인도주의[56]는 방해가 될 뿐이었다. 그렇기에 유엔군사령부는 통제가 가능한 제3협약 내에서만 ICRC의 권한을 승인한 것이다.

제2차 세계대전 이후 반전 평화와 인도주의에 대한 전 세계적인 지지는 다양한 형태로 표출되었다. 특히 평화운동은 여러 국가나 세력들에 의해 각기 다른 모습으로 추구되었다. 예를 들어 이 책 2부 1장(정용욱 글)에서 언급하였듯이 북한은 통일운동의 대중동원 방식으로 평화운동을 실천하였다. 반면, 2부 2장(김태우 글)에서 서술된 것처럼 남한에서는 극우 반공체제가 급격히 확립되어가면서 폭력으로 점철된 비평화가 자리 잡았다. 그런 한반도에서 벌어진 한국전쟁에서 국제적십자위원회는 "인도주의를 통한 평화 달성Through Humanity to Peace"이라는 모토처럼 모든 전쟁희생자를 구하려는 인도주의 구호 활동을 펼치고 제네바협약의 준수를 이끌어내고자 노력했다. 그러나 양 진영은 제네바협약의 준수 여부를 자신들의 정당성을 내세우는 준거이자 적을 공격하기 위한 선전의 매개체로 삼았다. 냉전의 자장 속에 '적' 으로 판명된 이들에게 인도주의적인 대우는 없었다. 양 진영의 인도주의는 실패했고 그 실상을 드러낼 국제적십자위원회는 어느 진영에게나 불편한 존재였다.

전쟁희생자들을 위한 ICRC의 노력:
결의안 채택과 포로 송환 지원

여러 한계에도 불구하고 국제적십자위원회가 6·25전쟁의 전쟁희생자와 포로들, 부상자들을 구호하기 위해 전개한 다양한 노력은 제18차 국제적십자회의에서 6·25전쟁과 연관된 결의안의 채택으로 이어졌다. 국제적십자회의는 적십자의 3대 구성기관—ICRC, 국제적십자사연맹, 적십자사·적신월사—이 제네바협약 체약국 대표들과 함께 모여 국제적십자운동의 향방을 결정하는 최고의결기관이다.[57] 특히 제18차 국제적십자회의(1952. 7. 22~8. 7)는 6·25전쟁 도중에 개최되어 주요 교전국들이 참여했다.[58] 7월 18일 이승만 대통령의 지시로 임병직 외무부 장관과 구영숙 대한적십자사 총재, 황성수 국회의원이 옵서버 자격으로 참석했다.[59] 한편, 북한에서도 옵서버 자격으로 3명의 대표—기석복(문화선전성 부상), 김민산(조선로동당 중앙위원회 중앙위원), 김배준(전염병학자)—가 참석했다.[60] 그리고 중국과 소련, 미국은 물론, 유엔과 세계보건기구WHO, 유엔한국재건단UNKRA 등 다양한 국제기구 대표들도 참석했다.[61]

'한국 총회'라고도 불리는 제18차 회의에서 통과된 6·25전쟁 관련 두 개의 결의안에는 국제적십자위원회가 6·25전쟁에서 보인 노력의 골자가 집약되어 있다.[62] 첫 번째는 〈결의안 21호: 포로문제—한국Prisoners of War—Korea〉으로, 교전국들의 포로에 대한 부당한 대우를 비난하고 이러한 고발에 대해 무조건 부인하는 관련 당국들의 태도를 지적했다. ICRC는 본인들의 전통적 역할을 유엔군사령부 휘하의 공산군 포로들에게만 수행할 수 있었음을 언급하며, 북한에서의 역무 승인을 재차 요청했다. 그리고 양측에 포로수용소 검열에 동행할 대표 지정을 촉구하고, 남북에서 동등한 조사가 이루어지기를 바랐다. 적십자의 최고의결기관에서 공정한 활동을 위한 역무 제공을 허가할 것을 북한 정부에 촉구한 것이다. 1952년 11월 24일 ICRC가 남한, 북한, 미국에 결의안 이행을 촉구하자, 미국과 남한 정부는 ICRC의 역할 수행을 받아들일 것이라 답한 반면, 북한은 여전히 묵묵부답이었다.[63]

두 번째는 〈결의안 28호: 한국의 민간 주민에 대한 원조문제Assistance to Civilian Population of Korea〉였다.[64]

> 제18차 국제적십자회의는, 한국에 있는 수백만 전쟁희생자들의 극심한 고통과 절실한 욕구, 그리고 전쟁이 일어나기 전 상당히 성공

> 적인 것으로 실증되었던 전통적이고 자유로운 방식으로 구호물자가 분배되기를 바라는 각국 적십자사의 열망을 인지하고, 유엔군사령부가 군사작전 중에 적십자의 모든 구호품의 유입을 조절하는데 어려움이 존재했고, 이를 대한적십자사가 충분히 운용할 수 없었음을 유감으로 여기며, 최근에는 이러한 문제들이 어느 정도 극복되어 한국으로 보내지는 적십자 구호물자의 증량이 허가된 것을 인지하고, 그러나 수송과 분배로 인한 군사적 필요의 결과 때문이 아닌, 여타의 제약들이 적십자의 전통적 원칙에 따른 구호물자의 자유로운 이동을 방해할 수 있음을 주의하며, 1946년 11월 19일 유엔 총회에서 통과된 유엔 결의안 55(1)호에서 인정된 적십자사, 적신월사 및 적사자태양사의 특별한 지위에 대한 유엔 사무총장의 주의를 상기시키고, 유엔 사무총장에게 해당 결의안과 국제적십자운동의 목표와 원칙에 따라 언급된 문제들이 지체없이 해결되고 적십자 구호품의 유입을 촉진시킬 조치를 결정하기 위해 가능한 한 빨리 적십자사연맹과 상의할 것을 요청하며, 적십자사연맹이 북한적십자사에 북한의 전쟁피해자들에 대한 구호 제공을 제안하도록 다시 한번 요청한다(필자 의역).

본 결의안은 전쟁희생자들을 위한 구호물자의 분배가 유엔군사령부의 통제가 아닌 적십자의 자유로운 활동으로 이루어지기를 청하며, 적십자의 '특별한 지위'를 유엔군사령부가 인정해줄 것을 촉구했다. 이전부터 ICRC는 민간인 억류자를 돕기 위해 모든 방법을 취하라고 대표단을 재촉했으나, 여러 경험 끝에 ICRC 남한대표단이 내린 결론은 구호물자 분배에 직접적인 권한이 없는 한 자신들의 수용소 방문은 무의미하다는 것이었다. 즉 28호 결의안은 미국과 유엔군사령부에 제네바협약을 준수하라고 압박한 것이다.

폐회 이후 유엔군사령부와 ICRC는 몇 달간의 협의를 거쳐 협정을 맺었고, 이때부터 구호품을 보내는 단체들은 수혜자를 명시할 수 있었으며 분배와 관련하여 일정한 감독권을 행사할 수 있게 되었다. ICRC도 민간인 억류자들을 위한 의약품 형태의 구호물자를 관리할 수 있게 되었다. 이후 스위스 정부가 보낸 10만 스위스프랑의 보조금과 ICRC의 5만 프랑의 기증품을 지원받아 민간인 구호가 이루어졌다.[65] 적십자의 자율로 이루어진 구호물자의 양은 극히 일부지만, ICRC의 노력으로 구호작업의 감독권을 부분적으로 행사할 수 있게 된 점은 중요한 의미가 있다.

그러나 냉전의 영향으로 정치적 선전이 난무했던 제18차 국제적십자회의에서도 ICRC의 중립성은 신랄하게 공격받았다. 무초John J. Muccio 주한미대사는 사전에 공산주의자들의 정치적 선전을 예측했다. 특히 유엔군이 제네바협약을 위반했다는 비난이나 ICRC의 평판을 떨어뜨리려는 공격에 대해 사전준비가 필요하다고 주장했다.[66] 예상대로, 회의에서는 ICRC와 미국에 대한 비난이 쏟아졌다. 회의 초반부터 중국과 루마니아, 체코슬로바키아 등은 ICRC가 중립을 지키고 있지 않아 제네바협약의 준수를 감독할 자격이 충분치 않다고 주장했다. 즉 ICRC가 제2차 세계대전 때 나치 강제수용소와 관련하여 거짓 보고를 한 것처럼, 한국에서 일어나는 학살과 범죄들에 대해서도 은폐하고 있다며 거제도 포로수용소 사건을 예로 들었다.[67] 그리고 소련적십자사 대표는 ICRC가 공평한 국제적 기구가 아니고 그저 한 세력의 정치적 도구이기에, 규약 6조를 이행할 법적 권한을 가질 수 없다고 주장했다.[68] 한편 미국적십자사 대표 제임스 니콜슨James T. Nicholson은 심판대에 오른 건 미국적십자사나 미국이 아니라 적십자라고 선을 그으면서, 더 이상의 명예훼손이나 중상은 용납하지 않겠다고 경고했다.[69] 누구의 편도 될 수 없었던 ICRC는 제18차 회의에서도 고립된 처지를 고스란히 드러냈다.

ICRC의 불안정한 지위는 포로 송환을 지원하기 위한 합동적십자단의 구성 과정에서도 드러났다. 합동적십자단에 대한 구상은 1951년 12월 리지웨이 장군에게 보낸 김일성과 펑더화이彭德懷의 서신에서 비롯되었다. 이들은 포로에 대한 인도적 대우를 강조하며, 포로들의 안전을 보장하고 송환을 지원할 혼합대표단의 구성을 제안했다. 중국·북한의 적십자사와 ICRC로 적십자대표단을 꾸리자는 공산군의 제안에 대해 ICRC는 본인들의 활동이 공평하게 이루어져야 한다며 거절했다.[70] 한편 유엔군은 합동적십자단을 양측의 적십자사 대표들로 구성할 것을 명시하고 있었다. 결국 ICRC를 배제하고 양 교전국의 적십자 대표들로 구성된 합동적십자단은 공산군의 불신만이 아니라, ICRC에 대한 유엔군의 불만 또한 내포하였다.

결국 ICRC는 본인들의 '특별한 지위'를 인정받지 못했다고 결론 내렸다.[71] 유엔과 충분한 거리를 두지 못했다는 점이 가장 큰 이유라 할 수 있었다. 국제적십자위원회는 자신들이 유엔의 기구로 인식되는 것을 가장 우려하면서도 유엔으로부터 지원을 받는 등 가까운 거리를 유지했다. ICRC 조직 내부에서도 유엔과의 관계 문제에 대해 의견 대립이 존재했다.[72] 그 불분명한 태도는 6·25전쟁의 인도주의 활동에서 국제적십자위원회의 자율성을 더욱 떨어뜨렸다.

그럼에도 ICRC는 포로 송환작전에 대한 지원을 이어나갔다. 1953년 4월에는 상병포로 교환에 참여하고 85명의 중국인 병사와 600명의 북한군 상병의 송환을 추가적으로 유엔군사령부에 제안하였다. 5월 19일에는 대표단이 포로 교환에서 고려되어야 하는 사안들을 명시한 제안서를 보냈다. 그리고 7월 27일 휴전협정이 체결되자 ICRC는 유엔군사령부에 대표단의 임무 종결을 알렸으나, 유엔군사령부의 요청으로 역무가 이어졌다. 특히 미국은 포로 송환작전에 ICRC를 참여시키고자 하였다. 이는 국제적십자위원회를 포로의 자원 송환을 보장하는 수단으로 이용하려는 미국의 의도가 작용한 것이었다.[73] 1953년 2월 19일 클라크 장군은 ICRC가 교환을 앞둔 양측 포로들의 상태를 공정하게 조사하는 것이 자신들에게 최고의 심리적 이득을 줄 것으로 판단했다.[74] 미국 관료들도 ICRC가 제 기능을 하는 것—109조에 따라 포로들이 "그의 의지에 반해 송환되지 않았다"는 것을 보장—이 미국에 상당한 이점이 될 것이라 여겼다.[75] 즉 ICRC는 미국에 '승리의 대체물'에 대한 보증인에 불과했다.

미국의 의도와는 별개로 국제적십자위원회는 비송환 포로들이 중립국 송환위원회로 인도되는 마지막 순간까지 포로수용소를 방문하거나 포로들과 동행하면서 그들에게 위안을 주고자 노력하였다.[76]

전쟁과 냉전 시대에 인도주의와 평화라는 이상

휴전협정이 체결된 이후에도 ICRC의 인도주의 활동은 이어졌다. ICRC 남한대표단은 1953년 9월 UNCACK에 전해준 6만 5,000프랑의 의약품이 감옥에서 사용되는 것을 감독하고, 10월에는 레너가 1952년 6월에 유엔군사령부에 제안한 사항들—결핵환자 치료와 환자에 대한 대우 개선, 식단 개선, 청소년 범죄자를 위한 분리된 시설 확보 등—이 시행되는 것을 직접 확인하였다.[77] 6·25전쟁이 공식적으로 끝나고 나서도 고통받는 부상자들 곁에는 국제적십자위원회가 자리하고 있었다.

제2차 세계대전 이후 인도주의는 점차 견고한 국제법적 보호장치를 갖추어나갔다. 그러나 국제인도법의 핵심인 1949년의 제네바협약은 여전히 불완전했고, 그 발전과 보급을 담당하는 국제적십자위원회도 역량이 불충분하여 냉전의 영향에 휩쓸렸다. 특히 냉전의 심화를 불러온 6·25전쟁에서 ICRC는 모든 전쟁희생자를 위한 인도주의를 추구했으나 양 교전국의 불신과 비협조로 인해 구호 활동이 제한되었다. 국제적십자위원회에 대해 공산군은 친서방적인 유엔의 기구로 간주했고, 유엔군은 전쟁 수행에 방해가 되는 존재로 인식했다. 그 제약 속에 ICRC가 선보인 노력과 성과는 미미하다고 할 수 있지만, 국제적십자위원회의 구호 활동은 인도주의를 수호하려는 의지를 보여주었다.

냉전으로 점철된 20세기 후반의 역사는 인도주의 발전의 역사로도 이야기할 수 있다. 피아를 식별하지 않는 인도주의와 평화라는 이상적인 가치 실현을 추구하는 적십자의 발전상을 살펴봄으로써 그 역사의 단면을 확인할 수 있다. 즉 적십자에 대한 연구는 전후 체제의 역사를 냉전이라는 '전쟁'의 성격이 아닌, 인도주의의 발전이라는 '평화'의 관점에서 바라볼 수 있는 하나의 방편이 될 수 있다.

6·25전쟁의 주요 행위자 중 하나인 국제적십자위원회를 분석한 이 글이 인도주의의 역사상을 일부분이나마 드러내었길 바란다. 다른 한편으로는 제네바에 자리한 국제적십자위원회의 문서고를 직접 방문하지 못해 제한적인 자료만 활용한 점은 이 글의 명백한 한계라 할 수 있다. 다른 참전국들의 적십자사나 국제적십자사연맹과의 관계에 대한 연구를 후일의 과제로 남기고자 한다.

COMITE INTERNATIONAL GENEVE

6. 한국전쟁기 소년병들의 전쟁 체험

◎ 이상호

전쟁의 이면, 소년병들의 삶과 죽음

1985년 텔레비전 방송국 PD이자 감독인 녹스Donald Knox는 수백 명의 한국전 참전병들을 인터뷰하여 한국전쟁 구술사인 *The Korean War : Pusan to Chosin, Oral History*를 발간했다.[1)]

이 책은 그동안 전쟁사에서 기술되지 않았던 병사들의 울분, 회한, 기쁨 등 전쟁에 대해 현장에서 느낀 인식을 가감없이 그대로 드러낸 구술사였다. 이를 통해 위로부터 보이는 전쟁(전쟁계획, 과정, 결과, 영향)이 아니라 아래로부터 전쟁의 냄새를 그대로 보여주고 있다는 평가를 받아왔다. 즉 전쟁에 직접 참가한 병사들의 목소리는 기존의 전쟁사와는 또 다른 전쟁의 이면을 드러내준다고 할 수 있다.

월터 J. 옹Walter J. Ong이 《구술문화와 문자문화》라는 책에서 구술적 의식을 가진 사람들의 어조는 논리적이라기보다는 감정적이고 호전적이며 격정적[2)]이라고 했지만, 그럼에도 불구하고 구술자의 호소는 설득력이 있다. 즉 이들의 구술 자체가 바로 체험의 재현이기 때문이다.

이미 2000년대에 들어와 한국전쟁에 대한 저서에서도 공간사公刊史와의 격차를 보여주는 이러한 내용들이 다수 소개되고 있다.[3] 바로 전쟁의 시각을 병사, 더 나아가 일반인들로 낮추었다는 점이다. 과장과 오류, 거짓과 위선 등이 섞여 있을 수 있지만, 그들이 털어놓는 전쟁의 이면은 공간사가 보여주지 못하는 또 다른 전쟁의 모습이다. 이들에게 전략과 전술이라는 전쟁의 모습은 특별한 의미로 다가서지 못한다. 순간순간이 죽음의 그늘이고, 삶과 죽음이 교차해서 반복적으로 다가서고 있었기 때문이다.

따라서 2000년대 이후에는 하나의 프로젝트로서 한국전쟁을 체험한 개인의 회고록을 편집해서 출판하는 경우도 있고,[4] 개인의 일기를 소개하거나 개별 증언을 담은 출판물이 지속적으로 출간되어 개인이 기억하는 전쟁에 대한 다양한 모습을 증언하기 시작했다.[5] 전쟁의 개인적 경험을 강조하는 크리스틴 실베스터Christine Sylvester는 한 저서에서 개별 인간과 개인의 신체가 비판적 전쟁 연구의 중심에 놓여야 한다고 주장하기도 했다.[6]

이 글에서는 구술이나 회고록을 통해 전쟁에 직접 참가한 병사들의 목소리, 즉 전쟁의 각 국면에 따른 목소리를 들어보고자 한다. 그들의 목소리는 그동안 공식 전사로 알려진 전투사 위주의 설명이나, 전쟁에서 아군의 목표와 행위를 정당화하려는 거품 낀 미사여구를 걷어내고 전쟁의 내면을 그대로 드러내주고 있다.

물론 여기서 인용하는 구술자료나 회고록을 그대로 받아들이기에는 상당한 위험성이 있음도 주지의 사실이다. 전쟁에 참여한 장군들의 회고록이 자신의 실패를 있는 그대로 드러내는 경우를 본 적이 없다는 점을 고려하면, 일개 병사의 회고록이나 구술이 좀 더 적나라하지만, 그 내용에서도 자신들의 실책이나 오판 등에 침묵하고 있을 개연성이 농후하기 때문이다.

이 글은 이러한 연구 방법론이 갖는 위험성에 주의하면서 6·25전쟁에서 병사들의 목소리를 들려주려고 한다. 자료적 제한이 있지만, 전쟁이 끝난 지 70여 년이 지난 지금, 그들의 목소리가 일부나마 남겨진 자료들을 활용하여 정리한다.

현재 우리가 접할 수 있는 참전자들의 회고록과 구술사는 매우 광범위하다. 여기서는 그 가운데에서 범위를 한정하여 소년병들의 전쟁 회고록을 중심으로 사례를 소개하고자 한다.[7] 왜냐하면 기존의 참전 회고록은 소속, 직위 등이 천차만별이고, 집필과 편집진이 매우 다양하여 전쟁에 대한 하나의 입장을 정리하기가 쉽지 않기 때문이다. 특히 이 글에서 언급하는 소년병들의 회고록은 지금까지 공개되지 않았던 것으로 전쟁에서 그들이 겪었던 다양한 측면을 가감 없이 드러내고 있다.[8]

다만 헤밍웨이가 지적했듯이 전쟁터에서 조금씩 멀어져감에 따라 사람들은 전쟁을 실제보다 더 과장하려는 경향이 있음을 주의해야 한다는 점을 다시 환기하고 싶다.

한국전쟁기 소년병의 존재와 규모

일반적으로 소년병military use of children이란 만18세 미만의 어린 아동들로 이루어진 군인 또는 그들로 이루어진 군대를 뜻한다. 국제적으로도, 1989년 제정된 유엔아동권리에 관한 협약 제1조에 의하면 아동의 연령별 기준은 "아동에게 적용되는 법에 의하여 보다 조기에 성인 연령에 달하지 아니하는 한 18세 미만의 모든 사람을 말한다"고 규정하고 있다.[9)]

한국전쟁 당시 병역 의무를 규정한 법률로는 전쟁 이전의 〈병역법〉과 1950년 7월 22일 발포된 〈비상시향토방위령〉 외에 〈국민방위군설치법〉과 〈징발에 관한 특별조치령〉, 〈전시근로동원법〉 등이 있었다. 이들 역시 대부분 만17세 이상을 대상으로 규정하고 있다.

일반적으로 소년병의 정의에 있어 6·25참전 소년병은 "병역 의무가 없는 18세 미만의 아동(구제중학교 2, 3, 4학년생)들로서 1950년 6월 25일부터 1953년 7월 27일 사이의 자유민주 수호 전쟁에 정규군(국군)으로 참전하고(이들은 주로 6·25후퇴와 1·4후퇴 시 입대한 자임) 제대한 자"로 규정하고 있다.[10)] 따라서 '소년병'의 정의는 먼저 다음의 기준을 참고하여 제시되어야 한다.

첫째, 소년병은 학생 및 기타(미취학자) 신분을 가진 만17세 이하의 '아동'을 기준으로 해야 한다. 이는 유엔인권법, 국제노동법 등 관련 국제 법규와 함께 국내의 아동보호법 등을 준용할 때 만17세가 적당하다고 할 수 있다. 그런데 1951년 8월 기록된 *JOINT WEEKA*에서는 당시 대구병사구에서 1933년 8월 16일과 1934년 8월 31일 내에서 출생한 모든 청년들을 징병 대상자로 분류하였음을 기록하고 있다. 즉 만17세 이상을 징병 대상으로 하고 있었다.[11)] 이는 만17세 이하를 포함시켜야 하는지 아니면 17세 미만까지를 포함해야 하는지에 대한 논란이 제기될 수 있다. 국제법과 현재의 법 기준으로 볼 때에는 당연히 만17세 이하를 소년병의 기준으로 포함시켜야 한다고 할 때에 당시 대구병사구에서의 징병 연령은 그 기준을 위반하고 있는 것이 된다.

둘째, 소년병은 군번을 부여받은 정규군이어야 한다. 당시 혼란한 전쟁의 국면에 의해 입대일자와 군번 수여일이 대체로 짧게는 일주일, 길게는 석 달 정도였으므로 개인의 회고에 의한 자의적 기준은 배제할 수밖에 없다. 군문에 들어선 일자와 군번 부여를 통한 정규군 편입은 당사자의 입장에서 보면 그리 큰 차이를 보이고 있지 않지만, 공적 기록이라는 준거를 통해 객관적인 기준을 제시하자면, 당연히 군번을 부여받아 정식 군적에 오른 시점을 기준으로 삼아야 할 것이다. 즉 정식 군번을 받은 시기를 기점으로 만17세 이하의 자를 소년병으로 규정해야 한다. 정식 군번을 부여받았다는 것은 정규군의 지위를 얻은 것으로서 병력兵歷을 인정할 수 있을 것이다.

셋째, 소년병은 학도의용군으로 편제되어 1951년 2월 28일 이승만 대통령의 학도의용군 해산 명령과 1951년 3월 16일 귀환조치령(학생 학교 복귀 지시 담화)에 의해 학교로 복귀한 자를 배제해야 한다. 그 이유는 현재 학도의용군은 비정규군 신분으로 이를 특별기여로 판단, 서훈하고 국가유공자 예우로 대우하고 있기 때문에, 정규군 신분으로 참전한 소년병과 참전 기간과 전쟁 수행에서 상당한 편차를 보이고 있기 때문이다.

앞에서 제기한 세 가지 기준을 가지고 소년병을 정의하면 다음과 같다. 즉 6·25참전 소년병이란 "전쟁이 발발한 이후 군번을 부여받은 정규군으로서 그 학적 소유를 불문하고 만17세 이하의 나이에 조국 수호를 위해 전·후방에서 근무하고 일정 기간의 복무 완수(상이 포함)로 인해 제대한 자"로 정의할 수 있다. 이러한 기준을 적용하여, 현재 소년병의 규모를 파악해보면 다음과 같다.

〈표〉 소년병 확인 현황(단위: 명)

구분	육군	해군	공군	합계
소년병	22,894	2,985	1,199	27,078
전사자	2,517			

국방부에서 파악하고 있는 6·25참전 소년병 현황 역시 입대일 기준으로서 우리가 제시한 군번을 부여받아 병적에 정식으로 기입된 기준을 통해 보면 그 수가 매우 많음을 알 수 있다. 그러나 이 자료 역시 최종적으로 확인된 자료가 아니므로 그 정확한 수는 추후 더 많은 확인을 거쳐야 할 것으로 판단된다.

뜻하지 않은 전쟁의 조우:
전쟁 발발과 북진(1950년 6월 25일~1950년 10월)

한국전쟁은 1950년 6월 25일 북한군의 기습남침으로 개시되어 1953년 7월 27일 정전이 성립되기까지 만3년 1개월간 계속되었다. 그동안 쌍방은 38도선을 각각 3회씩이나 넘나들면서 남으로는 낙동강, 북으로는 압록강까지 오르내리며, 전 국토의 80퍼센트에 달하는 지역에서 전투를 전개하였다.

한국전쟁은 크게 4단계로 구분할 수 있다. 첫번째 단계는 북한군이 38도선을 돌파하여 낙동강 전선까지 이르렀던 북한군의 남침기(1950. 6. 25~9. 15)이며 인민군의 공세 속에서 미군의 개입이 이루어진 시기이다. 두 번째 단계는 유엔군이 낙동강 전선으로부터 38도선을 넘어 압록강 변의 초산까지 진격했던 유엔군의 반격 및 북진기(1950. 9. 15~11. 25)로 유엔군의 38선 북진과 중공군의 개입이 이루어졌다. 세 번째 단계는 중공군의 침공 및 유엔군의 재반격기(1950. 11. 25~1951. 6. 23)로 유엔군의 후퇴가 이루어졌고 이어 전쟁이 제한되면서 38선 부근에서 전선이 교착되었다. 네 번째 단계는 휴전회담의 진행과 더불어 쌍방이 38도선 부근에서 대치상태로 공방전을 전개했던 교착기(1951. 6. 23~1953. 7. 27)로 휴전협상을 둘러싼 갈등이 계속되면서 소모전이 지속되었다.[12)]

이러한 시기구분론은 전쟁의 국면 전환에 따른 매우 기계적인 분류에 지나지 않는 것이다. 하지만 전쟁의 국면에 따라 전쟁을 받아들이는 병사들의 시각은 분명히 조금은 차이가 있을 수 있다. 어쨌든 여기서 소개하는 글은 앞의 4시기 구분론보다는 1, 2기와 3, 4기를 합쳐 2시기로 구분하여 전쟁에 참가한 병사들의 구술을 소개한다. 즉 중공군 참전 이후의 국민방위군 모집시기부터는 훈련이나 급양보다는 새로운 문제들에 대한 회고가 더 많기 때문이다.

전쟁 발발 직후부터 중공군이 개입할 때까지 소년병들의 체험에서 가장 자주 언급되는 것은 전선에 배치될 때까지 경험한 매우 짧은 훈련 기간에 대한 것이었다. 최단 기간은 3일 동안 사격 훈련을 한 후 전투에 투입되는 경우㉮가 있지만 대부분은 10일 정도의 교육을 받았다고 한다.

㉮ 3일 만에 M1소총 사격을 9발씩 해보았다. 저녁식사를 마치고 군복을 갈아입고 잠을 자는데 밤 12시 정각에 비상 나팔을 분다. 전원 연병장에 집합하니 인원 파악을 하고 일렬종대로 걸어가니 무기창고라 M1소총 1대씩을 받았다. 그다음 창고에 가니 M1실탄 2줄씩을 받아 목에 걸고 다음 코스에 가니 트럭에 승차시킨다. 소낙비는 억수같이 온다. 포장이 덮인 트럭이라 밖에는 보이지 않는다. 어디로 가는지 밤중에 서서히 달린다.

한참 가다보니 어느 산골짜기에 대형텐트가 쳐 있는데 그 안에 촛불이 켜져 있다. 전원 천막 안으로 들어간다. 들어가보니 보급창고인데 미제 레이션을 한 통씩 지급받아 옆에 끼고 행군을 하니 소낙비에 옷과 과자박스가 물에 빠진 것 같아서 박스는 허물어져 깡통과 과자통이 어두운 길가에 떨어져 잃어버렸다. 뒤따라오는 사람들은 발에 차이는 대로 주워 넣는다. 이렇게 하면서 걸어가니 어느 골짝 능선에 도착하자마자 분대장이 두 사람씩 솔밭 속에 배치한다. 분대장 하는 말이 "전방에는 전부 인민군이 있으니 앞에 올라오는 사람은 무조건 쏴 죽여라" 하고 가버린다. 알고 보니 여기가 대구 팔공산 전투 지구다. 이렇게 전투를 시작한 것이 20일간 계속 밤낮으로 비는 오는데 우의도 없이 노상 비를 맞고 전투를 한다. 전신 몸통이 퉁퉁 불어서 활동을 제대로 못한다.[13)]

짧은 훈련 기간과 그 이후에 이어지는 전선 배치뿐만이 아니라 식량 보급의 불충분함은 소년병들에게 가장 고통스러운 체험으로 다가선다.

한편 카투사로부터 국군 부대로의 소속 변경도 쉽게 이루어졌음을 알 수 있다. 아래 ㉯의 경우를 보면 인천상륙작전 때문에 카투사로 배치되었지만, 흥남철수 후 다시 국군 부대로 전속되는 경우를 확인할 수 있다.

> ㉯ 나는 예천에 살고 있는 소년이었습니다. 얼마 후 우리 동네에도 소개령이 내렸습니다. 또 그때 유언비어가 퍼졌는데 전황이 불리하면 미군이 원자탄을 투하할지 모른다고 했습니다. 우리는 일제시기 일본에서 거주했고 원자탄이 투하된 히로시마에 아버지께서 일부러 구경 갔다 오셨습니다. 그래서 원자탄의 위력을 알고 계셨습니다. 그래서 소개령이 내리자 암 피난을 가야지 하며 길을 떠났습니다. 또 소개령이 내려 금호를 거쳐 청도문 매전면까지 왔습니다. 거기서 방위대인지 모병인에게 끌려가게 되었습니다. 우리는 제1교육대라는 곳으로 가서 간단한 신체검사를 받았는데 그것은 형식에 불과했습니다.
>
> 신검을 마친 우리는 또 열차를 타고 사상으로 왔습니다. 거기에는 제5교육대 제3훈련소라고 써 있었고 또 군번이 무엇인지도 모르고 약 10일간의 교육을 받았습니다. 실탄 사격을 끝으로 훈련은 끝나고 수료식장에서 군번을 부여받았습니다. K1127440, 이것이 나의 군번인 것입니다. 내가 배속된 부대는 미3사단 65연대 2대대 H중

> 대였습니다. 다음 날 출동이 되어 트럭을 타고 창녕을 거쳐 현풍 부근까지 갔습니다. 전선은 북진 중이었습니다. 우리 소대에는 영주농업학교 4학년생이었던 박홍제군이 있어서 영어로 곧잘 하며 영어 소통에는 큰 어려움이 없었습니다. 그러나 우리 부대원은 포르토리모(푸에르토리코)인이라고 그들은 영어보다는 스페인어를 쓰고 있었습니다. 12월 24일 흥남철수가 시작되었습니다. 연막탄으로 연막을 치고 우리는 상륙용 주정으로 멀리 있는 군함으로 가서 하선망으로 기어 올라가 배를 탈 수 있었습니다. 매우 힘이 들었습니다. 그날은 평생 잊을 수가 없을 것 같습니다. 우리는 부산으로 돌아왔습니다. 다시 열차를 타고 경주로 왔습니다. 경주서 우리는 한국군으로 넘어오게 되었습니다.[14)]

아래 ㉰에서는 당시 아주 미묘한 사건이 있었음을 확인할 수 있는데, 전쟁터에서의 즉결처분이다. 당시 소대장 이상의 지휘관에게는 전선에서 즉결처분권이 인정되고 있었다. 이는 긴급한 상황에서 전쟁 수행을 위한 불가피한 측면도 없지 않았겠지만, 남용의 위험성도 상존하고 있었다. 결국 전쟁이 끝난 1953년 7월 이후 즉결처분 권한은 삭제되었다. 또 하나의 문제점은 프래깅fragging[15)]이라 불리는 상관 살해이다. 전선에서 일어날 수 있는 부조리하고 불합리한 명령에 프래깅으로 대응하는 사례를 확인할 수 있다. 다음으로는 대대장의 월북사건 문제이다. 1951년 백석산 전투에서 대대장은 자신의 가족 및 통신병을 동반하여 월북하였다. 전선에 가족을 동반하고 있는 것도 문제였고, 일선 최전선 부대장의 월북은 결국 아군에 대한 집중포화를 불러오는 참극으로 귀결되었다. 이러한 사건은 당시 전선에서 나타나는 부패, 위선, 명령 불복종 등 다양한 부조리의 양상을 그대로 드러내는 것이기도 하지만 그만큼 급박한 상황에서 벌어지는 인간 군상의 다양한 모습 등을 드러내고 있다고 할 수 있다.

> ㉰ 대구에 있는 훈련소에서 10여일간의 짧은 신병교육을 마치고 곧바로 최전방 부대(육군 보병 7사단 3연대 3대대 10중대)에 배치되었다. 춘천 북방에 이르자 벌써 포성이 들려오고, 꽁꽁 얼은 주먹밥 한 덩어리 받아먹고 곧바로 전투에 투입되었다.
> 꼬박 밤을 새워 행군하여 소양강 북쪽 내평리 계곡에 이르렀을 때 적병을 발견, 곧바로 전투가 벌어졌다. 나는 논두렁에 엎드려 M1 소총에 실탄을 장전하고 힘껏 방아쇠를 당겼으나 왠일인지 총알이 나가지 않는 것이었다. 이상히 여겨 다른 실탄을 집어넣고 다시 방아쇠를 당겨도 역시 불발이었다. 뒤에 알고 보니 소총의 공이치기가 부러져 있었던 것이다.
> 나는 겨우 어젯밤 부대에 배치되자마자 병기계가 갖다 준 그 M1 소총을 멜빵도 없는 채로 받아 통신 와이어 줄로 엮어서 들고 나왔던 것이다. 신병인 탓으로 공이치기가 부러졌는지 확인조차 못해서 일어난 어처구니없는 해프닝이었다. 그 인사계(지금은 행정보급반이라고 함)는 병기계를 불러 왜 이따위 고장 난 소총을 주었느냐고 야단치면서 다른 것으로 바꿔주도록 지시했다.
> 벌써 전투가 치열해져 앞서 공격에 나섰다가 부상당한 동료 병사의 총을 겨우 얻어 사격을 계속하면서 목표했던 고지를 점령하고

그날 밤을 참호 속에서 지냈다. 눈이 너무도 많이 내려 온 산하가 하얗게 뒤덮였고 아군과 적군이 흰 방한복을 입은 채 교통호 속에서 뒤범벅이 되었다.

날이 밝을 무렵 상대를 식별할 수가 없어, 모자를 벗겨 까까중 머리면 적군이고 스포츠 머리면 아군임을 알고 백병전을 벌이는 아슬아슬한 장면도 겪었다.

남쪽으로 후퇴하던 도중 제천과 단양의 중간지점에서 아군의 퇴로를 막기 위해 영월 주천酒川 일대에 1개 중대 규모의 적군이 산악지대를 타고 침투했으니 이를 소탕하라는 명령을 받고 주천으로 들어갔다. 그러나 이게 웬일인가. 적정 파악이 잘못되어 1개 중대 규모라던 적군은 1개 군단 병력으로 확인되었다. 우리 부대의 3대대 11중대는 이곳에서 적과 교전하다 완전 포위되어, 100여 명 중 겨우 20여 명만 살아나오는 막심한 병력 손실을 입었다.

평창 쪽으로 후퇴 이동하던 중 어느 고갯길을 돌아가다가 운전병의 과실로 차량 전복사고가 발생했다. 이때 그 전복차량의 운전병이 대대장 발길에 채여 머리에서 피가 흘러나왔다. 이것을 목격한 위생병이 약통을 들고 상처부위를 치료하려고 하자 대대장의 분통이 폭발했다. 가뜩이나 전방에서 극심한 전투로 많은 병력을 잃고 병력 보충을 받기 위해 후방으로 이동하는 도중에 운전병의 과실로 차량이 전복되어 또 병력 손실이 발생했으니 그 심정이 오죽했으랴.

대대장은 "위생병 비켜"라고 버럭 소리를 지르더니 권총으로 그 운전병을 쏘아버렸다. 운전병들은 혼비백산했고 모두 그 충격적인 장면을 목격하고 크게 놀랐다. 전시인지라 분대장 이상 지휘관에게 즉결처분권이 부여되어 있었다.

그해 6월경부터 휴전회담이 시작되면서 전선이 일시 고착상태에 들어갔다. 우리 부대는 양구 탈환작전을 마치고 백석산 고지를 확보하고 있을 때였다. 하루는 대대장이 전방 초소 순찰을 나갔다가 갑자기 월북해버렸다.

대대장뿐만 아니라 부인과 통신병까지 데리고 동반 월북한 것이다. 온통 야단법석이 났다. 유엔군 사령관, 육군 참모총장, 군사령관, 군단장, 사단장 등 고위 장성들이 백석산 꼭대기로 헬리콥터를 타고 날아왔다.

아군 배치 현황과 탄약고, 포병부대 위치 등이 모두 적에게 노출되어 적의 포탄이 거세게 날아오면서 큰 피해를 입었다. 전선이 고착되어 적의 포로를 생포하지 못해 정면의 적정을 정확히 몰라 고심했다. 그런데 한 대대장이 휘하의 소대장(소위)과 1개 분대(9명)를 단독 무장으로 소집시켰다. 바로 마주 보이는 적의 고지를 공격하여 포로를 생포해오도록 공격 명령을 내린 것이다. 이에 한 소대장이 작전의 무모함을 들어 공격 명령을 반대했다. 대대장은 권총을 빼들고 반대하는 소대장을 '명령 불복종'이라며 사살하겠다고 위협하자 그 소대장이 먼저 대대장에게 칼빈총을 쏘아 즉사케 했다. 이런 끔찍한 하극상下剋上 사건이 발생하자 부대가 온통 벌집을 쑤셔놓은 듯했다.[16)]

㉣에서 보이는 놀라운 점은 상륙작전에 대한 특별훈련도 없이 앞에서도 언급했던 유형이 반복되어 나타난다는 점이다. 즉 10일간의

사격교육을 받고, 상륙작전 훈련도 없이 8월에 입대한 병력을 9월의 인천상륙작전에 투입하는 일종의 무모한 병력 운용의 모습도 엿볼 수 있다.

> ㉣ 1950년 8월 여름 무더위가 한창 기승을 부리고 있는 가운데 당시 나의 모교 서귀중학교 교정에 재학생들이 가득 모였다. 17세의 어린 나이로 해병대에 지원하기로 결심하였다. 나는 3대대 22중대 1소대에 배속되어 25일간의 고된 훈련을 마치고 9월 1일 해병대 3, 4기 3,000명은 제주항 서부두에서 함정에 올라 이튿날인 9월 2일 진해 해군통제부에 도착 하룻밤을 새우면서 처음으로 만져보는 M1 소총을 지급받고 총기 다루는 방법을 배우고 총기 손질을 하여 말끔히 단정된 총기를 지급받고 전투에 처음 출정하였다. 9월 11일 부산항 1부두에 도착하여 전 부대원은 전투복장으로 갈아입었다.
> 완전무장한 상태에서 9월 12일 맥아더 장군이 지휘하는 미 구축함에 오르게 되었고 시간은 오후 5시를 가리키고 있었다. 간판 위에서 내려다보니 장병들을 실은 함정은 부산 영도를 돌아 서쪽으로 항해하는 것까지는 알 수 있었지만 목적지가 어디인지는 아무도 알 수 없었다. 월미도에서 하루 밤을 새워 다음 날 시가행진으로 인천여고에 집결 재편성 후 2대대에 배속되어 9월 27일 연희고지를 점령, 다음 날인 9월 28일 서울을 탈환하였다. 중앙청에 태극기를 게양하고 해병대의 위상을 자랑스럽게 여기면서 이어지는 전투로 계속 북진하였다.[17)]

㉲ 1950년 7월 피난민 수용소에서 천막을 치고 살고 있었는데 밤에 자다가 덩치가 크니까 끌려와 유천초등학교에 집결하여 부산 보충대로 가서 대기하다가 다시 구포 유엔훈련소에 1950년 9월 19일 입대하여 일주일간 구포 다리 밑에서 훈련 마치고 군번 K1128776 받고 마산 보충대로 가서 대기하다가 미군 25사단 75mm포 부대에 보충되었다. 공비 토벌을 하고 있던 중 중화기 교육을 받고 이후 보병 제6사단 제19연대에 배속되었다.[18]

㉳와 ㉴의 사례에서는 전쟁에서 적군에 포로로 잡히거나 북한 의용군으로 징집된 후 탈출하여 국군에 입대한 경우이다. 사례 ㉷에서도 포로 사례가 나오지만 전자의 두 경우는 포로로 잡혀 이동 중에 탈출한 경우이다. ㉴의 경우에는 당시 열악한 보급 상황을 설명해주고 있다. 특히 당시 제110연대는 1951년 5월에 예비 제5군단 산하 제103사단의 예하로 창설된 연대였다. 울주군 서생면에서 창설된 제110연대는 6월 7일 부로 제103사단이 미제10군단을 지원하는 근무사단으로 편입되자, 원주로 이동하였다. 이후 제110연대는 제5군단 직할로 변경되었다가 9월에 서남 지구 전투사령부로 예속 변경되었다.[19] 문제는 당시의 열악한 보급 상황이다. 예비사단의 1개 연대로 공비 토벌에 투입된 부대에 대한 보급이 열악하다보니, 전투화도 없이 전선에 투입되었다. 여기에 더해 지휘관의 잘못된 판단으로 인해 지리산에서 다수의 병사가 동사凍死당한 경우도 있었음을 회고록을 통해 확인할 수 있다.

㉥ 군 입대 일자는 1950년 8월 11일이며 영천 농협 10여 일 정도 군사 훈련을 마치고 8사단 10연대에 배치되었다. 영천 전투에서 방어 전투를 하다 군위, 의성, 안동 지역까지 전투에 참전하였다. 계속되는 전투는 중부전선, 서울을 거쳐서 영월, 덕천, 태천(평안북도)까지 진군을 하였다가 중공군과 격전을 하다가 전세가 나빠져서 후퇴하게 되었다. 후퇴를 하던 중 평양 지역의 어느 탄광에서 전쟁포로가 되었다. 다음 날 3명이서 탈출에 성공하여 무작정 도주를 하였다. 내려오던 중 주민이 길을 모르면 또 그 인근에 주민의 도움을 받아 계속 남쪽으로 내려왔다. 서울에 도착해 헌병을 만났고 난 소속을 밝혔다. 장교(소위)가 나와 8사단은 분산되었으니 부산에 가서 다시 소속을 받아서 오라고 하면서 3일 후 열차를 태워주었다. 부산에 가는 줄 알았던 우리는 춘천으로 가고 있었다.[20)]

㉦ 1950년 당시 본인은 17세의 나이였습니다. 강원도 영월의 시골 마을에서 살고 있던 나는 연당고등공민학교 1학년에 재학 중이었습니다. 7월 10일 전쟁 소식을 듣고 피난할 사이도 없이 7월 13일 새벽에 따콩총(당시 인민군들의 소총)에 대검을 꽂은 인민군 2명에게 끌려 의용군에 들어가게 되었습니다. 인민군들은 이곳에 사람들을 집결시켜놓고 아군의 공습 때문에 새벽으로 평창강 변 미루나무 숲속에서 혹독한 훈련을 시켰습니다. 하루는 미루나무 숲속에서 훈련을 받다가 미군 제트기 3대의 공습을 받아 모두 흩어져 숨게 되었습니다. 나는 이 틈을 이용하여 정신없이 도망을 쳤습니다. 어떻게 왔는지도 모르게 우리집으로 왔습니다. 집에서는 이웃도 모르게

하여 다락방에서 숨어 지냈습니다. 그래서 국민방위군으로 입대하여 대구 영천의 화산국민학교에서 훈련을 받았습니다. 1951년 예비역 110연대로 편입 조직되어 태백산 공비 토벌에 투입되었습니다. 우리 부대는 맨발부대로 군복은 작업복이며 전투화가 없어서 지나가는 농민들의 신발을 빌려 신기도 하였습니다. 그 당시 우리 부대원들의 고생은 우리들이 부른 군가를 보아도 알 수가 있는데 "전우의 시체를 넘고 넘어"의 곡에 가사를 바꾸어 다음과 같이 불렀다. "떨어진 짚신을 질질 끌고 앞으로 앞으로 다 떨어진 군복에다 따콩총을 걸머메고 장교들은 사제 바지, 부식비 등을 다 떼먹고 부식비 달라면 매 맞는 사병 참으로 불쌍해."

1951년 9월 17일 공비들을 계속 추적하였었는데 지리산 중턱까지 공격하여 올라갔을 때 때아닌 우박과 비가 쏟아졌고 날은 이미 어두워 그곳에서 밤을 새워야 했습니다. 그 밤을 추위에 떨며 새우고 보니 우리 맨발부대 병사 13명과 주먹밥을 지고 따라온 지방인부 7명이 밤새 얼어 죽어 있었습니다. 참으로 이름 없는 병사들의 비참한 죽음이었습니다.[21)]

㉲의 사례에서는 북한군이 국군을 포로로 잡을 경우 일명 '해방중대'로 편성해서 관리하고 있음을 알 수 있다. 그런데 이 '해방'이라는 표현은 포로를 전향시켜 자신들의 병력으로 활용하려는 계획의 의미가 내포되었음을 뜻한다. 좀 더 자세한 연구가 있어야 하겠지만, 용어에서 보이는 북한군의 포로 활용정책을 어느 정도 엿볼 수 있다.

㉵ 경주에서도 학교와 군, 경의 합동으로 몇 차례 학도병과 학도경찰대원의 모집이 있었는데 나는 경찰대에 지원하여 후방 안전요원으로 근무하게 되었다. 그러던 어느 날 동부, 서부, 남부, 북부의 각 지대에서 차출한 약 200여 명의 대원들을 경주경찰서 마당에 집합시키더니 중, 상사의 계급장을 단 군인 7~8명이 8대의 군트럭에 분승시키고는 어디로 간다는 말도 없이 경찰서를 떠나는 게 아닌가. 모두가 학생복을 입고 학생모에 흰 띠를 두른 우리 경찰대원들이 도착한 곳은 안강 장터 광장이었다.

그날부터 우리의 소속은 수도사단 17연대로 바뀌게 되었다. 즉 군인이 된 것이다. 이 급변하는 상황 속에서도 지금까지 잊혀지지 않는 가장 황당한 일은 바로 인근에 적군이 침투해 있다는 이유로 2주일간 실시된 군사 훈련 중 총소리 한번 내어보지 못하고 총을 쏘는 요령만을 배웠다는 사실이다.

1950년 9월 어느 날 안강 지역의 어느 야산에서 벌어진 전투에 참가했는데 북한군에게 생포되었다. 결국 북한이 영천 지역에 설치한 '해방중대'에 갇히는 신세가 되었다.[22)]

삶과 죽음의 교차: 중공군 참전과 전선의 고착(1950년 11월~1953년 7월)

중공군 참전 이후로 전선은 37도선까지 남하했다가 유엔군 측의 반격으로 현재의 휴전선 부근에서 정체되고, 전쟁의 형세는 고지전으로 변화되었다. 이 시기 소년병 회고의 주요 내용들은 구체적이고, 전문적인 부분에서 그동안 자세히 알기 어려웠던 사안에 대한 경험담을 풀어놓고 있다. 공산군 측 포로생활의 구체적 경험이나, 1952년 봉암도 사건, 영현 처리에 관한 내용 등이다.

먼저 ㉶의 구술 내용을 보면 일부 부대에서는 영현관을 설치해서 운용하고 있었음을 알 수 있다. 현재 한국전쟁기 전사자의 영현 처리에 대한 자료와 연구는 매우 제한적이다.[23)]

> ㉶ 1951년 1월 14일 안동 역전에서 모부대 육군상사를 만나 군에 입대하겠다고 하자 그럼 같이 가자고 하여 부모님께는 알리지도 않고 최모 육군 일등상사를 따라 간 곳이 동부전선 제3사단 23연대였다. 그날부터 나는 군번 없는 군인, 일명 "쑈리"라는 애칭으로 1대대 본부중대에서 부대원의 사랑을 받으며 근무하게 되었다. 나는 틈틈이 소총 분해 결합과 사격 연습 등 기초적인 군사 훈련을 배우면서 최선임 상사에게 입대를 재촉한 끝에 마침내 나의 뜻은 이루어졌다. 그해 5월 말일 경 연대본부에서 군입대 서약서를 작성하고 그날 저녁 우리 부대는 강원도 양양에서 간성으로 이동하였다. 1951년 6월 1일 자로 강원도 고성군 간성에서 입대식을 가졌다. 1952년 1월 13일 연대 근무중대로 전출 영현관에서 근무하였으며 1954년 1월 28일 1대대 본부중대로 전출하여 근무 중 그해 5월 2일 육특 206호로 의가사 제대하였다. 의가사 제대 사유는 독자였기 때문이었다.[24)]

1953년 휴전이 되었음에도 곧바로 제대할 수 없는 특수 병과가 있었다는 사실도 회고록을 통해 확인할 수 있다. ㉶의 회고록에 따르면 1953년 7월 27일 휴전과 함께 대부분의 병사들은 곧바로 제대할 수 있을 것으로 예상했다. 그러나 당시 전문 특수 병과 하사관은 전쟁 후 신설 사단의 창설에 따라 기간요원으로 차출되어 제대가 연기되고 있었다. 여기에는 특히 ① 무전기 수리병 및 레이다 수리병과 ② 하사관 등이 그 대상이었음을 명시하고 있다.

㉶ 서울에서 태어나 서울공립공업중학교 4학년 전기과(44회)에 재학 중이었다. 1950년 12월 11일 방위군의 병력을 남부로 이동하기 위하여 소집영장이 나에게도 나왔다. 이동은 서울 → 양평 → 여주 → 장호원 → 충주 → 문경 → 상주 → 신령 → 경산 → 대구의 경로였다. 장장 18일간 엄동과 눈보라와 싸우며 1·4후퇴의 서막을 열었다. 1950년 12월 29일 대구 경산에 도착, 모병소에서 신체검사를 받았다. 합격 받고 대구훈련소에 저녁 6시에 도착했다. 1950년 12월 30일 대구 소재 잠사공장 기숙사에 설치된 육군 제일훈련소 3연대 9교육대 6중대 1소대 2분대에 입소했다. 저녁 점호시간에 군번을 부여받았다. 0183254번. 훈련지는 지금의 동대구역 지역으로 훈련 기간을 12일에서 10일로 단축하며 남산동 사격장에서 8발 실탄 사격을 끝으로 훈련을 마쳤다. 1951년 2월경 남원에 있는 제11사단으로 전속되었다. 지리산 공비 토벌, 향로봉 전투 등 11사단에서 통신병으로 근무했다. 1953년 7월 27일 휴전이 되어 제대가 되는 줄 알았다. 그런데 제대가 보류되었다. 이유는 다음과

같았다. ① 무전기 수리병, 레이다 수리병 제대 보류, ② 하사관 제대 보류. 결국 1956년 6월 30일 육군 참모총장 대장 이형근 명의 육본 명령(을) 5년 만기 2차 제대 명령을 받고 집에 왔다.[25]

㉪, ㉫의 경험은 포로와 포로 경비로서 상반되는 경험을 회고한 내용이다. ㉪의 경우는 참전자 본인이 중공군 포로가 되어 평양 및 북한 지역의 비행장 복구작업에 노역을 하며 고생하다가, 전쟁 후 포로 송환에 따라 돌아온 후, 용초도에서 3개월간 아군의 특무대로부터 심사를 받은 경험을 들려주고 있다.

㉪ 병사구에 가니 대구 제1훈련소에 입소시켜주었다. 1950. 11. 11이다. 군번 012-7227도 받았다. 2주간의 훈련을 끝내고 다음 날 새벽 훈련병 모두 서울 이화여대 강당으로 이동되어 동복과 내복, M1총도 지급받고 8사단 21연대 1대대 3중대로 이○○ 전우와 같이 배속되었다. 새벽 6시에 차로 개성을 지나 황해도 토산초등학교 운동장에 하차하여 중대장께 신고하였다. 횡성에 주둔하던 1951년 2월 10일, 중공군의 공격을 받았다. 아군도 전사자가 많고 남은 대원들은 화기중대 선임하사가 집합시켜 후퇴하는데 우리 중대 교육계 김○○ 전우가 다리와 목에 총상을 입어 쓰러져 있는 걸 내가 업고 뛰는데 나무뿌리에 발이 걸려 넘어지며 계곡으로 굴러 떨어져 내 오른쪽 발뼈가 부러졌다. 더 못 가고 갖고 있던 압박붕대로 발을 묶어놓고 앉아 있다가 중공군에 잡혔다. 밤이 되자 중공군 통역이 와서 지금부터 북으로 간다며 출발시켰다. 낮에는 폭격

때문에 빈집을 찾아서 쉬고 밤에만 행군을 하였다. 화천을 지나고 철원, 율리로 해서 평양 강동에 일제시대 광부들을 수용했던 막사에 도착했다. 8포로수용소다. 다음 날은 모두 삭발했다. 앞으로 비행장 복구공사에 모두 일하러 가게 된다는 말을 들었다. 첫 번째로 평양 미림비행장에 일하러 갔는데 가마니로 질통을 만들어 흙을 운반하는데 나는 발 부상 때문에 삽으로 흙을 퍼 담는 일을 했다. 하루 종일 작업하고 수용소로 돌아오고 비가 와도 쉬는 날이 없었다. 한 비행장이 끝나면 또 다른 비행장으로 황해도 황주, 사리원, 평안북도 안주, 순안, 박천, 영변까지도 다녔는데 늘 걸어서 다녔다.

1952. 5. 강동수용소에 다시 들어왔다. 수용소에서는 가마니에 무연탄을 담아 운반하는 일도 하고 가마니 만드는 일, 새끼 꼬는 일, 멍석 만드는 일도 하고 밤에는 정치교육을 시켰다. 어느 날 나무운반을 안 가고 소장이 나와서 휴전협정으로 포로 교환하게 됐다는 말에 모두가 놀라는 표정들이었다. 다음 날 트럭을 타고 평안북도 용천역에 가니 주민들이 저녁식사를 제공하여 먹고 화차를 타고 밤새도록 가서 평양역에 내렸다. 대동강 철교가 파괴되어 다시 차로 개성 귀환병대기소로 안내됐다. 옷을 입고 문산 애국부인회에서 준비한 귀환장병 환영 행사장에 가서 몇 년 만에 푸짐한 대접을 받고 문산역에 가서 객차를 타고 서울역에 도착하니 역광장에 시민들이 태극기를 흔들며 환영하는데 이승만 대통령도 있는데 그날이 광복절이었다. 거제군 용초도 귀환병 휴양소에 도착했다. 휴양소에는 3개월간 특무대와 CIC에서 매일 나와 북한수용소에서 어떤 교육을 받았는지 심사를 했다. 모두 심사가 끝나고 20일간 휴

가를 받아 다시 수송선을 타고 부산항에 내려 동래보충대에 가서 각 소속사단으로 복귀하고 1954년 3월 27일 제대 명령으로 집으로 돌아갈 수 있었다.[26)]

㉫의 경우는 반공포로수용소 및 봉암도의 포로수용소에서 경비원으로 근무했다. 특히 봉암도는 송환을 주장하는 북한의 장교집단을 분류하여 수용한 친공포로수용소인데, 봉암도 사건의 내용을 일부 시사하고 있다. 즉 당시 봉암도 사태에서의 사살 진압사건은 미군에 의해 시작되었고, 여기에 한국군 경비 병력이 가담한 것으로 기술하고 있다.

㉫ 1950년 12월 방위군으로 울산시 서생면 서생초등학교에서 3개월 동안 군사 훈련을 받던 중 장질부사로 인하여 양산수용소에서 치료를 받고 1951년 4월에 귀가하였다. 1951년 누구도 군대에 가기를 두려워하는 중에 나는 17세의 나이로 중집重集되었다.

입대하는 장정들은 묵호항 부두에 집결하여 3일 후 LST배로 제주도 모슬포항에 도착하여 신병대기소에 입소하여 신체검사를 받고 1월 19일 제1훈련소 제9연대 187중대에 입대하였다.

5월 9일 훈련소를 떠나 LST배로 강원도 속초항에 도착하였다. 부두에서 트럭으로 양양군 강현면 설악산 입구 벌판에서 독립보병 제38연대를 창설하였다. 1개월간 교육을 받고 부대는 이동하여 부산시 서면 가야산 기슭에 있는 반공포로수용소에서 포로 경비를 하게 되었다.

1952년 10월 26일 부대는 경상남도 통영군 봉암도(일명 추암도) 포로수용소로 이동되어 경비에 임하였다. 이곳에 포로는 진짜 인민군으로서 사상이 투철한 포로들이다. 1952년 11월 어느 날 아침 10시경에 포로들은 총집결하여 폭동을 일으키기 시작하였다.

이러한 급박한 상황에도 포로 취급상 국제법에는 진압 사격을 할 수 없게 되었다 하여 만반의 태세로 대기 중에 미군 경비병 초소에서 사격이 가해짐으로써 아군도 사격 명령이 내려진 것으로 알고 진압 사격이 시작되었다. 약 2~3분 후에 포로는 해산하여 막사로 철수하고 폭동은 끝났다. 이 사건이 있은 지 불과 20여일 만에 부대는 또 이동하여 양양군 강현면 연대 창설지였던 곳에 집결하여 제38연대와 39연대, 제50연대가 통합하여 15사단을 창설하게 되었다. 1개월 동안 전투태세 완전 준비를 갖추고 1952년 12월에 완전 무장으로 행군하여 최전방에 5사단과 교대하여 투입되었다. 도착한 곳은 동해안 최전방에 월미산과 351고지를 마주보는 곳이다. 적진에서 들려오는 마이크 방송 소리는 보병 38연대는 봉암도에서 포로를 학살한 악질부대라는 것이다.[27)]

마지막 사례로 제시한 ㉫에서는 당시 전사자 유해를 처리한 경험을 들려주고 있다. ㉫의 경우도 당시 일반에 소문으로 떠돌던 북한 지역에 대한 미국의 원폭 투하에 대한 두려움으로 월남을 선택했다. 이후 그는 전쟁터에서 전사자 시신을 화장하는 영현 처리 업무를 담당하였다. 특이한 것은 당시 초혼의식으로 관등성명을 부르며 "네 몸에 불이 들어가니 빨리 나와라" 하고 외치며 불을 붙였다고 한다. 또한 ㉳의 수기에 따르면 당시 정양원에 입소한 상이용사들의 처우에 대해서도 그 열악한 상황을 확인할 수 있다.

> ㉳ 나는 평남 강서군 누차면 토산리에서 피난길에 올랐다. 점심을 먹고 난 후 아버님이 피난가야 하니 너는 빨리 준비하여 피난가야 한다면서 대동강 이북엔 원자폭탄을 사용한다며 대동강 건너 일주일가량 있으면 되돌아올 수 있으니 쌀 한 말을 자루에 넣어 짊어지게 하며 마을 사람들과 같이 강선 나루터에 와서 보니 피난길에 나선 사람들이 인산인해 각 리마다 보안대장들이 모여 배를 배정받아 우리 마을에 차례가 왔다. 저녁 7시경에 배에 오르게 되었다.
> 대구 수송국민학교에 들어갔다. 훈련소였다. 일주일 동안 목총을 가지고 훈련하였다. 훈련이 끝나고 대구보충대로 가서 보급품을 수령하였다. 군복으로 갈아입고 M1총도 받고 방한화도 받았다. 이제야 군인이 되었다. 7사단으로 배속되어 수백 명이 트럭에 올라타고 출발하여 찾아갔다.
> 7사단이 양구에 주둔하고 있을 시 다시 조교로 뽑혀 보충병으로 갔다. 수천 명이 양구산 골짜기에 신병으로 왔다. 각 사단별로 신병을 인수받아 교육시켰다. 양구 북방에서는 쉴 새 없이 포성이 울리고 있으니 신병들이 겁이 났는지 밤중에 이틀이 멀다하고 도망병이 발생하였다. 그러나 헌병대에서 붙잡혀오곤 하였다. 할 수 없이 도망병이 안 생기게 하기 위하여 훈련병 전원 집합시켜놓고 다섯 명을 즉결 처분하였다. 그러고 나니 탈영병이 없어졌다. 안타까웠다. 며칠이 지나 총출동 명령이 내려졌다. 양구 북방 문등리 고

지 공격 명령이다. 부대가 다 출동하고 나와 연락병만 남았다. 며칠 후에 우리 중대원이 전사하여 트럭에 실려 왔다. 대대 영현계 선임 상사로부터 전사자를 화장할 것을 명령받았다. 연락병과 나는 어찌 할 바를 몰랐다. 부대 주둔지 옆에 초가집이 여러 채 있었다. 초가집을 헐어 서까래 기둥을 주워다가 화장 준비를 하였다. 나무를 쌓아 올리고 전사자를 엎어놓고 그 위에 또 나무를 쌓아 올렸다. 선임 상사가 시키는 대로 하였다. 휘발유를 끼얹고 혼을 부르고 불을 댕겼다. 혼이란 관등성명을 부르고 "네 몸에 불이 들어가니 빨리 나와라" 하고 불을 붙였다. 시체가 다 타기까지 24시간이 걸렸다. 바싹 마른 나무는 순식간에 타고 시체는 덜 타고 숯불을 모아놓고 밤새껏 태웠다. 아무도 없는 한밤중에 두 놈이 숯불만 바라보고 시체는 파란빛으로 타고 어찌나 무서운지 꼭 붙어서 밤을 새웠다.

소년학도병으로 지원하여 열심히 싸웠건만 만고강산에 갈 곳이 없다. 할 수 없이 정양원을 찾아갔다. 정양원은 금호동에 있었다. 정양원에 들어오니 몽땅 지체부자유자들뿐이다. 정양원 사람들은 눈물은 말라버리고 피가 솟구쳐 악만 남은 사람들뿐이다. 사람들이 다 변하였다. 정양원에서는 아침밥은 주고 차에다 태워가지고 서울운동장까지 내려놓는다. 다리 없는 사람, 팔 없는 사람, 두 다리가 멀쩡한 사람 3인 1조가 되어 행동한다. 서울 시내를 휘젓고 다니면서 민간인들에게 행패부리고 가게, 회사 할 것 없이 여기저기서 돈을 얻고 가지고 점심, 저녁은 사 먹고 운동장 앞으로 간다. 차가 대기하고 있다. 수시로 차가 왔다 갔다 한다. 매일 이런 일이 반복된다.[28)]

전쟁의 진실에 다가가기 위하여

제1차 세계대전에 관해 사병이 쓴 가장 뛰어나다고 평가받고 있는 기록은 1933년에 발간된 프랭크 리처드Frank Richards의 《노병은 죽지 않는다*The Old Soldiers Never Die*》이다.[29] 이 회고록에는 절망, 회한, 기쁨, 당황 등 전쟁에서 맞닥뜨린 모든 경험이 기록되어 있다. 우리가 보는 전쟁의 양상이나 전략적이고 전술적 관점, 이런 것들은 아무 의미가 없었다. 하루하루를 살아나가는 것이 중요했다.

요즘 논쟁에서는 전투원이건 민간인이건, 현대 전쟁의 경험을 개인 주체의 관점에서 접근하려는 경향이 강하다. 권헌익은 이러한 경향을 개인적 선택이나 신념보다 집단 운명을 불가피하게 우선시하는 수사의 과격한 동원력에 의존할 수밖에 없는 국가의 전쟁 수행 기제에 비판적으로 대응하려는 의도에서 나온다고 분석했다.[30]

그동안 긍정적이든 부정적이든 전쟁 참여자들의 증언이나 주장으로 전사戰史에 대한 사실의 편곡偏曲이 일부 있었다. 이를 두고 사건 왜곡에 대한 부정적 책임을 그들에게 돌리려는 것은 아니다. 자신의 치부를 감추고 전공戰功을 과대평가하는 것은 인지상정으로 간주할 수도 있다.

당시 참전한 소년병들은 만17세 이하의 어린 병사로서 병역법상 징병 대상이 아니었다. 하지만 이들은 전쟁터에 투입되었고, 신산스러운 경험을 통해 전쟁터에서 어른이 되었다. 너무 이른 나이에 군에 들어갔기 때문에 이들은 전쟁이 끝난 직후가 아니라 전쟁 말기 한국군 사단 증강사업의 기간병으로 활약했다. 이들이 사회에 나왔을 때

5~7년 이상의 군 복무로 더 이상 학교로 돌아갈 수도 없었다. 이들의 증언이 '학습'되거나 '포장'된 것이 아니기 때문에 오히려 우리에게 주는 울림이 더 크다

하나의 사건, 즉 한국전쟁을 경험한 이들의 이야기는 서로 다른 측면으로 복잡해지기도 한다. 자신들의 경험치가 다르기 때문이다. 다만 이를 받아들이는 입장에서는 개개의 증언이나 회고 가운데 객관적으로 증명 가능한 부분을 찾아내어 철저하게 분석해보는 것이 이러한 오류를 어느 정도 줄이게 될 것이다. 즉 그들의 회고나 증언이 잘못되어 문제가 있다는 것이 아니라, 그를 재해석해야 하는 후학들의 연구 자세가 더욱 엄밀할 필요성을 제기하는 것이다.

전쟁사를 읽다보면 도무지 이해가 가지 않는 부분이 많다. 어떻게 저런 결정을 할 수 있는가? 왜 전쟁에 대패하면서도 책임을 인정하는 이가 별로 없는가? 이는 자신의 실책은 최소화하고 상대방의 실책은 과대 해석하는 것이 그 이유는 아닐까? 전사에 기록되어 있는 그대로 써내는 것은 과연 불가능한가?

일부 학자들은 군과 국민들의 사기를 위해서 최대한 우리 실책을 감추는 것이 필요하다는 궤변을 늘어놓는 경우도 있다. 하지만 과연 그럴까? 마지막으로 헤밍웨이의 날카로운 질책을 언급하며 마무리하고자 한다.

> 실책을 저지른 자를 두둔하려고 그 실책을 감추어버리는 것은 국가가 당면할 수 있는 가장 큰 위험 중 하나인 정부와 국민 간의 불신을 낳게 한다. 나는 전쟁의 진전과 더불어 우리 정부가 적을 이

롭게 하지 않는 한 진실을, 진실의 전모를, 오직 진실만을 국민에게 알려야 할 필요를 깨닫게 되리라고 확신한다.

-어니스트 헤밍웨이, 《전장의 인간*Men at War*》

7. 중국군 포로 1만 4,000여 명은 왜 대만행을 선택했는가

◎ 박영실

6·25전쟁의 유산, 대만행 중국포로는 누구인가

1950년 발발한 6·25전쟁은 동아시아 지역의 정치 역학을 근본적으로 변화시켰다. 최근에서야 새롭게 밝혀지고 있지만, 6·25전쟁을 통해 동아시아 지역의 다양한 국가들—예를 들어 일본, 몽골, 중화민국 등—이 전쟁의 직간접적인 영향을 상당히 받았음이 드러나고 있다. 이 가운데 주목되는 것은 전쟁에 직접 참전한 중화인민공화국(중국 대륙)과 간접적으로 개입한 중화민국(대만)에 끼친 영향이다.

전쟁의 수혜자로 중국이 국제 사회에서 위상을 높이는 계기가 되었다고 평가하는 연구와 6·25전쟁에 참전했던 중국군 포로 1만 4,000여 명이 대만행을 선택함으로써 중국 대륙에서 도주한 장제스蔣介石 정부가 비록 내전에서는 패배했지만, 중화민국의 군사력 증강뿐만 아니라 국제 사회에서의 지위는 지킬 수 있었다는 연구도 있다. 이 글에서는 6·25전쟁이 중국과 중화민국에 끼친 영향을 포로 송환이라는 측면에서 살펴보고자 한다. 전쟁포로의 송환이 두 나라에 미친 국제정치적 영향, 자본주의와 공산주의라는 체제 대결 등에 어떤 영향을 미쳤는지를 포로 송환의 절차와 결과로 밝혀보고자 한다.

6·25전쟁 포로에 대해서는 포로정책, 포로수용소 문제 등 다양하게 연구되었고, 최근에는 중국군 포로에 대해서도 관심이 주목되어 국내,[1] 국외[2]에서 연구가 진행되었다. 주로 중국과 중화민국 출신 연구자들이 주목하였는데, 그중 창청常成David Cheng Chang, 션자이이沈宰儀, 여계언은 문헌적 자료 외에도 구술자료를 활용하여 연구 방식의 다양성을 추구하였다.[3]

이 글에서는 6·25전쟁기 중국군 포로의 대만행에 관해 살펴보려고 한다.[4] 먼저 정전협정 체결 과정과 중화민국이 중국군 포로를 대만으로 데리고 오기 위한 준비 과정을 살펴볼 것이다. 다음으로는 두 차례에 걸쳐 중국군 포로들이 대만으로 가는 것을 확인할 것이다. 그리고 마지막으로는 대만에 정착한 포로들의 교육, 중화민국 국군 편입 및 대내외 선전 활동을 분석할 것이다.

연구의 주요 자료로 한국 상황을 확인할 수 있는 국내 신문자료, 국내 및 국외의 기존 연구를 검토하였다. 또한 당시의 증언록을 참조하였으며, 중화민국 정부의 정책, 중화민국 국군 편성 과정 등은 중화민국 국사관國史館, 중앙연구원 근대사연구소近代史研究所, 국방부 사정국史政局, 외교부 당안고檔案庫의 자료를 활용하였다.

정전협정 체결과 중국군 포로의 대만행을 위한 중화민국 정부의 준비 과정

6·25전쟁 정전협정 체결 과정

1951년 7월 10일 제1차 정전회담이 개성 내봉장에서 시작되었다. 이후 7월 26일 휴전회담 의제가 결정되고, 다음 날부터 의제 제2항인 군사분계선 문제가 본 회담에서 논의되었다. 휴전회담 의제 중 가장 문제가 되었던 제4항인 포로 송환문제는 1951년 12월 11일부터 분과위원회에서 논의되었다. 유엔군 측과 공산군 측의 합의 결과 12월 18일 양측의 포로명부가 교환되자 논란이 발생하였다. 당시 포로명부에 유엔군 측이 제시한 인원은 13만 2,474명, 그리고 공산군 측이 제시한 인원은 1만 1,559명이었다.[5] 이 명부가 발표되자 양측은 예상된 숫자보다 적은 수에 상호 이의를 제기했고, 이후 자유송환 원칙, 1대 1 교환 원칙 등 포로 송환 방식을 둘러싸고 설전을 계속하였다.

하지만 1953년이 되자 상황이 변화되었다. 1952년 11월 아이젠하워Dwight D. Eisenhower가 6·25전쟁의 종료를 주장하며 미국 대통령에 당선되었고, 공산군 측에서도 1953년 1월경 중국군 산하에 있던 소련 군사고문단이 본국으로 소환되었다.[6] 1953년 3월 5일 스탈린이 사망하자 소련 정부는 긴급각료회의를 소집하여 6·25전쟁에 관한 정부의 입장을 변경하기로 결정하고, 이 소식을 북한과 중국에 통보하였다.

이에 공산군 측은 1953년 2월 2일 이전에 전쟁포로 중 상병傷病포로를 먼저 송환하자고 주장했던 클라크Mark W. Clark 유엔군 사령관의 제안을 받아들였고, 4월 11일 양측은 상병포로에 대한 협정을 체결하였다. 그리고 6월 8일 유엔군 측 해리슨William K. Harrison, Jr.과 공산군 측 남일이 전쟁포로 송환 협의를 종료하는 판문점 회담을 진행하고,[7] 7월 27일 정전협정에 서명하였다. 이후 송환을 희망하는 포로들은 본국으로 송환되었고, 송환을 거부하는 포로들은 '휴전협정에 대한 임시적 보충협정'에 의거해서 중립국 송환위원회에 인계되었다. 1953년 9월 10일부터 25일까지 유엔군 측은 북한군 7,900명과 중국군 1만 4,704명을, 공산군 측은 한국군 335명, 미군 23명, 영국군 1명 등 모두 359명을 중립국 송환위원회의 인도 관리군에 인계했다.[8]

중국군 포로의 대만행을 위한 중화민국 정부의 준비 과정

중국군 포로의 대만행이 논의된 시점을 살펴보면 다음과 같다. 1951년 7월 미국 육군 심리전처 처장 맥클루어Robert McClure가 육군참모장 콜린스J. Lawton Collins에게 보낸 비망록에 따르면, 포로들 가운데 과거에 국민당군에 속했던 사람들은 중국 정부의 보복을 두려워해 대만행을 선택할 것이라고 예측했다. 그리고 이들이 대만행을 선택한다면, 유엔군 총사령부는 1석 3조의 효과를 얻을 수 있는데 그것은 포로 개인의 선택을 존중했다는 점, 중화민국 정부의 군사력을 강화할 수 있다는 점, 그리고 이 포로들이 중국공산당에 피해를 당하는 것을 방지할 수 있다는 점이었다.[9]

정전협정이 체결되자 중화민국 정부는 포로들의 대만행을 위한 구체적인 방안을 결정하였다. 1953년 7월 29일 중화민국 국방부에서는 포로를 데려온 후 이들의 향후 거취 방법을 결정하였다.[10] 이 결정에 따르면, 중화민국 정부는 대만행을 희망하는 모든 포로들을 수용한다는 입장이었다. 또한 이들을 '전쟁포로[戰俘]'라고 하지 않고, '한전화적반공의사韓戰華籍反共義士'로 명명하였다. 그리고 이들이 대만에 온 후에는 중화민국 병역법에 근거하여 군대에 편입시키며, 특별한 능력이 있는 사람은 기술병 및 기타 훈련병으로 편성한다는 계획이었다. 포로들 스스로 직업을 구할 수 없을 경우에는 기초생활 수준의 숙박 등을 제공하고, 또한 취업을 위한 전문적인 기구를 설립하기로 결정하였다.

포로들의 개인정보에 대해 중화민국 정부는 이들이 포로수용소에 있을 때는 구체적으로 확인할 수 없었고 단지 포로들의 명단만 입수한 상태였다. 1953년 7월 27일 정전협정 체결 후 송환을 거부한 중국군 포로들은 비무장지대로 이동하기 전 유엔군 관리하에 제주도 모슬포에 있었다.

중국군 포로의 1차 대만행:
이승만 대통령의 반공포로 석방 당시 탈출한 포로

1953년 당시 중국군 포로의 수용소별 분리 현황을 보면 부산 제2수용소에 반공포로 427명, 제주도 모슬포 제3수용소에 반공포로 1만 4,298명이 있었다.[11] 이는 1951년에 포로들을 거제도로 이송할 당시 부산수용소에는 주로 질환이 있는 포로를 비롯해 여성 포로, 민간인 억류자만 남겨두었기 때문에, 부산 지역에 있던 중국군 포로 역시 환자들이 중심이었던 것으로 보인다.

이렇게 포로가 재배치되고 정전협정 체결을 앞둔 1953년 6월 18일 이승만 대통령은 반공포로를 석방했는데, 당시 공식적인 인원은 2만 7,388명이었다. 이 인원에 대해서는 자료마다 다른데, 이는 상황이 혼란스러워서 정확한 숫자를 파악하기 어려웠던 점, 포로들의 탈출이 하루 만에 끝난 것이 아니고 며칠간 계속되었던 점, 또 사망자와 부상자의 발생 그리고 검문검색을 통해 체포되어 재수용된 인원 등이 날짜와 보고 계통에 따라 다르게 집계되었기 때문이다.[12)]

한편 당시 부산에 있던 중국군 포로 107명도 탈출에 성공하여 이들 중 일부는 3개월이 넘는 기간 동안 부산에 있던 화교의 집에 거주하면서 중국대사관과 연락을 하였고, 이후 10월 8일 대만으로 가게 된다. 당시 주한대사였던 왕동위엔王東原은 이에 대해 부산 지역의 중국 국적 반공포로들은 대다수가 입원환자였고, 탈출한 사람들의 일부는 다시 체포되었지만 63명의 포로들은 화교들이 몰래 숨겨주어 10월 18일 대만으로 귀국했다고 회고하였다.[13)]

당시 국내 일간지에 소개된 이들의 소식은 다음과 같다.[14)]

> 탈출한 약 57명의 반공 중국포로의 신분은 23일 상금 의문 중에 있으나 또 57명의 중국포로는 공산주의 치하로 돌아가는 것보다는 차라리 '죽엄(죽음)'을 택하겠다고 말하고 있음에도 불구하고 '유엔' 당국에 이관되었다. 지난 18일 부산 근방에 있는 1포로 병원으로부터 중국포로 107명이 탈출하였던 것이다. 그러나 이들 포로는 탈출

한 북한포로와 같은 따뜻한 보호를 받지 못하였다. 이 대통령은 이들의 재체포를 명령하였던 것이다. 한국경찰대는 동명령이 발하여진 지 24시간 내에 탈출한 중국포로 107명을 다시 체포하였다. 이 중 57명은 즉시 '유엔'군 포로사령부 당국으로 이관되었으나 나머지 50명은 상금 한국 경찰이 관리하고 있는데 이 50명도 불원 '유엔'군 측에 이관될 것으로 기대되었었다. 포로들의 체포를 감독하였던 한국 당국자가 말한 바에 의하면 미군 경비병이 접근하여 오는 것을 본 중국포로들은 다시 수용소로 돌아가지 않도록 하여달라고 애걸하였다고 하며 이들은 공산주의 치하로 들어가는 것보다는 차라리 '죽엄(죽음)'을 택하는 것이라고 말하였다 한다. 또한 이 중국포로들은 대만으로 돌아갈 것을 희망하고 있다고 한다.

이들 63인 반공포로는 10월 8일 대만으로 가게 되는데 이 시기는 원래 포로수용소에 있던 본국 송환 거부 포로들이 중립 지역으로 이동한 후였지만, 63인의 반공포로는 부산의 화교 거주지에 있었기 때문에 부산에서 이송되었다. 10월 7일 부산 주재 중화민국대사관에서 외교부에 보낸 전문에 따르면 26명으로 구성된 첫 번째 그룹은 KNA(Korean National Airlines)[15] 전용기를 이용하고, 두 번째 그룹 39명은 CAT(중국민항공사)기로 도착할 것이라고 했다.[16] 이들은 10월 8일에 타이페이에 도착하여 성대한 환영식을 치렀다.

중국국민당 중앙위원회 제4조는 10월 8일 선전 통보를 통해 이들 63인의 대만 도착 소식을 알렸고, 이들은 6월에 한국의 이승만 대통령이 포로를 석방할 당시 탈출한 사람들이라고 발표하였다. 그리고 한국에 있는 화교의 협조하에 귀국하게 되었으며, 다만 의사 개인의 의견 및 그 가족을 보호하기 위해 그 명단을 정식으로 발표하지는 않겠다고 보도하였다.[17)]

중국군 포로의 2차 대만행: 중화민국의 '123 자유일'의 유래

중화민국 정부 대표단의 포로수용소 방문

정전협정 체결 후 중화민국 정부는 한국에 있는 중국군 포로수용소 방문을 결정하였다. 이는 송환을 거부하는 포로가 중립국 송환위원회의 관리 대상이 될 경우 중화민국은 참전국이 아니기 때문에 포로의 설득작업에 참여할 수 없으므로, 한국 정부에 도움을 요청하여 중국군 포로들이 중화민국 국내의 출판물과 방송을 들을 수 있도록 하기 위해서였다.

구체적인 사안은 7월 말 미국 측 관계자와의 회담에서 일부가 논의되었다. 1953년 7월 유엔군사령부 심리전 분야 담당자 더링거Paul B. Derlinger는 대만을 방문해 중앙위원회 제4조 주임 션창환沁昌煥과 회담했다.[18)] 그리고 다시 도쿄로 돌아가 7월 28일 중화민국 주일대사 동씨엔광董顯光에게 션창환과의 회담 내용을 전하면서 다시 다음의 내용을 션창환에게 전달해줄 것을 요청했다.

첫째, 미송환 전쟁포로는 정전협정 체결에 서명한 후 45일 동안 미국 관리하에 남게 될 것이다. 둘째, 선물을 보내는 일은 클라크 장군 혹은 도쿄에 있는 중국대사를 통해 가능할 것이다. 셋째, 만약 이것이 허락된다면 수송품은 한국 정부의 관리하에 있는 중국대사가 통과시킬 수 있다. 넷째, 위문품[19]은 부산, 제주도 모슬포에 보내지며, 주소지는 'non-Patriate Chinese War Prisoner, c/o P. W. Commander, A. P. O. 59.'이다. 다섯째, 중화민국에서 위문품을 보내기로 결정한다면, 이미 정전협정이 체결된 지 2일이나 지났기 때문에 즉각적으로 이루어져야 한다. 여섯째, 미군이 관리하는 미송환 중국포로는 1만 6,000~1만 7,000명이 있다. 일곱째, 위문품을 준비할 시간이 없다면, 앞서 언급한 주소에 중국대륙재포구제총회中國大陸災胞救濟總會(이하 구총救總)[20]가 선적船積으로 배포할 것을 제안한다. 마지막으로 위문품에 정치적 팸플릿은 넣을 수 없지만 인사말 정도는 가능하다는 것이었다.[21]

이러한 논의가 진행된 후 7월 30일 장제스는 포로들을 대상으로 한 문서를 직접 구술 녹음했고, 유엔군사령부는 이것을 8월 2일 정오와 오후에 한국에 있는 중국군 포로들에게 방송했다. 그리고 이 문서의 원본은 유엔군사령부에서 영인하여 4일 포로수용소에 배포하였다.[22]

한국에 위문단을 파견하는 것이 결정되자 중화민국 정부는 본격적으로 이를 준비하였다. 단체는 2개로 조직되었는데 하나는 공식적인 위문단이었고, 다른 하나는 비공식적인 대표단이었다. 우선 공식적인 위문단을 살펴보자. 1953년 8월 초 중화민국 국민당 중앙위원회 제50차 회의가 개최되었다. 여기서 결정된 사안은 한국으로 보내는 위문품은 구총이 주관하며, 그 단체 명의로 보낸다는 것이다.

위문단은 8월 28일 부산 모슬포에 도착하였다. 당시 단장이었던 팡치方治의 보고에 따르면, 그들의 활동은 다음과 같다. 8월 28일 위문단은 전쟁포로들을 대상으로 방송 연설을 했고, 포로들과 자유롭게 인터뷰를 진행하였다. 또한 중화민국 국기와 총통 초상화를 소개하고, 위문품을 포로들에게 분배하였다. 당시 수용소에 있던 커밍스Lawrence Cummings 대령이 이 활동을 도왔다.[23] 위문단과 동행하였던 군인지우사軍人之友社의 지앙하이동江海東은 당시 그들의 방문 목적은 단지 반공포로를 위문하기 위한 것으로 포로들을 고무하고, 그들의 정서적 안정을 위한 것이었다고 한다.[24] 이후 구총 대표 팡치는 9월 5일 서울에 도착해 이승만 대통령 및 각계 인사들과 연회를 가졌다.[25]

하지만 이 방문에 대해 당시 포로였던 자오잉귀赵英魁는 다음과 같이 증언하였다. 지앙하이동이 말하기를 포로들이 중화민국으로 가게 된다면 자유롭게 직업을 선택할 수 있고, 도착 후에도 다시 인도 등 중립국행을 선택할 수 있다고 언급했기 때문에, 포로들이 대만행을 거부하지 않았다는 것이다.[26]

구총이 주도한 위문단이 포로를 위로하고 위문품을 전달하는 업무를 수행했다면 다른 조직은 정치적인 목적을 가지고 한국을 방문하였다. 이 대표단은 입법원 의원 예원아倪文亞를 단장으로 감찰위원, 대령 등 총 11명으로 구성되었다. 이들의 파견은 장제스와 저우즈러우周至柔, 장징궈蔣經國와 함께 논의했고, 특히 미 군사고문단장 체이스William C. Chase가 의견을 제시하였다. 체이스는 모슬포 포로수용소에 있는 사령관이 중화민국 대표단과의 합작에 협조하기로 했다고 언급했다.

이후 대표단은 8월 23일 한국에 도착해 활동을 시작하였다. 이하 내용은 대표단이 대만에 귀국한 후 1953년 9월 21일 작성한 보고서 내용이다.[27] 한국으로 출발하기 위한 회의는 1953년 8월 14일에 진행되었고, 여기서 파견단의 명칭이 '중화민국선위한전반공전부대표단中華民國宣慰韓戰反共戰俘代表團'으로 결정되었다. 그리고 대표단의 임무와 활동은 일급 비밀사항으로 절대 비밀을 준수하고, 어떤 소식도 외부에 발표하지 않기로 정해졌다. 한국에서의 대표단 활동은 다음과 같다.

대표단의 선위작업은 우선 모슬포 포로수용소를 중심으로 진행되었다. 대표단은 모슬포에 상륙할 때, 섬을 세 차례 돌았고 이에 수많은 포로가 모여들었다. 8월 24일 오전 8시 예원아 단장은 CIE(민간정보교육국) 방송국에서, 전체 포로들 대상으로 방송 연설을 하였다. 대표단이 한국을 방문한 이유와 장제스와 중화민국 정부가 자유송환 원칙을 고수하기 위해 노력한 점들을 설명하는 내용이었다.

8월 26일에는 영창에 있는 포로들을 방문하였고, 오후에는 전날 만났던 포로들과 다시 회담을 하였다. 이 모임에는 포로수용소 사령관과 미군 및 통역원도 참가하였다. 부산·모슬포 포로수용소 방문이 끝나자 제2수용소인 부산을 방문하였다. 여기에서 상병포로들을 만났고, 그 외에도 1953년 6월 18일 이승만 대통령의 반공포로 석방 당시 탈출했던 포로들과도 면담하였다.

이렇게 한국에 위문단, 대표단이 방문하여 활동하는 사이에 중화민국 국내에서는 9월 8일 한경중국반공의사공작방안韓境中國反共義士工作方案 좌담회가 개최되었다.[28] 좌담회에서는 각 부서의 대표들이 참석하였고, 여기서 두 개의 공작 방안이 계획되었다. 첫 번째 계획은 선전 방면으로 대만 국내, 홍콩과 마카오, 그리고 해외 방면으로 나누어 실시하는 것이다. 구체적으로 중화민국의 각 신문 사설에 '원구조한경중국반공의사운동援救朝韓境中國反共義士運動'에 관한 기사를 싣고, 연설, 좌담 등을 방송한다. 홍콩과 마카오에서는 《향항시보香港時報》, 《강상工商》, 《화교일보華僑日報》, 《민주평론民主評論》 등에 사설, 특집 등을 싣는다. 해외 방면에서는 각 나라에 있는 화교 단체들을 중심으로 이들이 '반공의사운동'에 호응하도록 한다. 두 번째 계획인 위로 방면에서는 포로의 대만 귀국운동을 진행하고, 10만 서신운동을 계획하였다.

1953년 10월 3일 '한국으로부터 귀국한 반공의사접대주비회接待由韓回國反共義士籌備會'에서는 이들의 송환과 관련된 구체적인 내용이 논의되었다. 그 내용을 살펴보면 "반공포로의 접대는 구총 및 외교부가 주한대사관에 전문을 보내 쌍십절 전에 돌아오도록 한다. 실무적인 업무는 외교부 왕동위엔王東元 대사가 비행편을 확인하고, 외교부장이 민항공사와 교섭한다"는 것이었다. 그리고 입경 수속 및 신분증 교부는 사후에 보안사령부가 담당하여 처리하는 것으로 결정되었다. 환영 방법은 구총이 군인지우총사軍人之友總社(이하 군우총사軍友總社)[29] 및 화교구국총회[30]에 요청하여 처리하며, 비행장에 환영 표어를 매단다는 것이었다.[31]

중국군 포로의 대만행

1953년 12월 23일 중립국 송환위원회의 포로 설득작업이 완료되면서, 중화민국 정부는 포로 영접을 위해 1954년 1월 5일 접운유한 중국반공의사귀국연락소조接運留韓中國反共義士歸國聯絡小組(이하 중국연락소조Chinese Government Liaison Team for the Reception of Chinese Non-repatriates in Korea)를 조직하였다.[32] 중국연락소조는 단장 라이밍탕賴名湯과 군관 9명으로 구성되었고, 이 조직은 도쿄에 있는 유엔군사령부와 협의하여 포로들의 이동 시 운수, 보급, 안전 등을 담당하였다.

중국연락소조는 1954년 1월 8일 대만을 떠나 도쿄에 도착했다. 도착 당일 밤, 동씨엔광 주일대사가 연회를 개최해 유엔군 사령관 헐C. Hull 장군 등과 만찬을 했다. 다음 날 오전 9시 헐 장군과의 두 번째 회담이 진행되었다. 여기서 논의된 내용은 포로 석방 후 이들을 비무장지대에서 대만까지 운송하는 운수문제, 보급, 의료 및 안전 조치 등이었다. 또한 중화민국 정부에서 관병官兵, 통역원 등의 인원을 파병하여 한국과 협조해 포로를 환영하는 작업을 진행하기로 결정하였다. 9일과 11일에는 공군 및 해군 사령관을 만나 포로들의 운송 과정에 합의했다.

1월 20일 오전 9시 포로가 공식적으로 교환되어 포로들의 이동이 시작되었다. 비무장지대에서 나온 포로들은 트럭으로 이동해 부평 미군수지원사령부에 도착했고, 이곳에서 옷을 갈아입고 소독 및 식사를 했다.[33] 그리고 원래의 차량에 다시 탑승해 인천으로 이동하였다.

중국군 포로들이 인천항에 도착했을 때, 2,000여 명의 화교와 남녀학생이 해변 모래사장에서 환영 대열을 이루고 있었다.[34] 중화민국으로의 포로 인계작업은 부두 근처의 16개 텐트에서 진행되었다. 그리고 유엔군 및 중화민국 군관이 한 명씩 출석을 불러 인수인계했다. 포로들의 인수인계에 대한 정식 서명은 1월 23일 오후 4시 제8군사령부에서 거행되었다. 유엔군사령부를 대표해 제8군 군단장 테일러Maxwell D. Taylor가 참석했으며, 한국 측에서는 백선엽, 중화민국 대표로는 라이밍탕이 참석하였다. 테일러 장군, 백선엽 장군이 한국 측 포로 문건에 서명했다. 총 1만 4,220명인[35] 포로들은 3개 그룹으로 나뉘어 LST 15대로 이송되었다. 열차에 탑승했던 264명의 상병 포로 중 143명은 비행기 6대로, 경상자는 세 번째 LST에 편입되어 운송되었다.

1954년 1월 21일 모든 중국군 포로가 인천항을 떠났다.[36] 이들은 대만에 도착한 후 약 3일간 해상에 있었다[37]. 당시 운송 책임자 왕승王昇 장교는 포로들에게 자료를 나누어주었는데, 그 안에는 해상에서 3일간 머물러야 하며, 중화민국의 정세, 타이페이에 도착 후 주의사항 등이 적혀있었다. 이것은 원래 포로 석방일이 1월 23일이었는데, 일정이 3일 앞당겨졌기 때문에 포로에 대한 환영 행사가 준비되지 않았기 때문으로 추정된다.

중화민국 정부는 포로들을 어떻게 활용했는가

포로들에 대한 교육 및 국군 편입

중화민국 정부는 1953년 10월 8일 1차로 대만에 도착한 중국군 포로들 63명을 대상으로 교육을 실시하였다. 포로들의 타이페이 및 근교에서의 교육 일정은 1953년 10월 14일부터 23일까지 4가지 방법으로 실시되었다.[38] 첫째, 심화 연구로 총리 유훈(삼민주의 설명),

총재 훈화(반공항러反共抗俄) 기본론, 시사문제(국내외 정세)를 교육하였다. 둘째, 포로들 간의 좌담 및 소조 토론을 진행하였는데, 여기서는 자기 소개, 생활 검토, 의견 진술 및 자유 주제를 토론하였다. 셋째, 참관 활동은 지방자치, 공업 건설, 농업조직, 학교 정황, 군사 시설 및 유적지를 방문하였다. 마지막으로 자유창작(글짓기)에서는 한국·대륙에 대한 방송 원고, 자유세계(대만 국내 포함)에 대한 보도 및 기타 선전 운용자료를 만들었다.[39)]

자유창작(글짓기)에 대한 방법으로 방송 원고 작성은 지역별로 나누어 준비하였다. 첫째, 한국에 방송할 내용은 반공의사가 대만에 도착한 후 확인한 자유중국의 발전 상황에 대해 설명하며, 둘째, 대륙에 대한 방송은 대륙의 영공에서 직접 방송하는 것으로 그 내용은 반공의사와 대륙의 적과의 차이를 일반인에게 광고하여 심리전을 이용하는 것으로 계획하였다. 셋째, 중화민국을 포함한 자유세계에 대한 선전은 반공의사가 적 지역에서 보고 들은 폭정 내용 및 자유조국에 대한 그리움 등을 주요 내용으로 하여 반공 선전을 확대하는데, 이러한 선전 원고는 10월 24일 전에 완성하여 중국방송공사(대만 소재)에 인력을 파견하여 녹음하고, 지도종합소조의 협조하에 원고를 쓰도록 하였다. 특히 자유세계에 대한 선전자료는 중화민국 국내 및 해외 각 대형 신문에 보도하는 것 외에도 반공의사의 사진을 출력하여 해외에 보내고, 구술 또는 기록자료를 수집하여 정리하며, 지도종합소조 외에도 전문가를 초빙하여 이를 처리하도록 하였다.

1954년 1월 23일 2차로 대만에 오게 된 중국군 포로들의 최종 인원은 1만 4,342명이었고, 중화민국 정부는 이들에게도 교육을 진행했다. 당시 포로들의 출신 지역은 전국 46개 성省, 시市에 분포되어 있었는데, 그중에서도 사천四川 출신이 가장 많아 4,449명(31퍼센트)이었고, 신강新疆, 몽골, 합강合江 3개 지역이 가장 적어 각 1명씩이었다.

대만에 도착한 1만 4,000여 명의 포로들은 대호大湖, 하호下湖, 양매楊梅, 림구林口 4개 지역에 나뉘어 수용되었고, 2월 8일부터 이들에 대한 교육이 시작되었다. 교육 기간은 3개월로 예정되었고, 교육의 목적은 첫째, 자유중국의 진보적인 상황 인지, 둘째, 당면한 국제정세 이해, 셋째, 중화민국 국군의 실황 파악, 넷째, 기본 학술 능력 증가, 다섯째, 반공항아 이론과 인식, 그리고 마지막으로 국가(중화민국)에 대한 충성심 고무를 위한 것이었다. 포로들은 교육 기간 중 공산당과의 관계를 끝내겠다는 탈리비당脫離匪黨운동과 종군從軍운동을 진행하였지만, 이것이 이들의 자발적인 활동이었는지는 확인하기 어렵다.

중화민국 정부가 포로들을 중화민국 국군으로 활용하려는 계획이 구체적으로 수립된 것은 미송환 포로들에 대한 중립국 송환위원회의 설명작업이 종료된 1953년 12월 23일이었다. 1954년 1월 5일 반공의사취업보도처反共義士就業輔導處가 설립되었는데, 당시 보도처 처장은 장징궈, 부처장은 4명이었다. 포로들의 재배치는 총대總隊 지휘하에 관할 지대支隊 4개, 대대大隊 30개, 중대中隊 120개로 편성되었다. 이 방법은 포로들이 한국에 있을 때의 편제를 참조한 것이었다.[40]

그리고 포로들에 대한 교육이 끝날 무렵인 1954년 3월 4일 작성한 '반공의사안치계획강요反共義士安置計劃綱要'에는 3월 말 포로의 배치가 완료된 후 포로 간부, 직속 대대, 포로 중 우수한 능력을 가진 사람의 배치 방법은 보도총대부에서 3월 15일 전에 구체적인 계획을 세우고, 의심분자는 3월 10일 전에 처리를 완료하도록 하였다. 또한 노약자, '불구자'는 3월 20일 전에 처리를 끝내며, 군인으로의 배치는 4월 1일 종료하는 것을 목표로 하였다.[41)]

최종적으로 포로들의 중화민국 국군 편제는 4월 11일부터 육·해·공군, 병참 각 부문으로 나뉘어 선발되었는데, 육군 1만 1,111명, 해군 994명, 공군 496명, 병참 796명 모두 1만 3,397명이었다. 그리고 포로 중 원래 중화민국 국군 및 공산군의 장교였던 포로, 우수한 포로들은 일률적으로 제14군관전투단으로 편입되어 간부교육을 받았다. 이로써 대만행을 선택한 중국군 포로의 대부분은 중화민국 국군으로 편성되었다.

포로들의 국내외 선전 활용

포로들 중 일부가 국내외 선전을 위한 방문단으로 조직되었는데, 국내 방문단 200여 명은 10개 조로 나뉘어 1954년 2월 23일에서 3월 9일까지 2주간 각 지역을 방문하였다. 이들의 국내 선전 활동은 이후 해외 선전 방법에도 유사하게 적용되었다. 1조는 2월 23일 타이페이시에서 활동을 시작하였고, 타이페이 시장과 면담 그리고 보고회를 개최하였다. 이들이 총 10개조로 나뉘어 방문한 장소는 환영대회 개최지, 그리고 학교 등지였다. 방문단원들의 발표 내용은 참군 과정, 포로수용소 생활의 실태, 중국 본토에서의 가족학살 등이었다. 3조가 방문했던 대동臺東에서는 포로들이 그들의 몸에 새겨진 반공표어를 보여주고 혈서를 전시하였다.[42)]

포로들의 국제선전 활동 경로는 초기에 다양하게 논의되었다. 2월 19일 중화민국 정부에 보고된 내용에는 10명의 포로를 2개 분조로 나눈 후 각각 다른 노선으로 이동하는 것이며 그 기한은 4, 5개월로 예정되었다. 이 계획에 따르면 베트남, 태국 등을 방문한 대표단이 영국을 방문하거나, 또 일본, 필리핀을 방문한 대표단이 남미, 캐나다, 뉴욕으로 가는 등 2개의 단체가 여러 지역을 경유하며 방문하는 방식이었다.[43)]

하지만 이 방안은 국가 간 이동거리 문제와 국가별 정부 및 교민단체와의 교섭문제로 동아시아 지역과 미주 지역으로 나누어 준비하였다. 1954년 3월 4일 열린 '반공의사 출국 방문교포 문제 좌담회'에서는 포로 25인을 선발해 일본, 필리핀, 태국, 베트남으로 파견하기로 했다. 단체 명칭은 '중국 반공의사 방문단'이며, 방문 지역에 따라 국가 이름을 명칭에 넣는 방식을 사용하였다. 예를 들어 일본의 경우에는 '중국 반공의사 일본방문단'과 같은 형식이었다. 또한 인솔자 1명, 포로 3명, 교포 출신 고문 1명을 초빙해 지역별 방문단을 조직하기로 결정하였다.[44)]

중국군 포로들이 방문한 동아시아 지역은 중화민국에 우호적인 국가들 중 거리가 인접하고 교포들이 활발하게 활동하고 있는 곳이었다. 《중화일보中華日報》는 1만 4,000여 명의 포로들 중 일부를 4개조로 나눠, 동아시아 지역 중 중화민국에 우호적인 일본, 필리핀, 태국, 베트남 방문과 약 1개월간의 체류 결정이 3월 20일에 결정되었다고 보도하였다.[45)]

당시 이들의 방문 목적은 교포를 선위宣慰하고, 반공 선전을 전개하며 국민외교를 진행하고 포로들의 분투 과정 및 중국공산당의 통치 과정에서의 폭행 등을 좌담회에서 발표하는 것이었다. 방문단은 '혈기'와 '혈서', 제작 영화 〈분향자유奔向自由(The Road to Freedom)〉'를 준비하였고, 영화는 영어 외에도 일어, 스페인어, 프랑스어 등을 더빙하여 만들었다.[46)]

1954년 4월에 동아시아 지역 방문단원들이 각 지역의 교포들을 방문하고 있을 무렵, 미주와 유럽 지역 방문이 계획되었다. 4월 28일 '의사방문구미전안소조義士訪問歐美專案小組' 제1차 회의가 열렸다. 이 회의에서 방문단의 명칭을 '중화민국 반공의사 해외방문단 제5단'으로 정했고, 이들의 방문 지역은 유엔 명의로 6·25전쟁에 참가한 15개 국가와 중화민국에 우호적인 국가들로 정했다.

회의에서 결정된 미주와 유럽 지역의 예정 경로는 다음과 같다. 미주 지역에서는 미국에서 샌프란시스코, 시카고, 워싱턴, 뉴욕을 방문하고 캐나다로 이동하는 기한을 1개월로 하였다. 다음으로 유럽 지역에서는 프랑스, 스페인, 그리스, 터키, 벨기에, 룩셈부르크, 이탈리아, 스위스, 스웨덴, 영국, 네덜란드로 정했다. 해외 방문단은 포로 5명과 2명의 고문으로 구성되었고, 선발조건은 미주 지역 상황을 인지하고 있는 외국어에 유리한 포로들로 정치사상이 뚜렷한 자를 우선적으로 선발하고 출발 전 단기 훈련을 실시하였다. 유럽에서는 스페인, 프랑스, 이탈리아, 그리스, 터키, 자메이카 등 9개국을 방문하고 11월 25일 귀국하였다.

포로들의 동아시아 지역 방문의 주요 목표는 해당 지역에 산재해 있던 중국 교포들을 포섭하는 것이 주 임무였다. 그와 동시에 교포들에게 반공 선전을 전개하여 중화민국의 역량을 강화하기 위한 것이었다. 동아시아 지역 방문단의 활동을 살펴보면 지역마다 일정한 패턴으로 운영되었다. 일반적으로 이들이 방문한 지역에는 도착 즉시 교포들이 환영회를 열었고, 또 각 지역을 방문하며 좌담회 개최 등을 통해 선전 활동을 진행하였다. 그리고 방문 지역의 대사관, 영사관에서는 이들이 활동한 내용을 스크랩한 신문자료를 중화민국 외교부에 보냈다.

이와 비교해보면, 미주 및 유럽 지역 방문의 주요 목적은 국제적으로 중국공산당의 폐해를 선전하고 동시에 당시 개최되고 있던 유엔 총회 등에서 중화민국의 건재함을 선전하기 위한 것이었다. 그리고 반공 선전을 강화해 중국의 유엔 가입을 막고, 중국과 소련의 만행을 알리기 위한 것이었다.

포로들의 대만행이 가져온 과실은 누구에게?

중화민국 정부는 6·25전쟁 개전 초기 참전 의사를 밝혔지만 전쟁이 확대될 것을 우려한 미국의 의사에 따라 직접 파병하지는 못했다. 하지만 미국은 유엔군 측에 수용된 포로 교육을 위해서 중국어를 할 수 있는 인력이 필요하였고, 이에 대만에서 온 인력을 활용할 수밖에 없었다.

중국군 포로는 6·25전쟁기 두 차례에 걸쳐 대만으로 가게 되었다. 제1차는 1953년 6월 18일 이승만 대통령의 반공포로 석방 당시 탈출한 63명이 10월 8일에 대만에 도착한 것이고, 제2차는 본국 송환을 거부한 포로들이 비무장지대에 있다가 1954년 1월 23일 대만으로 가게 된 것이다. 두 차례에 걸쳐 도착한 포로들은 모두 교육을 받고, 대만 국군에 편입되었으며 중화민국 국내와 해외에서 선전 활동에 활용되었다.

중국군 포로들의 대만행 선택이 자의에 의한 것인지 강제에 의한 것인지를 정확하게 분류하기는 힘들다. 한 구술자는 부산 포로수용소에 있을 당시 15~18세가 대부분인 소년들은 본토 출신이 많았기 때문에 대만행을 희망하지 않았다고 한다. 하지만 자유롭지 못한 공산당을 경험했던 그는 결국 중화민국을 선택했다고 진술했다.[47] 또 다른 구술자는 포로들은 군인 신분으로 대만에 도착한 상태였기 때문에 누구도 이들을 민간인으로 대접하지 않았고, 또 중화민국 정부는 처음에 군 복무 기간에 대해 3년 후 퇴역을 약속했지만 이후에도 그 복무 기간은 계속 연장되었다고 한다.[48]

필자는 6·25전쟁을 통해서 정치적으로 가장 큰 혜택을 입은 국가는 중화민국이라고 평가한다. 이는 1949년 《중국백서》를 발간했던 미국이 입장을 변경해 1950년 6·25전쟁 발발 후 대만해협에 제7함대를 보내고, 다음 해인 1951년 5월 1일 군사원화고문단軍事援華顧問團이 중화민국에 조직되면서 미국 주도하에 중화민국의 군사 방면 체제가 재편성되는 계기를 만들었기 때문이다. 또한 중화민국은 이를 기점으로 1950년대 한국과 함께 반공연맹을 논의하는 등 동아시아 지역에서의 우위를 점하게 되었다.

8. 한국전쟁기 북한의 농촌 동원과 농민의 반응*

◎ 임다은

전쟁기 북한 농촌 사회를 읽는 창, 신문

한국전쟁은 한반도 전역에서 전선과 후방의 구분 없이 사회의 모든 자원을 동원하는 총력전 형태로 진행되었다. 북한도 전쟁 발발 직후부터 모든 사업을 전시체제로 개편하고 사회의 전 자원을 전쟁 수행에 집중했다.[1] 이에 따라 전쟁기 후방 농촌 지역 역시 다른 형태의 '전투'를 치러야 했다. 전쟁이 장기화함에 따라 이러한 '후방 전선'의 중요성은 더욱 커졌고 후방 인민들을 격려하고 동원하기 위한 선전선동 사업도 강화되었다.

전쟁이 장기화하면서 전선과 후방에 식량을 조달하는 농촌의 역할은 어느 때보다도 중요했다. 폭격과 점령을 겪은 농촌의 현실은 처참했다. 농촌의 생산기반은 크게 파괴되었으며, 노동력과 가축은 물론 종자와 농기구, 비료 등 농업생산에 필요한 요소들은 절대적으로 부족했다. 이러한 전시 여건에서 생산을 지속하기 위해서는 농민들의 절대적인 헌신이 필요하였고, 북한 지도부는 농민들을 생산 전선으로 이끌어내기 위해 선전선동 사업을 강화하였다. 북한은 전쟁 이전부터 다양한 이데올로기적 기제를 통해 일상적으로 농민들을 동원했으나, 그 내용과 방식은 전시 농촌의 상황과 전황의 변화에 따라 달라졌다.[2)]

이 글은 전쟁 수행 과정에서 북한이 전시 생산체제를 유지하고 인민들을 동원하기 위해 지속적인 해석과 설득의 과정이 필요했다는 점에 초점을 맞추고, 전쟁기 농촌에 배포된 《농민신문》 등 매체를 중심으로 그 내용과 논리를 분석한다. (북)조선농민동맹 기관지[3)]인 이 신문은 전쟁 중에도 3일 간격으로 발간되며 매호 농촌문제를 구체적으로 다루었고, 북한 지도부의 농촌 선전선동 사업 강화 방침에 따라 전시에는 발행 부수가 증가하였다.[4)] 《농민신문》은 농민 대중을 대상으로 발간되는 신문으로, 큰 글자와 쉬운 언어, 짧은 문장을 특징으로 하였다.[5)] 특히 전쟁 이후에는 농촌 선전선동 사업이 강화됨에 따라 편집과 내용, 구성 면에서 쉽고 친근하며 가독성을 높이는 방향으로 변화하였다. 가령 전쟁 이전에는 시기마다 농민들이 수행해야 할 과업들을 제시하고 지역별 성과와 수행 과정을 나열하는 방식으로 지면이 구성되었다면, 전쟁 이후에는 모범마을이나 열성농민의 경험을 구체적으로 전달하는 기사의 비중이 증가하였다. 특히 모범농민의 경우 그의 성과와 업적은 물론 출신과 환경, 앞으로의 결의 등을 제시하는 기사들이 매호 실렸으며, 모범농민과 대비되는 비판기사가 본격적으로 나타난 것 역시 전쟁기 신문 지면의 특징이다. 이처럼 북한 지도부의 정책과 노선, 지시 등을 쉽고 구체적인 사례를 통해 일상적인 언어로 해설하는 역할을 하였기에, 전쟁기 농촌의 현안과 선전 내용을 파악할 수 있는 좋은 매개이다.

신문은 농민들에게 전선과 후방의 소식을 일정한 방식으로 구성하여 전달하였으며, 모범과 비판의 기사 형식을 통해 전쟁 수행을 위한 생산적 주체를 구성하고자 했다. 이러한 기사들이 주체를 구성하는 논리와 방식을 통해 전시 북한 농촌의 현실을 읽어낼 수 있으며, 다른 한편으로 지면상의 비판 사례를 통해 국가의 주체 형성전략에 대한 농민들의 반응을 포착할 수 있다.

'정의의 해방전쟁'과 집단기억의 형성

전쟁 초기부터 북한은 남한의 무력침공으로 전쟁이 시작되었다고 선전했으며, 야만적인 침략전쟁에 대응하는 '정의의 해방전쟁'이라는 의미를 부여하였다.[6)] 이러한 구도에서 전쟁 패배는 제국주의자들의 노예가 되는 것을 의미했으며, 해방 이후 인민정권이 일궈낸 성과를 복구하고 지켜내기 위해서는 반드시 전쟁에서 승리해야 한다는 점이 강조되었다.

다만 전쟁의 의미와 목적을 설명하는 것 이상으로 인민들에게 전쟁에서 승리하리라는 자신감을 심어주는 것이 필요했다. 특히 국군과 유엔군이 38선 이북을 점령한 이후에는 사기 진작의 중요성이 더욱 강조되었다. 북한 지도부는 점령기 일부 인민들이 북한 정권에서 이탈하여 점령군에 협조한 원인이 전쟁의 정당성과 승리에 대한 확신을 심어주지 못했기 때문이라고 파악했고, 유엔군이 후퇴한 이후에도 재점령을 당할지 모른다는 공포심과 우려가 인민들에게 퍼져있다고 판단하였다.[7)] 이러한 상황에서 승리를 확신시키기 위해서는 국제정세상 '제국주의 반동 진영'에 맞서는 '반제국주의 민주 진영'이 강력하다는 점을 인민들에게 충분히 인식시키려 하였다.[8)]

1951년 중반 이후 전선이 교착되고 전쟁이 장기화함에 따라 농민들을 정치적으로 무장시키는 문제는 더욱 중요하게 제기되었다. 북한 지도부는 북한이 반드시 승리할 것이라 주창하며, 국제적인 성원과 지지가 '정의의 전쟁'을 수행하는 북한에 모여들고 있다는 점을 그 근거로 내세웠다. 1952년 1월 김일성은 미국과 싸워서 이길 수 있을지를 의심하는 일부 간부들의 경향을 비판하며, 북한이 중국 인민지원군을 비롯한 세계 인민들의 지지를 얻고 있다는 점을 언급하였다.[9)] 또한 박헌영은 전국농민열성자대회 연설에서 민족의 주권과 독립, 자유를 수호하기 위한 투쟁의 역사적 정당성을 설명하며, 전 세계 평화 애호 인민들이 북한을 전면적으로 지원하고 있음을 승리의 기초로 강조하였다.[10)]

《농민신문》 역시 평화운동의 국제적 흐름을 상세히 다루면서 북한이 수행하는 전쟁이 평화와 민주를 추구하는 세계 인민들에게 지지를 받고 있음을 지속적으로 보도하였다.[11)] 신문은 4면을 국제면으로 구성하여 북한에 대한 평화옹호 진영의 지원과 자본주의 진영 국가들의 동향을 다루었다. 여기에서는 세계평화이사회 호소문 지지 서명운동과 아시아평화대회 소식 등 평화·민주 진영의 소식을 상세히 전하는 한편,[12)] 자본주의 진영을 갈등과 분열의 세계로 그려냈다. 제국주의자들의 갈등이 심화되고 미국은 고립되고 있으며, 미국의 일반 시민과

병사들도 싸우기를 거부한다는 내용들이 보도되었다.[13)]

이렇게 세계가 제국주의 세력과 평화옹호세력으로 양분된 상황에서, 조선 인민들의 '애국주의적' 투쟁은 자신의 이익만을 위해서가 아니라 미국제국주의에 맞서는 세계 보통 사람들의 이익에 복무한다는 의미가 부여되었다. 이를 통해 이 전쟁은 세계의 항구적 평화와 민주주의, 사회주의를 위한 국제적 투쟁의 일환으로 규정되었다.[14)]

이처럼 국제정세를 통해 전쟁의 이념적 정당성을 논리적으로 뒷받침하는 한편으로, 신문은 개인의 구체적인 경험을 통해 감정적 동기를 불러일으키고자 하였다. 신문은 전쟁의 참혹한 경험을 개인의 목소리로 전달하는 중요한 매개였다. 북한 지도부는 신문을 통해 지역별 점령과 학살의 피해 경험을 고발하고, 인민들의 적개심과 복수심을 일깨우고자 하였다.[15)] 특히 1950년 9월 북한군의 '일시적 후퇴'시기 농촌의 경험은 특정한 방식으로 반복적으로 공유되었고, 이를 통해 개개인으로부터 분노와 복수심을 끌어내고자 하였다.

유엔군이 38선 이북 지역을 점령한 이후, 신문에는 지속적으로 미군과 한국군, 치안대 및 '반동세력'에 의한 비인간적인 약탈과 고문, 성폭력, 학살 등의 구체적 사례들이 실렸고, 해방 이후 북한에서 진행된 '민주개혁'의 성과들이 무력화되었다는 내용이 강조되었다. 땅을 빼앗긴 지주들이 다시 돌아와 5년간의 소작료를 다 받겠다며 인민들을 학살하거나, 치안대가 마을 여맹원의 머리카락을 짧게 깎으며 남녀평등권을 조롱하는 일화는 피점령기의 '반혁명反革命' 경험을 잘 보여준다.[16)] 이처럼 '적'에 의한 '강점' 경험은 평화롭고 부유하던 농촌을 일제강점기와 다름없는 생활로 되돌리는 것으로 해석되었고,

'식민지 노예생활'을 되풀이하지 않기 위해서는 반드시 전쟁에서 승리해야 한다는 논리로 이어졌다.[17)]

1951년 1월 말에서 2월 초에 도 단위로 개최된 농민열성자대회는 상대편에 가담하였던 이들의 숙청과 재산 처리문제를 다루는 한편, 전쟁피해를 구체적으로 공유하며 복수의 의지를 결집하는 장이었다.[18)] 여기에서 농민들의 경험은 공통된 서사를 갖추었는데, 해방 이후 전쟁 이전까지 북한의 발전을 통해 만들어진 행복한 생활이 미국과 이승만 세력의 '만행'에 의해 무너졌다는 내용이었다. 농민들은 이러한 상황에 대해 분노의 감정을 공유하였고, 이러한 분노는 복수를 위해 증산을 다짐하는 것으로 이어졌다.[19)] 물론 실제 점령기 농촌의 경험은 훨씬 복잡했다. 가족이 학살당한 피해자도 있었지만 반대로 점령세력에 협조하거나 가담한 부역자들도 존재했고, 이를 처리하는 문제는 점령 이후 농촌 사회가 마주한 중요한 과제였다. 하지만 공적 영역에서는 피해에 대한 분노와 복수심이라는 단일한 감정만이 허용되었다. 즉 각지의 피점령 경험은 특정한 방식으로 선별되어 반복적으로 공유되었고, 이 과정을 통해 인민 공통의 역사적 경험으로 각인되었다.

전쟁 말미인 1953년 3월의 다음 기사는 피점령 경험이 농민 개인의 경험과 서사 속에 어떻게 배치되고 지속적으로 상기되는지를 보여준다.

> 은혜로운 쏘베트 군대의 의로운 손길에 의하여 우리 조국이 해방될 그때까지에는 박영덕 할머니의 일가도 욕되고 짓밟힌 이 나라

의 모든 가난한 소작살이 농군들과 같이 쓰라린 운명에서 한 발자욱도 벗어나지는 못하였었다.

해방 후 토지개혁의 혜택으로 5천여 평의 기름진 땅의 주인이 되어 비로소 욕된 누더기를 벗어 던졌던 것이다.……그러나 슬기롭고 평화롭던 창조와 건설의 시기는 드디여 미국 야수들이 저질러 놓은 전쟁의 불길로 인하여 중단되었다.

흉악한 미국 공중 비적들에 의하여 정든 집을 불태웠으나 오늘의 재난을 내일의 새 승리로 이어가는 박영덕 할머니였다. 여섯 용사의 어머니는 가끔 몸의 자유를 잃어버리기도 한다. 그가 늙어서만 그런 것이 아니라 인민군대의 일시 전략적 후퇴시기에 미제 살인귀들에 의하여 모진 고문을 당한 상처가 때때로 발작을 일으키기 때문이다.……[20](밑줄은 필자).

이 기사는 박영덕 할머니의 구체적이고 개인적인 내용이지만, 특정한 요소들이 다른 농민들의 서사에서도 반복된다. 일제치하에서 소작을 하던 조선 인민들이 소련군의 도움으로 해방되었고, 이후 농민들은 토지개혁으로 땅을 나눠 받아 풍족한 삶의 기반을 확대해나가고 있었으나, 전쟁으로 이러한 모든 기반이 뒤흔들렸다는 서사 속에 현 국면이 위치했다.[21] 이러한 서사에서 미군의 점령은 참혹한 경험으로 되새겨졌고, 이로부터 행복한 삶의 기반을 파괴한 미국에 대한 복수심과 증오심이 도출되었다. 가족을 학살한 '원쑤'에 대한 복수심과 증오심은 후방 전선으로 농민들을 이끌어내는 직접적인 감정적 동력이었다. 북한군 후퇴시기에 고문을 당한 박영덕이 2년여가 지난 후에도 간간이 발작을 일으킨다는 사연은 피점령의 상흔이 후방 인민들에게 지속적으로 되새겨지고 있음을 보여준다.

한편, 전쟁 후반부로 갈수록 신문 보도는 전쟁으로 인한 피해를 강조하기보다 이를 극복하기 위한 농민들의 노력과 강인한 의지를 부각하는 방향으로 구성되었다. 가령 1953년 5월 정전협정 체결을 앞두고 저수지 일대에 가해진 폭격은 모내기를 마친 논에 큰 피해를 입혔지만, 관련 기사는 피해를 입은 내용보다는 피해를 복수의 투지로 극복하고 영농사업을 훌륭히 실행하고 있는 열성적인 농민들의 활동을 부각하였다. 피해 농민들은 기사에서 "전과 같이 생활상 아무런 불편도 느끼지 않고 훌륭히 농사를 짓고 있으며", "원수들에게 복수할 힘과 결의로 충만"함을 밝히고, "수령과 로동당이 있는 한 어떤 곤란이라도 능히 물리치"겠다는 의지를 다졌다.[22] 각종 어려운 난관을 극복해내는 농민들의 의지와 노력을 강조하는 서사는, 전쟁이 장기화하고 폭격으로 인한 공포와 피해가 막심한 상황에서 염전厭戰의 분위기를 최소화하고 후방 지역의 증산투쟁 의지를 북돋우기 위한 것으로 읽힌다.

모범기사로 보는 생산적 주체 만들기와 여성

전쟁기 후방 전선에 부여된 역할은 전쟁 수행에 필요한 식량을 생산하는 일이었다. 농민들에게는 전쟁을 일으킨 미국에 대한 복수심을 바탕으로 농촌의 모든 자원을 생산 영역에 집중할 것이 요구되었고,

전선과 후방의 연결이 끊임없이 강조되었다. 《농민신문》은 조선인민군 총사령부의 보도 내용을 전달하는 〈전선 소식〉을 고정란으로 배치하여 전황을 지속적으로 전달하는 한편, 후방의 투쟁이 전선에 직접 기여하는 것임을 강조하였다. 1951년 1월 1일 김일성은 신년사에서 "식량을 위한 투쟁은 조국을 위한 투쟁이다"라는 구호를 제시하였고,[23] 이는 전쟁이 끝날 때까지 《농민신문》 1면 상단에 고정되었다.

농민들을 생산 현장으로 불러들이기 위해 신문은 농업생산력 증대가 전쟁 승리에 직접 기여한다는 점을 역설하였다. "한 알의 낟알은 한 알의 총탄"이며 증산은 곧 "원수 격멸의 총탄을 전선에 많이 보급하는 것"이나 다름없었다. 이앙 전선, 파종 전선 등 농업생산에 노동력이 집중되는 국면들은 군사적인 용어로 설명되었다. 농촌의 증산 투쟁은 그 자체로 하나의 치열한 '전투'였고, 농촌은 또 다른 '전선'으로 규정되었다. .

현실에서 전시 농촌의 생산환경은 매우 열악했고, 지속되는 전쟁 상황은 농민들의 헌신과 용기를 요구했다. 토지와 수리 시설 등 생산 기반이 파괴되었고, 농사에 필요한 사람과 소의 수가 현저히 줄어들었으며, 종자, 비료, 농기구 등 생산에 필요한 기본 자원들 역시 부족했다. 1951년 초 북한이 보유한 전체 경작용 소의 두수는 전쟁 전에 비해 31.5퍼센트 감소했으며,[24] 전선으로의 동원과 피점령기 학살로 인해 노동 가능 인구 역시 현저히 줄어들었다.[25] 흥남비료공장 등 북한의 주요 산업 시설에 가해진 폭격으로 인해 화학비료 생산이 중단된 것 역시 농업생산에 큰 타격이었다.[26]

이러한 전시의 생산환경에서 노동력이 투입되어야 할 곳은 훨씬

〈그림 1〉《농민신문》 1952. 5. 17. 3면 삽화
증산이 전쟁이 승리에 직접 기여할 수 있다는 선전은 삽화로도 제시되었다.
위 그림은 농민이 생산한 쌀가마니가 미군을 밟아 쓰러뜨리는 장면으로,
"오늘 우리들이 심은 이 모는 가을에 가서 쌀뎀이로 지축을 울리면서
전선으로 달릴 것"이라는 내용의 기사와 함께 실려 있다.

늘어났다. 농민들은 경작을 위한 소가 부족하여 논밭을 인력으로 일구어냈고, 폭격으로 정미기가 파괴되자 절구, 발 방아 등 각종 농기구를 동원하여 추수한 벼를 찧기도 했다.[27] 폭격을 피하고 늘어난 노동량을 감당하기 위해 새벽과 달밤에 야간작업이 장려되었고, 낮에는 축우와 사람들을 위장하고 논밭 부근에는 대피호를 만들었다.[28] 38선 인근 지역에서는 실제 전투와 영농을 병행했다. 미 공군기의 폭격과 무차별 사격으로 인해 가족이나 마을 주민들이 죽거나 다치고, 기껏 피해를 복구하여 농사를 지었으나 또다시 생산환경이 파괴되는 일도 드물지 않았다. 이런 상황에서 농민들은 망연자실하여 논에 들어가지 않으려 하기도 했다.[29]

이러한 가운데 북한 지도부는 농민들을 생산 전선으로 이끌어내고, 생산적인 농민으로 주조하기 위해 '모범사례'를 발굴하고 이를 바탕으로 선전과 교육을 진행하였다.[30] 식량 증산에 공헌을 세운 농민들은 최고인민회의 상임위원회로부터 훈장이나 메달을 받았고, 선발된 농민들은 사진과 이름, 구체적인 성과가 신문을 통해 널리 선전되었다.

전쟁기 많은 남성이 전선에 나가면서 후방 지역에서 다수를 차지한 것은 여성이었다. 국가는 여성들의 이러한 헌신과 노력에 대해 훈장과 메달을 수여하고 표창하였으며, 신문 역시 후방 여성들의 활약을 지속적으로 소개하여 여성들의 생산노동 참여를 독려하였다. 1952년 1월 훈장과 메달을 받은 500여 명의 농민과 농촌 간부들 중 4분의 1 이상이 여성이었고,[31] 같은 해 3월 8일 국제부녀절에는 전선원호와 후방 공고에 공훈을 세운 250여 명의 여성에게 훈장과 메달을 수여하였다.[32] 전시의 열악한 조건에서 영농사업이 거둔 성과를 나열할 때 언제나 여성들의 역할이 강조되었으며,[33] 《농민신문》에서도 모범적인 여성 농민들의 사례는 거의 매호 빠지지 않는 소재였다.

여성 농민은 생산 전선에서도 가족과의 관계 속에서 호명되며, 가족 공동체의 일원으로서 여성의 역할이 강조되었다. 모범 여성 농민의 기사에서는 제목부터 '군무자의 아내', '자랑스러운 어머니'와 같이 가족 내에서의 역할을 드러내는 경우가 많았으며,[34] 모범농민들의 발화 방식에서도 성별에 따라 차이가 있었다. 가령 1953년도 전국 농민열성자대회에서 다수확 농민 리화섭, 김대식, 유만옥의 토론 요지를 살펴보면, 남성인 리화섭과 김대식은 각자 다수확을 거두기 위한 영농법만을 구체적으로 제시한 반면, 유만옥은 전 가족 16명이 학살당한 유가족이라는 점을 가장 먼저 소개하고 있다.[35] 이와 같이 가족관계 속에서 여성을 소개하고 정체성을 구성하는 방식을 통해 여성은 생산 현장에서도 가족 공동체의 일원으로 존재했다.

농촌 여성들에게는 전선에 나간 남편과 오빠를 '대신하여' 농산물 증산을 위해 노력하며 후방을 든든히 해야 할 임무가 주어졌다. 전시 영농사업에서 여성들의 활약을 보여주는 대표적인 사례는 '여성 보잡이'의 존재로, 전쟁 전까지 남성들이 담당했던 일을 여성들이 대신하였음을 보여준다. 직접 소를 부리고 쟁기질을 하여 논밭을 갈아낸 일화가 모범여성의 대표적인 사례로 등장하였고, 강온순, 김락희 등 많은 여성 보잡이를 길러낸 여성들은 표창을 받았다.[36] 이처럼 여성들은 남성의 부재에도 불구하고, 생산 영역에서 그들에게 뒤지지 않는 성과를 거둠으로써 '남자 못지않은' '참된 농촌의 주인공'으로 거

듭 평가되었다.[37)]

또한 가족 구성원으로서의 여성은 전선의 남편이나 아들에게 보내는 편지를 통해 전선과 후방을 연결하는 존재로 표상되었다. 신문은 이들의 편지를 채택하고 발췌하여 실음으로써 가족, 특히 여성의 목소리로 전선과 후방의 결속을 강화하였다. 평남 대동군의 김확실은 남편에게 식량과 일손이 부족하고 폭격이 심한 와중에도 자신의 힘으로 남 못지않은 수확을 거두겠다고 다짐하였다.[38)] 노동당원 백심정은 1952년 전선에 있는 남편에게 그해 토지 1정보 당 벼 300가마니를 수확할 것을 다짐하며, 남편에게는 집 근심 없이 큰 위훈을 세워달라는 바람을 전달하였다.[39)] 이처럼 신문에 실린 편지에는 집과 농사일은 걱정하지 말고 전투에서 공훈을 세우라는 격려와 함께, 전선에 기여하기 위해 증산을 다짐하는 내용이 포함되어 있었다.

한편 농촌 여성들은 생산 부문에서의 임무에 더하여, 가정생활을 전시에 맞게 운영하며 아동을 양육하는 역할을 부여받았다.[40)] 여성 농민의 사례에는 그가 책임져야 할 노인, 아동 등 부양가족들이 언급되는 경우가 많은데, 이를테면 남편을 전선에 보낸 김금녀는 돌보아야 할 식솔이 10명이었으며, 학살로 남편을 잃은 신애필은 어린아이 넷을 데리고 혼자 농사를 일구어야 했다.[41)] 이처럼 부양가족을 돌보는 것에 더해, 가정경제를 전시에 맞게 합리적으로 운영하여 식량을 절약하는 것 역시 여성의 역할이었다.[42)]

이처럼 당시 영농 전선에 나선 여성들에게는 가족을 부양할 의무와 증산의 성과를 거두어야 할 이중적인 짐이 부과되었으나, 이러한 상황은 극복해야 할 조건으로만 언급될 뿐 구체적으로 이를 어떻게 해결하며 증산의 성과를 거둘 수 있었는지는 서술되지 않는다.[43] '여성 농민'의 호명은 증산과 전선 원호에 기여하는 주체를 요청하는 것이었고, 돌봄과 양육, 가사 담당자로서의 역할과 생산자로서의 역할을 병행하는 일은 여성 개인의 몫으로 남겨졌다.

후방의 여성들은 도움과 보살핌의 대상으로 여겨지면서도, 동시에 국가나 이웃의 도움을 받지 않고 자신의 힘으로 직접 난관을 헤쳐나갈 것을 요청받았다. 가족 구성원이 군인이거나 전선에서 사망한 경우, 이들은 인민군 후방 가족과 애국열사 유가족으로 분류되어 각종 국가적 시책의 대상이 되었다. 또한 전선의 군인들이 마음 놓고 전투에 임할 수 있도록 다른 인민들이 후방 가족들을 잘 원호해줄 것이 요청되었다.[44] 그러나 실제 모범사례로 소개된 것은 이러한 도움을 받지 않고 스스로의 힘으로 어려움을 극복해낸 여성들이었다.

가령 평안남도 강서군의 김춘지는 남편이 전선에 나갔기에 일손이 부족했지만, 식량과 노동력이 부족한 상황에서도 스스로 어려움을 해결해나갔다. 이때 김춘지는 타인의 노동력이나 종자, 식량의 도움을 받는 것을 "다시 없는 수치"로 여기고 전선에서 싸우는 남편에게도 "면목이 없는 일"이라고 생각하였다.[45] 황해도 황주군 홍은보는 오빠를 전선으로 보내고 60세가 넘는 어머니와 함께 농사를 지었는데, 토지와 식량, 종곡이 부족했음에도 국가에 의존하지 않고 다른 농민들과 협력하여 어려움을 해결하였다.[46] 평남 대동군의 김확실은 전선의 남편에게 보내는 편지에서 이웃 사람들이 농사를 도와주기 위해 여러 차례 찾아왔지만 사양하고 자기 힘으로 농사를 지어냈다는 점을 자랑스럽게 전하였다.[47] 이러한 사례들에서 국가와 타인에게 도움을 받는 것은 부끄럽고 수치스러운 일로, 스스로의 힘으로 난관을 극복해낸 것은 자랑스러운 일로 서술된다.

전쟁기 북한은 각종 인민생활 안정 시책들이 그 자체로 정권의 정당성을 보여주는 것이라 선전하였지만, 위와 같이 농민들에게는 국가의 도움에 의존하지 않고 자립하여 생산하는 주체가 될 것을 요구했다. "공화국의 배려"에 농민들이 "증산으로 보답하겠다"고 결의하는 내용은 일종의 관용구로 등장했다. 즉 농민들은 여러 난관과 어려움에도 불구하고 생산하는 주체로 거듭날 때 모범이 될 수 있었다.

비판기사로 보는 국가: 농민의 긴장과 마찰

신문에서 모범사례만큼이나 반복적으로 등장하는 것은 비판기사였다. 《농민신문》은 바람직하지 못한 농민 개인을 구체적으로 지목하며 문제점을 제시했고, 이를 통해 농민들의 행동을 교정하고 특정한 방향으로 바꿔내고자 했다. 비판기사에는 농사일을 게을리하는 농민부터 선진영농법 도입을 꺼리는 농민들, 그리고 종자와 농기구를 이웃과 공유하지 않으려는 '이기적인' 농민들까지 다양한 사례가 등장하였다. 이러한 비판기사들은 농민을 규율하려는 국가의 의도를 보여줌과 동시에 전쟁기 농업생산 체제하에서의 마찰과 갈등을 반영하고 있다.[48] 특히 선진영농법의 도입과 상호협조를 통한 농촌문제 해결은 전시 농업생산 체제에서 국가가 농민들에게 적극적으로 요구한 것으로, 이에 어긋나는 농민들에 대한 비판은 신문에서 가장 반복적으로 등장하는 소재였다.

먼저 북한 지도부는 모범농민의 사례를 통해 생산량 증대를 위해 단위면적당 더 많은 수확을 거둘 수 있는 농법을 도입하고자 했다. 새로운 농법을 도입하여 1951년도에 벼 다수확 최고 기록을 보인 홍영제를 비롯하여, 밭작물에서 목화는 김태식, 조는 정인수, 옥수수는 배인수, 감자는 윤인묵이 각 분야를 대표하는 다수확 농민으로 꼽혔다.[49] 경지의 절대적 면적과 노동력, 농기구, 비료 등 영농 여건에 한계가 있는 상황에서 북한 지도부는 단위당 수확고를 올리기 위한 다수확 농법을 권장하였다. 이때 신문은 다수확 농민들의 경험을 일반화하는 중요한 매개였다.

신문은 다수확 농민들의 경험을 상세히 소개하는 한편, 기존 방식을 고수하는 농민들에 대한 비판기사를 통해 그 태도를 교정하고자 했다. 이러한 비판기사는 농민을 계도하기 위한 것이지만, 동시에 영농법을 둘러싼 농촌 사회 내부, 그리고 국가와 농민 사이의 마찰을 드러낸다. 가령 냉상모법은 선진영농법의 대표적인 사례로 더 튼튼하고 수확량이 많을 뿐 아니라 이앙 과정에서 노동력의 집약도를 낮추는 것으로 권장되었지만,[50] 파종시기가 기존보다 20~30일 빨랐기 때문에 냉해를 우려한 농민들은 새로운 농법의 도입을 꺼렸다. 농법을 둘러싼 갈등 속에서 경험적으로 익숙하고 안전한 방식으로 농사를 지으려는 태도는 비판기사의 주된 소재였다. .

신문의 구체적인 사례들은 농법을 둘러싼 마찰을 선명히 드러낸다. 벼농사에서 다수확을 거둔 홍영제 농민이 냉상모를 도입할 때 일부 농민들은 "정신 나갔다", "어림없는 소리를 한다"는 반응을 보였고,[51] 평안남도 안주군에서 직접 냉상모법과 소주밀식을 도입하려 할 때 리영룡, 장왈근 등의 농민들은 벼농사에 적합하지 않은 농법이라며 반대하였다.[52] 기존 방식대로 농사를 지으려는 농민들은 곡우, 청명 등 전통적인 절기를 근거로 국가가 설정한 봄갈이와 파종시기를 늦추려 하였다.[53] 선진영농법을 도입하려는 농민들과 이에 반대하는 농민들의 대립 구도 속에서 후자의 농민들은 "조상 때부터 내려오는 농사법"을 주장하는 이들로 그려졌고, 이들의 주장은 재래 인습에 근거한 "낡은 고집"으로 표현되었다.

이러한 대립의 이면에는 토지개혁 이후 토지의 개인 소유와 경영이 인정되는 농업생산 체제를 유지하면서도, 전시체제하에서 국가가 소농경리에 대한 통제와 관리를 강화하면서 발생하는 긴장이 존재한다. 실제 다수확 농법 도입을 꺼리는 농민들은 간부들이 토지의 사적 소유와 개인 경영을 인정하는 개인경리個人經理 원칙을 무시하고 영농 과정에 과도하게 개입한다고 비판하였다. 반면 현장에서 이러한 비판에 직면한 간부들이 농민들의 주장을 수용하고 강력한 사업 집행을 하지 못할 경우, 대중을 지도하지 못하고 그들에게 끌려다니는 추미주의追尾主義적 경향이라는 상부의 비판을 감수해야 했다.[54] 전쟁 이전에도 국가가 경제계획의 틀 안에서 농민들의 생산 과정에 개입하려는 경향이 있었지만,[55] 전시 농업생산 체제에서 이러한 긴장은 더욱 심화된 형태로 나타났다.

이처럼 영농법을 둘러싼 갈등은 기존 농법을 고수하던 농민들이 다수확 농법의 성과를 실제로 확인하고 반성하는 방식으로 해소되는 것으로 지면상에 그려졌다. 이 과정에서 마을 민주선전실의 역할이 강조되었으며, 특히 영농좌담회, 농작물 전람회와 같은 행사는 중요한 계기였다. 가령 농작물 전람회에서는 곡종별로 높은 수확을 거둔 것과 그렇지 못한 것을 대비하여 전시함으로써 선진영농법의 우수성을 증명해내고 선진영농법을 도입하지 않은 농민들의 반성을 이끌어낸 것으로 묘사되었다.[56] 이는 개별 농가의 농법을 바꿔내기 위해 다수확 농민들의 성과와 경험을 확산하려는 선전이 농촌 공간에서 지속적으로 이루어졌음을 보여준다.

다른 한편으로 주된 비판의 대상이 된 것은 자신의 이익만 추구하는 '이기적인' 농민들이었다. 전쟁으로 농촌 생산기반이 파괴된 상황에서 북한 지도부는 농업용 소와 노동력, 농구 등의 자원을 농민들이 공동으로 활용하는 것을 장려하였고, 소를 같이 사용하며 일손을 돕는 소겨리반이나 품앗이반 등 공동노력 조직의 중요성을 이전보다 더욱 강조하였다. 이러한 조직은 "호상원조의 미풍"을 살리는 것이며, 상부상조는 "우리 조선 사람이 옛날부터 행해온 아름다운 도덕"이라는 전통적인 맥락에서 설명되고 권장되었다. 이는 앞서 종래의 농법을 고수하는 농민들을 시대에 뒤떨어진 것으로 비판한 것과 대비된다.

그러나 이러한 지도에도 불구하고 실제 공동노력 조직을 결성하는 과정에서 애국열사 유가족이나 인민군 후방 가족, 빈농민, 전재농민 등 일손이 부족한 농가를 배제하는 사례들이 보고되었고,[57] 1952년에는 증산 경쟁운동이 활발히 진행되면서 경쟁에 유리한 조건을 갖춘 중농 이상의 농민들에게 마을의 자원이 집중되어 빈농민이 소외되는 현상이 문제로 지적되었다.[58]

이에 북한 지도부는 모든 농가를 망라하여 노력조직을 결성하고 특히 노동력이 부족한 유가족 및 후방 가족의 영농을 우선적으로 보장할 것을 강조하였으며,[59] 1953년에는 일부 농민들만 포함된 다수확 경쟁반을 해체하고 증산 경쟁운동을 소겨리반과 품앗이반 단위로 광범위하게 진행하도록 하는 등 대책을 강구하였다.[60] 신문에서는 자신의 이익만을 추구하는 일부 농민들의 태도를 봉건적이고 비도덕적인 행위로 비판하고 상호협조의 태도를 강조하였다. 이때 비판의 대상이 되는 농민들은 "자기 혼자만 잘살려는 낡은 습성"을 지니고 "남이야 어찌되든지 자기 배만 부르면 그만"인 탐욕적인 이들로 비판되었으며, 남의 곤란을 도와주는 농민들 간의 미풍을 살려야 한다는 결론으로 이어졌다.[61]

앞의 사례들에서 '이기적인' 농민들에 대한 도덕적인 비판은 전쟁기 농촌의 계층분화의 한 단면과 이에 대한 국가의 대응을 반영한다. 전쟁으로 농업 생산기반이 붕괴되면서 빈농층이 증가하고 농촌 내부의 계층분화가 심화되자,[62] 국가는 공동노력 조직을 통해 노동력과 생산수단을 일정 범위에서 공유하게 함으로써 사회정책을 대신하고 농업경영의 기반을 확보하고자 했다. 개인 소유 토지의 개별 경영이 인정되는 여건하에서 이러한 목표를 달성하기 위해, 국가는 이기주의를 비판하고 상호협조를 강조하는 방식의 도덕적인 논리를 사용하였다. 그러나 독립적인 농업경영 기반이 갖춰진 농민들은 빈농층이나 노동력이 부족한 농가와의 협조에 소극적인 경우들이 발생했고, 토지의 개인 소유와 경영이 유지되는 상황에서 공동노력 조직을 상시 운영하는 것에는 한계가 있었다. 일부 지역에서는 이러한 노력조직이 항상 유지되며 1954년 이후 농업 협동화의 기반이 되었지만, 전쟁이 끝날 때까지도 많은 지역에서 공동노력 조직은 여전히 임시적인 것으로 여겨졌다.[63)]

이상과 같이 모범과 비판의 형식은 전쟁기 북한이 농민들을 이끌어내고자 한 방향과 내용을 보여준다. 농민들은 주간과 야간, 농번기와 농한기를 가리지 않고 증산을 위해 노력하며 전선 원호를 위해 내핍과 절약의 태도를 갖추며, 선진적이고 과학적인 농법을 도입하여 증산을 이뤄내는 한편 전쟁으로 어려움을 겪는 다른 농민들을 도와주어야 했다. 열악한 환경에서도 애국심과 충성심을 바탕으로 난관을 극복해내는 태도는 전쟁 승리를 위한 필수요건이었다.

특히 선진영농법의 도입과 상호협조를 통한 농촌문제 해결은 전시 농업생산 체제에서 국가가 농민들에게 적극적으로 요구한 방식이었다. 이는 각지의 모범사례를 통해 장려되었고 실제 어떤 농민들은 이러한 태도를 내면화하고 실현하였지만, 다른 한편으로 토지의 개인 소유와 경영이라는 구조 위에서, 그리고 전쟁기 빈농층이 증가하는 조건 속에서 마찰을 빚기도 했다. 전시에 국가는 농업생산에 대한 지도를 강화하려 하였지만, 여전히 개인경리에 입각한 소농체제가 유지되는 가운데 생산계획과 과정을 통제하기에는 한계가 있었다.

전쟁이 농촌에 남긴 것

한국전쟁은 남북한의 사회·경제에 큰 변화를 가져온 전기였다. 전쟁은 인적·물적으로 엄청난 손실을 가져왔지만, 이를 재건하는 방식과 과정을 통해 남북한은 서로 다른 경로로 나아갔다.[64] 북한 농촌에서는 농업 생산기반이 파괴되었고, 해방 이후부터 구축해온 사회조직 역시 큰 손실을 입었다. 특히 유엔군·한국군 점령기를 거치며 농촌 사회 내에 잠재되어 있던 사회적 갈등은 극단적인 형태로 표출되었고, 이는 농촌 사회에 큰 상처를 남겼다.

신문은 이러한 상황에서 북한 정권이 농촌 사회와 농민을 조직하고 동원하려 한 논리와 방향을 구체적으로 보여주었다. 북한 지도부는 당과 국가의 영향력을 리 단위까지 확대하며 농촌에서 선전선동 사업을 집중적으로 전개했다. 전쟁피해 경험은 분노와 복수심을 자극하는 방식으로 재현되었고, 전쟁 후반부에는 피해의 참상보다는 어려움을 극복하는 농민들의 의지와 태도를 부각시키는 서사가 강조되었다. 노동력과 물자가 극도로 부족한 상황에서 농법과 노동 방식에 대한 통제를 강화하였으며, 모범기사를 통해 여성 농민을 생산 전선의 중요한 주체로 이끌어내고자 하였다. 그러나 다른 한편으로 반복적으로 등장하는 비판기사는 국가의 개입에 대한 농민들의 불만과 대응을 드러냈다. 전쟁기 국가의 농촌 동원과 더불어 농민들이 보인 마찰과 대응을 면밀하게 들여다보는 작업은, 북한 농촌과 전후 본격적으로 전개되는 사회주의 체제 형성 과정을 입체적으로 이해하는 데 중요한 단서를 제공한다.

9. 북한의 전재고아 해외 위탁사업과 냉전의 미디어

-현대 미디어를 통해 보는 심리전과 냉전의 흔적

◎ 요네즈 토쿠야米津篤八

만들어진 북한 이미지

6·25전쟁은 아직 끝나지 않았다. 정전협정이 살아있다는 법적 측면에서 그리고 정치적·군사적 측면에서 남북한 사이에 언제든지 날카로운 대립이 생긴다는 사실이 그것을 증명해준다. 2023년 2월 윤석열 정부는 출범 후 첫 《국방백서》에서 6년 만에 북한을 "주적"으로 표현했으며, 2024년 1월 김정은 국무위원장도 한국을 "제1의 적국"으로 정의하며, 같은 해 10월에는 헌법에 그것을 명기했다.

정전협정 체결 후 70년 이상 지났는데도 동아시아의 평화를 거듭 위태롭게 하는 사건들이 계속되는 배경에는 우리의 사고를 지배하는 냉전적 사고방식이 도사리고 있는 것 같다. 공산주의자나 북한의 행동을 다 나쁜 의도에 근거한 음모의 결과라고 보고 그들을 죽여야 할 '적'으로 규정하는 이 냉전적 사고는 언제, 어디서 만들어진 것일까? 정용욱은 전쟁이 끝난 후에도 장기간에 걸쳐 사회 인식에 미치는 심리전의 영향에 대해 아래와 같이 간파했다.

일단 만들어진 이미지는 반복 재생을 통해 고정되고, 이론적인 체계화 과정을 거쳐 이데올로기로 기능한다. 중국 꼭두각시론이 불식되는 데에는 미중관계 정상화까지 20여 년을 기다려야 했고, 북한 꼭두각시론이 불식되는 데에는 그 근거가 사라지는 소련 몰락까지 40여 년을 기다려야 했다.[1)]

또 이임하는 6·25전쟁에서 "눈송이처럼" 뿌려진 40억 장의 삐라는 "쓸모없이 버려진 종잇조각이 아니라 우리의 눈과 귀, 목소리를 대신했다"고 주장하며 6·25전쟁 시기 심리전에 대한 이해가 전후 한국 사회와 한국인의 심성과 행동을 이해하기 위한 단서가 된다고 지적했다.[2)] 그렇다면 우리가 안고 있는 '북한' 이미지의 형성에도 심리전은 어느 정도 영향을 미쳤다고 볼 수 있을 것이다.

미국의 심리전, 정보 통제가 한국전쟁 당시 미디어에 미친 영향에 대해서는 몇 가지 연구가 있다.[3)] 1950년 미군이 조선인민군 통치하 서울을 공중폭격하고 많은 민간인을 살상한 사실[4)]은 은폐되고 공산군 포로들에 대한 물리적·심리적 폭력도 공산주의자들의 "반항에 대한 대응책"으로 합리화되었다는 사실도 밝혀진 바 있다.[5)]

심리전이 인간의 마음을 조작해 전쟁에 동원하는 수단인 만큼 그 영향은 일시적인 것으로 머무르지 않고 사회 안에서 재생산되어 이윽고 그 통제된 정보들은 집단적 기억, 사회적 상식으로 정착된다. 예를 들어 일본 종군기자들의 회상을 읽어보면 포로에 대한 부정적 이미지나 공산주의에 대한 공포는 반세기 이상 지났어도 그들의 마음속 깊이 뿌리를 내리고 있다는 사실을 발견할 수 있다.[6)]

이 글에서는 현대 우리 사회에 남아있는 심리전의 영향을 알아보기 위해 북한 '전쟁고아' 문제를 다루고자 한다. 구체적으로는 1950년대에 북한의 전쟁고아들이 사회주의 나라들에 위탁된 경위, 현지에서 받은 교육, 그들의 생활상을 북한 미디어—《로동신문》 및 《김일성전집》—나 최근 남한에서 발표된 연구 성과를 바탕으로 밝힌다. 그리고 그것을 1950년대 남한, 일본, 미국의 신문 보도나 최근 남한에서 제작된 다큐멘터리 영화 두 편과 비교한다. 이로써 6·25전쟁을 통해 만들어지고 냉전체제 아래서 강화된 반공의식으로 굳어진 북한 이미지가 오늘 우리에게 미친 영향을 고찰하고자 한다.

거리를 헤매는 아이들: 6·25전쟁 이후 전쟁고아 문제

약 3년에 걸친 6·25전쟁은 많은 민간인을 끌어들였다. 특히 전선이 한반도 남북으로 몇 번이나 이동한 데다 미군이 무차별 폭격을 가했기 때문에 남북한을 막론하고 수많은 전쟁고아가 발생했다. 전쟁고아의 숫자에 대해 한국 국회의사록을 보면 1951년 9월 시점에서 무려 10만 명으로 추정되어 있는데 그중 1만 321명이 199개 시설에 수용되고 나머지 9만 명은 갈 곳도 없이 거리를 헤매고 있다고 했다.[7)]

한편 북한의 상황도 만만치 않았다. 전쟁고아의 정확한 숫자는 명확하지 않지만 김일성 수상(당시)이 1951년 1월 13일 "미제국주의 침략군대와 리승만 괴뢰군대의 야수적 무력침공으로 말미암아 아버지, 어머니와 집을 잃고 헐벗어 추위에 떨며 굶주려 울고 있는 수많은 고아들이 생겨나고 있다"[8]고 보고한 것에 근거하면 상당수의 고아가 있었다는 사실을 알 수 있다. 전쟁 당시 북한 인구가 남한의 반 정도라고 해도 북한에 대한 미군의 공중폭격이 상당히 극심했던 사실을 감안하면 남한과 맞먹는 숫자의 아이들이 부모를 잃었다고 추정할 수 있다. 또 김일성은 같은 해 3월 19일의 조선로동당 중앙위원회 정치위원회에서 각지 고아 양육 시설의 상황에 대해 아래와 같이 보고했다.

> 평양시 동구역 동대원애육원에서는 맨 콘크리트 바닥에서 69명의 어린이들을 키우고 있습니다. 지방들에서도 같은 형편입니다. 평안북도 수성군 어느 면에 있는 고아원에는 10명의 고아들이 있는데 밥그릇이 4개밖에 없을 뿐아니라 신발이 없어서 어린이들이 맨발로 다닌다고 합니다. 이것은 매우 가슴아픈 일입니다.[9]

김일성은 또 각지마다 건설된 초등학원과 애육원만으로는 모든 전쟁고아를 수용할 수 없다고 그 어려운 상황을 호소했다.[10]

다음 전쟁고아 문제를 남북 양 정부가 각기 어떻게 해결하려고 했는지 간단하게 살펴보자. 우선 남한의 경우를 보면 고아들은 주로 미군 관계자가 지은 고아원 등에 수용되었다. 또 미군 사령부도 미군에 대한 이미지 향상이나 병사들의 정신적 위안을 목적으로 미군부대에 모인 고아들을 돌봐줄 것을 장려했다. 그리고 휴전 후 미군 병사들이 귀국하면서 고아원은 미국 기독교 단체가 인계받고 운영하게 되었다.[11] 1954년 한국 정부는 전쟁고아 대책의 일환으로 해외 입양사업을 시작, 1955년부터 1961년 사이에 4,100명의 아이들을 해외로 보냈는데 그중 2,601명이 한국전쟁 중 미군 병사와 한국인 여성들 사이에 태어난 아이들이었다.[12] 이렇게 시작한 해외 입양은 그 후 약 17만 명의 아이들이 해외로 입양되고 한국 미디어에서도 "고아 수출"이란 이름으로 비판 대상이 되어 있다.[13]

한편 북한의 전쟁고아 정책은 국가가 설립한 육아원, 애육원, 초등학원, 중등학원에서의 양육을 기본으로 하지만 위에서 말한 바와 같이 한국전쟁기에는 그것만으로는 전체 고아들을 수용할 수 없었다. 김일성은 국가 부담을 경감하기 위해 몇 차례에 걸쳐 조선로동당과 정부의 간부들에게 고아를 한두 명씩 입양할 것을 호소했다.[14] 또 1951년 8월의 조선민주녀성동맹과 한 담화에서는 일부 여성들이 자발적으로 전쟁고아를 양육하고 있다는 사실을 소개하면서 고아문제에 더 관심을 가지는 것을 장려했다.[15] 그러나 북한도 자국만으로 전쟁고아 문제를 해결할 수 있었던 것은 아니다. 1990년대 이후 사회주의권 붕괴에 따라 그때까지 공개되지 않았던 외교자료나 기록영상들이 한국에도 전해지면서 북한이 전쟁고아를 일시적으로 사회주의 나라들에 위탁했던 사실이 널리 알려지게 되었다(이하, 북한이 사회주의 나라들에 위탁한 전쟁고아를 북한의 용어에 따라 '조선 전재고아'로 부르기로 한다).

1992년 MBC뉴스가 폴란드에 위탁된 조선 전재고아의 모습을 담은 흑백 영상을 독일에서 입수하여 소개했고 2004년 KBS 수요기획 〈나의 남편은 조정호입니다〉(연출 김덕영)가 루마니아에 위탁된 조선 전재고아들의 사례를 다루었다.[16] 2009년에는 대구MBC 제작 한국

전쟁 특집 다큐멘터리 〈몽골에 간 북한 전쟁고아〉가 방영되었다. 이 프로는 1956년 몽골을 공식 방문한 김일성이 현지 고아원을 찾아가 위탁된 조선 전재고아들과 면담하는 모습을 담은 몽골영화제작소 뉴스영상 〈이웃 나라에서의 귀빈〉을 소개했다. 2010년대에 들어서 학술적 연구에 의해 조선 전재고아의 해외 위탁 경위나 규모, 교육 내용 등이 구체적으로 파악되기 시작했고 이 몇 년 사이에 〈폴란드에 간 아이들〉(추상미 감독, 2018)과 〈김일성의 아이들〉(김덕영 감독, 2020)이라는 다큐멘터리 영화 2편이 제작, 공개되고 조선 전재고아 위탁 문제가 남한에서 대중적으로 알려져 사회적 관심사가 되었다.

이 외에 고아들을 위탁받은 나라 측에서 이 문제를 다룬 영상자료로 폴란드에서 2006년도에 제작돼 그다음 해에 방영된 다큐멘터리 영화 〈Kim Ki-Dok(김기덕)〉[17]이 있다. 이 작품은 백혈병으로 입원한 조선 전재고아 김기덕을 구하려고 자신의 혈액을 수혈한 폴란드 의사의 일화를 영상화한 것이다. 그 당시 폴란드 고아원 교직원들의 인터뷰나 1950년대에 폴란드에서 촬영한 영상자료를 통해 조선 전재고아들의 생활상을 엿볼 수 있는 귀중한 작품이다.

사회주의 건설의 미래 역군을 위해: 조선 전재고아의 해외 위탁

북한 여성들의 호소와 전재고아 해외 위탁의 경위

1951년 1월 4일 조선민주녀성동맹은 박정애 등 4명의 이름으로

〈전 세계 녀성들에게 보내는 편지〉를 발표했다.[18] "전 세계의 평화와 인민의 행복한 장래를 원하며 인류에게 불행과 재난을 가져오는 모든 부정의를 반대하는 타오르는 항의의 불길을 지니고 있는 우리의 아름다운 벗들이여!"라는 호소로 시작되는 이 '편지'는 "전 조선녀성의 위임에 의하야" 미군의 폭격과 학살을 규탄하고 한 어린아이의 상황을 아래와 같이 묘사했다.

> 6개월 전에 조선에 쓰여지고 그려진 지도와 책을 가지고는 인제는 조선을 연구할 수 없게 되었다. 도시들과 농촌들을 표하여 놓았던 지도에는 지금에 와서는 그 자취조차 남지 않았다.……우리들은 한 어린아이가 죽은 자기 어머니를 두 손으로 꽉 붓안고 그의 젖을 빨고 있는 것을 보았다. 어린아이는 자기의 어머니가 죽었으며 어머니의 높다란 젖가슴에서는 향기로운 생명의 샘물이 흐르기를 끝쳤다는 것을 알지 못하였던 것이다.

중국인민지원군은 1950년 10월부터 조선인민군 지원을 위해 북한에 들어갔으니 위의 편지와 같은 참상을 직접 목격했을 것이다. 조선 전재고아 문제에서 맨 먼저 적극적으로 움직인 것은 중국이었던 것으로 짐작된다. 불가리아의 공문서에 의하면 1951년 2월 13일에 베이징에서 회담한 북한 대사와 저우언라이 중화인민공화국 국무원 총리는 그 자리에 동석한 소련 및 동구 제국 대사들에게 북한에 대한 의료 지원과 고아들에 대한 원조를 호소했다.[19]

아마 이 베이징 회담에서 전재고아 위탁계획이 대략 결정됐을 것이다. 다음 달 3월 10일, 김일성은 교육성 간부와의 담화에서 해외로 위탁하는 고아들의 교육에 대해 다음과 같이 꽤 구체적인 지시를 주었다.

> 지금 중국을 비롯한 형제국가들에서 피 흘리며 싸우고 있는 우리 인민들을 돕기 위하여 전재고아들을 양육해주겠다고 제기해오고 있습니다. 우리는 전쟁이 장기화되고 적의 폭격 만행이 더 악랄해지고 있는 조건에서 일부 전재고아들을 형제나라들에 보내여 양육하려고 합니다. 우리는 일부 전재고아들을 다른 나라에서 키워준다고 하여 안심하지 말고 친자식을 생각하는 부모의 심정으로 전재고아들에 대하여 항상 깊은 관심을 돌려야 합니다. 교육성에서는 전재고아들이 가는 나라들에 유능한 교원들을 선발하여 파견하며 우리 교과서와 참고서들을 충분히 보내주어 전재고아들의 교육에 지장이 없도록 하여야 합니다. 다른 나라에 가는 전재고아들 속에서 애국주의 교양을 강화하여 그들이 조국을 열렬히 사랑하고 한시도 잊지 않게 하며 특히 자기의 부모들을 학살한 원쑤들에 대한 증오심을 높이도록 하여야 하겠습니다.[20)]

이 담화에서는 전재고아들을 해외에 보내는 것에 대한 김일성의 고충을 엿볼 수 있다. 양육과 교육을 완전히 타국에 맡기면 아이들은 조국의 언어와 문화를 잊어버리고 조국에 돌아와 적응하기가 힘들 것이다. 이런 생각으로 현지에 조선인 교원을 파견하고 북한에서 만든 교과서를 보내는 방침을 결정했다고 볼 수 있다. 전재고아들을 타국에 보내는 것에 대한 김일성의 망설임은 같은 해 8월 15일의 조선녀성동맹 간부들과의 담화에서도 이해할 수 있다.

> 얼마 전에 형제나라들에서 우리 전재고아들을 양육해주겠다고 하면서 그들을 보내달라고 하였습니다. 물론 우리가 지금 준엄한 전쟁을 하고 있는 것만큼 일부 전재고아들을 다른 나라에 보내기는 보내야 하겠지만 적들에게 희생된 그 아이들의 부모를 생각하면 그들을 한 명도 다른 나라에 보내고 싶지 않습니다. 부모 잃은 아이들을 다른 나라에 보낼 생각을 하면 잠이 오지 않습니다.
>
> 우리는 비록 나라의 사정이 어렵지만 될수록 자체의 힘으로 전재고아들을 키워야 합니다. 그러자면 국가에서 초등학원과 애육원을 늘이는 동시에 어머니들의 조직인 녀맹에서도 전재고아를 양육하는 운동을 벌려야 합니다. 우리 녀성들은 누구나 다 전재고아를 키우는 사업을 도와 나설 정신적 준비가 되어 있으리라고 생각합니다. 원래 의지가지없는 아이들을 잘 돌봐주는 것은 우리 인민의 고유한 미풍량속입니다. 그러므로 녀맹에서 녀성들을 잘 발동하면 전재고아들을 양육하는 사업을 잘할 수 있으리라고 봅니다.[21)]

전쟁이라는 비상시인만큼 고아들을 타국으로 보내는 것은 부득이하지만 한 명도 타국에 보내고 싶지 않다고 말했던 것이다. 또 여성들에게 고아를 입양하고 키우는 것을 장려함으로써 가능한 한 타국에 위탁하는 아이를 줄이고 싶다고 생각한 것으로 보인다.

그 후 북한 지도부는 사회주의 국가 대사들과 개별적으로 면담해서 고아 위탁에 대한 상세 조건을 조절해나간 것 같다. 폴란드 측 문서에 의하면 1951년 5월 김일성은 북한 주재 폴란드대사와의 회견에서 사회주의 건설의 미래 역군을 양성하는 차원에서 폴란드 정부가 북한 전쟁고아들의 양육과 교육을 맡아줄 것을 요청했다.[22] 또 1952년 4월 8일 북한 주재 몽골대사관에서 박헌영 외무상이 북한 보육원의 상황을 알리는 홍보영화를 상영하자 이를 본 몽골대사 씨 라브단은 몽골 정부에 북한 전쟁고아의 문제를 논의했다.[23]

이들 자료에서는 전재고아 위탁을 먼저 제안한 것이 북한 측인지 동구 나라들 측인지 아니면 중국 측인지 명확하지 않다. 그러나 어느 쪽의 제안이든 그것은 고육지책에 틀림없었다. 북한 측에서 의뢰했다고 해도 김일성의 입장으로는 자신이 부탁했다고 할 수는 없었을 것이다. 그러나 북한 보육원에서는 고아 10명에 밥그릇이 4개밖에 없고 아이들은 맨 콘크리트 바닥을 맨발로 다니는 형편이었다. 아이들을 외국에 맡겨 키워달라는 수밖에 다른 선택지는 없었다.

국제여맹의 전쟁피해 조사와 여성들의 연대

그런데 위와 같은 국가들 사이의 교섭 이외에 놓칠 수 없는 것이 민간단체, 특히 여성들의 활동이었다. 국제민주여성연맹WIDF(Women's International Democratic Federation)은 1951년 5월 한국전쟁조사위원회를 구성하고 여성들 21명을 북한에 파견하여 신의주, 평양, 원산 등 약 10개 도시에서 전쟁피해를 조사했다. 아마 1월 4일에 발표된 조선민주녀성동맹의 〈전 세계 녀성들에게 보내는 편지〉에 호응한 것으로 생각된다. 캐나다의 노라 로드를 위원장으로 한 국제여맹 조사위원들은 유럽, 아시아, 아프리카, 남북아메리카 등 5대륙 18개국으로 구성되었다.[24] 아직 휴전회담도 시작하기 전인 1951년 5월 16일, 미 공군의 초토화 작전이 계속되는 가운에 그들은 유서를 쓴 다음에 중국 안둥(현재의 단둥)에서 보트를 타고 압록강을 건너 신의주에 도착했다.[25] 신의주는 그 전해 11월 8일 미제5공군 소속 B-29 중폭격기 70기가 640톤, 8만 5,000발의 소이탄을 투하하여 도시 전체가 잿더미로 변했다. 이는 건물 1채당 평균 6.07발, 사람 1명당 0.67발의 소이탄이 투하되었다는 계산이 된다. 게다가 미 공군은 시민들의 소화 활동을 방해하기 위해 소이탄 투하 지역에 대량의 시한폭탄을 투하하였다.[26] 산발적으로 폭발하는 시한폭탄의 위험을 무릅쓰고 시찰을 위해 거리에 나선 조사위원들은 시내 곳곳에서 방치된 아이들을 발견하게 되었다. 다음 글은 조사위원들이 신의주에서 목격한 광경을 묘사한 것이다.

> 프레론과 바크만은 한 작은 여자아이와 이야기를 나누고 있었다. 그 아이는 여섯 살에 불과했다. 하지만 이 여아는 한 손으로는 등에 업은 작은 아기를 달래고 있었고, 다른 한 손으로는 조그만 남자아이의 손을 꽉 부여잡고 있었다. 아이는 등에 업힌 아기의 무게 때문에 연신 휘청거렸다. 아이의 엄마는 폭격으로 사망했고, 아빠는 온종일 일터에 머무르고 있었다. 때문에 아빠가 없는 동안에 이 여섯 살 어린아이가 어두운 토굴 안에서 돌도 지나지 않은 아기와 세 살 된 남동생을 돌보고 있었던 것이다. 자신도 어른들의 돌봄이 필요한 아가였음에도 불구하고 말이다. 세 살 된 동생을 꼭 부여잡

은 손에서는 보호자로서의 책임감마저 느껴졌다.[27)]

북한 각지에서 폭격 피해나 전시 성폭력의 실태조사를 마친 조사위원들은 1951년 5월 27일 김일성과의 회견을 마친 후[28)] 박정애 조선민주녀성동맹 중앙위원회 위원장 등 평양시 각계 여성들과의 환송회에 참석했다. 그 모양은 《로동신문》에 크게 보도되었다.[29)] 이 기사를 보고 북한의 전쟁피해가 국제적 관심사가 되고 있는 것을 안 북한 여성들은 전쟁 종결에 대한 희망을 품었을 것이다. 조사위원회는 북한 각지의 조사 리포트를 엮어서 보고서 《우리는 고발한다*We Accuse*》를 영어, 한국어, 중국어, 불어, 러시아어, 스페인어, 독어로 출판하여 유엔에 대해 (1) 북한의 도시와 농촌, 민간인에 대한 폭격의 즉시 정지, (2) 한반도 문제의 평화적 해결과 외국 군대 철퇴, (3) 한민족의 자기 결정권 존중을 요구했다.[30)]

그런데 미국은 국제여맹을 "공산당 전선조직communist-front일 뿐"이라고 낙인찍고 미 국무부 공보처는 '유엔 지지 여성연합Women United for United Nations'이라는 단체의 산하에 있는 30개 이상의 보수적 여성단체들로 하여금 국제여맹 조사 보고서에 대한 비판 성명을 발표하게 했다. 이 비판 성명은 라디오 자유아시아Radio Free Asia와 라디오 자유유럽Radio Free Europe 등의 매체를 통해 세계적으로 방송되어 그 결과 국제여맹은 1954년 유엔경제사회위원회 자문 등 유엔의 모든 지위를 박탈당했다.[31)]

그럼에도 국제여맹의 호소는 동구권이나 중국 여성들의 마음을 확실히 움직였을 것이다. 1951년 6월 12일 자 《로동신문》은 중국 신화사 통신의 기사를 인용하여 헝가리(웽그리아) 여성들의 북한 어린이들을 위한 원호기금 갹출운동을 소개했다. 이 기사에 의하면 이 운동은 그해 3월에 베를린에서 열린 국제여맹 이사회의 결정에 호응한 것으로 "조선의 영웅들은 또한 우리의 아동을 위하여 싸우고 있다. 우리들도 조선의 아동을 원호하자"라는 구호 밑에 각지 도시나 농촌에서 집회가 열리고 여성 노동자, 농민들이 모금운동을 전개했다. "웽그리아 주재 중국대사 부인 황첸 녀사는 부다페스트에서 열린 웽그리아 녀성들의 대회에서 운동의 전개를 원조할 것을 호소하였다"[32]고 쓰여 있으니 중국도 이 운동을 지원했을 것이다.

또 1950년대에 불가리아 소피아 여성연맹지역구 위원장이었던 바실카 니키포로바는 2009년에 출간한 자서전 《김일성의 코리아와 함께한 60년》에서 한국전쟁 당시 대북 구호성금 및 물자 모집 활동에 적극 참여하며 북한 아이들을 헌신적으로 돌봤다고 밝혔다.[33]

고아의 양육이라는 섬세한 일은 국가 간의 합의 아래 위에서 명령하더라도 잘 될 수는 없을 것이다. 이러한 여성들의 연대 움직임이 조선 전재고아 위탁사업의 배경에 수없이 있었을 것이다. 추상미나 김덕영의 다큐멘터리 영화에는 동구 나라들에서 북한 고아를 돌봐준 전직 교사들이 오래된 앨범을 열고 눈물을 흘리면서 고아들을 그리워하는 장면이 있는데 그들과 고아들 사이에는 진심 어린 연대와 유대가 있었다는 것을 말해준다.

국가별 고아 위탁 규모

조선 전재고아를 위탁받은 나라는 폴란드, 헝가리, 루마니아, 불가리아, 몽골, 중국, 동독, 체코슬로바키아 등 8개국이었다. 이 나라들은 그 당시 사회주의권에 속한 이른바 북한의 "형제나라"들이었다. 그중에서 위탁받은 인원 수와 명단이 완전히 밝혀진 것은 몽골뿐이며[34] 다른 국가들에 대해서는 아직 불분명한 점이 많다.

그래서 필자가 모스크바에서 입수한 한국전쟁 시기에 발행된《로동신문》에 따르면 사회주의 나라들에 위탁된 조선 전재고아의 국가별 인원은 다음과 같다. 루마니아 1,500명(1952년 8월 23일 자), 헝가리 203명(1952년 9월 4일 자), 불가리아 200명(1952년 9월 8일 자), 폴란드 200명(1952년 9월 13일 자), 체코슬로바키아 200명(1953년 5월 9일 자), 몽골 수백 명(1953년 6월 1일 자)의 조선 전재고아를 위탁했다고 보도했다(괄호 안의 날짜는 기사 게재일). 그런데 이것은 어디까지나 휴전 전에 위탁받은 고아들의 사례이니 거기에 오미영에 의한 정리[35] 등을 합치면 〈표 1〉과 같다.

〈표 1〉의 숫자를 종합하면 동구 6개국이 위탁받은 고아 인원은 합계 4,603명이고 여기에 몽골과 중국을 합치면 2만 4,800명 이상이 된다. 아직 밝혀지지 않았지만 만일 소련이 북한 고아를 위탁받았다면 2만 5,000명 이상의 전재고아들이 북한에서 사회주의 나라들에 위탁된 셈이다.

한편 고아들의 각국별 입국 날짜를 보면 시기적으로 가장 이른 것이 폴란드이며 1951년 11월 22일에 제1진 200명이 현지에 도착했다. 앞에서 본 바와 같이 조선 전재고아의 해외 위탁 구상이 대략 결정된 것이 같은 해 2월이었다면 계획이 실현되기까지 약 9개월 걸렸다고 계산된다. 추측건대 그 당시 동구 나라들도 제2차 세계대전으로 피폐

했던 시기라 재원이나 인력의 확보, 환경 정비에 상당한 준비 기간이 필요했을 것이다. 또 귀국 날짜는 헝가리에 위탁된 고아들의 경우 1957년 1월 7일이며 불가리아에 위탁된 고아들을 마지막으로 1960년 1월까지 거의 전원이 북한으로 귀국했다. 헝가리에서의 귀국이 가장 빨랐던 것은 1956년 10월에 일어난 헝가리 사건의 영향 때문이다. 《로동신문》 1957년 1월 10일 자는 헝가리에 위탁된 고아들의 전원 귀국 사실을 전했는데 《동아일보》, 《조선일보》와 일본의 《아사히신문》도 고아들의 귀국을 보도했다.

〈표 1〉 한국전쟁기 북한에서 해외로 위탁된 조선 전재고아들 개요

재류국	입국 날짜	귀국 날짜	연령(세)	인원 수(명)
폴란드	1951. 11. 22 1차 200명[36] 1953. 7 2차 1,200명[37]	1959. 08	7~15	1,400
헝가리	1951. 11. 23 1차 203명[38] 1953. 5. 8 2차 200명	1957. 1. 7[39]	10~14	403
루마니아	1952. 4. 20	1959. 8	7~13	1,500[40]
불가리아	1952. 6. 28 1차 200명[41] 1953. 9 2차 300명	1960. 1	7~14	500
몽골	1952. 9말	1959. 5. 27	3~7	197
중국	1952. 10[42]	1958. 10	–	2만 이상[43]
동독	1953. 2 1차 200명[44] 1953. 10. 11 2차 400명[45]	1957. 10~[46]	–	600
체코슬로바키아	1952. 5	1959. 8. 22	–	200[47]

위탁된 조선 전재고아들의 생활과 귀국 후 상황

동유럽 나라들에 위탁된 조선 전재고아들이 어떤 생활을 했는지 살

펴보자. 애당초 동유럽 나라들에 도착한 아이들의 위생상태는 상당히 열악했다. 폴란드에서 조선 전재고아를 맞이한 교사들이 보기에 아이들은 가난하고 머리에 이가 있고 구두도 발에 맞지 않았다. 담당 의사는 "아이들은 한 명당 기생충을 2, 3종류씩 갖고 있었다. 지금으로는 허용되지 않지만 처방으로 휘발유를 마시게 한 적도 있었다"고 털어놓았다.[48] 또 아이들은 전쟁 트라우마에 시달리고 있었다. 폴란드 교사에 의하면 아이들은 폭탄의 공포로 침대 아래에 기어들어서 자거나 밤마다 가위에 눌려 달래주어야 했다.[49] 불가리아에서 조선 전재고아의 동창생이었던 베셀린 콜레브도 〈김일성의 아이들〉에서 이렇게 술회했다.

> 어느 날 군사 훈련 때문에 전투기가 동네 상공을 날아간 적이 있었어요. 그러자 조선 아이들은 다 패닉상태가 돼서 비명을 질렀어요. 아이들은 공포에 떨면서 선생님에게 매달리고 숨었어요.[50]

그러나 위탁받은 나라들의 노력으로 고아들의 상태는 빨리 개선되어갔다. 폴란드에서는 버터가 귀중한 시대인데도 교사들도 보지 못했던 요리가 고아들에게 제공되고[51] 루마니아에서는 아이가 급병에 걸릴 때에 대비해 기숙사 근처에 환자 수송용 경비행기가 대기하고 있었다.[52] 아래는 《로동신문》 1952년 9월 13일 자에 게재된 폴란드에 위탁된 전재고아 리형식 학생이 모국으로 보낸 편지의 일부이다.

> 우리들이 자리 잡은 곳, 화강암으로 깨끗이 쌓아 올린 현대식 3층

학교 건물이 있는 경치 좋은 취하로보촌은 파란(폴란드: 필자 주)의 수도 와르샤와에서 100키로메터 떨어진 곳입니다. 산 좋고 물 맑은 이곳은 파란의 명승지로 너무나 이름난 곳입니다. 우리는 파란 인민들의 귀중한 손님으로 대우를 받고 있습니다. 우리는 하루 네 번씩 영양 있고 맛 좋은 음식을 받고 있습니다. 우리들은 지금 평화롭게 공부하고 있습니다. 지난 5월부터 중학반에서는 수학, 생물, 리과, 지리 등을 모두 파란말로 수업 받게까지 되었습니다. 초급반에서도 파란말 공부가 대단히 활발하고 모두들 파란말을 능난하게 쓰고 있습니다. 학습에서는 모두 우수한 성적을 올렸습니다. 5월 말 성적에만 하더라도 김혜숙을 비롯한 중학반 학생들은 평균 4.3 계단(5점 만점으로 보임: 필자 주)의 성적을 쟁취하고 초급반도 훌륭한 성적을 올렸습니다.[53)]

북한에서 온 아이들의 성적은 대체로 우수했던 것 같다. 동독에서도 교육책임자들은 조선 아이들은 굉장히 열심히 공부하고 규율을 잘 지키고 동독 아이들의 모범이 된다고 평가했다. 고학년 아이들은 독일어와 고전문학은 독일인 학생과 따로 교육을 받았지만 저학년 아이들은 자연과학과 수학을 잘하고 독일 아이들보다 우수했다.[54)] 교육은 두 개 언어로 실시되고, 일반과목은 현지 교사들이 현지어로 가르치고 북한에서 파견된 조선인 교사가 조선말과 조선 지리나 문화를 가르쳤다. 현지 교사들은 외국인에게 현지어를 가르친 경험이 없었기 때문에 상당히 연구를 한 모양이다. 영화 〈Kim Ki-Dok〉을 보면 폴란드 교사가 대학도서관에서 독일 연구자가 쓴 외국어 직접

교수법 해설서를 찾아내고 물건을 가리키면서 말을 가르쳤다고 증언하는 장면이 있다. 또 이 영화에는 교사들이 아이들과 교류하면서 외운 '어머니', '곱다', '빨리', '식사' 등 기본적인 한국어를 말하거나 아이들이 산나물을 따오고 직접 담근 김치를 먹어보니 너무 매워서 놀랐다고 회상하는 장면도 있다. 현지 교사들과 조선 전재고아들과의 관계가 단순히 "양육하는 편–양육받는 편"이라는 일방적인 것이 아니었음을 짐작하게 해주는 대목이다.[55)]

현지 사람들과의 교류도 활발했던 것 같다. 리형식 학생의 편지에 의하면 바르샤바나 기타 지방에서 출판·보도 기관을 비롯해 각계의 방문객들이 기숙사를 찾아오고 전국 각지에서 편지가 날아왔다. 고아들도 그런 관심에 부응하여 "싸우는 조선의 모습"을 무용이나 노래, 시 낭송 등으로 공연했다. 때로는 인근의 폴란드 학교와 친선 체육회도 가졌다. 이러한 생활을 폴란드 영화촬영소 직원들이 기록영화로 촬영하고 방송국은 아이들이 노래하는 〈김일성 장군의 노래〉나 〈소년단 행진곡〉을 방송했다. 5월 1일 메이데이가 되면 아이들은 바르샤바까지 가서 군중시위에 참가하여 폴란드 인민들의 열광적인 환호를 받았다고도 한다.[56)]

김일성 수상도 1956년 6월 동구 나라들과 몽골 방문 때 각국의 고아 시설을 찾아가 조선 전재고아들과 면담한 사실을 그 당시 뉴스 영상에서 확인할 수 있다. 그 자리에 있던 폴란드 교사에 의하면 김일성은 아이들에게 "비록 멀리 폴란드에 있어도 열심히 공부하고 기술을 배워라. 조선 재건을 위해서 힘내라"라고 격려했다.[57)]

이러한 조선 전재고아의 모습을 북한 미디어는 적극적으로 보도

했다. 예를 들어 한국전쟁 중의 《로동신문》(1952년 6월 1일~1953년 7월 11일)을 보면 전재고아 문제에 대한 기사가 74편 게재되어 있는데 그중 절반에 가까운 34편이 해외에 위탁된 전재고아의 동향을 전하는 것이었다. 게다가 그중 23편이 고아들이 공부하는 모습이나 생활상을 사진과 함께 보도하는 것이 눈에 띈다.

현대와 달리 통신·교통 수단이 발달하지 않았던 시대이다. 멀리 유럽까지 취재 가서 사진을 촬영 또는 입수하고 평양까지 보내는 것만으로도 상당한 수고와 비용이 들었을 것이다. 그 당시 《로동신문》은 4면짜리였으니 지면의 여유가 있었던 것도 아니다. 그만큼 북한에 있어서 전재고아 위탁사업은 사회주의 "형제국"과의 연대와 우애를 상징하는 중요한 일이었음을 의미한다. 또 유럽 아이들과 어깨동무하고 같이 공부하는 아이들의 모습은 전쟁으로 국토 전체가 잿더미가 된 북한 사람들에게 큰 위안과 희망을 안겨주었을 것이다.

그럼 조선 전재고아들은 귀국 후 어떤 진로를 걷게 되었는지, "사회주의 건설의 미래 역군을 양성한다"는 김일성의 말은 실현되었는지 살펴보기로 하자. 오미영에 의하면 몽골에서 귀국한 전재고아 중 몇 명은 훗날에 몽골 주재 북한대사관에 근무하고 양국 관계 발전의 주역이 되었다. 오미영은 또 도쿄외국어대학 몽골어학과 후타키 히로시二木博史 교수가 1976년에 몽골국립대 유학시기에 몽골로 보내진 전재고아 이온(리온)과 함께 공부했다는 이야기를 들었는데 실제로 몽골 중앙문서보관소에 소장되어 있는 189명의 귀국 아이들의 명부에서 '이온'의 이름이 확인되었다.[58]

폴란드에서 귀국한 고아의 사례로는 영화 〈Kim Ki-Dok〉에 등장

〈그림 1〉
《로동신문》 1953년 4월 1일 자 〈루마이나에서 공부하고 있는 조선 전재 고아들〉.
교과서에는 《조선지리》라는 제목이 보인다.

하는 조성무를 들 수 있다. 이해성에 의하면 프와코비체 양육원에서 배우고 북한에 귀국한 그는 오랫동안 조–폴 친선협회 회장을 역임하고 평양외국어대학에서 폴란드어를 가르치면서 조–폴 사전을 편찬했다고 한다.[59] 이해성은 조성무 이외에 폴란드에 위탁된 전재고아 중 귀국 후의 경력이 알려진 예로서 한의표(주폴란드대사 역임), 박동호 등 외교관, 한경식(조선인민군 대좌, 주폴란드 북한대사관 무관 역임) 등의 이름을 들고 있다.[60]

한편 귀국 후의 생활에 적응하지 못한 사례도 있었던 것 같다. 김덕영 감독의 〈김일성의 아이들〉에서는 귀국한 아이들이 양육 담당 교사들에게 보낸 편지들이 몇 통 소개되어 있다. 그 편지들에는 교사들과의 생활을 그리워하는 동시에 "소원이 하나 있다면 편지를 쓸 종이를 갖고 싶어요", "옷을 보내주시겠습니까?" 등의 부탁이 쓰여 있었다. 그 영화는 또 '문제아'로서 1956년에 먼저 귀국하게 된 원둔천이라는 소년이 걸어서 중국 국경을 넘어 폴란드로 향했다가 중간에 늪에 빠져 죽었다는 사례를 들고 있다.[61] 북한에서는 1956년부터 생산력을 현대적 수준으로 끌어올리는 것을 목표로 '천리마운동'이 전개되었는데 소비생활의 수준은 동구 나라들과 비교해서 결코 만만치 않았을 것이다. 하물며 조선 전재고아들은 앞에서 소개한 리형식의 편지에서 보는 바와 같이 "귀중한 손님" 대우를 받고 현지인 수준 이상의 생활을 했으니 그 괴리를 넘어 모국의 생활에 적응하기 위해서는 상당한 노력이 필요했으리라는 것은 쉽게 짐작할 수 있다. 그럼에도 전쟁으로 육체적·정신적으로 큰 상처를 입은 고아들이 일시적이나마 위탁된 나라들에서 후한 보호를 받아서 건강을 회복하고 언어

우방 불가리야에서 자라는 조선 전재 고아들

〈그림 2〉
《로동신문》 1953년 3월 2일 자,
〈우방 불가리야에서 자라는
조선 전재고아들〉.

조선 전재 고아들의 생활
체코슬로바키아에서

〈그림 3〉
《로동신문》 1952년 8월 27일 자,
〈조선 전재고아들의 생활.
체코슬로바키아에서〉.

〈그림 4〉《로동신문》 1953년 4월 22일 자.
"루마니야에 가 있는 조선 전재고아들은 루마니야 아동들과
한집 식구와 같이 즐겁게 자라고 있다."

와 기술을 습득하여 외교나 학술 분야에서 사회의 일손이 되었다는 사실도 잊어서는 안 될 것이다.

조선 전재고아에 대한 각국의 재현 방식과 냉전의 흔적

북한의 전쟁고아 정책에 대하여, 또 다른 한국전쟁의 당사자인 미국·일본·남한 등에서는 어떻게 보고 있었는지 살펴보자. 우선 미국(《뉴욕타임스》), 일본(《아사히신문》, 《일본타임스》), 한국(《동아일보》, 《조선일보》)의 보도에서 조선 전재고아 관련 기사들을 찾아보았다. 아래의 기사 리스트는 그것을 시계열로 나열한 것으로 기간은 한국전쟁 개전부터 불가리아에 위탁되었던 고아들이 귀국한 1960년대 말까지로 잡았다. ( ) 안의 문장은 필자의 기사 내용 설명과 주석이다.

(1) 1951년 11월 30일 자 《일본타임스》, 〈Korean Orphans in Europe〉: 12세부터 13세까지 200명의 고아들이 헝가리에 도착. 또 200명이 바르샤바에 도착했다.

(2) 1951년 12월 13일 자 《뉴욕타임스》, 〈200 North Koreans in Hungary〉: 200명의 고아들이 소련 경유로 헝가리에 도착. 가장 나이 많은 아이는 16세인데 몇 명은 군인의 훈장을 달고 있었다.

(3) 1952년 11월 25일 자 《뉴욕타임스》, 〈Korean Orphans in Germany〉: 200명의 고아들이 영주하기 위해서 동독에 도착. 동독

당국자에 의하면 추가로 200명이 올 예정이다. 동독 정부는 기숙사 2개를 건설했다(필자 주: '영주'로 되어 있는 것은 오보일 것이다).

⑷ 1952년 11월 27일 자 《조선일보》, 〈북한 전재고아 동독으로 이송설〉: '북한 괴뢰정권'이란 용어를 사용하고 있는 것 이외는 위의 《뉴욕타임스》와 거의 같은 내용이다.

⑸ 1953년 5월 24일 자 《뉴욕타임스》, 〈Red Korea Orphans Go to China〉: 도쿄에서 청취한 평양방송에 의하면 중국이 1만 2,000명의 고아들을 데려다 키우고 있다.

⑹ 1956년 6월 22일 자 《뉴욕타임스》, 〈Kim Il Sung in Prague〉: 프라하에 도착한 김일성 수상 일행을 체코 거주 북한 고아들이 환영했다.

⑺ 1956년 12월 16일 자 《조선일보》, 〈洪 의거 가담 학생 소환/북한 괴뢰〉: 수백 명의 북한 전쟁고아 중 다수가 공산주의에 대항하여 궐기한 헝가리 학생에 가세했다. 소식통에 의하면 북한 공산 괴뢰정권은 학생 전원을 소환할 계획이다.

⑻ 1956년 12월 28일 자 《아사히신문》, 〈북선北鮮[62] 고아 소환/ 헝가리에서 700명〉: 신화사 전에 의하면 헝가리에 있는 700명의 조선인 고아들이 특별열차로 부다페스트를 출발, 모국으로 향했다. 북조선 정부에 의하면 이 결정은 헝가리 인민의 부담을 경감하기 위한 것이라고 한다.

⑼ 1958년 5월 7일 자 《동아일보》, 〈중공에 끌려 노역/'북한의 고아' 만오천 명〉: 신화사 통신은 "1만 5,620명의 한국 전쟁고아가 오늘날 중국 인민의 따뜻한 보호 밑에 행복된 생활을 하고 있다"고

보도하였다. 동통신은 다른 7,000명의 한국 고아들은 고향으로 송환되었다고 말하였다.

이상, 9편의 기사를 찾아냈는데 《뉴욕타임스》가 4편, 《조선일보》가 2편, 나머지 신문들은 각 1편씩이었다. 《뉴욕타임스》의 4편은 모두 1단짜리의 작은 스트레이트 기사로 사실만 전한 것이었다. 여기서 눈길을 끈 것은 기사 (2), (3), (5)의 정보원이 각기 헝가리의 통신사, 동독의 당국자, 평양방송으로 모두 그 당시 사회주의 나라들의 공식 채널이었다는 사실이다. 즉, 그 당시부터 사회주의권에서는 조선 전재고아 위탁사업을 공개적으로 진행했음을 의미한다. 그러나 《뉴욕타임스》의 작은 기사 4편밖에 없는 소극적 반응을 보면 미국으로서는 북한의 전재고아 문제도 국제여맹의 전쟁피해 보고서와 같이 적극적으로 다루고 싶지 않은 이슈였을 것으로 보인다.

다음에 일본 신문에서는 (1)과 (8) 기사가 있었다. 필자가 조사한 한 대표적인 전국지인 《마이니치신문》과 《요미우리신문》에는 관련 기사가 없었다. 일본 미디어는 미국 미디어 이상으로 조선 전재고아 문제에 관심이 없었기 때문일까? 더구나 《아사히신문》의 경우도 관련 기사는 헝가리 사건에 대한 것밖에 없었으니 조선 전재고아 문제를 인도적 문제라기보다 정치적 문제로 보고 있었다고 볼 수 있다.

마지막으로 한국 신문 보도를 보자. (4), (7), (9)의 3편 기사 중 가장 먼저 눈에 띄는 것은 (7) 〈洪 의거 가담 학생 소환/북한 괴뢰〉이라는 제목의 《조선일보》 기사다. 같은 테마를 다룬 (8) 《아사히신문》보다 12일이나 빠르게 보도하고 게다가 기사 크기도 4단짜리니 《조선일보》가 이 문제에 큰 관심을 갖고 있었음을 알 수 있다.

보다 더 큰 문제를 보여주는 것이 ⑼ 1958년 5월 7일 자 〈중공에 끌려 노역/'북한의 고아' 만 오천 명〉이라는 제목의 《동아일보》 가사다. 우선 이 기사 본문을 읽어보자.

> 【도쿄 6일발=동양】〈중공〉의 신화사통신은 6일 한국전쟁으로 집을 잃은 1만 5천 명 이상의 한국 아동이 아직도 중공 내에 있다고 보도하였다. 동통신은 봉천[필자 주: 현재의 선양시] 발신의 기사를 인용하여 1만 5,620명의 한국 전쟁고아가 "오늘날 중국 인민의 따뜻한 보호 밑에 행복된 생활을 하고 있다"고 보도하였다. 동통신은 또한 한국전쟁 중 〈중공〉으로 보내어졌던 다른 7,000명의 한국 고아들은 고향으로 송환되었다고 말하였다.

이 기사의 본문 어디에도 "끌려갔다"거나 "노역"이라는 말은 없음에도, 기사 제목은 고아들이 중국에 강제적으로 연행되고 노역에 시달리고 있다고 전하고 있다. 게다가 이 기사는 신빙성을 담보하기 위해 신화사 통신 기사를 도쿄발 UP통신이 전했다는 형식으로 권위를 이용하고 있다.

이 오보도 "북한은 상식이 안 통하는 야만한 나라", "무언가 숨기고 있는 것에 틀림이 없다"라는 한국전쟁 보도에서 만들어진 반공·반북 이미지가 크게 작용한 결과라고 할 수 있다.

마지막으로 현대 한국과 일본에서 조선 전재고아 문제가 어떻게 취급되고 있는지를 살펴보자. 조선 전재고아의 해외 위탁이 한국에서 대중적으로 알려져 사회적 관심사가 된 것은 앞에서 말한 바와 같이 추상미 감독의 〈폴란드에 간 아이들〉과 김덕영 감독의 〈김일성의 아이들〉이라는 2편의 다큐멘터리 영화를 통해서였다. 그런데 이 2편의 영화는 조선 전재고아 해외 위탁의 사실을 널리 알리고 특히 고아들의 양육을 담당한 현지 교사나 학우들의 증언 등 귀중한 정보를 제공해준 점은 평가할 만하지만 북한 정부의 의도나 고아들의 귀국 경위, 귀국 후의 생활에 대해 일방적인 예단이나 억측이 포함되어 있어 한국에 지금도 남아있는 강한 반공·반북 의식을 반영한 것 같다. 또 이 작품들은 '당사자'인 북한 측 자료는 사용되지 않았다.

〈폴란드에 간 아이들〉은 추상미가 오디션으로 선발한 배우 지망생 '탈북자' 이송을 데리고 폴란드의 시골 마을 프와코비체를 찾아가는 장면부터 시작된다. 거기서 1950년대 조선 전재고아들이 살았던 건물을 방문하여 폴란드 측이 촬영한 조선 전재고아 뉴스 영상을 삽입하면서 고아들의 양육, 교육을 담당한 폴란드인 교사들의 회상과 현대 한국을 사는 '탈북자' 젊은이들의 모습을 겹쳐 보이면서 전재고아도 '탈북자'도 전쟁과 분단의 상처를 입은 존재로 그려낸다.

이 작품 속에서 추상미는 북한이 전재고아를 동구로 보낸 이유에 대해 김일성이 "전쟁을 계속할 수 있도록 고아를 받아줄 것을 요청했다"고 설명했는데 그 근거는 별로 제시되지 않았다.[63] 또 조선 전재고아들 중에 남한 지역 출신 아이들도 포함되어 있다는 사실[64]이 마치 은폐해야 했던 충격적인 사실인 양 연출된다. 그리고 고아들은 전후 복구를 위한 노동자로서 갑자기 귀국 명령이 내려졌다고 주장한다. 그러나 이미 앞에서 본 바와 같이 고아들은 자신이 어디까지나 일시적으로 동구 나라들에 위탁됐을 뿐, 머지않아 "조선 재건을 위해서" 귀국하게 된다는 사실을 현지에 파견된 조선인 교사나 김일성에게서 듣고 충분히 이해했을 것이다.

다음에 〈김일성의 아이들〉에 대해 살펴보자. 이 작품은 김덕영 감독이 불가리아, 헝가리, 폴란드 등을 찾아가 현지 선생님이나 학우들을 인터뷰하고 동구에 위탁된 조선 전재고아들과의 회상을 필름에 담았다. 불가리아의 옛 학우들이 북한에 돌아간 아이들을 그리워하며 조선어로 〈김일성 장군의 노래〉를 부르는 등, 1950년대 당시 북한과 현지 아이들의 친밀한 교류를 상기시키는 귀중한 장면도 많다. 한편 김덕영은 조선 전재고아의 위탁사업을 "소련이 주도한 사회주의 선전의 수단이었다"고 단정했다. 그러나 앞에서 검토했듯이 소련이 고아 위탁사업을 주도했다는 증거는 아직 발견되지 않았다. 만약 소련이 어떤 역할을 했다 하더라도 고아 위탁사업의 배경에는 사회주의권의 여성들이나 교사들의 열성과 동정심, 북한 아이들의 위기적 상황을 세계에 알린 국제여맹의 필사적인 활동 등, 풀뿌리로부터의 움직임이 있었다는 사실은 이미 설명한 바와 같다. 조선 전재고아 위탁사업을 소련에 의한 사회주의 선전이란 측면에서만 이해하려는 것은 미국이 국제여맹을 공산당 전선조직으로 몰아 무시한 수법과 공통된 냉전시대적 사고라고 할 수 있을 것이다.

또 김덕영은 고아들의 귀국에 대해 "1956년 헝가리혁명을 계기로" 그 영향을 두려워한 북한 당국에 의해 아이들의 의사에 반하여 "흡사 군사작전처럼" 송환되었다고 한다. 물론 헝가리에 위탁된 아이들은 1957년에 귀국한 것은 사실이나 그 이외 나라들에 위탁된 아이들의 귀국은 그 후 2년 내지 3년 후였다. 그리고 김덕영은 귀국 후 고아들의 생활에 대해 "김일성은 자유를 안 아이들의 귀환을 원하지 않아" 북한 각지에 흩어 배치하고 "고아들은 문화나 역사를 배우고 당대로서는 열린 지식인으로 자랐다. 귀국한 그들을 북한이 활용할 수 있었는지 확인할 수 없다"[65] 고 설명한다. 그러나 앞에서 검토했듯이 고아들이 자라서 대학교수나 군인, 외교관이 된 사례를 보면 이 발언은 북한체제의 폐쇄성·경직성을 강조하기 위해 고아들을 그 희생자로 그렸다고 할 수 있을 것이다. 영화 후반부에서는 고아들의 교사로 루마니아로 파견된 조선인 남성과 현지 여성과의 결혼과 비극적인 이별이 그려져 있다. 이것은 물론 헝가리 사건을 계기로 일어난 북한의 외교정책 변화가 일으킨 하나의 비극적 결과라고 볼 수 있는데 전재고아 해외 위탁사업에 대한 평가와는 일단 다른 문제로 생각해야 할 것 같다.

김덕영 작품의 엔딩 크레딧에서 조선 전재고아들이 살고 있던 폴란드 국립 제2학원 교장이 1955년 6월에 조선민주녀성동맹 중앙위원회에서 기증한 감사 페넌트를 자랑스럽게 펴 보이는 모습이 인상적이다. 그 페넌트에는 이런 말이 수 놓여 있다. "파란 제2애육원 교직원 일동에게/ 전체 조선 어머니/ 친어머니의 애정으로 조선 어린이들을 양육하고 있는 당신들에게 뜨거운 감사와 축하를 보낸다." 그러나 일순간만 비친 그 페넌트의 의미에 대해 영화는 아무 설명도 하지 않았다.

일본에서는《아사히신문》이 이 2편의 작품을 소개하고 있다. 나루카와 아야成川彩의〈北朝鮮の戦災孤児は秘密裏にポーランドへ 映画

がつなぐ歴史と脱北者のいま(북한의 전재고아는 비밀리에 폴란드로/영화가 잇는 역사와 탈북자의 현재)〉[66]는 추상미 작품에 대해 조선 전재고아들이 "비밀리에 폴란드로 보내졌다"고 전제하면서 그것은 "이제까지 한국에서도 알려지지 않았던 사실"이라고 단정한다. 또 가미야는 앞에 지적한 바와 같이 김덕영 작품을 무비판적으로 소개했다. 이 기사들은 '북한', '공산주의자'의 행동은 모두 다 악의에 근거하고 있다는 한국전쟁기에 형성된 사고방식이 지금도 한일 양국에서 재생산되고 있다는 사실을 의미하고 있는 것이 아닐까.

냉전적 북한 인식을 넘어

이처럼 한국에서 조선 전재고아 위탁사업을 주제로 한 2편의 다큐멘터리 영화가 제작, 공개되었다. 귀중한 영상을 보여주는 작품들이지만 한국전쟁기의 심리전과 냉전을 통해서 형성된 북한과 공산주의에 대한 근거 없는 불신이나 공포의 자국이 곳곳에 보인다는 한계를 안고 있다는 것이 밝혀졌다. 그러한 한계는 이 작품들을 무비판적으로 소개한 일본 미디어 역시 갖고 있다고 할 수 있다.

전재고아의 해외 위탁사업이 김일성의 악의에 기인하고 공산주의 세력의 선전을 목적으로 한 것이었다는 한국 영화감독들의 근거 없는 고정관념은 국제여맹을 "공산주의의 전위조직"으로 간주한 미국의 태도를 그대로 답습하고 재생산한 인상을 준다. 그리고 그러한 고정관념을 의심할 것 없이 기사화한 일본 기자들 역시 70년 전에 만들어진 '북괴' 이미지를 무의식적으로 '상식'화한 것이라고 할 수 있다.

2018년의 문재인 정부 시기 3차례에 걸쳐 남북 정상회담이 열렸지만 윤석열 정부 아래서 이미 과거의 유산이 됐다고 생각된 "북풍" 정국이 부활되고 12·3비상계엄까지 이어졌다. 남북관계는 어두운 터널에 들어가 관계를 개선하기에는 긴 시간이 걸릴 것으로 보인다. 한편, 일본에서는 2002년의 고이즈미–김정일 회담으로 국가관계 정상화의 문이 열릴 것으로 보였다가 일본인 납치문제가 밝혀짐으로써 북한에 대한 악마화 현상이 사회 전체를 덮어버렸다. 그때까지 근근이 이어졌던 인적·물적 교류는 거의 완전히 막혀 국교 정상화의 길은 앞이 캄캄한 상태이다.

이러한 한일 양 정부의 극단적인 대북정책의 동요는 현대 동아시아에 사는 우리가 아직 한국전쟁 시기에 만들어진 심리전의 틀 안에 놓여 있다는 사실과 그러한 무의식적인 냉전적 사고방식이 진정한 전쟁 종결의 걸림돌이 되어 있음을 의미할 것이다.

주

제1부 점령과 분단

1장 정권이 허가한 집회만 열라: 해방 이후 집회와 시위에 대한 제도들의 변화와 운용

* 이 글은 《역사문제연구》 47, 2022년 12월, 183~219쪽에 실린 〈허가된 집회만 열기? 미군정·정부 수립 직후 집회와 시위에 대한 법률들의 변화와 운용〉이라는 글을 이 책의 출판 취지에 맞추어 수정한 글이다. 글의 재고를 허락해주신 《역사문제연구》 편집진에 감사드린다.

1) 법학자 김철수는 집회의 자유를 표현의 자유의 하위 범주로 다루면서 양심의 자유, 종교의 자유와 더불어 "정신적 자유권"이라고 명명했다. 김철수, 《헌법학신론》, 박영사, 2010, 822~830쪽.

2) 최근의 용산 대통령 집무실 앞의 집회에 대한 논란은 〈[판결] "용산 대통령 집무실은 관저 아니다"…… 대법, '집회 허용' 원심 확정〉, 《법률신문》 2024. 4. 13. 참고.

3) "제도화된 국가폭력"으로서의 〈국가보안법〉에 대해서는 박원순, 《국가보안법 연구 1》, 역사비평사, 1989; 강성현, 〈한국의 국가 형성기 "예외상태 상례"의 법적 구조—국가보안법(1948, 1949, 1950)과 계엄법(1949)을 중심으로〉, 《역사와 사회》 94,

2012 등을 가장 대표적인 것으로 들 수 있다.

4) 대한민국 헌법은 법제처 국가법령정보센터https://www.law.go.kr/lsEfInfoP.do?lsiSeq=61603# 참고. 이하 대한민국의 헌법, 법률과 법령에 대한 자료는, 별다른 표현이 없으면 모두 법제처 국가법령정보센터의 자료https://www.law.go.kr/LSW//main.html를 이용했다.

5) 1980년 5공화국 헌법. 한편 제헌헌법(1948)의 경우에 "제13조 모든 국민은 법률에 의하지 아니하고는 언론, 출판, 집회, 결사의 자유를 제한받지 아니한다"로 규정하면서 실제로 하위의 법률에 의해서 규제하는 형태를 취했다. 이 문제에 대해서는 James M. West and Edward J. Baker, "The 1987 Constitutional Reforms in South Korea: Electoral Processes and Judicial Independence", William Shaw ed., *Human Rights in Korea: Historical and Policy Perspectives*, Cambridge, MA: The Council on East Asian Studies, 1991, pp. 223~224 참고.

6) 헌법과 집회 및 시위에 관한 법률의 개정에 대해서는 이 논문의 범위를 벗어나기 때문에 생략한다.

7) 표현의 자유는 식민지시기와 냉전시기 '검열'이라는 관점에서 연구가 진행되고 있다. 대표적으로는, 정근식, 한기형 등 엮음, 《검열의 제국—문화의 통제와 재생산》, 푸른역사, 2016.

8) 치안유지법에 대해서는 奥平康弘, 《治安維持法小史》, 筑摩書房. 1977; 조선에서의 운용에 대해서는 오기노 후지오, 윤소영 옮김, 《치안유지법 운용의 역사》, 역사공간, 2022 참고. 〈치안유지법〉은 〈보안법〉, 제령 제7호 등과 같이 사용된 대표적인 법인데, 이 글에서는 분량의 제한으로 치안유지법에 대한 서술은 약술에 그칠 것이다.

9) 가장 최근 법은 〈집회 및 시위에 관한 법률〉, 법률 제17689호(2021년 12월 22일 개정).

10) 유병용, 〈4월혁명과 혁신세력에 관한 연구—혁신운동을 중심으로〉, 《국사관논총》 94, 2000("혁신정당 운동이 구심점을 찾지 못한 상태에서 장면 정권은……굴욕적인 2·8 한미경제협정, 반공법·집시법 등 반민주적 입법을 기도하였으며", 356쪽)라든가, 이나미, 《한국 시민사회사: 국가형성기 1945~1960》, 학민사, 2017; 주성수, 《한국 시민사회사 민주화시기 1987~2017》, 학민사, 2017; 안현효 등, 《좌우파 사전—대한민국을 이해하는 두 개의 시선》, 위즈덤하우스, 2010 등의 저서에서 몇 쪽을 할애해서 집회 및

시위에 관한 법을 설명하지만 역사적 연원을 다룬 글은 아니다.

11) 정호기, 〈국가의 형성과 광장의 정치—미군정기 대중동원과 집합행동〉, 《사회와 역사》 77, 2008. 특히 160~168쪽.

12) 〈보안법〉에 대한 간략한 설명은 민족문화대백과사전http://encykorea.aks.ac.kr의 해당 항목 참고. 이하 법령은 한자가 많지만, 가독성을 위해 한글로 바꾸어 표기했고 일부 오해를 피하기 위해 한자를 병기했다.

13) 법령은 〈조선·대한제국 관보〉(1907년 7월 29일 반포, 한국사 데이터베이스http://db.history.go.kr) 참고.

14) 〈보안규칙〉(1906년, 통감부령 제10호), 〈신문지법〉(1907년, 법률 제1호), 〈보안법〉(1907년, 법률 제2호), 〈신문지규칙〉(1908년, 통감부령 제12호), 〈경찰법처벌령〉(1908년, 통감부령 제44호), 〈출판법〉(1909년, 법률 제6호) 및 〈출판규칙〉(1910년, 통감부령 제20호), 한국에 있어서 〈범죄즉결령〉(1909년, 칙령 제240호) 및 〈범죄즉결례〉(1910년, 제령 제10호) 등을 들 수 있는데 이 법들 사이의 관계에 대한 설명은 다른 장을 요한다. 이 법령들에 대한 간략한 설명은 스즈키 게이후, 《법을 통한 조선식민지 지배에 관한 연구》, 고려대 민족문화연구소, 1989, 59~84쪽.

15) 〈집회취체령〉(警令 제3호, 1910년 8월 22일). 이에 대해서는 스즈키 게이후, 앞의 책, 1989, 85~86쪽.

16) 〈정치에 관한 범죄 처벌의 건〉, 제령 제7호(1919년 4월 15일).

17) 간략한 의미에 대한 설명은 스즈키 게이후, 《법을 통한 조선식민지 지배에 관한 연구》, 고려대 민족문화연구소, 1989, 186~188쪽.

18) 〈조선임시보안령〉(조선총독부 제령 제34조, 1941년 12월 26일).

19) 이 법에 대해서 스즈키 게이후, 앞의 책, 323~329쪽.

20) 대표적인 예로, "박종건 등 조선임시보안령 위반" 판결(광주지방법원 목포지청, 1944년 8월 12일, 국가기록원 자료번호 CJA0002037).

21) 치안유지법, 제령 제7호, 보안법에 대한 조선 법학자들의 인식에 대해서는 다음의 글을 참고. 李仁·韓國鍾·權承烈, 〈我等과 三法令〉, 《삼천리》 6, 1930. 5. 1.

22) 《동아일보》 1928. 10. 8. 때로는 다른 법안이 언급되기도 했다. 《동아일보》 1931. 7. 17.

23) "치안유지법"에 대한 간략한 설명은 스즈키 게이후, 앞의 책, 215~221쪽.

24) 1945년 7월 26일에 발표된 포츠담선언은 13개 조로 이루어진 간단한 문서이다. 원문과 간단한 설명은 컬럼비아대학교 연구사이트(http://afe.easia.columbia.edu/ps/japan/potsdam.pdf) 참고. 인용한 부분의 원문은 "We do not intend that the Japanese shall be enslaved as a race or destroyed as a nation, but stern justice shall be meted out to all war criminals, including those who have visited cruelties upon our prisoners. The Japanese Government Government shall remove all obstacles to the revival and strengthening of democratic tendencies among the Japanese people. Freedom of speech, of religion, and of thought, as well as respect for the fundamental human rights shall be established."

25) 〈太平洋美國陸軍總司令部布告第1號〉(1945년 9월 7일), 한국법제연구회 편, 《미군정법령총람-국문판》, 한국법제연구회, 1971, 1쪽.

26) 물론 〈포고 1호〉는 당연히 "점령군"에 대항하는 현지인들의 행동을 처벌할 것임을 언급했다는 점에서 고압적으로 받아들여질 수 있었다. "住民은 本官及 本官의 權限下에서 發布한 命令에 卽速히 服從할事. 占領軍에 對하야 反抗行動을 하거나 또는 秩序保安을 攪亂하는 行爲를 하는 자는 容恕업시 嚴罰에 處함"(제3조), 위의 〈太平洋美國陸軍總司令部布告第1號〉.

27) 군사법정Provost Court과 민사법정Civil Court을 다 포함하는 군정하의 법원을 의미한다.

28) 〈太平洋美國陸軍總司令部布告第2號〉(1945년 9월 7일), 《미군정법령총람-국문판》, 한국법제연구회, 1971, 2쪽.

29) 김춘수, 《한국 계엄의 기원》, 선인, 2018, 31~32쪽.

30) 《매일신보》 1945. 9. 18.

31) 〈미군헌병 당국 집회 허가제에 관해 설명〉, 《매일신보》 1945. 9. 20.

32) "Art. 43. The authority of the legitimate power having in fact passed into the hands of the occupant, the latter shall take all the measures in his power to restore, and ensure, as far as possible, public order and safety, while respecting, unless absolutely prevented, the laws in force in the country."(헤이그협약의 원문은 국제적십자사의 조약 관련 사이트

참고: https://ihl-databases.icrc.org/applic/ihl/ihl.nsf/Article.xsp?action=openDocument&documentId=3741EAB8E36E9274C12563CD00516894)(강조는 필자).

33) 이에 대한 자세한 논의는 Jong-Chol An, "Modifying the Hague Convention? US Military Occupation of Korea and Japanese Religious Property in Korea, 1945~1948", *Acta Koreana* Vol. 21, No. 1(June 2018): pp. 205~229. 특히 pp. 214~219 참고.

34) 〈法令第11號〉(1945년 10월 9일), 《미군정법령총람-국문판》, 131쪽.

35) 〈法令第21號〉(1945년 11월 2일), 《미군정법령총람-국문판》, 139쪽.

36) "Parade singing Communist song. Political Activity", (Opinion #1, March 9, 1946), 《법무국·사법부의 법해석 보고서》(한림대 아시아문화연구소 1997), 21쪽. 이 자료의 원문은 United States Army Forces in Korea, "Selected Legal Opinions of the Department of Justice, United Sttaes Army Military Government in Korea", Vol. 1 and II (Seoul, Korea 1948).

37) 《동아일보》 1946. 3. 19.

38) 《동아일보》 1946. 4. 12.

39) 《동아일보》 1947. 5. 19; 《동아일보》 1947. 7. 11.

40) 이에 대한 자세한 논의는 정호기, 〈국가의 형성과 광장의 정치—미군정기 대중동원과 집합행동〉, 175~182쪽.

41) 미군정기 내 서울운동장의 우파, 남산공원의 좌파 집회에 대한 다양한 양상에 대한 자세한 분석은 정호기, 위의 글, 특히 178, 180쪽의 두 개의 표가 집회에 대한 정보를 자세히 담고 있다.

42) 김춘수, 《한국 계엄의 기원》, 선인, 2018, 33~45쪽.

43) 《동아일보》 1947. 6. 27.

44) 〈法令 第183號—必要 없는 法令의 廢止〉(1948년 4월 8일), 《미군정법령총람-국문판》, 490쪽. 이 법령은 한국법제연구원에서도 확인 가능(https://www.law.go.kr/LSW/lsInfoP.do?lsiSeq=62854#0000).

45) 1947년 11월 14일 유엔 총회 결의 사항은 국사편찬위원회 한국사 데이타베이스 자료 참고(http://db.history.go.kr/item/imageViewer.do?levelId=pu_004_0010).

46) "Statement by Lieutenant General Hodge," (January 24, 1948),

(http://db.history.go.kr/item/imageViewer.do?levelId=pu_004_0170).

47) The US Representative at the UN to the Secretary of State, March. 1, 1948(501. BB Korea / 3-148), *Foreign Relations of the United States* 1948 Vol. VI. The Far East and Ausralasia (Washington D.C.: US. Government Printing Office, 1974)(이하 FRUS), pp. 1134~1136("1. The decision to be observed by the UNTCOK should be held in a free atmosphere wherein the democratic rights of freedom of speech, press, and assembly would be recognized and respected.").

48) 선거 후이긴 하지만 유엔임시한국위원단은 남한에 이런 척도에서 볼 때 자유로운 분위기에서 선거가 치러졌다고 결론을 내렸다. Jacobs to the Secretary of State, June 30, 1948 (501. BB Korea / 6-3048), *FRUS* 1948, pp. 1231~1232("This decision was taken in the light of our observations of the elections in accordance with the terms of the resolution of the General Assembly of 14 November 1947. These observations had previously led to our declaration that there existed a resolution degree of free atmosphere wherein the democratic rights of freedom of speech, press and assembly were respected.")(강조: 필자).

49) "法令 第176號"(1948년 3월 20일), 《미군정법령총람-국문판》, 475~480쪽. 이 법령이 가지는 의의에 대해서 학계의 평가는 긍·부정/한계 지적으로 확연히 나뉜다. 심희기, 〈미군정법령 제176호 형사소송법의 개정〉, 《법사학연구》 16, 1995; 문준영, 《법원과 검찰의 탄생》, 역사비평사, 2010, 694~701쪽 참고("법령 제176호는 영장주의를 도입하여 판사에게 수사에 대한 사법적 통제권을 주었지만, 현실에서는 수사기관이 과거와 다름없이 강제수사를 하고, 원래는 판사의 권한에 속하는 '조서'를 자유롭게 작성하여 증거로 제출했다"(700쪽)).

50) 국가법령정보센터, "대한민국헌법"(https://www.law.go.kr/LSW/lsInfoP.do?lsiSeq=53081#) 참고.

51) 흥미로운 것은 법령 제183호는 국문판에는 있지만, 영문판에는 실려있지 않다. 이것의 의미는 더 추적해야 할 듯하다.

52) 〈植民政策惡條令 過政서 廢止決定〉, 《南朝鮮民報》 1948. 6. 10.

53) 〈국가보안법〉에 대한 연구는 일일이 거론하기에 너무 많다. 그러나 역사적 맥락에서 계엄법과 연관된 주목할 만한 연구로 강성현, 〈한국의 국가 형성기 '예외상태 상례'

의 법적 구조—국가보안법(1948·1949·1950)과 계엄법(1949)을 중심으로〉, 《사회와 역사》 94, 2012.

[54] 《동아일보》 1948. 11. 23.

[55] 김춘수, 《한국 계엄의 기원》, 선인, 2018, 62~63쪽에서 재인용.

[56] 군정 당시의 계엄의 성격에 대한 문제와 별도로 정부 수립 전후의 계엄에는 1948년 제주4·3사건과 여순사건이 중요한 역할을 했다. 김춘수, 앞의 책, 2018, 61~109쪽.

[57] 정부 당국자들 내에서 계엄의 근원에 대한 논의는 김춘수, 앞의 책, 2018, 110~116쪽.

[58] 〈법안을 통해 본 제헌국회〉, 《국도신문》 1950. 4. 25.

[59] 대표적인 것으로 휴전 직전인 1953년 6월의 다양한 관제 데모를 들 수 있다. 《동아일보》 1953. 6. 11.

[60] 집회에 관련된 하위법이 없는 상황에서 사실상의 '허가제'가 지속되었다는 것은 역설이라고 할 수 있다. 1955년 이듬해 있을 대선을 준비하면서 야당인 민주당이 조병옥을 중심으로 대구에서 집회를 하려 했을 때 세 차례나 당국이 불허한 것은 당시 신문 매체의 강력한 비판을 받았다. 《동아일보》 1955. 2. 18.

[61] 현행 〈집회 및 시위에 관련 법률〉은 국가법령정보센터(www.law.go.kr)의 해당 항목 참고.

[62] 대한민국헌법 제 21조 ① 모든 국민은 언론·출판의 자유와 집회·결사의 자유를 가진다. ② 언론·출판에 대한 허가나 검열과 집회·결사에 대한 허가는 인정되지 아니한다.

[63] 미국은 연방헌법 수정헌법 1조("Amendment I. Congress shall make no law respecting an establishment of religion, or prohibiting the free exercise thereof; or abridging the freedom of speech, or of the press; or the right of the people peaceably to assemble, and to petition the government for a redress of grievances.")에 종교와 표현의 자유, 집회의 자유 등이 함께 묶여있는데, 이 수정헌법 1조를 둘러싸고 미국의 헌법 판례는 "time, place, and manner"를 제외하고, 내용적인 검열 등을 할 수 없다는 것이 일반적이고 이것은 대부분 민주주의 국가에서 받아들이는 원칙이다. 이에 대한 판례와 자세한 논의는 다음의 백과사전을 참고(https://mtsu.edu/first-amendment/article/1023/time-place-and-

manner-restrictions). 수정헌법 조문은 미 연방의회 사이트(https://constitution.congress.gov/constitution/amendment-1/) 참고.

64) 코비드 상황 속에서 집회 인원을 10명 미만에 차량시위만 가능하도록 판결한 것이라든가, 대통령 관저의 범위를 어떻게 볼 것인지에 따라 집회를 규제하려고 했는데 이는 집회 및 시위가 민주주의에서 차지하는 의미를 보여준다. 《경향신문》 2021. 2. 27; 《조선일보》 2022. 6. 4.

2장 '아동'을 보호하라: 미군정기 〈아동노동법〉과 〈미성년자노동보호법〉

1) 마르크스는 자본주의 세계에서 "인간적 착취 재료"로 아동노동이 추가됐다고 설명했다. 칼 마르크스 저, 김수행 역, 《자본론 1권 (下)》, 비봉출판사, 2005, 530쪽.

2) 이영석, 〈영국 산업혁명기의 면공업과 아동노동〉, 《서양사론》 28, 59~60쪽.

3) G. D. H. 콜 저, 김철수 역, 《영국 노동운동의 역사》, 책세상, 2012, 134쪽.

4) 곽건홍, 〈1931~1945년 공장 유년노동자의 형성과 성격〉, 《역사와 현실》 20, 1996, 230쪽.

5) 이 글에서는 미군정시기 통용되던 '남조선'이라는 용어를 기본적으로 사용했다.

6) 미첨은 1946년 12월 남조선에 부임하여 1947년 7월 귀국할 때까지 약 7개월 동안 하지의 노동 고문advisor으로 일했다. 미첨은 귀국 후 1947년 말 남조선의 노동 사정과 그 개선책을 포괄적으로 제시한 〈조선의 노동 보고서Korean Labor Report〉를 미국 노동부 장관에게 제출했다. 미첨은 미군정 내에서 번스Arther Bunce나 버치Leonard Bertsch 등과 함께 자유주의적 발상과 정책 구상을 가졌던 인물로 분류된다. 정용욱, 〈미국 국립문서관 소재 '노동' 관련 자료〉, 《역사와 현실》 11, 1994; 정용욱, 《미군정 자료 연구》, 선인, 2003, 246~273쪽. 미첨 보고서는 《미군정기 정보자료집: 노동 관련 보고서(1945. 9~1950. 4)》, 한림대학교 아시아문화연구소, 1995, 161~205쪽에 원문이 실려 있으며, 번역본은 〈미군정하의 노동정책—한국 노동사정 보고서〉라는 제목으로 김금수, 《한국 노동문제의 상황과 인식》, 풀빛, 1986에 실려있다. 이하 미첨 보고서를 인용 시, 번역본을 기본으로 하되 필요시 원문을 참고하여 수정했다.

7) 이 공장법의 적용 범위는 "평상시 15인 이상의 직공을 두고 있는 공장 및 사업의 성

격상 위험하거나 유해의 염려가 있는 공장에 한정되었다." 이왕호, 《일본의 노동관계 법 제도(정책자료: 2003-10)》, 한국노동연구원, 2003, 36쪽.

8) 〈Opinion #395.-10 June 1946〉, 《미군정기 정보자료집: 법무부·사법부의 법해석 보고서(1946. 3~1948. 8)》, 한림대학교 아시아문화연구소, 1997, 129쪽. 일제는 1941년 11월 〈국민근로보국협력령〉(〈칙령〉 제995호)을 공포하여 전국적으로 근로보국대를 결성하면서도, 14세 미만인 자는 면제했으며, 이는 공장법과 달리 식민지 조선에도 적용되긴 했다. 그런데 이 면제 조항의 취지는 아동을 가혹한 노동으로부터 보호하기 위한 것이 아니라 전시 상황에서 만들어진 근로보국대에 한정하여 적용되는 것이었다. 정긍식, 《(연구보고서)조선총독부 법령체계분석》, 한국법제연구원, 2003, 93쪽; 〈Opinion #395.-10 June 1946〉, 《미군정기 정보자료집: 법무부·사법부의 법해석 보고서(1946. 3~1948. 8)》, 한림대학교 아시아문화연구소, 1997, 109·129쪽.

9) 국제노동연구소 편, 《ILO조약·권고집(1919~1991)》, 돌베개, 1991, 995쪽.

10) 1921년 5월 11일부터 《동아일보》는 외국 법학박사의 저서 《근대입법의 정신》의 초역을 연재했는데 여기서 아동노동을 금지하는 '공장제조례'의 도입 과정이 소개됐다. 《동아일보》 1921. 5. 16, 4면. 1928년 1월 16일 신간회 고성지회 설립대회에서 행동강령으로서 경제 중 "5. 소년, 부인, 야간노동, 갱내노동, 위험작업 금지"가 담겼다. 《동아일보》 1928. 1. 23, 4면. 1929년 7월 25일 근우회는 새로운 행동강령을 제정했는데 제7항으로 "부인 及 소년공의 위험노동 及 야업폐지"를 제시했다. 《동아일보》 1929. 7. 25, 3면.

11) 1938년 6월호 《조선총독부조사월보》에 따르면 전체 제사공장 여공 중 14세 이하는 8.3퍼센트, 15세 이하는 17.3퍼센트를 차지했다. 윤정란, 〈식민지시대 제사공장 여공들의 근대적인 자아의식 성장과 노동쟁의의 변화과정〉, 《담론 201》 9(2), 2006, 41~42쪽.

12) 곽건홍, 앞의 논문.

13) 박지향, 〈한국 노동운동과 미국(1945~1950)〉, 《경제사학》, 1992; 박진희, 〈미군정 노동정책의 전개과정과 성격변화〉, 《이화사학》 29, 1996; 임송자, 《대한민국 노동운동의 보수적 기원》, 선인, 2007; 이혜숙, 《미군정기 지배구조와 한국 사회》, 선인, 2008; 유혜경, 〈미군정기 노동운동과 노동법〉, 《노동법학》 25, 2008; 권헌규, 〈노동

정책 보고서를 통해 본 미군정의 '노동개혁'과 냉전적 변형〉, 《사회와 역사》 112, 2016. 이 연구들의 논의는 대체로 해방 3년 시기 노동문제가 악화된 책임을 전평과 미군정 당국 중 어느 쪽에 둘 것인지에 집중됐다.

14) 저자들은 미군정기 아동노동법에 대해 "법률 제정 당시부터 그 실효성이 의문시"됐으며 "제정 그 자체에 의의를 찾을 수 있을 뿐 사실상 유명무실한 노동법"이었다고 평가했다. 박영기·김정한, 《한국노동운동사 ③ 미군정기의 노동관계와 노동운동》, 지식마당, 2004, 296쪽.

15) 필립 아리에스 저, 문지영 역, 《아동의 탄생》, 새물결, 2003. 이 책에 대한 서평에서 이기훈은 "아리에스의 이론을 우리 역사에 적용하는 것은 어떨까?"라며 "근대 가족과 아동관의 확립까지의 역사적 과정을 추적"할 필요성을 강조했다. 이기훈, 〈근대 아동과 가족은 어떻게 형성되었는가?(서평)〉, 《청소년시설환경》 13, 2007, 174쪽.

16) 백혜리, 〈묵재일기에 나타난 조선 중기 아동의 생활〉, 《유아교육연구》 24(5), 2004; 조기제, 〈조선에서의 유교적 아동관과 아동도덕〉, 《초등도덕교육》 35, 2011.

17) 이기훈, 〈1920년대 '어린이'의 형성과 동화〉, 《역사문제연구》 8; 이기훈, 〈1920년대 어린이지 독자 공동체의 형성과 변화〉, 《역사와 현실》 102, 2016.

18) 정용욱, 앞의 책, 272쪽.

19) 〈SWNCC 176/8: 한국의 미군 점령 지역 내 민간행정에 관한 미육군 태평양지구 사령관에게 주는 초기 기본지령〉(1945. 10. 13)은 다음의 자료집에 실려 있다. 정용욱·이길상 편, 《해방전후 미국의 대한정책사 자료집 3》, 다락방, 1995, 408쪽. 정용욱은 이 기본지령의 목적에 대해 "구체제의 해체, 한국의 정치적 독립과 한국 사회의 민주화라는 방향을 제시하면서도 초기 민정에 구체제의 기구·인적 자원의 부분적 활용을 제시한 약간은 혼란스러운 것이었다"고 평가했다. 정용욱, 《해방 전후 미국의 대한정책》, 서울대학교출판부, 2003, 121~122쪽.

20) 정용욱, 《미군정 자료 연구》, 선인, 2003, 249쪽.

21) 《매일신보》 1945. 9. 19, 1면. 서중석은 "시정방침은 27개 항목이나 되어 비교적 자세하였지만 당시의 수준에서 특별히 과격한 것은 아니었다"고 평가했다. 서중석, 《한국현대민족운동》, 역사비평사, 1991, 222쪽.

22) 서중석은 국민당을 '중도우파'로 분류했다. 《한국현대민족운동》, 역사비평사, 1991,

264쪽. 《자유신문》 1945. 10. 17(《자료대한민국사》 1권, 국사편찬위원회, 한국현대사료DB).

[23] 《자유신문》 1945. 11. 21(《자료대한민국사》 1권, 국사편찬위원회, 한국현대사료DB).

[24] 임송자, 앞의 책, 54쪽.

[25] 국제노동연구소 편, 앞의 책, 995쪽.

[26] 심경호, 〈전근대 시기의 아동관과 아동의 문학〉, 《창비어린이》 5(4), 2007, 205쪽.

[27] 정용욱, 앞의 책, 249쪽.

[28] 보고서는 관할 지역의 일반적 상황, 행정 부서 내 인적 변화, 재정 현황, 광공업, 사회복지 및 보건, 교육 등을 조사하여 작성됐다. 서울역사편찬원, 《서울지역 관할 미군정 문서》, 2017, 22쪽, 273~274쪽.

[29] 뉴먼은 1924년 미 해군사관학교를 졸업하고 오키나와 태평양전구 제10군 제137대공포단 지휘관을 역임했으며, 1945년 9월 주한미군정청 내 공보기구 책임자로 부임했다. 1945년 9월 20일 주한미군사령부 공보과 국장대리에서 1945년 12월 10일 공보과 국장으로 승진했다. 1946년 3월 기존의 공보과가 공보부로 승격됨으로써 국장에서 공보부장이 되었다. 훗날 군사軍史관에 따르면, 뉴먼은 "한국 언론과 신뢰, 우호, 협력적인 관계를 구축하기보다는 하지 및 점령 당국의 입장을 언론을 통제해서라도 한국인에게 관철시키겠다는 생각을 가진" 인물이었다. 〈7. 공보 및 정보 부서〉, 《주한미군사*History of the United States Army Forces in Korea, HUSAFIK*》 2권(국사편찬위원회 한국현대사료DB); 박수현, 〈미군정 공보기구 조직의 변천〉, 서울대학교 국사학과 석사학위 논문, 2009, 16쪽.

[30] 〈주간 정치동향 제35호Political Trends #35〉, 《주한미군 정보일지 부록》, 한림대 아시아문화연구소, 116쪽.

[31] 미챔, 〈미군정하의 노동정책—한국 노동사정 보고서〉, 김금수, 앞의 책, 248~249쪽.

[32] 정용욱, 《미군정 자료연구》, 250쪽.

[33] 노동자문위원단은 연합군 최고사령부 경제과학국 노동과가 1945년 10월 일본과 조선의 노동문제에 대해 원조와 조언을 구하기 위해 본국의 노동자문위원단을 파견해줄 것을 육군부에 요청하여 1946년 2월에서 7월 사이에 평균 3개월 정도 일본에 체류했다. 단장은 폴 스탠시필드로 12명으로 구성됐다. 권헌규, 앞의 논문,

170~171쪽.

34) 《미군정기 정보자료집: 노동 관련 보고서(1945. 9~1950. 4)》(한림대학교 아시아문화연구소 자료총서 8권), 1995, 90쪽.

35) 보고서는 "미군정의 노조 활동에 대한 억압적 태도, 적절한 노동정책과 노동보호법령의 미비를 지적하고, 노사관계와 노동보호법령을 중심으로 한 정책 개선을 미군정에 제안"했다. 정용욱, 앞의 책, 250쪽.

36) 《미군정기 정보자료집: 노동 관련 보고서(1945. 9~1950. 4)》(한림대학교 아시아문화연구소 자료총서 8권), 1995, 109쪽.

37) 《미군정기 정보자료집: 노동 관련 보고서(1945. 9~1950. 4)》(한림대학교 아시아문화연구소 자료총서 8권), 1995, 113쪽. 국가에 의무적인 초등교육이 갖춰지면 아동노동 금지 연령도 자연스럽게 높아질 수 있었다. 왜냐하면 의무교육에 따라 아동들이 학교교육을 받기 때문이다. 이처럼 아동노동 금지는 아동보호 및 학령아동의 의무교육화와 맞물려 있었다.

38) 〈재조선미국육군사령부군정청 법령 제112호〉(1946. 9. 18), 국가기록원 《관보》; 한국법제연구회 편, 《미군정법령총람(영문판)》, 1971.

39) 《경향신문》 1946. 10. 25.

40) 《동아일보》 1946. 9. 14.

41) 미첨, 〈미군정하의 노동정책—한국 노동사정 보고서〉, 김금수, 앞의 책, 238쪽.

42) 정용욱, 앞의 책, 268쪽.

43) 관련 조문은 다음과 같다. 제3조-생산기업소와 사무기관에서 일하는 14세부터 16세까지의 소년들에게는 노동일을 6시간으로 제정한다. 해로운 노동조건을 가진 생산 부문과 지하노동에 있어서는 소년노동을 금지한다. 비고: 해로운 조건을 가진 소년노동에 대하여서는 그 노동 종목을 산업국과 직업동맹에서 규정하고 인민위원회에서 이를 비준한다. 제4조-모든 생산 부문에서 14세 미만자의 노동을 금지한다. 〈제9차 북조선임시인민위원회의 북조선노동자 및 사무원에 대한 노동법령에 대한 결정서〉, 《북한공보》, 국사편찬위원회, 한국현대사료DB.

44) 《자유신문》 1946. 6. 29.

45) 《동아일보》 1946. 8. 7.

46) 1946년 9월 17일부터 30일까지 미군정은 서울 지역에서 〈노동 관련 여론조사Public Opinion Survey on Labor〉를 실시했는데, 여기에도 "북조선 노동법에 대해 찬성하느냐"라는 질문이 포함되어 있었다. 《미군정기 정보자료집: 노동 관련 보고서(1945. 9~1950. 4)》, 한림대학교 아시아문화연구소, 1995, 159~160쪽.

47) 보고서 작성자는 모든 미성년자들이 완전히 조사됐는지는 의심스럽다고 평가했다. 《미군정기 정보자료집: 노동 관련 보고서(1945. 9~1950. 4)》, 한림대학교 아시아문화연구소, 1995, 463쪽.

48) 《동아일보》 1946. 11. 30.

49) 《경향신문》 1946. 12. 20.

50) 《조선일보》 1947. 1. 5; 《미군정기 정보자료집: 노동 관련 보고서(1945. 9~1950. 4)》, 한림대학교 아시아문화연구소, 1995, 125쪽.

51) 《경향신문》 1947. 1. 10.

52) 《미군정기 군정단 군정 중대 문서》 5권, 국사편찬위원회, 511쪽.

53) 공장 운영의 어려움으로 제기된 다른 사항은 '전력 부족'과 '낡은 장비' 문제였다. 위의 책, 527쪽.

54) 《남조선과도입법의원속기록》 1권, 선인문화사, 1999, 281쪽.

55) 위의 책, 330쪽.

56) 〈아동노동법규의 일시정지〉, 군정법령 제132호, 국가법령정보센터(https://www.law.go.kr/).

57) 속기록에는 아동노동법을 논의할 상임위원회로 산업'노동勞動'위원회와 산업'노농勞農'위원회가 모두 등장하는데, 의원들의 발언이나 속기사의 착오가 있었던 것으로 보인다. 《남조선과도입법의원속기록》 2권, 선인문화사, 1999, 330~337쪽.

58) 위의 책, 515·518쪽.

59) 제1회독에서 제시된 위원회의 〈미성년자노동보호법〉이 그대로 최종 법안으로 공포됐다. 위의 책, 515쪽.

60) 《남조선과도입법의원속기록》 2권, 선인문화사, 1999, 683~691쪽.

61) 위의 자료.

62) 위의 자료.

63) 위의 자료.

64) 위의 자료.

65) 간행된 자료집에 누락되어 있으며, 필자가 직접 국회도서관 측에 문의했으나 관련 속기록은 소장하고 있지 않다고 한다.

66) 《조선일보》 1947. 4. 10.

67) 〈아동노동법〉은 6월 1일까지 시행 정지되었는데 새 법이 6월 15일부터 실시됨으로, 원칙적으로 14일간은 정지됐던 〈아동노동법〉의 자연적 효력은 다시 발생했다. 관련하여 《동아일보》는 "사무 처리상 진공 기간이 생겨 노동행정의 운영에 커다란 의문"을 낳고 있으며, "이것은 입법의원과 군정의 유기적 관련성의 결여로 생긴 일종의 넌센스"라고 비판했다. 《동아일보》 1947. 6. 12.

68) 《동아일보》 1947. 5. 17.

69) 《서울신문》, 《동아일보》, 《경향신문》, 《조선일보》 1947. 9. 12.

70) 《경향신문》 1947. 12. 20. 〈미성년자노동보호법〉이 외려 아동노동이 필요한 연극계의 현실을 무시한 처사라는 비판도 있었다. 유치진은 〈소년노동법〉을 우리 연극계에 "암흑 초래한 악법"이라고 비판했다. 그는 〈소년노동법〉이 "만 18세 이하의 '유녀遊女'는 손님을 못받게" 했는데 이 법령을 "연극·음악·무용 등 무대 출연자에게 적용"함으로써 "특히 연극계에는 현역군으로" 활동하는 자들의 "3분의 1"이 이에 해당한다고 비판했다. 즉 그는 "이 법의 강요는 무대 예술가의 인적 기근을 초래"했다고 비판했다. 《경향신문》 1948. 8. 8.

71) 미챔, 〈미군정하의 노동정책—한국 노동사정 보고서〉, 김금수, 앞의 책, 239쪽.

72) 해당 조항은 야간노동 금지와 매주 6일 이상 노동 금지 관련된 것들이었다. 박영기·김정한, 앞의 책, 295~296쪽.

73) 〈미성년자노동보호법〉(법률 제286호, 1953. 5. 10 타법 폐지); 〈근로기준법〉(1954. 5. 10), 국가법령정보센터.

74) 미챔, 〈미군정하의 노동정책—한국 노동사정 보고서〉, 김금수, 앞의 책, 251쪽.

75) 《미군정기 정보자료집: 노동 관련 보고서(1945. 9~1950. 4)》, 한림대학교 아시아문화연구소, 1995, 466쪽.

76) 조영래, 《전태일 평전》, 돌베개, 1991, 209쪽.

1) 냉전의 지구적 전개 양상에 대한 포괄적 이해로는 웨스타드의 아래 두 권의 저서가 유용하다. Odd Arne Westad, *The Global Cold War: Third World Intervention and the Making of Our Times*, Cambridge University Press, 2007 및 Odd Arne Westad, *The Cold War: A World History*, New York: Basic Books, 2017 참고. 또 1945년과 1950년 사이 각국의 정치적, 문화적 동향에 대한 소개로는 Masuda Hajimu, *Cold War Crucible: The Korean Conflict and the Postwar World*, Harvard University Press, 2015가 유용하다.

2) 브루스 커밍스, 김자동 역,《한국전쟁의 기원》, 청사, 1987 중에서 3장 참고.

3) 일본군이 미군에게 전달한 남한 정세에 대한 정보는 정용욱,《해방 전후 미국의 대한정책: 과도정부 구상과 중간파 정책을 중심으로》, 서울대학교출판부, 2003 중에서 3장 참조.

4) 〈사관기장〉 1946. 3. 8. 정용욱, 앞의 책, 133쪽에서 재인용.

5) 그녀의 아버지는 1910년 탄광사업을 위해 식민지 조선에 부임하여, 1914년 황해도에서 아다 리크를 낳았다. 그녀는 1943년 미국 조지아 Fort Oglethorpe에서 소위로 임관했고, 1944년 버지니아대학교의 군정학교에 입대했으며, 이후 스탠포드대학교 민정학교를 거쳐 Civil Affairs Staging Area에서 *Post Newspaper*의 부편집장을 역임했다. Ada E. Leeke, *When Americans Came to Korea*, Pine Hill Press, 1991.

6) 예를 들면 1946년 8월 7일 자 영문판《주간신보》42호는 서울판에만 싣는 기사로 "Ration Increase Defends on Summer Grain"이 있었다. 또한 서울판과 지방판에 세계뉴스 소식을 다르게 실었다. 〈The CHUKAN Digest No. 42〉 1946. 8. 7. 소장처: 미국립문서관NA II (출처: 국사편찬위원회 전자사료관 사료 참고 코드 AUS179_01 _05C0065 _002).

7) 브루스 커밍스, 김자동 역, 앞의 책, 144쪽, 345쪽.

8) 그가 일제 침략전쟁에 협력한 대표적인 사례는 1938년 단행본《조선의 여명》을 저술하여 지원병을 선전하고 선동한 것, 조선인 최초의 지원병 전사자인 이인석의 죽

음을 미화하는 글을 기고하고 충혼비 건립을 주도한 것 등이다. 최병협에 대해서는 친일반민족행위진상규명위원회 편, 《친일반민족행위 진상규명 보고서 Ⅳ-17》, 2009, 870~886쪽.

9) 《농민주보》 2호, 1945. 2. 29.

10) Ada E. Leeke, 앞의 책, 103~104쪽.

11) 〈Summation of non-military activities in Japan and Korea No. 4〉, 291쪽, 《미군정 활동 보고서 1》, 원주문화사, 1990, 870쪽.

12) 〈Summation United States Army Military Government Activities in Korea No. 22〉, 100쪽, 《미군정 활동 보고서 4》, 92쪽.

13) 〈여론동향〉 12호. 1946. 5. 23.

14) From Walter E. Monagan, Jr. Major MI, OIC, Office of Public Opinion To Secretary of the Public Information Section, 1945. 12. 28, 〈Distribution of the Farmers' Weekly〉, 소장처: 미국립문서관(출처: 국사편찬위원회 전자사료관 사료 참고 코드 AUS179_01_05C0138_054, 원문 1쪽).

15) Ada E. Leeke, 앞의 책, 101쪽.

16) Ada E. Leeke, 앞의 책, 101쪽.

17) From Division of Research for Far East, Offic of Intelligence Reseach, 〈Social and Political Forces in Small Communities in South Korea〉, 1948. 6. 10, 《미군정기 정보자료집: 시민소요·여론조사보고서: 1945. 9~1948. 6》, 한림대 아시아문화연구소 간행, 1991, 632~653쪽.

18) Ada E. Leeke, 앞의 책, 99~100쪽.

19) 〈History of the Department of Public Information(An Outline)〉(이하 〈(An Outline)〉), 1948, 6쪽.

20) 군정의 보도자료는 1945년 12월에 시작된 'The Military Government Hour' 라디오 프로그램에서 매일 30분간 극화하여 방송되었고, 매일 아침 "Public notice"에서도 방송되었다. 또한 필요할 경우 매일 7차례 진행되는 뉴스 방송에서도 보도되었다. 〈Summation United States Army Military Government Activities in Korea No.10〉, 59쪽, 《미군정 활동 보고서 2》, 548쪽.

21) 〈An Outline〉, 1948, 34쪽.

22) 〈An Outline〉, 1948, 23쪽.

23) 군정과 한국인 신문기자들 간의 기자회견이 매일 개최되었다. 이때 기자들이 제기한 질문들은 공보부장이나 요청된 관료들이 답변해주었고, 군정장관이 매주 한 차례 신문기자들과 만나 일주일 전에 신문기자들이 서면으로 제출한 질문들에 공식적으로 답변했다. 정례회견 외에 특별 사항이 있을 경우 특별기자회견이 소집되었다. 〈An Outline〉, 1948, 21쪽; 〈South Korea Interim Government Activities. No. 25〉, 161쪽, 《미군정 활동 보고서 4》, 600쪽.

24) Ada E. Leeke, 앞의 책, 100쪽; 〈An Outline〉 1948, 100~102쪽.

25) 《농민주보》 4호, 1946. 1. 12.

26) 〈Editorial: Comments Concerning Forming of National University〉 1946. 7. 18. 소장처: 미국립문서관(출처: 국사편찬위원회 전자사료관 사료 참고 코드 AUS179_01_ 05C0148_048); 《중앙신문》 1946. 7. 17.

27) 《자유신문》 1946. 7. 16.

28) 노동자들의 요구는 쌀 배급, 일급제 반대, 임금 인상, 해고 감원 반대, 급식 계속, 북조선과 같은 민주주의 노동법령 실시였다. 파업 직전 공보부 여론국의 주간 보고서 〈여론동향〉은 경주 지역의 식량 부족으로 노동자들이 파업하려 한다는 소문이 있다고 보고했다. 파업이 개시된 이후 〈여론동향〉은 여론조사를 실시한 서울 주민의 46퍼센트가 철도 파업이 정치적 동기에 의한 것이라고 생각했고 45퍼센트는 그렇지 않다고 생각한다고 보고했다. 보고서는 그중 전자는 좌익이 생계조건과 군정의 혼란을 이용해 노동자들을 선동해서 파업을 일으켰다고 보았고, 후자는 열악한 생계조건이라는 중요한 문제가 시위를 통해 나타났다고 보았다고 전했다. 9월 26일 60퍼센트가 파업을 정당하다고 생각했고, 27일에는 63퍼센트가 정당하다고 생각했다. 〈남조선 전역의 철도종업원 총파업〉, 《자료 대한민국사 제3권》, 《조선일보》, 《서울신문》, 1946. 9. 25; 〈여론동향〉 26호, 1946. 9. 11; 〈여론동향〉 28호, 1946. 10. 3.

29) 《주간신보》 52호, 1946. 10. 16; 《농민주보》 41호, 1946. 10. 19.

30) 《주간신보》 53호, 1947. 10. 23.

31) 《중외신보》 1946. 9. 25; 《주간신보》 55호, 1946. 11. 6; 〈The CHUKAN Digest No.

55〉, 소장처: 미국립문서관(출처: 국사편찬위원회 전자사료관 사료참고코드 AUS179_01_05C0065_008, 원문 5쪽).

32) 1946년 10월 1일, 대구부청 앞에서 여성과 어린이가 중심이 된 시민 2,000여 명이 '배고파 못 살겠다, 쌀을 달라!'고 외치며 시위를 벌였다. 경찰의 발포에 시위대는 경북도청 광장으로 이동하며 확대되었다. 이때 시위는 특정 계급·계층의 시위가 아니라 노동자, 학생, 청년, 시민, 공무원, 의사, 일부 경찰까지 참여한 전체 대중의 항쟁이었다. 대구에서 발생한 시위는 이후 3·1제 소작제도에 반대하는 농민들의 추수 봉기와 결합하며 12월 중순까지 전국으로 확산되었다. 이른바 '10월항쟁'이었다. 김상숙, 《10월항쟁》 돌베개, 2016, 70~71쪽, 101~103쪽, 106~107쪽.

33) 김상숙, 2016, 위의 책, 271~273쪽; 정해구, 《10월 인민항쟁 연구》, 열음사, 1988, 147쪽.

34) 브루스 커밍스, 김자동 역, 앞의 책, 1986, 457~473쪽.

35) 《조선일보》 1946. 10. 12.

36) (RG 407 Records of the Adjutant General's Office, 1905~1981)(Series: Administrative Services Division, Operations Branch, Foreign (Occupied) Area Reports, 1945~54)(File: 9 Press Conference-Korea)〈Press Conference: 3 October 1946〉 1946. 10. 3; 〈Press Conference: 7 October 1946〉 1946. 10. 7; 〈Press Conference: 10 October 1946〉 1946. 10. 10; 〈Press Conference: 21 October 1946〉 1946. 10. 21(이하 〈Press Conference: 날짜〉로 표기); 《조선일보》 1946. 10. 8.

37) 김복수, 《미군정의 언론정책과 한국언론의 형성에 관한 연구》, 한양대학교 박사학위 논문, 1991, 77쪽.

38) 당시 기자회견담에 참여한 기자 중에서 신문사가 확인되는 기자는 《동아일보》의 노 기자, 《서울타임즈》의 김 기자, 《합동통신KPP》의 유 기자, 《한성일보》의 신 기자, 《수산경제신문》의 이 기자이다. 〈Press Conference: 8 October 1946〉 1946. 10. 8. 3쪽.

39) 《농민주보》 42호, 1946. 10. 26.

40) 《농민주보》 46호, 1946. 11. 23; 《주간신보》 56호 1946. 11. 13.

41) 《농민주보》 45호, 1946. 11. 16; 《농민주보》 47호, 1946. 11. 30.

42) 《농민주보》 42호, 1946. 10. 26; 《농민주보》 43호, 1946. 11. 2.

[43] 《농민주보》 42호, 1946. 10. 26.

[44] 리처드 로빈슨, 정미옥 역, 《미국의 배반》, 과학과사상, 1988, 150쪽.

[45] 《농민주보》 43호 1946. 11. 2; 《주간신보》 54호 1946. 10. 30.

[46] 《농민주보》 46호 1946. 11. 23; 《주간신보》 56호 1946. 11. 13.

[47] (RG 407 Records of the Adjutant General's Office, 1905~1981)(Series: Administrative Services Division, Operations Branch, Foreign (Occupied) Area Reports, 1945~54)(File: 9 Press Conference–Korea)〈Press Conference: 22 October 1946〉 1946. 10. 22, 3쪽.

[48] 《주간신보》 36호, 1946. 6. 26.

[49] 〈여론동향〉 4호, 1946. 3. 25; 〈여론동향〉 5호, 1946. 3. 31; 〈여론동향〉 6호, 1946. 4. 7; 〈여론동향〉 8호, 1946. 4. 21; 〈여론동향〉 9호, 1946. 5. 1; 〈여론동향〉 12호, 1946. 5. 23; 〈여론동향〉 14호, 1946. 6. 6; 〈여론동향〉 15호, 1946. 6. 14; 〈여론동향〉 16호, 1946. 6. 22; 〈여론동향〉 19호, 1946. 7. 18; 〈여론동향〉 21호, 1946. 8. 2; 〈여론동향〉 23호, 1946. 8. 23; 〈여론동향〉 26호, 1946. 9. 11; 〈여론동향〉 27호, 1946. 9. 17.

[50] 김영희, 〈미군정기 미디어 접촉의 성격과 영향〉, 한국언론학회 광복60주년 기념 학술회의, 2005; 김영희, 〈미군정기 농촌주민의 미디어 접촉 양상〉, 《한국언론학보》 49권 1호, 2005; 김영희, 《한국 사회의 미디어 출현과 수용: 1880~1980》, 커뮤니케이션북스, 2010.

[51] 〈Public Relations: Relations with Korean〉, 1948, 11쪽.

4장 미군정의 싱크탱크, 정치고문단

[1] 이 글에서 사용한 '남한'은 38도선 이남의 미군 점령 지역, '북한'은 38도선 이북의 소련군 점령 지역을 가리킨다.

[2] 1945년 12월 16일부터 26일까지 소련의 모스크바에서 소련, 미국, 영국 외상들이 모여 얄타 및 포츠담협정에 근거한 제2차 세계대전 전후 처리를 토의한 내용이다. 총 7개에 대한 의제를 토의하였으며 한국문제는 제3장에서 논의되었다.

3) 랭던은 이후 1946년 4월 28일, 번스Arthur C. Bunce로 교체되었다.

4) 정용욱, 〈미군정의 중도정책과 군정내 추진기반〉, 《동양학》 25, 1995.

5) 1946년 7월, 여운형, 김규식을 중심으로 한 좌우익의 중도세력이 중심이 되어 발족한 단체이다. 중도세력은 좌우합작위원회를 통해 신탁통치 반대로 분열된 좌우익 정치세력들을 통합하여 미소공위 재개를 촉진하고 이를 통해 임시정부를 수립하고자 하였으나, 좌우합작위원회는 성립되자마자 조선공산당과 민전이 탈퇴함으로써 중도좌익 일부와 우익의 연합체로 성격이 한정되었다.

6) 이동원, 〈1946년 '朝美共同會談'의 성립과 활동〉, 서울대학교 석사학위 논문, 2004.

7) RG 43, 미소공위 문서철, Roll 4, 〈미소공위 대표단이 사령관에게; Reorganization Staff Headquarters XXIV Corps on Handling Political and Economic Matters)〉, 1947. 4. 10.

8) RG 43, 미소공위 문서철, Roll 4, 〈General Organizational Structure of the American Delegation, US –USSR Joint Commission〉, 1947. 4. 28.

9) RG 43, 미소공위 문서철, Roll 5, 〈Administrative Memorandum No. 8〉, 날짜 미상.

10) RG 43, 미소공위 문서철, Roll 4, 〈The Organization of the American Delegation to the Joint Commission〉, 날짜 미상.

11) RG 43, 미소공위 문서철, Roll 22, 〈미소공위 미국대표단 임명〉, 1947. 5. 7.

12) OSS는 현 미국 CIA의 전신으로 제2차 세계대전 당시 방첩 활동, 첩보 활동, 적후 비밀공작, 적국의 전쟁 수행 능력 분석 및 각종 정보 분석 등을 담당했다. OSS에 대한 자세한 내용은 정용욱, 《해방 전후 미국의 대한정책》, 서울대학교출판부, 2003, 65~66쪽, 87~88쪽.

13) RG 43, 미소공위 문서철, Roll 22, 〈Assignment of Members of US–USSR Joint Commission–Enclosure "D"〉, 1947. 4. 24; Clyde B. Sargent, 1970, "World Outlook and Foreign Policy of Communist China", *Naval War College Review*, Vol. 23, No. 6, p. 34.

14) 버치에 대한 내용은 박태균, 《버치문서와 해방정국》, 역사비평사, 2021 참고.

15) RG 43, 미소공위 문서철, Roll 23, 〈Letter of Commendation from General Hodge〉, 날짜 미상.

16) 안종철, 〈미국 북장로교 선교사들의 활동과 한미관계, 1931~1948〉, 서울대학교 박사학위 논문, 2008, 228쪽.

17) 김동선, 〈미군정 공보부 정치교육과의 활동과 구성원의 성격〉, 《한국근현대사연구》 97, 2021, 104쪽.

18) 안종철, 앞의 논문, 2008, 261~262쪽.

19) 미 국무부는 1946년 2월 번스Arthur C. Bunce를 비롯한 11명을 파견해 미군정이 신탁통치 파동과 남한의 경제적 혼란에 대처할 수 있게 하였다. 이들은 일명 번스 사절단, 경제사절단으로 불렸다(《동아일보》 1946. 2. 16).

20) RG 43, 미소공위 문서철, Roll 22, 〈Assignment of Members of US–USSR Joint Commission–Enclosure "C"〉, 1947. 4. 24.

21) *Foreign Relations of the United States*(이하 FRUS), 1946, The Far East, Volume Ⅷ, 〈Policy Paper Adopted by the State–War–Navy Coordinating Committee: Political Policy for Korea〉, 1946. 1. 29.

22) 정용욱, 앞의 책, 2003, 202~212쪽.

23) RG 43, 미소공위 문서철, Roll 5, 〈To suggest American Position on the Moscow Agreement's directive to the Joint Commission to "Consult with the Korean democratic parties and social organizations"〉 및 〈첨부 A〉, 1947. 5. 7.

24) Philip C. Rowe, 〈Lists of Political Parties and Social Organizations〉, 1947. 5. 15. 정용욱, 《해방 직후 정치·사회사 자료집 5》, 다락방, 1994, 319~322쪽; RG 43, 미소공위 문서철, Roll 12, Philip C. Rowe, 〈AMD 5–Political Parties and Social Organizations〉, 1947. 5. 18.

25) *FRUS* 1947. The Far East Volume VI 〈The Political Adviser in Korea (Langdon) to the Secretary of State〉, 1947. 6. 1.

26) 정용욱, 앞의 책, 404쪽.

27) RG 43, 미소공위 문서철, Roll 5, 〈Administrative Memorandum No. 11〉, 1947. 6. 11.

28) RG 43, 미소공위 문서철, Roll 5, 〈Joint Communique No. 11〉, 1947. 6. 11.

29) 정용욱 편, 《해방 직후 정치·사회사 자료집 4》, 다락방, 1994, 83~620쪽. 협의신청

서에는 ① 당명 또는 사회단체명·본부의 소재지·창립 일자·지부 수 및 소재지·각 지부원 수·총 회원 수, ② 대표의 성명·출생지 및 생년월일·주소 및 대표의 정당 또는 단체 내에서의 직위 등을 기입하게 되어 있었다.

30) 〈공동성명 제5호〉 항목이 명시된 이유는 미소공위 재개에 앞서 국내 반탁단체들이 1947년 초에 모스크바 3상회의 결정을 지지한다는 내용의 〈공동성명 제5호〉의 서명을 철회한 바 있기 때문이다. 따라서 〈공동성명 제5호〉 항목에는 해당 조직이 〈공동성명 제5호〉에 서명했는지, 서명했다가 철회했는지, 〈공동성명 제5호〉가 나왔을 때 해당 조직이 존재했는지 등의 형태로 기재되었다.

31) 〈Ghost Organization Records〉, 정용욱 편, 《해방 직후 정치·사회사 자료 4》, 다락방, 1994, 67~69쪽, 73~74쪽.

32) 《동아일보》·《조선일보》 1947. 1. 12; 《조선일보》 1947. 1. 17. 이들 35개의 단체 명단은 《동아일보》 1946. 1. 17 참고.

33) 〈공동성명 제5호〉 서명 취소문을 하지에게 전달한 단체는 한독당, 한민당, 여자국민당, 독촉국민회 등 27개 단체이며, 서명한 단체로서 미소공위 초청을 받은 우익 15개 단체 중 김규식이 대표로 서명한 조선기독교청년회전국연합회를 제외하고는 모두가 취소하는 데 참여했다(《경향신문》 1947. 1. 26).

34) 《조선일보》 1947. 1. 24; 1. 26.

35) 《동아일보》 1947. 6. 7; 《한성일보》 1947. 6. 20; 《서울신문》 1947. 6. 3; 6. 5; 정병준, 〈해방 직후 각 정파의 정부 수립 구상과 그 특징: 제2차 미소공위 답신안 분석을 중심으로〉, 《통일문제연구》 10-2, 1998, 14쪽.

36) 도진순, 《한국 민족주의와 남북관계》, 서울대출판부, 1997, 152~156쪽.

37) 브라운이 아놀드에 이어 공식적으로 미소공위 미국대표단장에 취임한 것은 1946년 10월 중순이다. 당시 브라운은 부산에 주둔하고 있던 제6사단장이었다.

38) RG 43, 미소공위 문서철, Roll 6, 〈버치가 브라운에게, Anti-Trusteeship Movement〉, 1947. 7. 8.

39) RG 43, 미소공위 문서철, Roll 4, 〈Transcript of 41st Meeting US-USSR Joint Commission〉, 1947. 7. 10.

40) 《동아일보》 1947. 9. 17; 《조선일보》 1947. 9. 12.

41) 《독립신문》 1947. 9. 20.

42) 《조선일보》 1947. 9. 25.

43) 도진순, 앞의 책, 156~157쪽.

44) 이후에 국민의회와 민족대표자회의의 통합 움직임이 있었음에도 불구하고 이승만의 단정 노선과 김구의 민족주의적 입장 및 남한 총선거 지지라는 입장 차이는 이미 이들의 결별을 예고했다(서중석, 《한국 현대 민족운동연구》, 역사비평사, 1996, 537~549쪽).

45) RG 43, 미소공위 문서철, Roll 6, 〈브라운이 사전트에게; Political Alignment-Korean〉, 1947. 9. 17.

46) RG 43, 미소공위 문서철, Roll 8, 〈PAG Contact Program and Directive〉, 1947. 10. 17.

47) 정병준, 《우남 이승만 연구》, 역사비평사, 2005, 676쪽.

48) 10월 15일의 국민대회에서는 '중좌中左 12정당 준동 대책 결의문'을 채택하였다. 26일 집회에서는 안재홍 민정장관 사임 요구가 나와 임석경관과 충돌이 있었으나 결국 이 요구안은 가결되었다(서중석, 앞의 책, 543~544쪽).

49) 《동아일보》 1947. 10. 21; 도진순, 앞의 책, 178~179쪽.

50) 도진순, 앞의 책, 188쪽.

51) RG 43, 미소공위 문서철, Roll 8, 〈Political program, South Korea〉, 1947. 11. 3.

52) RG 43, 유엔 임시한위 문서철, Roll 22, 〈웨커링 작성; 웨커링과 참모장 헤렌과의 대화 비망록 Memorandum〉, 1947. 12. 22.

53) 〈History of G-2 Section, HUSAFIK〉, 정용욱 편, 《해방 직후 정치·사회사 자료집 2》, 다락방, 1994, 14쪽.

5장 여운형그룹의 월북과 북한군 창설의 숨은 이야기

1) 정병준, 〈해방 이후 여운형의 통일·독립운동과 사상적 지향〉, 《한국민족운동사연구》 39, 2004; 양동안, 〈여운형의 민족통일노선〉, 《한국학》 27-4, 2004; 연규홍, 〈몽양 여운형의 통일독립론〉, 《신학연구》 62, 2013.

[2] 남광규, 《解放 初期 中間派 弱化와 左右對決의 激化》, 고려대 박사학위 논문, 2001; 이영주, 〈해방정국의 중도파의 좌우합작운동〉, 경남대 석사학위 논문, 2017; 윤대식, 〈태양을 꿈꾼 정치 지성의 서사〉, 《한국 동양정치사상사연구》 17-1, 2018.

[3] 정병준, 〈조선건국동맹의 조직과 활동〉, 《한국사연구》 80, 1993, 100~103쪽.

[4] 정병준, 앞의 논문, 126~127쪽.

[5] 정병준, 앞의 논문, 107~108쪽; 〈김순자(박승환의 아내) 증언〉, 1993. 2. 25, 삼풍백화점(정병준 제공).

[6] 方圓哲, 〈自敍傳〉(1947. 3. 24), 北朝人委 敎育局, 《一九四七年度 金日成大學發令件》, 北朝鮮人民委員會 敎育局, 1947, NARA, RG 242, SA 2006, Box 12, Item 32.1.

[7] 조갑제, 《박정희 1》, 조갑제닷컴, 2009, 237쪽.

[8] 方圓哲 記, 《人民軍 創設에 참여한 前後 이야기(나의 體驗談)》, 미간행 원고, 1987, 12~14쪽.

[9] 方圓哲, 〈自敍傳〉, 北朝人委 敎育局, 앞의 자료.

[10] 方圓哲 記, 앞의 자료, 14~16쪽.

[11] 조갑제, 앞의 책, 244~245쪽.

[12] 〈김순자 증언〉, 1993. 2. 25.

[13] 丁一權·金錫範, 《滿洲國軍誌》, 미간행, 1987, 62쪽.

[14] 《매일신보》 1945. 11. 9.

[15] 方圓哲, 〈自敍傳〉·〈北朝鮮 臨時人民委員會 幹部履歷書(이하 幹部履歷書)〉, 北朝人委 敎育局, 앞의 자료; 정병준, 《몽양 여운형 평전》, 한울, 1995, 131~134쪽.

[16] 《조선일보》 1946. 1. 29.

[17] 왕익권은 월북 이후 1947년 3월 북조선검찰소 검사부장과 1947년 8월 김일성대학 교수를 역임했다. 《매일신보》 1945. 9. 19; 《자유신문》 1945. 11. 18; 王益權, 〈自敍傳〉(1947. 9), 北朝人委 敎育局, 앞의 자료.

[18] 方圓哲 記, 앞의 자료, 135쪽.

[19] 《서울신문》 1945. 12. 21; 《중앙신문》 1946. 1. 1.

[20] 한국정신문화연구원 편, 《내가 겪은 한국전쟁과 박정희 정부》, 선인, 2004, 286~287쪽.

[21] 方圓哲 記, 앞의 자료, 417쪽.

22) 한국정신문화연구원 편, 앞의 책, 287·293쪽.

23) 方圓哲, 〈自敍傳〉, 北朝人委 教育局, 앞의 자료.

24) 박병엽 구술, 유영구·정창현 엮음, 《김일성과 박헌영, 그리고 여운형》, 선인, 2010 쪽, 109~111·115~117쪽; 정병준, 앞의 책, 1995, 205~210쪽.

25) 여연구, 《나의 아버지 여운형》, 김영사, 2002, 199~202쪽; 《조선일보》 1946. 2. 16.

26) 〈김순자 증언〉, 1993. 2. 25.

27) 方圓哲 記, 앞의 자료, 150~151쪽; 方圓哲, 〈自敍傳〉, 北朝人委 教育局, 앞의 자료; 〈김순자 증언〉, 1993. 2. 25.

28) 方圓哲 記, 앞의 자료, 142~149쪽.

29) 한국정신문화연구원 편, 앞의 책, 288~289쪽.

30) 《로동신문》 1947. 2. 23.

31) 方圓哲 記, 앞의 자료, 144~147쪽.

32) 李奇建, 〈내가 아는 北傀政治裏面史〉, 《時事》 1968년 8월호(정병준 제공).

33) 《동아일보》 1972. 1. 27.

34) 《동아일보》 1972. 1. 27; 박병엽 구술, 앞의 책, 2010, 121~136쪽; 정병준, 앞의 책, 221~227쪽; 국사편찬위원회 편, 앞의 책, 94쪽.

35) 김재웅, 《북한체제의 기원》, 역사비평사, 2018, 96~101쪽.

36) 기광서, 《북한 국가의 형성과 소련》, 선인, 2019, 255~257쪽.

37) 方圓哲 記, 앞의 자료, 150~153쪽.

38) 方圓哲 記, 앞의 자료, 156~157쪽; 394쪽; 方圓哲, 〈自敍傳〉·〈幹部履歷書〉(1947. 3. 24), 北朝人委 教育局, 앞의 자료; 《로동신문》 1947. 2. 23.

39) 方圓哲 記, 앞의 자료, 172~174쪽; 方圓哲, 〈幹部履歷書〉, 北朝人委 教育局, 앞의 자료.

40) 方圓哲 記, 앞의 자료, 175쪽; 180~181쪽.

41) 方圓哲 記, 앞의 자료, 172~173쪽; 182~187쪽; 199쪽.

42) 方圓哲 記, 앞의 자료, 187~190쪽; 199쪽.

43) 한국정신문화연구원 편, 앞의 책, 296~299쪽; 方圓哲 記, 앞의 자료, 199쪽.

44) 方圓哲 記, 앞의 자료, 179쪽; 184~187쪽; 191~192쪽.

45) 최태환·박혜강, 《젊은 혁명가의 초상》, 공동체, 1989, 45쪽; 한림대 아시아문화연구

소, 《주한미군 북한정보 요약 2》, 한림대, 1989, 212쪽.

46) 方圓哲 記, 앞의 자료, 210~212쪽; 方圓哲, 〈幹部履歷書〉, 北朝人委 教育局, 앞의 자료.

47) HQ, USAFIK, ISNK, No.46(1947. 10. 1~10. 15), 한림대 아시아문화연구소, 앞의 책, 1989, 440쪽.

48) 태병렬·오찬복, 《태양을 모시고 60년》, 금성청년출판사, 1997, 236~238쪽.

49) 최봉식, 《대성산 혁명렬사릉》, 과학백과사전종합출판사, 1991, 49쪽.

50) 方圓哲 記, 앞의 자료, 243쪽; 332~335쪽.

51) 方圓哲 記, 앞의 자료, 190~191쪽.

52) 한국정신문화연구원 편, 앞의 책, 292쪽.

53) 方圓哲 記, 앞의 자료, 193~195쪽.

54) 方圓哲 記, 앞의 자료, 195~197쪽.

55) 方圓哲 記, 앞의 자료, 198~199쪽.

56) 方圓哲 記, 앞의 자료, 338~341쪽; 358~361쪽.

57) 方圓哲, 〈幹部履歷書〉, 北朝人委 教育局, 앞의 자료.

58) 北朝鮮人民委員會 幹部部長 張鍾植, 〈방원철 同志 紹介의 件〉(1947. 3. 24), 北朝人委 教育局, 앞의 자료.

59) 北朝鮮人民委員會 教育局 幹部部長 李春熙, 〈方圓哲 동무 紹介의 件〉(1947. 3. 24), 北朝人委 教育局, 앞의 자료.

60) 北朝鮮金日成大學 總長 金科奉, 〈教員配置의 件 報告〉(1947. 3. 27), 北朝人委 教育局, 앞의 자료.

61) 方圓哲 記, 앞의 자료, 358~363쪽.

62) 方圓哲 記, 앞의 자료, 364~368쪽.

63) 方圓哲 記, 앞의 자료, 368~374쪽; 398쪽.

64) 北朝鮮金日成大學 副總長 朴日, 〈教員 方圓哲에 對한 報告〉(1947. 4. 30), 北朝人委 教育局, 앞의 자료.

65) 북조선인민위원회 교육국장 한설야, 〈김일성대학 교원 및 교무부원 임면 확정의 건〉(1947. 5. 19), 北朝人委 教育局, 앞의 자료.

66) 북조선인민위원회 교육국장 한설야, 〈김일성대학 교원 및 교무부원 임면 확정의 건〉

(1947. 5. 23), 北朝人委 教育局, 앞의 자료.

67) HQ, USAFIK, *G-2 Weekly Summary*, No.147(1948. 7. 2~7. 9), 한림대 아시아문화연구소, 《주한미군 북한정보 요약 3》, 한림대, 1989, 542쪽.

68) 方圓哲 記, 앞의 자료, 394~395쪽.

69) 《조선일보》 1947. 8. 30.

70) 方圓哲 記, 앞의 자료, 399~402쪽.

71) 《조선일보》 1948. 4. 28.

72) 한국정신문화연구원 편, 앞의 책, 329~330쪽.

73) 方圓哲 記, 앞의 자료, 436~442쪽; 446~448쪽.

74) 方圓哲 記, 앞의 자료, 441쪽; 449~450쪽; 463쪽; 한국정신문화연구원 편, 앞의 책, 2004, 304쪽.

75) 方圓哲 記, 앞의 자료, 464~477쪽; 494~513쪽.

76) 方圓哲 記, 앞의 자료, 523~526쪽.

77) 《경향신문》 1948. 5. 7.

6장 '한교'에서 '조선족'으로: 만주 지역 한인의 신분 변화와 그 의미

1) 한시준, 〈대한민국임시정부의 환국〉, 《한국근현대사연구》 25, 2003, 63쪽.

2) 한시준, 앞의 논문, 2003, 65쪽.

3) 한시준, 앞의 논문, 2003, 67~68쪽.

4) 國民政府 外交部, 《韓僑處理》 1책, 019~020(國史編纂委員會 소장 자료).

5) 國民政府 外交部, 《韓僑處理》 4책, 031~034(國史編纂委員會 소장 자료).

6) 周保中, 〈延邊朝鮮民族問題(草案)-周保中同志在吉林省委群工會議上的報告〉(1946. 12), 《中共延邊吉東吉敦地委延邊專署重要文件彙編》(1), 327~360쪽(延邊朝鮮族自治州檔案館 소장 자료).

7) 〈延邊地委關於延邊民族問題〉(1948. 8. 15), 《中共延邊吉東吉敦地委延邊專署重要文件彙編》 (1), 383~391쪽(延邊朝鮮族自治州檔案館 소장 자료).

8) 劉俊秀, 〈關於民族政策中的幾個問題(草案)〉(1948. 12. 9), 《中共延邊吉東吉敦地委延邊專署重要文件彙編》(1), 392~395쪽(延邊朝鮮族自治州檔案館 소장 자료).

9) 延邊專署 民政科, 〈延邊五縣村選初步總結報告〉(1949. 4. 3), 《中共延邊地委延邊專署重要文件彙編》(2), 285~293쪽(延邊朝鮮族自治州檔案館 소장 자료).

제2부 전쟁과 평화

1장 6·25전쟁 전후 북한의 평화운동론

1) 아키라 이리에, 《20세기의 전쟁과 평화》, 을유문화사, 1999, 177~180쪽.

2) 오기영, 〈민족위기의 배경—냉정 전쟁冷靜戰爭에 희생되는 조선독립〉, 《신천지》 3-4, 1948. 5. 30.

3) 6·25전쟁 전후 북한의 평화론에 대한 기존 연구로 사회주의 진영의 평화론이 북한에 수용되면서 일으킨 내적 긴장과 충돌, 그리고 그 수용 양상을 분석한 김태우, 〈사회주의 진영의 평화론과 북한〉, 서울대학교 평화인문학연구단 편, 《평화인문학이란 무엇인가》, 아카넷, 2013을 참고.

4) 미국 하원 비미非美행위조사위원회가 세계평화운동과 미국에서 평화운동을 조사한 뒤 출간한 보고서는 "지금 진행되는 전 세계적 평화운동은 국제공산주의자들의 음모에 의해 고안된 가장 위험한 거짓말"이라는 정의로 첫 문장을 시작한다. Committee on Un-American Activities, U.S. House of Representatives, *Report on the Communist "Peace" Offensive: A Campaign To Disarm and Defeat the United States*, Washington D.C.: US Government Printing Office, 1951, p. 1. 매카시즘이 한창 극성을 부리던 상황이었음을 감안해야 하겠지만, 이 보고서는 당시 전 세계적으로 전개되던 평화운동을 보는 미국 정부의 시각과 관점을 반영한다.

5) 청카이程凱, 〈평화 염원과 정치 동원: 1950년의 "평화 서명운동"〉, 백원담·임우경 편, 《'냉전' 아시아의 탄생: 신중국과 한국전쟁》, 문화과학사, 2013, 110~111쪽.

6) 앞의 책, 108~115쪽.

7) 미국국립문서관NA II, RG 242 National Archives Collection of Foreign Records Seized, Captured Korean Documents, Box 630, 〈평화옹호 전국연합대회 선언서〉, 평화옹호전국민족위원회, 《평화옹호 세계대회문헌집》, 평양, 1949, 236쪽. 이하 이 문서철은 '노획 문서'로 약칭.

8) 〈한설야 씨의 보고〉, 평화옹호전국민족위원회, 《평화옹호 세계대회문헌집》, 1949, 1~13쪽.

9) Suzy Kim, *Among Women across Worlds: North Korea in the Global Cold War*, Ithaca, Cornell University Press, 2023, 118~119쪽.

10) 《로동신문》 1950. 3. 4~6.

11) 〈평화옹호세계위원회 평화제의 호소문에 관하여〉(1950년 3월 3일 채택된 결정), 국토통일원, 《북한 최고인민회의 자료집》 제1집(1기 1차 회의~13차 회의), 1988, 614~615쪽.

12) 노획 문서, Box 139, 평화옹호산업성위원회, 〈회의록철〉 1950. 3. 20.

13) 사회과학출판사, 《정치사전》, 1973, 1163쪽.

14) 1949년 각 동맹단체의 기관지와 정부 선전기관 잡지는 세계 평화옹호운동과 북한 평화옹호운동에 대한 기사를 빈번하게 실었다. 그 내용은 대체로 세계 평화옹호운동의 전개 양상과 그 정치사회적 의미를 소개·해설하고, 평화옹호운동을 조국 통일과 같은 당시 북한의 정치적 과제와 연결하거나 세계 평화운동 역량과의 연대를 강조하는 것이었다. 대표적으로 김오성, 〈평화옹호를 위한 국제적 투쟁〉, 《선전자》 1949년 2호, 1949. 11. 10; 고백선, 〈세계 인민들의 평화 옹호 력량은 굳게 단결되고 있다〉, 《조선녀성》 1949년 5월호 참고.

15) 《로동신문》 1950. 4. 21~30.

16) 이 시기 조국전선의 결성 배경과 과정, 참여세력, 노선과 활동 양상에 대해서는 이신철, 《북한 민족주의운동 연구: 1948~1961, 월북·납북인들과 통일운동》, 역사비평사, 2007의 1부 참고.

17) 청카이, 앞의 글, 125쪽.

18) 〈북조선인민회의 제5차 회의 회의록〉(1948. 7. 9), 국사편찬위원회, 《북한관계사료집 8》, 1989, 382~383쪽.

19) 〈전 조선인민들에게 호소한 조선민주주의인민공화국 내각 수상 김일성 장군의 방송 연설〉(1950. 6. 26), 조선중앙통신사, 《조선중앙연감 국내편 1951~1952년》, 조선중앙통신사, 1952, 15쪽.

20) 대표적으로 노획 문서, Box 695, 〈미제 침략을 반대하여 조국의 독립과 자유를 위하여 싸우는 조선 인민을 지지 성원하는 강대한 세계 민주진영〉, 1950. 9 참고

21) 앞의 글, 9~10쪽.

22) 앞의 《조선중앙연감 국내편 1951~1952년》, 1952, 13~14쪽.

23) "The Sovietization of Two South Korean Rural Communities", in Psychological Warfare Research Report No. 1, A Preliminary Study of the Impact of Communism upon Korea, by Human Resources Research Institute(HRRI), Air University, US Air Force, 1951, pp. 114~116. 이 보고서는 하버드대학교에 재직 중인 젊은 인류학자 존 펠젤 John Pelzel이 클라렌스 윔스Clarence N. Weems 소령과 남한 대학교수들의 도움을 받아 작성했다. 펠젤 교수는 일본 패전 이후 연합군 최고사령부SCAP/GHQ에서 근무한 경험이 있고, 일본 사회를 전공했다.

24) 양자의 논쟁은 정명환 외, 《프랑스 지식인들과 한국전쟁》, 민음사, 2004 중 제2장 〈사르트르와 메를로퐁티의 이념 논쟁과 한국전쟁〉 참고.

25) 청카이, 앞의 글, 121, 135~137쪽.

26) 앞의 〈선동원들에게 주는 참고재료—조국의 자유와 독립을 위하여 투쟁하는 조선 인민에 대한 세계 인민들의 성원〉, 1950. 9, 14쪽.

27) 북의 선전자료는 미군이 "전선에서 당하고 있는 패배를 후방에서 보복하려고 항공대를 포함하여 연일 아무런 군사 시설도 없는 평화적 도시와 농촌에 대한 무차별 맹폭을 감행하고 있다"고 비난했다. 앞의 자료, 〈선동원들에게 주는 참고재료—조국의 자유와 독립을 위하여 투쟁하는 조선 인민에 대한 세계 인민들의 성원〉(1950. 9), 10쪽.

28) 앞의 자료, 17쪽.

29) 앞의 OIR Report No. 5319, 4~5쪽.

30) 조선중앙통신사, 《해방 후 10년 일지(1945~55)》 중 "국내일지", 135~136쪽.

31) 조선중앙통신사, 《해방 후 10년 일지(1945~55)》 중 "국제일지", 280, 283쪽; 노획 문서, Box 1154, 조선인민군 문화부, 〈평화옹호전국민족위원회 "호소문"에 대하여〉.

32) 앞의 〈평화옹호전국민족위원회 "호소문"에 대하여〉는 마지막 결론에서 "군단장 동지의 호소하신 5·1절 계기로 2개 연대 소멸할 것을 이 서명운동으로써 굳게 맹서하자!"고 결의하고 있다. 또 《로동신문》에 실린 〈《구호》 조선민주주의인민공화국 평화옹호전국민족위원회는 세계평화리사회의 5대 강국 간 평화조약 체결에 관한 호소문과 유-엔에 관한 결정서를 절대 지지할 것을 결정하고 전체 조선 인민이 평화옹호서명운동에 한사람같이 궐기할 것을 호소한다〉(1951. 4. 14), 〈평화 옹호 서명에 이미 137만 4천여 명 참가(4월 25일 현재)〉(1951. 4. 30) 등의 기사 참고.

33) 앞의 《해방 후 10년 일지(1945~55)》 중 "국내일지", 137쪽.

34) 앞의 책, 138쪽.

35) 앞의 책, 138~139쪽.

36) OIR Report No. 6017, "The Asian and Pacific Peace Conference and Communist Strategy in Asia"(September 19, 1952), 국사편찬위원회, 《미 국무부 정보조사국OIR 한국관련보고서》 4(과천, 2003), 112~124쪽.

37) 《로동신문》 1952. 10. 6; 1952. 10. 11.

38) 《로동신문》 1951. 11. 3; 1953. 3. 11 등 참고.

39) 국방부 정훈부, 《제네바 정치회담 각국 대표 연설집》, 1955, 7~8쪽.

40) 〈조선민주주의인민공화국 최고인민회의 호소문〉(1954. 10. 30) 및 〈조선민주주의인민공화국 최고인민회의 선언문〉(1955. 3. 11), 각각 국토통일원, 《북한최고인민회의자료집》 제1집: 1기 1차 회의~1기 13차 회의, 1988, 717~718, 729~730쪽.

41) 《로동신문》 1955. 5. 17; 1955. 5. 18.

42) 《해방 후 10년 일지(1945~55)》 중 "국제일지", 367쪽; 《로동신문》 1956. 6. 2.

43) 《로동신문》 1955. 4. 27.

44) 《로동신문》 1955. 4. 29.

45) 《로동신문》 1956. 3. 29.

46) 《로동신문》 1955. 7. 27.

47) 북한의 《조선대백과사전》은 '평화공존의 5개 원칙'을 다음과 같이 정의한다. "각이한 사회제도를 가진 국가들의 호상관계에서 지켜야 할 원칙. 령토 완정과 자주권의 호상 존중, 호상 불가침, 호상 내정 불간섭, 평등과 호혜, 평화적 공존을 내용으로

하고 있다. 1954년 4월 29일에 체결된 중국 서장 지역과 인디아 사이의 통상과 교통에 관한 협정에 처음으로 지적되었으며 이해 6월 28일에 발표된 중국–인디아 공동성명에서 재확인되였다. 그리고 1955년 4월에 있은 아시아, 아프리카 나라들의 반둥회의에서 지지 찬동을 받았으며 그 후의 국제적 문건들에서도 인정을 받았다." 백과사전출판사 편집위원회 편, 《조선대백과사전 22》, 백과사전출판사, 2001, 665쪽.

48) 《로동신문》의 〈쏘련공산당 제20차 대회에서 느·쓰·흐루쑈브가 한 쏘련공산당 중앙위원회사업 총결 보고〉(1956. 2. 23), 〈현대 수정주의는 비판되여야 한다〉(1958. 5. 6), 〈최용건 위원장과 류소기 주석의 공동 성명〉(1963. 6. 24) 참고.

49) 평양 주재 동독대사관, 〈북한의 군사정치적 발전 동향에 관한 몇 가지 문제〉(1967. 9. 27); 통일연구원 편, 《독일지역 북한 기밀 문서집》, 선인, 2006, 205쪽.

50) "1957년 4월 29일 일지", 〈조선민주주의인민공화국 주재 소련 대사 A. M. 푸자노프의 일지: 1957년 4월 29일~5월 4일〉(1957. 5. 6).

2장 평화의 붐에 대응하라: 한국전쟁 발발 전후 동아시아 국가들의 평화론과 평화운동

1) 한국전쟁 이전 시기 소련과 동·서유럽 사회주의자들을 중심으로 확산된 평화론과 평화운동에 대해서는 다음의 글을 참조하시오. 김태우, 〈냉전 초기 사회주의 진영 내부의 전쟁·평화 담론의 충돌과 북한의 한국전쟁 인식 변화〉, 《역사와 현실》 83, 2012, 375~382쪽.

2) United States House of Representative(1951), *Report on the Communist "Peace" Offensive*, Washington D.C.: US Government Printing Office, p. 34.

3) 토니 주트, 《포스트워 1945~2005 1》, 플래닛, 2008, 44~46쪽; 148~149쪽.

4) United States House of Representative, Op. Cit., p. 4.

5) 陈文胜(2012), 〈1950年的北京市和平签名运动〉, 《当代中国史研究》, 2012年 第6期; 程凯(2013), 〈和平意愿与中共的政治动员: 1950年的 "和平签名运动"〉, 《文化纵横》, 2013年 第4期[청카이, 〈평화염원과 정치동원〉, 《중국현대문학》 64, 2013]; 정용욱, 〈6·25 전쟁 이전 북한의 평화운동〉, 《역사비평》 106, 2014; 김태우, 〈냉전 평화론의 사생

아: 소련과 북한의 한국전쟁 '북침' 시나리오 조작의 정치적 배경과 과정〉, 《통일인문학》 64, 2015.

6) 日本平和委員會 編(1969), 《平和運動20年史》, 大月書店; 藤原修(1991), 《原水爆禁止運動の成立》, 明治学院国際平和研究所; 原水爆禁止日本協議会(2005), 《ドキュメント核兵器のない世界へ―被爆60年と原水爆禁止運動 1945~2005》, 原水爆禁止日本協議会; 藤原修(2014), 〈日本の平和運動—思想·構造·機能〉, 《国際政治》 第175号, pp. 84~99.

7) 남기정 엮음, 《전후 일본의 생활평화주의》, 박문사, 2014, 11~12쪽.

8) 이시카와 마쓰미, 《일본 전후 정치사》, 후마니타스, 2006, 35쪽.

9) 강성현, 〈한국 사상통제기제의 역사적 형성과 보도연맹사건, 1925~50〉, 서울대학교 사회학과 박사학위 논문, 2012, 178쪽.

10) 小山弘健, 《일본 마르크스주의사 개설》, 이론과실천, 1991, 261~262쪽.

11) 小山弘健, 위의 책, 1991, 280~282쪽.

12) 小山弘健, 위의 책, 1991, 296쪽.

13) 남기정 엮음, 앞의 책, 2014, 14쪽.

14) 藤原修, 앞의 논문, 2014, p. 90.

15) 日本平和委員會 編, 앞의 책, 1969, p. 395.

16) 박정진, 《원수폭금지운동과 일조인민연대》, 남기정 엮음, 앞의 책, 2014, 250쪽.

17) 藤原修, 앞의 논문, 2014, p. 90.

18) 서중석, 《한국현대민족운동연구 2》, 역사비평사, 1996, 13쪽.

19) 김태우, 〈제노사이드의 단계적 메커니즘과 국민보도연맹사건〉, 《동북아연구》 30-1, 2015, 171~206쪽.

20) 고지훈, 〈조선공산당의 대미인식〉, 《역사문제연구》 17, 2007, 207~208쪽.

21) 김남식, 《남로당연구》, 돌베개, 1984, 398~401쪽.

22) 《경향신문》 1948. 5. 30.

23) 《동아일보》 1949. 4. 16.

24) 《동아일보》 1948. 8. 27.

25) 《동아일보》 1949. 4. 23.

26) 《경향신문》 1950. 6. 6.

27) 김옥준, 〈마오쩌둥 시기의 통일정책〉, 《사회과학연구》 21-4, 2010, 119~120쪽.

28) S. 슈람, 《모택동》, 박영사, 1977, 218쪽.

29) 모택동, 《모택동 사상과 중국혁명》, 평민사, 2008, 80~81쪽.

30) 모택동, 《모택동 자서전》, 다락원, 2002, 79쪽.

31) 위의 책, 100쪽.

32) 모택동, 앞의 책, 2008, 108쪽.

33) 이에 대해서는 다음의 책이 자세하다. 기광서, 《북한 국가의 형성과 소련》, 선인, 2018.

34) 류기현, 〈쏘련을 향하여 배우라—1945~1948년 朝蘇文化協會의 조직과 활동〉, 《대동문화연구》 98, 2017, 91~118쪽.

35) 류기현, 위의 논문, 2017, 93쪽.

36) 북로당 인제군당, 〈북조선 로동당 강원도 인제군당 상무위원회 회의록 제32호: 조쏘문화협회 인제군지부 사업총화에 대하야〉, 1948년 12월 31일[국사편찬위원회, 《북한관계사료집 3》, 1984, 50쪽].

37) 북조선로동당 선전선동부, 《제2차 세계대전 후의 미국의 대외정책》, 로동당출판사, 1948, 1~4쪽.

38) 북조선로동당 선전선동부 강연과, 《공고한 평화와 안전을 위한 조선인민들의 투쟁》, 1949, 1쪽.

39) 평화옹호전국민족위원회, 〈한설야씨의 보고〉, 《평화옹호세계대회문헌집》, 국립인민출판사, 1949, 4~5쪽.

40) 예프게니 바자노프 & 나딸리아 바자노바, 《소련의 자료로 본 한국전쟁의 전말》, 열림, 1998. 27쪽.

41) 백원담·임우경 엮음, 《'냉전' 아시아의 탄생: 신중국과 한국전쟁》, 문화과학사, 2013, 15~275쪽.

42) 〈中共中央關于繼續進行和平簽名運動的指示(1950年 8月 4日)〉, 《宣敎工作通訊》, 1950年 23期(청카이, 앞의 논문, 2013, p. 219에서 재인용).

43) 청카이, 앞의 논문, 2013, p. 236.

44) 《人民日報》 1950. 9. 7.

45) 청카이, 앞의 논문, 2013, p. 247.

46) 위의 논문, p. 246.

47) 한국전쟁 이전 북한의 평화운동 진행 과정에서 '통일' 담론이 강조된 배경과 그 구체적 내용에 대해서는 앞서 제시된 정용욱(2014)의 논문이 자세하다.

48) 〈평화옹호세계위원회 평화 제의 호소문에 관하여〉(1950. 3. 3), 《조선중앙연감, 1951~1952년》, 조선중앙통신사, 1953, 80쪽.

49) 《로동신문》 1950. 4. 21.

50) 《로동신문》 1950. 4. 21.

51) 《로동신문》 1950. 4. 22.

52) 《로동신문》 1950. 5. 28.

3장 상실한 평화의 기회: 이승만의 북진통일과 제네바회담

* 이 글은 필자의 〈이승만의 한미동맹 구상과 대미외교의 전개(1948~1960년)〉, 서울대학교 박사학위 논문, 2023과 〈이승만의 북진통일과 외교적 영향—1954년 제네바회담을 중심으로〉, 《사림》 88, 2024의 문제의식과 내용을 발췌하여 작성했다.

1) 기존 연구와 자료를 취합하여 제네바회담의 전반적인 흐름과 미국, 한국, 유엔 참전국 진영의 논의를 정리한 연구로 마상윤, 《한국 문제에 대한 제네바회의(1954. 4. 26~6. 15)》, 국립외교원 외교안보연구소 외교사연구센터, 2024를 참고할 수 있다.

2) 송재경, 〈이승만의 한미동맹 구상과 대미외교의 전개(1948~1960)〉, 서울대학교 박사학위 논문, 2023, 19~20쪽.

3) 이승만은 5·10선거 직후 곧바로 유엔한국임시위원단에게 선거의 효력을 승인하고, 곧 성립될 한국 정부를 중앙 정부로 인정하라고 요구했다. 미국 또한 같은 입장이었다. 이승만과 미국의 주장이 관철되었다면, 국제법상 한반도의 평화통일 논의는 어려웠을 것이다. 신승욱, 〈1·2차 유엔 한국위원단의 평화통일 중재 활동과 그 귀결(1948~1950년)〉, 서울대학교 석사학위 논문, 2013, 7·14쪽.

4) UN document A_RES_112(Ⅱ) 1947. 11. 14. 유엔 결의안의 원문은 유엔 도서관 사이트에서 온라인으로 볼 수 있다. https://research.un.org/en/docs/ga/quick/regular/2.

5) 신승욱, 앞의 논문, 2013, 7~10쪽; 정인섭, 〈UN 총회 한국 정부 승인 결의(제195호) 성립 과정과 의미 분석〉, 《서울국제법연구》 29-1, 2022, 249~261쪽; 송재경, 앞의 논문, 46~48쪽.

6) 일반적으로는 유엔이 한국 정부를 한반도 유일 합법 정부로 '승인'한 것으로 알려져 있다. 그러나 승인recognition은 국제법적으로 각국 정부가 하는 행위이고, 유엔은 특정 정부를 승인하지 않는다. 유엔의 한국문제 결의안에 '선언declare'한다는 표현은 있지만, 승인한다는 표현은 등장하지 않는다. 따라서 본 연구는 승인 대신 인정이라는 표현을 사용했다. UN document A/RES/195(III) "The problem of the independence of Korea"(1948. 12. 12) 참고. ibid; UN document A_RES_195(Ⅲ) 1948. 12. 12.

7) 《동아일보》 1948. 12. 14.

8) "Memorandum of Conversation, by the Secretary of the Army (Royall)"(1949. 2. 8) *FRUS* 1949 vol. 7 part.2 doc.199.

9) 예컨대 이승만은 1950년 1월 중순 필립 제섭 순회대사와 대화에서 북한을 패배시킬 수 있다는 자신감을 피력했다. 그러나 북한 정복을 계획하고 있지 않다고 덧붙였다. "Memorandum by the Ambassador at Large, Philip C. Jessup"(1950. 1. 14) *FRUS* 1950 vol. 7 doc.1

10) 송재경, 앞의 논문, 70~73쪽.

11) "The Secretary of State to the Embassy in Korea"(1950. 7. 14) *FRUS* 1950 vol. 7 doc. 283.

12) "Memorandum by Mr. John M. Allison of the United States Delegation to the United Nations General Assembly to the United States Representative at the United Nations (Austin) 1950. 9. 27" *FRUS* 1950 vol. 7 doc. 545.

13) UN document A/RES/376(Ⅴ) 1950. 10. 7.

14) UN document A/C.1/573 1950. 10. 4; A/C.1/SR-352 1950. 10. 4.

15) 《동아일보》 1950. 10. 16.

16) 권오중, 〈제네바 한국평화회담(1954)의 진행, 결과, 그리고 의미: 한반도 6자회담의

원형?〉, 《통일정책연구》 14-2, 2005, 160~162쪽; 오정현, 〈1954년 제네바 정치회담과 한반도 국제관계〉, 《통일정책연구》 30-1, 2021, 22쪽; 마상윤, 《한국 문제에 대한 제네바회의(1954. 4. 26~6. 15)》, 국립외교원 외교안보연구소 외교사연구센터, 2024, 44~45쪽; 송재경, 〈이승만의 북진통일과 외교적 영향—1954년 제네바회담을 중심으로〉, 《사림》 88, 2024, 85~86쪽.

17) 6·25전쟁 전후 평화론 및 평화운동과 관련하여 다음을 참고할 수 있다. 정용욱, 〈6·25전쟁 이전 북한의 평화운동〉, 《역사비평》 106, 2014; 정용욱, 〈6·25전쟁~1950년대 후반 북한의 평화운동〉, 《역사와 현실》 91, 2014; 김태우, 〈1948~50년 사회주의진영의 평화론과 평화운동의 동아시아적 수용과 변영: 국가별 사례 비교〉, 《동북아 문화연구》 58, 2019.

18) 김도민, 〈1954년 한반도 문제에 관한 제네바회의와 북한의 활동—국제감시기구(중립국감독위원회)와 평화 문제를 중심으로〉, 《한국사연구》 207, 2024.

19) 《동아일보》 1954. 2. 12.

20) 《동아일보》 1954. 3. 6.

21) 냉전시기 이승만의 반공주의적 인식, 세계관과 언설은 추후의 연구 과제로 하려 한다.

22) 송재경, 앞의 논문, 21~25쪽.

23) 마상윤, 앞의 책, 50~51쪽; 송재경, 앞의 논문, 87쪽.

24) 딘과 이승만의 협상 내용과 관련하여, 다음 자료를 참고. 〈제네바정치회담〉, 롤 번호 D-0001, 143~200쪽, 외교부 외교사료관 소장문서; *FRUS* 1952~1954 vol. 16.

25) 북한과 중국도 입장 차이가 있었지만, 최소한 회담장에서는 단일한 입장을 보였다.

26) "The United States Delegation to the Embassy in Korea 1954. 5. 15", *FRUS* 1952~1954 vol. 16; "The United States Delegation to the Embassy in Korea 1954. 5. 17", doc. 166; "The United States Delegation to the Embassy in Korea 1954. 5. 17", doc. 167; "The United States Delegation to the Embassy in Korea 1954. 5. 20", doc. 182; 외무부 외교안보연구원, 《외교 여록—변영태 장관 회고록》, 1997, 105~109쪽.

27) 외무부 외교안보연구원, 앞의 책, 1997, 106~107쪽; "The United States Delegation to the Embassy in Korea 1954. 5. 17", *FRUS* 1952~1954 vol. 16 doc. 167.

28) 최종 14개조의 내용은 다음을 참고. Department of State, *The Korean Problem at the*

Geneva Conference, U.S. Government Printing Office: Washington D.C., October 1954, pp. 123~124.

29) "Eleventh Plenary Session on Korea, Geneva, May 22, 3:02 p.m.: The United States Delegation to the Department of State 1954. 5. 22", FRUS 1952~1954 vol. 16 doc.190; "The Ambassador in Korea (Briggs) to the Department of State 1954. 5. 26", doc.195.

30) Department of State, *The Korean Problem at the Geneva Conference*, U.S. Government Printing Office: Washington D.C., October 1954, pp. 191~193.

31) 이승만의 1954년 방미와 한미 정상회담과 관련하여, 송재경, 〈1954년 이승만의 방미외교와 초기 한미동맹〉, 《역사문화연구》 92, 2024 참고.

4장 1950년대 이승만 정부의 유엔 가입 시도와 남북한 동시가입론의 대두

* 이 글은 2024년 6월 《통일과 평화》 16권 1호에 게재한 필자의 글을 수정, 보완한 것이다.

1) 이 글은 대한민국을 지칭하는 표현으로 '한국'을 주로 사용하되, 문장의 맥락에 따라 필요한 경우에는 '남한'을 혼용했다. 조선민주주의인민공화국은 '북한'으로 표기하되, 북한이 스스로를 '조선' 또는 '북조선'으로 칭했으므로, 북한이나 소련이 사용한 표현을 인용하는 경우는 '조선'을 그대로 살렸다.

2) 195호 결의안은 대한민국 정부를 "유엔한국임시위원단UNTCOK이 선거를 감시한 지역", 즉 38선 이남 지역에서 수립된 유일하고 합법적인 정부라고 규정했다. 이는 남한 정부를 한반도 전체를 대표하는 중앙 정부national government로 규정하고자 했던 미국의 입장을 영국을 비롯한 영연방 국가들이 수용하지 않으면서 나온 일종의 타협적 문구였다. 이승만 정부는 이 결의안의 모호성을 활용해 남한 정부가 한반도의 유일 합법 정부라고 선전했고, 이는 이승만 정부 이후에도 한국 정부의 공식 입장으로 유지되었다. 신승욱, 〈1·2차 유엔 한국위원단의 평화통일 중재 활동과 그 귀결(1948~1950)〉, 서울대학교 석사학위 논문, 2013, 9~10쪽.

3) 〈한·유엔 관계〉, 주유엔 대한민국대표부 웹사이트 참조. 신규 회원국의 가입은 안보

리의 권고를 받아 총회가 표결로 결정한다. 여기서 "단독 명의로 5회" 신청은 한국 정부가 유엔 본부에 직접 가입을 신청한 1949, 1951, 1961, 1975년 7월과 9월의 사례를 지칭한다. 다만 "우방국 주도의 5회 가입 시도"의 경우, 우방국이 총회에 한국 가입 결의안을 통과시킨 경우를 지칭하는 것인지, 안보리에서 한국 가입안을 제기한 사례를 지칭하는 것인지 명확하지 않다. 외무부가 1977년 작성한 〈남북한 유엔 가입문제 처리 연혁〉에 따르면 1977년까지 안보리에서 한국 가입문제가 상정되었으나 부결된 사례는 네 차례(1949년 4월, 1955년 12월, 1957년 9월, 1958년 12월)이며, 미국 등 우방국 주도로 총회에 한국의 가입을 승인하거나 재검토할 것을 촉구하는 결의안을 통과시킨 사례도 네 차례(1949년 11월, 1950년 12월, 1957년 2월, 1957년 10월)이다. 외무부 국제기구조약국 국제연합과, 〈남북한 유엔 가입문제 처리 연혁〉, 《한국의 UN 가입문제, 1977》(국가기록원 관리번호 DA 0097954) 참조.

4) 1973년 6월 23일 박정희 대통령은 '평화통일 외교정책 선언'을 통해 남북한의 유엔 동시 가입 및 국제기구 동시 참여에 반대하지 않는다는 의사를 표명했다. 《동아일보》 1973. 6. 23.

5) 1986년 전두환 정부는 유엔 가입을 위한 민간외교 차원의 노력을 제고하기 위해 "국제적으로 명망이 있는 각계의 국내 인사" 및 "안보리의 5개 상임이사국에 영향을 끼칠 수 있는 외국 인사들"로 유엔 가입 추진위원회를 구성하는 방안을 검토하였으나 실제 실현되지는 않은 것으로 보인다. 《조선일보》 1986. 11. 16.

6) 1955년 이전 한국의 유엔 가입 과정은 외무부, 《한국외교 40년》, 249~250쪽을 참조하여 정리했다.

7) 1945~1964년까지 안보리는 5개 상임이사국, 6개 비상임이사국으로 구성되었으며, 1965년부터 현재까지 5개 상임이사국, 10개 비상임이사국으로 구성되었다. 회원국 가입 승인은 안전보장이사회 권고에 따라 총회의 결정에 의해 이루어지는데. 안보리 이사국이 11개국이던 시기에 안보리의 모든 결정은 5개 상임이사국의 동의 투표를 포함한 7개 이사국의 찬성 투표가 필요했다.

8) "The Problem of Admission of the Republic of Korea to the United Nations"(1960. 9), 《한국의 유엔 가입문제 연구서 1957~60》, 대한민국 외교사료관 분류번호 731.13, 등록번호 907.

9) 북한은 1973년 5월 WHO에 가입하면서 뉴욕 유엔 본부에 옵서버 대표부를 설치했다.

10) "Aide–Memoire"(1956. 3. 27), 《유엔총회 대표단 임명, 제9~11차, 1954~56》, 대한민국 외교사료관 분류번호 731.12, 등록번호 157.

11) "Memorandum of Conversation"(1956. 7. 2), RG 59, Bureau of Far Eastern Affairs–General Records of the Office of the Country Director for Korea, 1952~66, Korea, Entry 5224, box 1, Korea, Membership in the UN.

12) 《조선일보》 1955. 12. 25.

13) Sayuri Guthrie–Shimizu, "Japan, the United States, and the Cold War, 1945~1960". Melvyn P. Leffler and Odd Arne Westad, eds. *The Cambridge History of the Cold War*, Vol. 1: Origins, New York: Cambridge University Press, 2010, p. 261; 〈임병직이 이승만에게〉(1955. 12. 15), 《이승만 관계 서한자료집 7》, 국사편찬위원회, 617쪽; 《조선일보》 1956. 5. 19.

14) 오오타 오사무, 송병권·박상현·오미정 옮김, 《한일교섭: 청구권 문제 연구》, 선인, 2008, 162~163쪽.

15) "U.S. Support of the Republic of Korea for Membership in the United Nations"(1956. 4. 4), RG 84, Korea, Seoul Embassy, Classified General Records, 1956~58, Entry CGR 56–63, Box 2, 312: ROK Membership in UN, 1957~58.

16) "Telegram from Rankin to Amembassy Seoul"(1956. 11. 6), RG 84, Korea, Seoul Embassy, Classified General Records, 1956~58, Entry CGR 56–63, Box 2, 320.1: US–ROK Relations, 1956~58. 1956년 10월 일소 공동선언이 발표되었고, 12월 비준서 교환까지 완료되면서 소련과 일본은 정식으로 국교를 회복했다. 비준서 교환 직후인 12월 18일 일본은 유엔 회원국으로 가입했다.

17) 유엔 가입 추진운동에 대해서는 김도민이 박사논문에서 간략히 언급한 바 있다. 김도민은 유엔 가입운동이 1956년 정·부통령 선거와 관련하여 전개된 것이라고 보았으나, 정·부통령 선거는 5월 15일에 치러졌고, 본격적인 유엔 가입운동은 7월부터 시작되었음을 감안하면 5·15선거가 유엔 가입운동의 직접적인 동력이었다고 보기는 어려울 것 같다. 김도민, 〈1948~1968년 남·북한의 '중립국' 외교 연구〉, 서울대

학교 박사학위 논문, 2020, 114쪽.

18) 〈제22회 국회 정기회의 속기록〉(1956. 7. 16), 6~8쪽.

19) 《동아일보》 1956. 7. 21.

20) 《동아일보》 1956. 8. 8.

21) 《동아일보》 1956. 9. 14; 1956. 9. 21.

22) 《조선일보》 1956. 12. 22.

23) 《조선일보》 1956. 8. 12.

24) "Japanese Property Claims in Korea; and (2) Republic of Korea Membership in the United Nations"(1956. 11. 6), RG 59, Bureau of Far Eastern Affairs-General Records of the Office of the Country Director for Korea, 1952~66, Korea, Entry 5224, box 1, Korea, Membership in the UN.

25) 〈제22회 국회 정기회의 속기록〉(1956. 7. 16), 15쪽.

26) 호주는 신회원국 가입에 대해서만은 상임이사국의 거부권을 건너뛰는 방안이 실현되어야 한다고 주장했고, 일부 라틴아메리카 국가들 또한 가입문제와 관련해서는 안보리에서 상임·비상임 이사국 구분 없이 7표 이상의 찬성이 있으면 통과시킬 수 있어야 한다고 주장했다. "The Problem of Admission of the Republic of Korea to the United Nations"(1960. 9), 《한국의 유엔 가입문제 연구서 1957~60》, 대한민국 외교사료관 분류번호 731.13, 등록번호 907.

27) "Paper Prepared by the United Nations Planning Staff, Bureau of United Nations Affairs", *Foreign Relations of the United States, 1952~1954*, United Nations Affairs, Volume III, pp. 151~155.

28) 《조선일보》 1956. 9. 15.

29) 《경향신문》 1956. 8. 29.

30) 〈올리버가 이승만에게〉(1956. 10. 2), 《이승만 관계 서한자료집 8》, 국사편찬위원회, 396쪽.

31) 1950년대 20개국으로 구성된 유엔의 라틴아메리카 블록은 유엔에서 정치, 안보문제 관련 사안에 대해서는 거의 만장일치로 미국 및 서방 진영을 지지하는 경향이 있었고, 이는 미국이 유엔 총회의 표 대결에서 소련에 비해 우위를 점할 수 있는 주요 동

력이었다. "Paper Prepared by the United Nations Planning Staff, Bureau of United Nations Affairs", *Foreign Relations of the United States, 1952~1954*, Untied Nations Affairs, Volume III, pp. 118~126.

32) '한국문제'가 유엔에 처음 상정된 1947년 이래 1955년 10차 총회 때까지 서방 진영의 '한국문제' 결의안은 항상 70퍼센트 이상의 찬성으로 통과되었다. 유엔 가입운동 직전 1955년 10차 총회의 경우 60개국 중 44개국의 찬성(73퍼센트)을 받았다.

33) "Japanese Property Claims in Korea; and (2) Republic of Korea Membership in the United Nations"(1956. 11. 6), RG 59, Bureau of Far Eastern Affairs—General Records of the Office of the Country Director for Korea, 1952~66, Korea, Entry 5224, box 1, Korea, Membership in the UN.

34) "United States Support of the Republic of Korea for Membership in the United Nations", RG 84, Korea, Seoul Embassy, Classified General Records, 1956~58, Entry CGR 56—63, Box 2, 312: ROK Membership in UN, 1957~58.

35) "Position Paper Prepared in the Bureau of International Organization Affairs for the Delegation to the Eleventh Session of the General Assembly"(1956. 11. 26), *Foreign Relations of the United States, 1955~1957*, United Nations and General International Matters, Volume XI, pp. 479~483.

36) Ibid.

37) 남베트남의 경우 한국보다 지지표가 약간 낮은 수준일 것으로 분석되었다. "Telegram from the Mission at the United Nations to the Department of State"(1957. 1. 15), *Foreign Relations of the United States, 1955~1957*, United Nations and General International Matters, Volume XI, pp. 488~489.

38) "Telegram from Dulles to Newyork Gadel"(1957. 1. 16), RG 84, Korea, Seoul Embassy, Classified General Records, 1956~58, Entry CGR 56—63, Box 2, 312: ROK Membership in UN, 1957~58.

39) 13개국은 호주, 브라질, 칠레, 콜롬비아, 코스타리카, 프랑스, 이라크, 이탈리아, 일본, 네덜란드, 필리핀, 영국, 미국이다. "Membership Application for Korean and Viet—Nam"(1957. 1. 24), RG 59, Bureau of Far Eastern Affairs—General Records of the

Office of the Country Director for Korea, 1952~66, Korea, Entry 5224, box 1, Korea, Membership in the UN.

40) "A/SPC/SR.18", General Assembly, 11th session, official records, Special Political Committee, 18th meeting, Thursday, 24 January 1957, New York.

41) "The Problem of Admission of the Republic of Korea to the United Nations"(1960. 9), 《한국의 유엔 가입문제 연구서 1957~60》, 대한민국 외교사료관 분류번호 731.13, 등록번호 907.

42) 이리에 아키라 책임 편집, 이동기·조행복·전지현 옮김, 《하버드-C.H. 베크 세계사: 1945 이후 서로 의존하는 세계》, 민음사, 2018, 85~93쪽; 김동혁, 〈냉전기 소련과 서독의 통상 관계 발전과 독일 통일, 1953~1985〉, 《역사비평》 133, 2020, 96~101쪽 참조.

43) 《동아일보》 1957. 2. 1.

44) 《로동신문》 1957. 1. 27.

45) 조수룡, 〈연방제 제안의 형성—1950년대 소련의 '두 개의 조선'론과 북한의 대응〉, 《남북관계사 연구의 모색: 연구 주제와 방법론의 제안》, 한국역사연구회 남북관계사연구반·서울대 국사학과 BK 교육연구단 공동학술회의 자료집, 2021, 1~12쪽.

46) "Korean and Vietnamese Membership"(1957. 1. 28), RG 59, Bureau of Far Eastern Affairs-General Records of the Office of the Country Director for Korea, 1952~66, Korea, Entry 5224, box 1, Korea, Membership in the UN.

47) Ibid.

48) 《조선일보》 1957. 3. 2. 특별정치위원회와 총회 본회의 총 투표 수 차이는 특별정치위원회에서는 표결에 참가한 국가들이 총회 본회의 투표에서는 불참한 상황을 반영한 것이다.

49) "Telegram from Dulles to Seoul and Tokyo"(1957. 1. 17), RG 84, Korea, Seoul Embassy, Classified General Records, 1956~58, Entry CGR 56-63, Box 2, 312: ROK Membership in UN, 1957~58.

50) 《경향신문》 1957. 2. 2.

51) 김도민, 앞의 논문, 116쪽.

52) 김도민, 앞의 논문, 116~118쪽.

53) 《조선일보》 1959. 3. 12.

54) Telgram from Secstate WashDC(Herter) to Seoul"(1958. 9. 17), RG 84, Korea, Seoul Embassy, Classified General Records, 1956~58, Entry CGR 56-63, Box 2, 312: ROK Membership in UN, 1957~58.

55) "Telegram from Herter to Saigon and Seoul"(1958. 12. 10), RG 84, Korea, Seoul Embassy, General Records, 1953~55 Series.

56) "Korean Question at the 14th Session of the UN General Assembly"(1959. 8), 《유엔총회, 제14차, 1959. 9. 15~12. 13》, 대한민국 외교사료관 분류번호 731.2, 등록번호 160.

57) 이무철, 〈북한의 대남·통일정책 전환 분석: '우리 국가제일주의'를 중심으로〉, 《현대북한연구》 27-1, 2024, 55쪽.

5장 한국전쟁과 국제적십자위원회의 '인도주의'

1) 국제적십자위원회는 국제적십자사연맹International Federation of Red Cross and Red Crescent Societies(IFRC)과 적십자사·적신월사National Red Cross & Red Crescent Societies와 함께, 국제적십자운동의 3대 구성기관으로, 각 기관은 독립성을 유지하면서도, 공통임무를 추구하는 과정에서 상호협력을 원칙으로 하고 있다(김명기, 《국제적십자운동 기본원칙》, 대한적십자사 인도법연구소, 2020, 87쪽).

국제적십자위원회와 국제적십자사연맹의 역할에 대해서는 1969년 협정을 통해 분쟁 상황에서는 ICRC가, 평상시에는 국제적십자사연맹이 책임을 맡도록 규정되었다(김혜남, 《적십자 정신과 실천》, 하늘재, 2002, 175쪽). 한편, 각국 적십자사는 독립성과 자율성을 지니는 동시에, 적십자 제 원칙을 준수해야 한다(대한적십자사, 《한국 적십자운동 100년》, 대한적십자, 2006, 474쪽).

2) 《뉴시스》 2022. 10. 14.

3) 《머니투데이》 2023. 6. 28.

4) Mirjana Spoljaric, *The World Needs Neutrals*, The New York Times, 2023. 05. 30.

5) 〈The Fundamental Principles of the International Red Cross and Red Crescent Movement〉.

6) "적십자는 모든 사람의 신뢰를 끊임없이 받기 위하여 적대행위에 있어서 어느 편에도 가담하지 아니하며, 어느 때든지 정치적, 인종적, 종교적 또는 이념적 성격을 띤 논쟁에 개입하여서는 아니 된다." 김명기, 앞의 책, 7쪽.

7) 김태우, 〈냉전 평화론의 사생아: 소련과 북한의 한국전쟁 '북침' 시나리오 조작의 정치적 배경과 과정〉, 《통일인문학》 64, 2015, 268쪽.

8) 솔페리노 전투는 1859년 6월 24일 사르디니아 소공국이 북부 이탈리아의 솔페리노에서 오스트리아 왕국 영향력하에 분할되어 있던 이탈리아의 통일을 위해 프랑스와 협력하여 오스트리아와 벌인 대격전이다. 이를 목격한 뒤낭이 제네바 공익협회 회장인 귀스타프 모이니에, 기욤 뒤프르 장군, 루이 아삐아, 데오도르 모오나까지 5명이 모여 1863년 2월 17일에 국제부상자구호위원회를 설립했다(대한적십자사, 앞의 책, 712쪽).

9) 노벨 평화상 최초 수상자는 뒤낭이었고, 1963년에 ICRC와 국제적십자사연맹이 공동으로 노벨 평화상을 수상했다. 이를 종합하면 적십자는 총 4번의 노벨 평화상을 수상했다.

10) 제2차 세계대전 당시, 소련은 1929년의 제3협약의 가입국이 아니었기에 소련 영토의 독일군 포로들이나 독일군 휘하의 소련군 포로들에게 구호 활동을 전개할 수 없었다. 게다가 나치 독일 점령지에서의 ICRC 활동이 뒤늦게 그리고 미약하게 이루어졌다(Catherine Rey-Schyrr, *History of the International Committee of the Red Cross. Volume III: From Yalta to Dien Bien Phu, 1945~1955*, International Committee of the Red Cross, 2017, pp. 24~25).

11) 대한적십자사, 앞의 책, 739쪽.

12) Jun-Ki Lee, 2020, "The ICRC and the Korean war", International Committee of the Red Cross, p. 1.

13) Catherine Rey-Schyrr, 앞의 책, pp. 25~26.

14) 김명기, 앞의 책, 231쪽.

15) 앞의 책, 24쪽.

16) Catherine Rey-Schyrr, 앞의 책, 2017, p. 661.

17) 일반적으로 '제네바협약'은 4개 협약을 일컬으며, 426개 조문과 11개 부속서로 구성되어 현행 전쟁법규의 약 80퍼센트를 차지한다(대한적십자사, 앞의 책, 2006, 755~756쪽).

18) Catherine Rey-Schyrr, 앞의 책, p. 481.

19) 김명기, 앞의 책, 26쪽.

20) 〈The events in Korea: Appeal by the International Committee of the Red Cross〉, 1950. 6. 26. Communique No 428b. Collection des Communiques de Presse, 1950~1951, CICR. Geneva.

21) 〈Events in Korea: The ICRC gets in touch with Washington〉 1950. 6. 28. Communique No 429b. Collection des Communiques de Presse, 1950~1951, CICR. Geneva.

22) 대한적십자사, 앞의 책, 484쪽.

23) 앞의 책, 197쪽.

24) 김태우, 앞의 책, 102쪽.

25) 〈The ICRC in Korea〉 1950. 7. 7. Communique No 433. Collection des Communiques de Presse, 1950~1951, CICR. Geneva.

26) Catherine Rey-Schyrr, 앞의 책, p. 484.

27) Ibid., p. 535.

28) Ibid., p. 485.

29) Ibid., p. 491.

30) 〈The International Committee of the Red Cross and the Conflict in Korea〉, 1950. 9. 19. Press Release No 445, Collection des Communiques de Presse, 1950~1951, CICR. Geneva.

31) Catherine Rey-Schyrr, 앞의 책, p. 488.

32) 〈AIDE-MEMOIRE: for the attention of Her Excellency Madame Li Teh-Chuan President of the Chinese Red Cross〉 1951. 12. 10. No. 96. Le Comite international de la Croix-Rouge et le CONFLIT DE COREE: Recueil de documents, Vol. 1: 26

juin 1950~31 decembre 1951, 1952, CICR. Geneva. pp. 73~74.

33) Catherine Rey-Schyrr, 앞의 책, pp. 68~69.

34) 〈Part II. IV. Korea〉, 1953, Reports on the work of the International Committee of the Red Cross, 1952. 1. 1~1952. 12. 31, International Committee of the Red Cross. Geneva. p. 54.

35) 〈A Communication of the International Committee of the Red Cross to North Korea〉, 1951. 1. 8. Communique No 464b. Collection des Communiques de Presse, 1950~1951, CICR. Geneva.

36) 원문은 다음과 같다. "평시에 있어서 체약국, 그리고 적대행위의 발발 후에 있어서 적대행위의 당사국은 각자의 영역 내에 그리고 필요한 경우에는 점령 지역 내에, 부상자, 병자, 노인, 15세 미만 아동, 임산부 및 7세 미만의 유아를 모든 전쟁의 영향으로부터 보호하기 위하여 편제되는 병원, 안전지대 및 지점을 설정할 수 있다. 관계국은 적대행위의 발발 시 및 적대행위의 계속 기간 중 그들이 설정한 지대 및 지점을 상호 승인하는 데 관한 협정을 체결할 수 있다.……이익 보호국 및 국제적십자위원회는 이러한 병원, 안전지대 및 지점의 설정 및 승인을 용이하게 하기 위하여 주선을 제공하도록 초청된다"(국제인도법연구소, 《무력충돌 희생자 보호에 관한 제네바협약과 추가 의정서》, 대한적십자사 인도법연구소, 1999, 121쪽).

37) Catherine Rey-Schyrr, 앞의 책, p. 487.

38) 〈Information note of March 13, 1952〉, 1952. 3. 13. No 66b. Collection des Communiques de Presse et des Notes d'information, 1952~1954, CICR. Geneva.

39) Catherine Rey-Schyrr, 앞의 책, p. 497.

40) 〈VI. Central Prisoners of War Agency〉, 1952. Reports on the work of the International Committee of the Red Cross, 1952. 1. 1~1952. 12. 31, International Committee of the Red Cross. Geneva. p. 40.

41) 〈News of American Prisoners in North Korea〉, 1950. 8. 18. Communique No 438b. Collection des Communiques de Presse, 1950~1951, CICR. Geneva. / 〈Prisoners of War in North Korea〉 1950. 9. 15. Communique no 444. Geneva.

42) 〈VI. Central Prisoners of War Agency〉, 앞의 보고서, 1952. p. 56.

43) Reports on the work of the International Committee of the Red Cross, 1950. 1. 1~1950. 12. 31, International Committee of the Red Cross. Geneva, p. 85.

44) 〈AIDE-MEMOIRE: for the attention of Her Excellency Madame Li Teh-Chuan President of the Chinese Red Cross〉, 앞의 보고서, 1952, p. 74.

45) Catherine Rey-Schyrr, 앞의 책, p. 504.

46) 1952년 2월 18일 거제도 포로수용소에서 송환을 희망하는 포로들을 선별하기 위한 조사 과정에서 조사에 반대하는 포로들의 대규모 폭동이 발생했다(김보영, 《전쟁과 휴전》, 한양대학교출판부, 2016, 268쪽).

47) Catherine Rey-Schyrr, 앞의 책, pp. 510~512.

48) Ibid., p. 531.

49) Reports on the work of the International Committee of the Red Cross, 1950. 1. 1~1950. 12. 31, International Committee of the Red Cross. Geneva, p. 86.

50) 레너는 남한으로 오기 전 독일과 체코, 이스라엘, 인도네시아의 ICRC 대표단장이었다(Catherine Rey-Schyrr, 앞의 책, pp. 488~490).

51) Ibid., pp. 531~533.

52) "Accreditation of ICRC in Korea Under All Four Geneva Conventions", RG 330, Central Decimal Files, 1947~1953 [Entry NM12 199], Decimal File, 1951, pp. 4~5(국사편찬위원회 전자사료관 사료 참조 코드: AUS030_02_01C0033).

53) 〈Memorandum of the Substance of Discussion at a Department of State Joint Chiefs of Staff Meeting〉, 1952. 5. 28, *FRUS 1952~1954*, Korea, Volume XV, Part 1 (frus_008_0020_0350).

54) 서중석 외 4인, 《전장과 사람들: 주한유엔민간원조사령부UNCACK 자료로 본 한국전쟁의 일상》, 선인, 2010, 78쪽.

55) 앞의 책, 196쪽.

56) 김명기, 앞의 책, 9쪽.

57) 국제적십자회의는 원칙적으로 4년마다 개최된다(대한적십자사, 앞의 책, 748쪽).

58) 〈XVIII International Red Cross Conference〉, 1952, 7~8, International Committee of the Red Cross, pp. 8~9.

59) 국회 본회의, '제11차 국회 본회의', 제2대 국회 제13회 11차, 1쪽.

60) 〈XVIII International Red Cross Conference〉, 1952, 7~8, 앞의 보고서, p. 14.

61) Ibid., pp. 17~18.

62) 결의안 채택 방법은 다음과 같다. "국제적십자회의는 절차규정에 규정된 대로 의견일치에 의하여 결의사항을 채택하도록 노력하여야 한다. 만약 의견일치에 이르지 못하는 경우에는 절차규정에 따라 투표를 실시하여야 한다"(대한적십자사, 《국제적십자운동 편람: 규약 및 규정편》, 2019, 23쪽).

63) 〈XIXth International Conference of the Red Cross: Joint report, International Committee of the Red Cross, League of Red Cross Societies, on action taken on the resolutions of the XVIIIth International Conference of the Red Cross〉, July~August 1952, Toronto, pp. 11~12.

64) 〈XVIII International Red Cross Conference〉, 1952. 7~8, 앞의 보고서, pp. 16~17.

65) 〈XIXth International Conference of the Red Cross: Joint report, International Committee of the Red Cross, League of Red Cross Societies, on action taken on the resolutions of the XVIIIth International Conference of the Red Cross〉, July–August 1952, pp. 16~17.

66) "Incoming Message"(1952. 7. 20) RG 338, Security Classified General Correspondence Files, 1947~1953 [Entry A–1 133], 1952 segment, Eighth U. S. Army, 1944~56, Adjutant General Section, Security–Classified General Correspondence, 1952(국사편찬위원회 전자사료관 사료 참조 코드: AUS004_73_02C0007), p. 66.

67) 이에 대해 적십자는 그것이 근거 없는 비난임을 증명한 보고서를 출판했다(〈A Slight Adjustment〉, 1952. 4. 4. Press Release No 491b. Collection des Communiques de Presse, 1952, CICR. Geneva).

68) 〈XVIII International Red Cross Conference〉, 1952, 7~8, 앞의 보고서, p. 35, pp. 37~38.

《1863년 제네바 국제회의의 결의와 권고The Resolution and Recommendation of the Geneva International Conference of 1863》에 따르면, 제6조의 내용은 다음과 같다. "군 당국의 요청이나 승인에 따라서 위원회는 자원봉사 의료진을 군사령관의 지휘하에 있는 전장에 파견해 활동하게 할 수 있다"(대한적십자사, 앞의 책, 10쪽).

69) 〈Statement by James T. Nicholson, executive Vice president, American National Red Cross, to the 18th International Red Cross Conference, General Commission〉, 1952. 7. 30, CR Etats-Unis. p. 2.

70) Catherine Rey-Schyrr, 앞의 책, pp. 517~518.

71) Reports on the work of the International Committee of the Red Cross, 1952. 1. 1~1952. 12. 31, International Committee of the Red Cross. Geneva, p. 53.

72) Catherine Rey-Schyrr, 앞의 책, p. 535.

73) 당시 ICRC는 전원 송환을 명시한 제3협약 118조에 대해 명확한 입장을 밝히지 않았다. 제네바협약에 대한 해석은 당사국들이 제공해야 하고 교전국들이 제네바협약 체결국이 아니기에 법적 상황이 복잡하다는 이유에서였다. 그리고 한국전쟁이 정치적이고 내전과 국제전이 혼합된 성격이었기 때문이기도 했다. ICRC는 전쟁 말에 가서야 송환은 포로의 '빼앗을 수 없는 권리'라고 언급하며 자유송환을 주장했다. 그러나 동시에 제네바협약이 전적으로 적용되는 것을 전제로 한다고 강조했다(Catherine Rey-Schyrr, 앞의 책, pp. 521~523). 즉, 국제적십자위원회는 유엔군과 공산군의 논쟁에 직접 개입하지 않으면서, 한국전쟁을 예외로 둔 것이다.

74) 〈The Commander in Chief, United Nations Command (Clark) to the Department of the Army〉, 1953. 02. 19, *FRUS 1952~1954*, Korea, Volume XV, Part 1(frus_008_050_0310).

75) 〈The Joint Chiefs of Staff to the Commander in Chief Far East (Clark)〉, 1953. 4. 3, *FRUS 1952~1954*, Korea, Volume XV, Part 1.

76) Reports on the work of the International Committee of the Red Cross, 1950. 1. 1~1950. 12. 31, International Committee of the Red Cross. Geneva, pp. 51~52.

77) Catherine Rey-Schyrr, 앞의 책, p. 529.

6장 한국전쟁기 소년병들의 전쟁 체험

1) Donald Knox, *The Korean War: Pusan to Chosin, An Oral History*(San Diego, Harcourt

Brace Jovanovich, Pub, 1985). 이와 유사한 구술 자료집으로는 안토니 비벨 외, 《한국전쟁, 미군 병사들의 기록》, 김남형 편역(백암, 2008) 등이 있다.

2) 월터 J. 옹, 《구술문화와 문자문화》, 임명진 옮김(문예출판사, 2018).

3) 표인주 외, 《전쟁과 사람들: 아래로부터의 한국전쟁 연구》(한울아카데미, 2003); 김경학, 박정석, 염미경, 윤정란, 표인주 지음, 《전쟁과 기억: 마을 공동체의 생애사》(한울아카데미, 2005); 김동춘, 《전쟁과 사회: 우리에게 한국전쟁은 무엇이었나》(돌베개, 2006); 박찬승, 《마을로 간 한국전쟁: 한국전쟁기 마을에서 벌어진 작은 전쟁들》(돌베개, 2010).

4) 조선뉴스프레스, 《60년 전 6·25는 이랬다: 35명 名士의 생생한 체험담》(조선뉴스프레스, 2010); 대한민국6·25참전유공자회, 《6·25전쟁 증언록 Ⅱ》(대한민국6·25참전유공자회, 2008); 대한민국6·25참전유공자회, 《6·25전쟁 참전수기 Ⅲ》(대한민국6·25참전유공자회, 2011); 신동훈 외, 《한국전쟁 이야기 집성 1~10》(박이정, 2017); 김동정 편, 《강릉학도 6·25전쟁 참전기》(강원도민일보사, 2019).

5) 박남식, 《실낙원의 비극: 한 의무병의 한국전쟁 체험일기》(문음사, 2004); 부창옥 지음, 《한국전쟁수첩: 어느 학도병의 참전일기》(동문통책방, 2012); 백대현, 《녹슨 파편의 사연들》(이야기너머, 2015); 한준식, 《여든 아홉이 되어서야 이 이야기를 꺼냅니다》(RH코리아, 2019); 박환, 《한국전쟁과 국민방위군사건: 어느 초등학교 교사 유정수의 일기》(민속원, 2020).

6) Christine Sylvester (ed.), *Experiencing War*(London: Routledge, 2010), pp. 1~6.

7) 기존에 소개된 소년병 관련 회고록은 다음을 참조. 류형석 편저, 《우리들의 아름다운 날을 위하여》(6·25참전소년병전우회, 2005); 이상호·박영실, 《6·25전쟁 소년병 연구》(국방부군사편찬연구소, 2011).

8) 여기서 인용하는 소년병의 회고록은 필자가 2011년 간행한 《소년병 연구》의 집필을 위해 직접 채록하고 참전자들로부터 입수한 자료들이다. 앞의 류형석 편의 글은 42명의 소년병 회고록을 편집해서 출간되었고, 이 글에서 소개하는 것은 필자가 입수한 44명의 소년병 회고록을 대상으로 한다. 대부분이 이미 작고했지만, 개인의 정보를 보호한다는 의미로 이름은 익명으로 처리해서 소개한다.

9) 〈아동의 권리에 의한 협약Convention on the Rights of the Child〉, 제1부 1조(참고목

록 1) 참조.

10) 유영옥, 〈6·25참전 소년지원병의 국가유공자로서의 당위성〉, 《국가보훈과 국민통합》(한국보훈학회 2006년도 춘계학술세미나, 2006년 5월 24일), 36쪽; 정숙경, 〈6·25참전 소년병에 대한 정책적 고려〉, 《국가유공자와 인간안보》(인간안보학회 2009년 추계학술세미나, 2009년 11월 5일), 8쪽.

11) *JOINT WEEKA*(1951. 8. 21).

12) 국방부전사편찬위원회, 《한국전쟁(要約)》(국방부전사편찬위원회, 1986).

13) 김○○, "어찌하여 소년병이 되었는가", 미간행 원고. 이 글에서 다루는 대부분의 증언과 회고록은 수정을 가하지 않고 그대로 전재한다. 그 이유는 소년병들의 생생한 목소리를 전달하기 위해서이다. 개개인의 교육정도에 따라 맞춤법이나 띄어쓰기, 용어 사용의 오류 등이 보이지만, 원자료의 소개라는 측면에서 원문이나 녹취록을 그대로 인용했다.

14) 정○, "잃어버린 48년", 미간행 원고.

15) 물론 이 용어는 베트남전쟁에서 상관을 교묘하게 살해하는 수단을 지칭하는 것이었지만, 현재는 상관을 살해하는 일반 용어로 인식되고 있다. 조너선 닐, 《미국의 베트남 전쟁》, 정병선 옮김(책갈피, 2004), 5장 참조.

16) 송○○, "나와 6·25", 미간행 원고.

17) 박○○, "나의 6·25회고", 미간행 원고.

18) 이○○, "청도군 매전면 피난민 수용소에서 강제 징집", 미간행 원고.

19) 남정옥, 《6·25전쟁시 예비전력과 국민방위군》(한국학술정보, 2010); 이상호, 〈한국전쟁기 예비제5군단과 육군예비사관학교〉, 《아세아연구》 제178호(2019).

20) 김○○, "입대동기와 과정, 실전 체험기", 미간행 원고.

21) 김○○, "전투화가 없어 농민의 신발을 빌려신은 맨발부대", 미간행 원고.

22) 양○○, "사선을 넘나든 15세 소년병", 미간행 원고.

23) 한국전쟁기 전사자 처리에 대한 연구는 다음을 참조. 이남우, 〈전시체제의 한국군 喪·葬禮 절차에 관한 연구〉(동국대학교 석사학위 논문, 2004), pp. 5~22; 박남식, 《실낙원의 비극》(문음사, 2004), pp. 431~434; Sang Ho, LEE, "The Domestic Management and Media Coverage of Fallen Soldiers during the Korean War", *Korea Journal*, Vol.

60, No.2(2020).

24) 천○○, "군번없는 군인으로 군생활 시작하여 현지에서 지원입대", 미간행 원고.

25) 송○○, "6·25참전수기", 미간행 원고.

26) 양○○, "수기", 미간행 원고.

27) 김○○, "6·25참전기간수기", 미간행 원고.

28) 김○○, "쌀 한말지고 대구까지", 미간행 원고.

29) 헤밍웨이 엮음, 《전장의 인간 2》, 이윤기 옮김(섬앤섬, 2010), 191~235쪽.

30) 권헌익, 《전쟁과 가족》(창비, 2020), 38쪽.

7장 중국군 포로 1만 4,000여 명은 왜 대만행을 선택했는가?

1) 박영실, 〈정전협정 체결 후 비무장지대 반공포로수용소 발생 사건〉, 《아세아연구》 57-4, 2014; 박영실, 〈반공포로 63인의 타이완행과 교육 및 선전 활동〉, 《정신문화연구》 135, 2014; 박영실, 〈타이완행을 선택한 6·25전쟁 중공군 포로 연구〉, 《아세아연구》 59-1, 2016; 박영실, 〈타이완행 중공군 포로의 해외방문단 조직 및 활동〉, 《아세아연구》 61-2, 2018; Park Young Sil, "Efforts by the Republic of China Government to Convert Chinese Communist Prisoners of War during the Korean War", *Korea Journal* 2, 2020; 여계언, 〈6·25전쟁 시기 중국군 포로 연구: 대만 선택 배경을 중심으로〉, 한국학중앙연구원 박사학위 논문, 2014; 진탁, 〈6·25전쟁 시기 중국군 포로의 대만 송환에 대한 연구〉, 한국학중앙연구원 한국학대학원 박사학위 논문, 2017; 박철현, 〈냉전 시기 국민정부의 타이완 국가건설과 중공군 포로: 통치 정당성의 손상과 회복의 문제를 중심으로〉, 《중국지식네트워크》 20, 2022.

2) Chang, Cheng David, "To return home of Return to Taiwan: conflicts and survival in the 'Voluntary Repatriation' of Chinese POWs in the Korean War", Ph. D. UC San Diego, 2011; 란스치藍適齊, 〈'반공'의 희망에서 망각된 전쟁으로: 대만의 6·25전쟁 기억〉, 성공회대학교 동아시아연구소 기획·백원담·임우경 엮음. 《'냉전' 아시아의 탄생: 신중국과 6·25전쟁》, 문화과학사, 2013; 沈宰儀, 《一萬四千個證人: 韓戰時期「反共義士」之研究》, 臺北: 國史館, 2013; 宗兴波, "志愿军战俘去台原因探索", 东北

师范大学 硕师学位论文, 2014.

3) 大鹰,《志愿军战俘纪实》, 北京: 昆仑出版社, 1987; 王東原,《반공포로 쟁탈전 기록》, KBS 6·25 40주년 특별제작반, 1990; 張澤石,《중국군 포로의 6·25전쟁 참전기》. 국방부 군사편찬연구소, 2009; 周琇環·張世瑛·馬國正 訪問,《韓戰反共義士放談錄》. 臺北: 國史館, 2013; 정근식·김란, 〈두 갈래 길, 중국지원군 포로의 생애 서사: 장저쓰張澤石와 류취지엔劉純儉의 구술사에 기초하여〉,《구술사 연구》7-1, 2016.

4) 이 글은 필자가 2014년부터 2020년까지 6·25전쟁기 대만행을 선택한 중국군 포로들에 대해 연구한 논문들을 재정리한 것이다.

5) 대한민국국방부정훈국전사편찬회,《한국전란 2년지》, 1954, 70쪽.

6) 국사편찬위원회 편,《한국전쟁, 문서와 자료, 1950~1953년》, 국사편찬위원회, 2006, 611쪽.

7) 刘金质, 杨准生 主编,《中国对朝鲜和韩国政策 文件汇编》2(1953~1957), 北京: 中国社会科学出版社, 1994, 453쪽.

8) 조성훈,《한국전쟁과 포로》, 선인, 2010, 383쪽.

9) 周琇環, 〈韓戰期間志願遣俘原則之議定〉,《國史館館刊》第二十四期, 2010, 55~57쪽.

10) "韓戰華籍反共義士來台處理方案, 四十二年七月二十九日", 國軍檔案 檔號: 545-6355.

11) 조성훈, 앞의 책, 2010, 273~274쪽.

12) 국방군사연구소,《6·25전쟁의 포로》, 1996, 226~227쪽.

13) 王東原, 앞의 책, 1990, 10쪽.

14) 《조선일보》1953. 6. 26. 그 외에도 당시 증언으로 그 상황을 확인할 수 있다. "한 날은 포로들이 동란을 일으켜 튀어나와 창문을 열고 도망갔어요. 그 사람들을 잡아서 다시 인솔하려면 달라 빼고 흩어지고 골치 아픈 거라. 그래서 우리 화교분들하고 정보부 사람들 몇몇이 그 사람들을 인솔했어요. 우리 협회가 그때 인애촌 서면 신(의)촌의 일부를 수용했어요. 그렇게 했답디다." 김태만,《내 안의 타자: 부산 차이니스 디아스포라》, 부산발전연구원 부산학연구센터, 2009, 157쪽.

15) 大韓航空公司: 1962년 이후 대한항공으로 변경.

16) 〈부산 대사관에서 타이페이 외교부로 보내는 전문〉, 外交部 情報司收文 42年 10月 7

日, 第525호, 臺灣 國史館 소장 자료. 초기 중화민국 정부는 이들의 운송이 끝난 후 타이페이에서 KNA에 1인당 승객 운임비로 115달러를 지불하기로 하였다. 〈Letter from Ha ji Yusjf Chang(First Secretary, Embassay of the Republic of China Korea) to The Manager(Korean National Airlines), Oct. 7, 1953〉, 外交部 編號 第127號, 劵號 第28호, 臺灣 國史館 소장 자료.

17) 〈宣傳通報 第三十三號, 中華民國四十二年 十月 八日〉, 外交部 編號 第127號, 劵號 第28호, 臺灣 國史館 소장 자료.

18) "心昌煥이 葉公超에게 보내는 서신(1953. 7. 31)", 〈反共義士戰俘〉, 原編檔號 127-28, 國史館 소장 자료.

19) 원래 원문에서의 표현은 'gift package'라고 되어있다. 포로들이 위로품을 받았을 때 이를 선물로 생각할 수 있다고 판단해서 이런 표현을 사용했던 것 같다.

20) 1950년 4월 4일 대만에서는 중국대륙재포구제총회가 설립되었다. 구총救總의 초기 활동 방향은 대륙에서 대만으로, 홍콩 혹은 해외로 나간 동포를 지원하는 것이었다.

21) "Telegram from Hollington K. Tong to Shen"(1953. 7. 29), 〈反共義士戰俘〉, 原編檔號 127-28, 國史館 소장 자료.

22) 《聯合報》 1953. 8. 5.

23) "Telegram from Fang Chi etc. to Waichiaopu(1953. 8. 31)", Incoming telegram No. 3488. 〈反共義士戰俘〉, 原編檔號 127-28, 國史館 소장 자료.

24) 江海東, 《一萬四千個證人》, 臺北: 軍友社, 1955, 2쪽.

25) "대사관(한성)에서 외교부에 보내는 전문(1953. 9. 7)", 外交部情報司收文 42年 9月 9日, 第535號, 〈反共義士戰俘〉, 原編檔號 127-28, 國史館 소장 자료.

26) 赵英魁 口述·王丰 撰稿, 〈赵英魁: 战俘营青春〉, 《看历史》 4期, 2010, 111쪽.

27) "中華民國宣慰韓戰華籍反共義士代表團工作報告書(1953. 9. 21)", 〈反共義士〉, 原編檔號 127-28, 國史館 소장 자료.

28) "중앙위원회 제6조가 외교부 葉公超에게 보내는 전문(1953. 9. 12)", 〈反共義士戰俘〉, 原編檔號 127-28, 國史館 소장 자료.

29) 1951년 10월 31일 창설된 中華民國軍人之友社는 사회 각계에 군인을 공경, 위문하고, 국군 장교와 사병에게는 유관 사회공익 활동을 진행할 것을 호소하여 군민합작

과 단결을 촉진하기 위한 목적으로 설립되었다. http://www.fafaroc.org.tw/web/2013/(검색일: 2013. 12. 30).

30) 1952년 10월 21일 당시 교무위원회 위원장 겸 중국국민당 중앙 제3조 주임인 정언분鄭彦棻이 7일간 '제1차 전 세계 교무회의僑務會議'를 개최하여 '화교절'을 정하고, '화교구국연합총회'를 설립하였다. http://www.focat.org.tw(검색일: 2013. 12. 30).

31) 〈中國大陸災胞救濟總會가 外交部에 보내는 전문(첨부: 接待由韓回國反共義士籌備會記錄)〉, 外交部 情報司收文 42年 10月 5日, 第2518호, 臺灣 國史館 소장 자료.

32) "接運留韓中國反共義士歸國聯絡小組報告(1954. 2. 2)", 〈接運留韓中國反共義士歸國聯絡小組報告〉, 原編檔號 126-12, 國史館 소장 자료.

33) 反共義士奮鬪史編輯委員會 編, 〈反共義士奮鬪史〉, 台北: 反共義士就業輔導處, 1955, 223~224쪽.

34) 反共士奮鬪史編輯委員會 編, 앞의 책, 1955, 225쪽.

35) "육군대장 陳聲簧이 반공의사취업지도처 처장에게 보내는 전문(1954. 3. 17), 첨부: 接運反共義士實施經過及檢討報告(1954. 3. 3)", 〈留韓反共義士處理案〉, 《國軍檔案》, 檔號: 300.4-7760, 國防部史政局 소장 자료.

36) 《조선일보》 1954. 1. 23.

37) 反共義士奮鬪史編輯委員會 編, 앞의 책, 1955, 227쪽.

38) 이 교육은 1953년 10월 8일 1차로 대만에 도착한 중국군 포로 63명이 대상이었다.

39) 〈附件 一. 首批歸國反共義士活動日程草案之一〉, 國軍檔案 檔號: 545-6355, 臺灣 中央研究院近代史研究所 소장 자료.

40) "反共義士就業輔導處工作總報告", 〈留韓反共義士處理案〉, 國軍檔案 檔號: 300.4-7760.

41) "反共義士安置計劃綱要(1954. 3. 4)", 〈留韓反共義士處理案〉, 國軍檔案 檔號: 300.4-7760.

42) 反共義士奮鬪史編輯委員會 編, 앞의 책, 1955, 268~272쪽.

43) "簽呈, 1954年 2月 19日," 《義士訪問》, 外交部 擋號 127-34.

44) "중국국민당 중앙위원회 제3조가 외교부에 보내는 전문", 《義士訪問》, 外交部 擋號 127-34.

45) 《中華日報》 1954. 3. 8.

46) "簽呈, 1954年 4月 2日," 《義士訪問》, 外交部 擋號 127-34.

47) 周琇環·張世瑛·馬國正 訪問, 앞의 책, 2013, 91쪽.

8장 한국전쟁기 북한의 농촌 동원과 농민의 반응

* 이 글은 2023년 8월 《역사와 실학》 81집에 게재한 필자의 글을 수정, 보완한 것이다.

1) 〈전 조선 인민들에게 호소한 조선민주주의인민공화국 내각 수상 김일성 장군의 방송 연설(1950년 6월 26일)〉, 《조선중앙년감 1951~1952》, 조선중앙통신사, 1952, 15쪽.

2) 전쟁 이전 북한의 농민 동원과 농촌에서의 선전선동 사업에 관해서는 김태우, 〈1948~49년 북한 농촌의 선전선동사업—강원도 인제군의 사례〉, 《역사와 현실》 60, 2006; 한모니까, 《한국전쟁과 수복지구》, 푸른역사, 2017; 김재웅, 《북한체제의 기원—인민 위의 계급, 계급 위의 국가》, 역사비평사, 2018 등을 참고.

3) 《농민신문》은 1947년 5월부터 북조선농민동맹의 기관지로 발간되었고, 1951년 2월 남·북조선농민동맹이 조선농민동맹으로 통합되면서 조선농민동맹의 기관지가 되었다(정병준 편, 《북한 신문 연구 해제집》, 선인, 2021, 263~264쪽).

4) 1950년 9월 유엔군·한국군의 북진으로 '일시적 후퇴'를 겪은 이후 북한 지도부는 주요 신문사의 편집실과 인쇄공장을 지하에 배치하여 신문·출판을 안정화하였다. 1951년 12월 5일 당 중앙조직위원회는 농촌에 더 많은 출판물을 배포하도록 하였고, 1952년 김일성이 직접 《농민신문》 등 농촌 출판물의 발행 부수를 늘릴 것을 지시하면서 9월부터 부수가 7만 부로 증대되었다(〈농촌 '리' 민주선전실 사업 강화에 대하여—조선로동당 중앙 조직위원회 제79차 회의 결정서 1951년 12월 5일〉, 《결정집(1949. 7~1951. 12) 당 중앙 조직위원회》, 조선로동당 중앙위원회, 327~330쪽; 《로동신문》 1952. 2. 4; 〈농촌에서의 당 정치교양사업 및 군중문화사업 정형과 그의 개선방침에 관하여〉, 《北韓關係史料集》 29, 국사편찬위원회, 210쪽)).

5) 《농민신문》 1952. 9. 30.

6) 김일성, 〈전 조선 인민들에게 호소한 조선민주주의인민공화국 내각 수상 김일성 장군의 방송 연설〉, 《조선중앙년감 1951~1952》, 조선중앙통신사, 1952, 14쪽.

7) 박창옥, 〈현 단계에 있어서 대중 정치 사업의 강화〉, 《근로자》 1951년 2월호, 101~102쪽.

8) 앞의 자료, 102~103쪽.

9) 〈도·시·군 인민위원장 및 당 지도일꾼 련석회의에서 진술한 김일성 동지의 연설—현 계단에 있어서 지방 정권 기관들의 임무와 역할〉, 《조선중앙년감 1951~1952》, 조선중앙통신사, 1952, 65~66쪽.

10) 《로동신문》 1952. 1. 27.

11) 전쟁기 북한은 세계 평화옹호운동에 참여하고 이른바 '평화·민주 진영'의 북한 지원을 적극 홍보하는 등의 방식으로 제국주의 침략세력 대 평화세력의 구도를 만들고자 했다. 전쟁기 북한의 평화론·평화운동의 내용과 역할에 대해서는 김태우, 〈냉전 초기 사회주의진영 내부의 전쟁·평화 담론의 충돌과 북한의 한국전쟁 인식 변화〉, 《역사와 현실》 83, 2012; 정용욱, 〈6·25 전쟁~1950년대 후반 북한의 평화운동〉, 《역사와 현실》 91, 2014 참고.

12) 《농민신문》 1952. 7. 3; 《농민신문》 1952. 9. 30; 《농민신문》 1952. 10. 31; 《농민신문》 1952. 10. 31; 《농민신문》 1952. 11. 7; 《농민신문》 1953. 5. 24; 《농민신문》 1953. 6. 25.

13) 《농민신문》 1952. 10. 3; 《농민신문》 1952. 11. 30; 《농민신문》 1953. 1. 12; 《농민신문》 1953. 5. 24.

14) 《로동신문》 1953. 1. 23.

15) 박창옥, 〈현 단계에 있어서 대중 정치 사업의 강화〉, 《근로자》 1951년 2월호, 96~97쪽; 《로동신문》 1951. 6. 17.

16) 《로동신문》 1951. 1. 29.

17) 《선동원수첩》 5호, 문화선전성, 1951. 6.

18) 《민주조선》 1951. 1. 26.

19) 《로동신문》 1951. 1. 31; 《민주조선》 1951. 2. 5; 《민주조선》 1951. 2. 12.

20) 《농민신문》 1953. 3. 3.

21) 《로동신문》 1951. 2. 13; 《농민신문》 1952. 9. 12; 《농민신문》 1952. 11. 3; 《농민신문》 1952. 11. 30.

22) 《농민신문》 1953. 6. 3.

23) 〈1951년도를 맞이하면서 전국 인민들에게 보내는 조선민주주의인민공화국 내각 수상 김일성 장군의 신년사〉, 《조선중앙년감 1951~1952》, 조선중앙통신사, 1952, 39쪽.

24) 《로동신문》 1952. 1. 26.

25) 1951년 2월 평안남도 개천군 조양면은 노력인원이 33.4퍼센트 감소하였으며, 연천군은 40퍼센트 감소하였다(박경수, 〈전시하 춘경 파종사업의 성과적 보장을 위한 농촌 당 단체들의 전투적 과업〉, 《근로자》 1951년 2월호, 107~108쪽).

26) 김태우, 《폭격—미 공군의 공중폭격 기록으로 읽는 한국전쟁》, 창비, 2013, 132쪽.

27) 《로동신문》 1951. 7. 30.

28) 앞의 자료; 〈1951년 춘기 파종 지도요강〉, 《北韓關係史料集》 23.

29) 《로동신문》 1953. 1. 21.

30) 북한은 전쟁 이전부터 모범인민을 선정하고 때로는 모범을 창출해내기도 했으며, 모범으로 선정된 이들에게 표창을 수여하고 신문 등 매체를 통해 선전하였다. 그 내용에 대해서는 한모니까, 《한국전쟁과 수복지구》, 푸른역사, 2017, 230~257쪽 참조.

31) 노력훈장 4명, 국기훈장 제2급 7명, 국기훈장 제3급 50명, 공로 메달 499명이 표창을 받았으며 이 중 여성은 국기훈장 제2급 1명, 국기훈장 제3급 10명, 공로 메달 139명이었다(《로동신문》 1952. 1. 29).

32) 국기훈장 제1급 1명, 국기훈장 제2급 2명, 국기훈장 제3급 41명, 공로 메달 206명이 표창되었으며, 여기에는 국기훈장 제1급을 받은 윤옥기를 비롯하여 많은 여성농민이 포함되었다(《로동신문》 1952. 3. 10).

33) 《로동신문》 1951. 7. 30; 《로동신문》 1952. 1. 27; 《로동신문》 1953. 1. 18.

34) 《농민신문》 1952. 6. 24; 《농민신문》 1952. 10. 3; 《농민신문》 1953. 2. 3; 《농민신문》 1953. 2. 8; 《농민신문》 1953. 3. 3; 《농민신문》 1953. 6. 3 등.

35) 《로동신문》 1953. 1. 14.

36) 《농민신문》 1952. 6. 24; 《농민신문》 1952. 6. 24; 《농민신문》 1952. 10. 3; 《농민신문》 1952. 10. 31; 《농민신문》 1952. 11. 3.

37) 《농민신문》 1953. 1. 3.

38) 《농민신문》 1952. 11. 30.

[39] 《농민신문》 1952. 6. 24.

[40] 《로동신문》 1953. 1. 23; 《로동신문》 1953. 6. 5; 《민주조선》 1951. 7. 30.

[41] 《농민신문》 1952. 8. 18; 《농민신문》 1953. 2. 3.

[42] 《농민신문》 1952. 11. 3.

[43] 가령 《로동신문》에는 어머니의 역할과 생산자의 역할을 동시에 해야 하는 여성들을 위해 농촌 마을에 탁아 시설을 운영하였다는 내용도 확인되지만, 《농민신문》에서는 그러한 내용을 찾아보기 어렵다.

[44] 《농민신문》 1952. 11. 12.

[45] 《농민신문》 1953. 2. 8.

[46] 《농민신문》 1953. 1. 3; 《농민신문》 1953. 5. 24.

[47] 《농민신문》 1952. 11. 30.

[48] 북한의 전시 농업생산 체제에 관해서는 서동만, 《북조선사회주의 체제성립사: 1945~1961》, 선인, 2005, 454~460쪽 참고.

[49] 《로동신문》 1951. 12. 2.

[50] 《로동신문》 1953. 1. 13; 손전후, 《우리나라 토지개혁사》, 과학백과사전출판사, 1983, 314쪽.

[51] 《로동신문》 1951. 10. 29.

[52] 《농민신문》 1952. 9. 30.

[53] 《로동신문》 1952. 4. 6; 《농민신문》 1952. 7. 9; 《농민신문》 1953. 8. 27.

[54] 《로동신문》 1952. 5. 7; 《로동신문》 1953. 1. 9.

[55] 북한 농업생산에서는 1947년 이후 계획적 방식이 본격적으로 도입되기 시작하였으며, 이후 농민에게 일률적으로 생산계획을 강제하는 경향 등은 지속적인 문제로 지적되었다(서동만, 앞의 책, 367~371쪽).

[56] 《농민신문》 1952. 7. 9; 《농민신문》 1953. 8. 27; 《농민신문》 1952. 9. 30.

[57] 《민주조선》 1953. 6. 8.

[58] 《로동신문》 1953. 1. 13.

[59] 《선동원수첩》 4호, 문화선전성, 1952, 38쪽.

[60] 《로동신문》 1953. 1. 18.

61) 《농민신문》 1952. 8. 27; 《농민신문》 1952. 11. 12; 《농민신문》 1952. 11. 21; 《농민신문》 1953. 6. 3.

62) 김성보, 《남북한 경제구조의 기원과 전개: 북한 농업체제의 형성을 중심으로》, 역사비평사, 2000, 267~271쪽.

63) 《농민신문》 1953. 7. 3.

64) 전후 북한 농촌에서 사회주의 체제가 구축되는 과정에 대해서는 김성보, 앞의 책; 김성보, 〈전쟁과 농업 협동화로 인한 북한 농민생활의 변화〉, 《東方學志》 143, 2008; 서동만, 《북조선사회주의 체제성립사: 1945~1961》, 선인, 2005를 참고.

9장 북한의 전재고아 해외 위탁사업과 냉전의 미디어

: 현대 미디어를 통해 보는 심리전과 냉전의 흔적

1) 정용욱, 〈6·25전쟁기 미군의 삐라 심리전과 냉전 이데올로기〉, 《역사학의 시선으로 읽는 한국전쟁》, 휴머니스트, 2010, 295~296쪽.

2) 이임하, 《적을 삐라로 묻어라—한국전쟁기 미국의 심리전》, 철수와영희, 2012, 12쪽.

3) 예를 들어 Steven Casey, *Selling the Korean War—Propaganda, Politics, and Public Opinion 1950~1953*, Oxford University Press, 2008; 쓰치야 레이코土屋礼子, 〈対日心理戦としての朝鮮戦争報道〉, *Intelligence* 12, 早稲田大学20世紀メディア研究所インテリジェンス編集委員会, 2013; 요네즈 토쿠야, 《일본 언론의 한국전쟁 보도와 그 성격》, 서울대학교 석사학위 논문, 2016 등.

4) 미공군에 의한 서울 폭격에 대해서는 김태우, 《폭격—미 공군의 공중폭격 기록으로 읽는 한국전쟁》, 창비, 2013에 상세히 분석되어 있다.

5) 요네즈 토쿠야, 〈朝鮮戦争における米軍の言論統制〉, 《日韓相互認識》 10, 日韓相互認識研究会, 2020.

6) 《体験者に聞くテーマ別戦後新聞史 第2号 朝鮮戦争報道》, 日本新聞協会研究所, 1998.

7) 제2대 국회 제11회 제63차 국회본회의 의사록, 1951. 9. 10, 5쪽.

8) 김일성, 〈조국해방전쟁에서 희생된 인민군 장병 및 빨찌산들과 애국렬사들의 유자

녀학원 설치에 관하여—조선민주주의인민공화국 내각 결정 제192호 1951년 1월 13일〉, 《김일성전집 13》, 조선로동당출판사, 1995, 33쪽.

9) 김일성, 〈당면한 경제사업과 전재민 구제사업에서 제기되는 몇 가지 문제에 대하여—조선로동당 중앙위원회 정치위원회에서 한 결론 1951년 3월 19일〉, 앞의 책, 258쪽.

10) 김일성, 〈전선 원호사업은 녀맹원들의 중요한 임무—녀맹 간부들과 한 담화 1951년 8월 15일〉, 《김일성전집 14》, 조선로동당출판사, 1996, 57쪽.

11) 윤정란, 《한국전쟁과 기독교》, 한울, 2015, 167쪽.

12) 국사편찬위원회 한국사데이터베스, 〈북미주 한인의 역사(하)—입양 이민〉, 《재외동포사총서 5》, 2007.

13) 《연합뉴스》 2017. 2. 15.

14) 김일성, 〈전시 인민생활 안정을 위한 몇 가지 과업—조선로동당 중앙위원회 정치위원회에서 한 결론 1951년 1월 21일〉, 앞의 책, 69쪽, 〈애국렬사 유가족과 전사자 가족, 전상자, 무의무탁자들의 생활을 국가적으로 잘 보장할 데 대하여—조선민주주의인민공화국 내각협의회에서 한 결론 1951년 6월 28일〉, 앞의 책, 451쪽.

15) 김일성, 〈전선 원호사업은 녀맹원들의 중요한 임무—녀맹 일군들과 한 담화 1951년 8월 15일〉, 앞의 책, 57쪽.

16) 오미영, 〈북한 신문에 나타난 북한 전쟁고아의 해외양육에 관한 연구〉, 《평화통일연구》 3, 총신대학 평화통일연구소, 2021, 18쪽.

17) Patrick Yoka, Jolanta Krysowata, 《*Kim Ki-Dok*(김기덕)》, 폴란드 국영 텔레비전 TVN1, 2007.

18) 《로동신문》 1951. 1. 8.

19) AMFABG, Opis 6, papka 36, 789, Report from the Bulgarian legation in the DPRK, Minister Radenko Grigorov, Pyongyang, October 5, 1952, 106(Avram Asenov Agov, *North Korea in the Socialist World: Integration and Divergence, 1945~1970. The Crossroads of Politics and Economics*, University of British Columbia 박사학위 논문, 2010, 113쪽에서 재인용). 그런데 이 면담에서 흥미로운 것은 소련 대사의 존재다. 이제까지 소련이 조선 전재고아를 위탁받았다는 자료는 찾아볼 수 없고 이 문제에 관여한 증거도 발견되지 않았다

(오미영, 앞의 논문, 2021, 17쪽). 많은 사회주의 나라들이 조선 전재고아를 받아들였는데 사회주의권의 맹주였던 소련이 전혀 이 문제에 관여하지 않았다는 것은 기묘한 이야기다. 베이징에서의 회담에서 소련 대사는 어떤 태도를 취했는지 궁금하다. 소련은 시종일관 한국전쟁에 관여하지 않겠다는 자세를 (겉으로는) 취했으니 고아 위탁에도 신중한 자세를 보였을지도 모른다.

20) 김일성, 〈전시 교육을 위하여—교육성 책임 일군들과 한 담화 1951년 3월 10일〉, 앞의 책, 209~210쪽.

21) 김일성, 〈전선 원호사업은 녀맹원들의 중요한 임무—부녀맹일군들과 한 담화 1951년 8월 15일〉, 앞의 책, 57쪽.

22) Report z Podrozy do Korei odbytej w czasie od 2 maja do 26 maja 1951 r. A MSZSWW.s.7(김종석, 〈한국전쟁과 폴란드〉, 《동유럽 발칸연구》 7, 한국외국어대학교 동유럽발칸연구소, 1999, 79쪽에서 재인용).

23) 오미영, 앞의 논문, 2021, 22~23쪽.

24) Women's International Commission for the Investigation of War Atrocities Committed in Korea(WICIK), *We Accuse–Report of the Committee of the Women's International Democratic Federation in Korea*, 1951.

25) 김태우, 《냉전의 마녀들—한국전쟁과 여성주의 평화운동》, 창비, 2021, 123~127쪽.

26) 김태우, 앞의 책, 2021, 142쪽.

27) Monica Felton, *That's Why I Went*, 93~94쪽. 김태우, 앞의 책, 2021, 153쪽에서 재인용.

28) 《로동신문》 1951. 6. 2.

29) 《로동신문》 1951. 6. 3.

30) WICIK, 앞의 책, p. 24.

31) 김태우, 앞의 책, 2021, 295~296쪽.

32) 《로동신문》 1951. 6. 12.

33) 오미영, 앞의 논문, 2021, 20쪽.

34) 오미영, 〈한국전쟁 시기 북한 전쟁고아와 몽골: 몽골 문서보관소의 자료를 중심으로〉, 《북한연구학보》 23-2, 2019,

35) 오미영, 앞의 논문, 2021, 21쪽, 23쪽.

36) 《로동신문》 1951. 6. 2.

37) 추상미, 앞의 작품에서 프와코비체 양육원 유제프 보로비에츠 원장의 증언.

38) 《로동신문》 1952. 9. 4.

39) 《로동신문》 1957. 1. 10.

40) 《로동신문》 1952. 8. 23.

41) 《로동신문》 1952. 9. 8.

42) 陈佳秀, 〈中国东北地区在抗美援朝战争中对朝鲜难童的抢运安置〉, 《开封教育学院学报》 38-7, 2018, 12쪽.

43) 김일성, 〈조중 량국 인민의 전투적 우의-중화인민공화국창건 10돐에 즈음하여 《인민일보》에 발표한 론설 1959년 9월 26일〉, 《김일성전집 24》, 조선로동당출판사, 1998, 273

44) 이유재, 〈북한 사람들의 지구화 경험〉, 홍석률 외 편, 《한국 현대 생활문화사 1950년대》, 창비, 2016, 244쪽.

45) 이유재, 앞의 책, 244쪽.

46) 이유재, 앞의 책, 257쪽.

47) 《로동신문》 1953. 6. 1.

48) Patrick Yoka, Jolanta Krysowata, 앞의 작품.

49) 추상미, 앞의 작품.

50) 김덕영, 앞의 작품.

51) 추상미, 앞의 작품.

52) 김덕영, 앞의 작품.

53) 《로동신문》 1952. 9. 13.

54) 이유재, 앞의 책, 248쪽.

55) Patrick Yoka, Jolanta Krysowata, 앞의 작품.

56) 《로동신문》 1952. 9. 13.

57) Patrick Yoka, Jolanta Krysowata, 앞의 작품 및 대구MBC, 앞의 프로.

58) 오미영, 앞의 논문, 2019, 289쪽.

59) 이해성, 〈폴란드에 남겨진 북한 전쟁고아의 자취를 찾아서〉, 《중동유럽 한국학회지》 15, 중동유럽 한국학회, 2014, 115·118쪽.

60) 이해성, 앞의 논문, 2014, 115쪽.

61) 김덕영, 앞의 작품.

62) 우쓰미 아이코内海愛子와 가지무라 히데키梶村秀樹에 의하면 '북선北鮮'이라는 말은 〈남선南鮮〉과 함께 일제가 조선을 침략하는 과정에서 만들어진 명칭인데 일본이 패전하고 대한민국이 수립된 후 '남선'은 '한국'으로 대체된 반면 '북선'은 조선민주주의인민공화국을 국가로 인정하지 않겠다는 체제의 반공주의적인 적대의식 아래서 계속 사용되었다고 한다(内海愛子·梶村秀樹·鈴木啓介, 《朝鮮人差別とことば(조선인 차별과 말)》, 明石書店, 1986, 75~82쪽). 1959년 재일본조선인총연합회(조선총련)은 일본 미디어 각 사에 대해 정식 국가명칭 사용을 요구하는 서신을 제출, 1970년 이후 신문보도에서 '북선' 표기는 거의 사라졌다.

63) 〈표 1〉에서 제시한 바와 같이 폴란드에 제1진 고아들이 도착한 것은 이미 휴전회담이 시작한 후인 1951년 11월이었다. 또 이해성(앞의 논문)에 의하면 추상미 작품의 무대가 된 프와코비체 양육원에 조선 전재고아들이 입소한 것은 휴전협정이 체결된 시기와 같은 1953년 7월이었다. 이해성은 현지 안내인 역할로 이 작품에 출연했기 때문에 추상미가 이 사실을 모를 리가 없을 것이고 왜 김일성이 "전쟁 계속을 위해" 고아를 동구로 보냈다고 생각했는지 이해하기 어렵다.

64) 한국전쟁에서 조선인민군이 이북으로 철퇴할 때 부모를 잃은 남측 지역 아이들을 데리고 올라가 북한의 고아원(육아원, 애육원, 학원 등)에서 양육했다는 이야기는 북한영화 〈새세대를 위하여〉(정인순, 1974)에서 그려졌다. 또 《로동신문》 1952. 9. 4일 자에 소개된 조선 전재고아를 다룬 헝가리 기록영화 〈젊은 영웅〉은 서울에서 빨치산 활동을 했던 박찬우라는 16세의 소년을 다룬 작품이라고 한다.

65) 가미야 다케시神谷毅, 〈東欧に送られた北朝鮮孤児たち 朝鮮戦争の悲劇' 映画に(동구로 보내진 북산 고아들-한국전쟁의 비극, 영화로)〉, 《아사히신문》 web판, 2020. 6. 25.

66) 나루카와 아야, 《아사히신문GLOBE+》 web판, 2019. 5. 11.

찾아보기

[ㄱ]

가네보鐘淵(Kanebo) 56
가미야 다케시神谷毅 416
가브리엘라 미스트랄Gabriela Mistral 180
강순 58
건국동맹 122~126, 128, 129, 131, 133
건국준비위원회 46, 66, 70, 126
계엄법/계엄령 35, 37, 39
고려대노동문제연구소 44
고아 390~396, 399~402, 404~416
고아 위탁 392, 393, 396, 399, 405, 411, 414, 416
고아원 390, 392
공보부 47, 51, 61, 68~70, 75~77, 85, 87, 88, 90, 100, 101
공보원 93
공산당 398, 414
공산주의자 387, 388, 416
공장법 41, 42
광공국Bureau of Mining and Industry 47
교과서 394, 406
교사 399, 402~404, 407, 413, 414, 415
교육성 394
《구술문화와 문자문화》 313
구영숙 303
9월총파업 80~81
〈국가보안법〉 36, 39
〈국가총동원법〉 41
국립대학교 설치안(국대안) 80, 81
국민당 46
국민방위군 319
〈국민방위군설치법〉 316
국민보도연맹 222

국민의회 111, 112
국민정신총동원조선연맹 71
국제노동기구International Labor Office 42, 47, 50
국제노동법 316
국제민주여성연맹(국제여맹, Women's International Democratic Federation: WIDE) 178, 195, 396, 398, 399, 411, 414, 416
국제적십자사연맹 305, 310
국제적십자회의 292, 303, 304
굿펠로우, 프레스턴Goodgellow, M. Preston 96, 100, 256
권헌익 339
귀환조치령 317
근로기준법 61
근로인민당 58, 185
근우회 42
기독교 390
기독교연맹 179
기석복 304
김구 107, 109, 111, 115, 150
김규식 97, 100, 114~116
〈Kim Ki-Dok(김기덕)〉 392, 403, 405
김덕영 391, 392, 399, 407, 414~416
김민산 304
김배준 304
김병로 115
김붕준 115
김성수 107
김세선 255
김일성 53, 121, 129~131, 134, 135, 139~143, 146, 182, 189, 190, 226, 312, 307, 368, 373, 389~396, 398, 399, 402, 404, 405, 407, 410, 413~416, 441~444, 447, 474~482
〈김일성 장군의 노래〉 404, 414
〈김일성의 아이들〉 392, 402, 407
《김일성의 코리아와 함께한 60년》 399
《김일성전집》 389
김정렬 286
김정은 289
김창준 178
김책 131~135
김혜숙 403
김홍일 156

[ㄴ]

나루카와 아야成川彩 415
〈나의 남편은 조성호입니다〉 391
남궁염 255, 256
남일 346
남조선과도입법의원(입법의원) 43, 44, 56~62
냉전 387, 389, 409, 414, 416, 417
네루 198, 206

노동국 50, 51, 54, 55
노동당(조선로동당, 노동당, 남조선로동당, 북조선로동당) 32, 104, 105, 136, 139, 141~143, 223, 377, 390
노동법령 53
노동부 52, 55
노동시간 46, 51, 54, 60
《노병은 죽지 않는다*Old Soldiers Never Die*》 339
노블, 해롤드Noble, Harold J. 256
녹스, 도널드Knox, Donald 313
농대정책 167
《농민신문》 366, 368, 372, 373, 376, 379
《농민주보》 64, 67, 69, 70~75, 77~81, 83~ 87, 89~93
뉴먼Glenn Newman 47~49, 51
《뉴욕타임스》 409, 410, 411
니콜슨, 제임스Nicholson James T. 307

[ㄷ]
대한국민대표민주의원(민주의원) 96, 97, 107
대한독립노동총연맹 105
대한독립촉성국민회 104, 105
대한독립촉성노동총연맹(대한노총) 44
대한민국임시정부(임시정부) 150, 151
더링거Paul B. Derlinger 350
덜레스, 존Dulles, John F. 244, 272, 280
데오도르Augustus J. Thedore 72
데이어Thayer, Charles W. 96, 97
독립촉성국민회 108
독립촉성애국부인회 58
독립촉성중앙협의회 58
독수리작전 100
동독 400, 401, 403, 409~ 411
동씨엔광董顯光 350, 355
《동아일보》 52, 53, 82, 223, 278, 401, 409, 410, 412
동양(동양식, 동양 문명) 55, 61, 62
동양척식주식회사 160
두 개의 한국 270, 283, 288, 289
뒤낭, 앙리Dunant, Jean-Henri 293
드 레이니에, 자크Jacques de Reynier 296, 297, 301
딘, 아더Dean, Arthur H. 258

[ㄹ]
라디오 자유아시아 398
라디오 자유유럽 398
라이밍탕賴名湯 355, 356
라헤트W. F. LaHatte 70
랭던Langdon, William R. 96, 97
러치 59
레너, 오토Lehner, Dr.Otto 301, 309
레드퍼지レッドパージ(red purge) 218
레이디, 해롤드Lady, Harold W. 256

《로동신문》 180, 183, 184, 186, 192, 194, 198, 203, 204, 389, 398, 400~402, 405, 406, 408
로드, 노라Rodd, Nora K 396
로버트슨, 월터Robertson, Walter S. 244, 272, 277
로얄, 케네스Royall, Kenneth 249
로우Rowe, Philip C. 104~106
루게, 폴Ruegger, pual 294, 297, 301
루마니아 391, 399, 400~402, 415
류사오치 209
리, 트리그브Lie, Trygve 296
리영 185, 236
리온(이온) 405
리지웨이, 매튜Ridgway, Matthew B. 301, 307
리처드 로빈슨Richard Robinson 85
리처드, 프랭크Richards, Frank 339
리형식 402, 404, 407

[ㅁ]
마셜, 조지Marshall, George 223
마오쩌둥毛澤東(마오) 227, 228, 231, 240
만주군 122~130, 133, 143, 146, 147
만주사변 161
말리크, 야코프Malik, Yakov 298
《매일신보》 12, 71, 72
맥클루어Robert McClure 346
메를로퐁티 Maurice Merleau-Ponty 191
모스크바 3상회의 96, 99, 106, 109
몽골 392, 396, 400, 401, 404, 405
〈몽골에 간 북한 전쟁고아〉 392
무정 133, 135
무초, 존Muccio, John J. 306
《묵재일기》 45
문명(문명국) 43, 44, 50, 51, 53, 57, 61~63
미 공군 397
미군 포고령 제1호 24
미군 포고령 제2호 35~38
미군정 법령 제183호 31, 36
미성년자 57, 58, 62
〈미성년자노동보호법〉 43, 44, 56, 59~63
미소공동위원회(미소공위) 30, 96~101, 103, 106~108, 111~113
미소공위대책위원회 115
미챔, 스튜어트Meacham, Stewart 42, 44, 48, 49, 52, 53, 60, 61
민사참모부G-5 98
민정장관 59
민족자주연맹(민자련) 115
민족통일총본부 108
민주기지론 208
민주독립당 115
민주선전실 381
민주여성총동맹(여맹) 179, 181, 182

민주주의독립전선 115
민주주의민족전선(민전) 96, 110
민주주의청년총동맹(민청) 179, 181

[ㅂ]

바르샤바(와르샤와) 403, 404, 409
바오다이Bao Dai 251
바크만, 이다Bachmann, Ida 397
박건웅 57
박기환 185
박동호 407
박승환 122~133, 136, 137, 143, 144, 146
박영출 275, 276
박정애 178, 180, 392, 398
박헌영 271, 368, 396
반공 389, 412, 413
반공의사취업보도처反共義士就業輔導處 358
반탁독립투쟁위원회(반탁투위) 107~110
반혁명진압운동 232
방선주 45
방원철 123~124, 127, 129~136, 139~145
방인근 72, 73
방직 41, 48, 55, 56
방첩대CIC 95
백남운 237
백두진 263
백선엽 356
101군정단101st Military Government Group 55
103사단 327
버치Bertsch, Leonard M. 100, 102, 108
번스Bunce, Arthur C. 101
베를린 399
베를린 4개국 외교장관 회의 254
베이징 393
벤자민 윔스Weems, Benjamin B. 100~102, 106
변영태 244, 257~262
보도연맹 251
보안간부훈련대대부 135, 136, 139
보안법 17, 18, 19, 22, 28, 31, 34, 35, 38
보육원 396
봉암도 331, 335
봉천군관학교 123~127
부다페스트 399, 410
부랑아 43
부스Booth, Robert H. 96, 97
북대서양조약기구NATO 179
북조선로동당 105, 230
북조선인민위원회 53, 103, 129, 132, 133, 139~142, 144, 443, 444
북조선임시인민위원회 53, 96, 130~132, 134, 135, 429
북진통일 243
북한군 122, 129~138, 143, 146, 147, 190, 191, 308, 318, 319, 329, 330,

346, 369, 371
불가리아 393, 399, 400~402, 409, 414
불록Charles S. Bullock 55
브라운Brown, Albert E. 101, 108, 110, 112, 113, 115, 116
브래들리, 오마Bradley, Omar 301, 302
브리톤Britton, Frank H. 96, 97
브릭스, 엘리스Briggs, Ellis O. 262
비동맹주의 198
비상국민회의 108
비상시향토방위령 316
비에리, 프레데릭Bieri, Frederic 296
B-29중폭격기 397
비폭력주의nonviolent pacifism 180
삐라 388

[ㅅ]
사르트르 Jean Paul Sartre 191
사법부 52
사전트Sargent, Clyde B. 100, 102~104, 106, 108~110, 112~114
사회민주당 100
사회주의 389, 391, 392, 395, 396, 400, 405
산업노농위원회 56~58
산업혁명 41
삼반오반운동 232
삼부조정위원회SWNCC 46
상무부 55
《새소식》 70~71
생활평화주의 216, 217, 239
서울 388
선무단 157, 158
세계노조연맹 195
세계보건기구WHO 304
《세계신보》 67, 93
세계인권선언 292
세계평화대회(파리, 스톡홀름) 177, 178, 181, 182, 184, 193
세계평화이사회 192, 193, 195, 199
세계평화회의World Peace Council(WPC) 213, 219, 224, 230, 231, 233
션창환心昌煥 350
소녀 48
소년 46, 47, 52, 53, 55~57, 60, 61
〈소년단 행진곡〉 404
소년병 312, 313, 315~ 319, 321, 331, 339
소피아 399
손원일 263
송종옥 58
슈티코프Terenti F. Shtikov 108
스탈린, 이오시프Stalin, Joseph 226, 229, 231, 234, 345
스태거즈, 존Staggers, John W. 256
스톡홀름 호소문 292
스톡홀름 호소문 서명운동(평화서명운동)

213~215, 219~221, 224, 225, 232~240
슬론Sloane, Justin 102
시국대책협의회 115
10월항쟁 82~85, 91, 98
신간회 42
신경군관학교 124~130, 146
신기언 58
〈신문지법〉 17
신민주주의 179
신의주 396, 397
신화사 통신 398, 410, 412
실베스터, 크리스틴Christine, Sylvester 314
심리전 387, 388, 416
씨 라브단 396

[ㅇ]

아놀드Arnold, Achibald V. 96, 97
아다 리크Ada E Leeke 68, 69, 72, 74
〈아동노동법규(아동노동법)〉 43~45, 49, 50, 52~57, 60~63
〈아동보호법〉 316
《아동의 탄생》 45
《아사히신문》 401, 409~411, 415
아시아 및 아프리카 회의(반둥회의) 198, 203
아시아 및 태평양 지역 평화옹호대회(아시아평화대회) 194~197
아시아 제국諸國 회의 202
아이젠하워, 드와이트Eisenhower, Dwight D. 263, 345
안둥(단둥) 397
안재홍 46, 115
알도스Althaus Jr., Kenneth G. 101, 102
압록강 397
애국반 71
애육원 390, 395, 415
애치슨, 딘Acheson, Dean 296
MBC 391
양대 진영론 214
양유찬 246, 257, 272, 277, 285
어린이 45, 48, 52, 62, 63
언더우드Underwood, Horace H. 101
엘슨H. W. Samuelsen 55
여순사건 222, 223, 239
여운형 97, 100, 121~123, 125~147, 437, 440~442
영현 331, 336
예비 제5군단 327
예원야倪文亞 352
오기영 175
오미영 400, 405
오천석 73, 80
올리버, 로버트Oliver, Robert T. 246, 255, 256, 279
옹, 월터J. Ong, Walter J. 313

왕동위엔王東原 348, 354
용초도 333
《우리는 고발한다We Accuse》 398
원둥천 407
원산 396
원세훈 115
원수폭금지 서명운동 220, 221
윌리엄스, 제이Williams, Jay J. 256
유교 48, 61
유년노동 46, 47
유소년 47
유엔 188, 199, 398
유엔 총회 247, 248, 250, 252, 256, 269, 279, 281, 283
유엔국제부흥기구UNRRA 100
유엔민간원조사령부UNCACK 300, 309
유엔인권법 316
유엔조선위원단 181
유엔한국위원단 249
유엔한국임시위원단(유엔임시한위) 32, 33, 116, 117
유엔한국재건단UNKRA 304
육아원 391
6·23선언 270
68군정중대68th Military Government Companies 47
윤기섭 59
윤병구 255
윤치영 255, 276
이극로 115
2개년 인민경제계획 182
이기건 124, 127, 130~132, 145~146
이기붕 276
이순탁 58
이승만(리승만) 107, 111, 112, 114, 115, 116, 181, 189, 190, 296, 222, 235, 243~266, 303, 270, 271, 274~277, 279, 286, 288, 347~349, 352, 353, 362, 389
〈이웃 나라에서의 귀빈〉 392
이임하 388
이해성 407
인민당 58
인민민주주의 179, 188, 192, 206, 207
인민위원회 222, 229
《인민일보》 209
인천상륙작전 321, 326
일소 공동선언 275
《일본타임스》 409
임병직 246, 255, 257, 277, 303
임시정부수립대책협의회 109
임영신 276
입법의원 80~81
입양 390, 391, 395

[ㅈ]

《자유신문》 53
자작농창정 160
장면 271
장제스(장개석蔣介石) 151, 251, 343, 351~353
장징궈蔣經國 352, 358
장택상 255
저우바오중(주보중) 160, 161
저우언라이(주은래) 393
〈전 세계 녀성들에게 보내는 편지〉 393, 396
전국농민열성자대회(농민열성자대회) 368, 370, 376
전략처OSS 100, 101
전시 성폭력 398
〈전시근로동원법〉 316
《전장의 인간*Men at War*》 341
전재고아(전쟁고아) 389, 390~396, 399~402, 404, 405, 407~409
전쟁 트라우마 402
전태일 63
전투적 평화militant peace 180
점령하의 평화혁명론 218, 239
접운유한중국반공의사귀국연락소조接運留韓中國反共義士歸國聯絡小組(중국연락소조) 355
정보참모부G-2 95, 117
정양원 337
정전협정 244, 264, 372
정치고문단 99, 100, 105~107, 112~114, 117, 118
〈정치동향〉 69
《정치사전》 182
정한경 255
제네바협약 292, 294~298, 300, 301, 303, 306
제네바협정 195, 196
제네바회담 176, 200, 244~246, 253, 254, 256, 265, 266
제령 제7호(정치에 관한 범죄 처벌의 건) 20, 22, 23, 27, 35
제주4·3사건 222, 239
젤렌스키, 볼로디미르Zelensky, Volodymyr 291
조경규 276, 283
조국통일민주주의전선(조국전선) 181, 186, 192, 202, 206
조병옥 82, 83, 87, 276
조봉암 287
조선노동조합전국평의회(전평) 44, 46
조선농민동맹 366
조선독립노농당 104
조선말(한국어) 398, 403, 404
조선민족혁명당 59, 104
조선민주녀성동맹(녀맹) 391, 392, 395, 396, 398, 415

조선민주당 105
조선아세아단결위원회 202, 206
조선인민공화국(인공) 46, 70
조선인민군 388, 393, 407
《조선일보》 83, 273, 401, 409~411
조선임시보안령 21, 22, 28, 31, 34, 35, 38
조성무 407
조성환 107
조소문화협회 229
조소앙 107
JOINT WEEKA 316
조정환 272, 275, 280, 285
조–폴 친선협회 407
졸리오 퀴리Jean Frédéric Joliot–Curie 177, 214
종군기자 388
좌우합작위원회 97, 98, 100, 111, 115, 116
《주간신보》 64, 67~70, 72~75, 77~80, 81, 83, 85~89, 91~93
주화대표단(한국대표단) 157, 158
중국대륙재포구제총회中國大陸災胞救濟總會(구총救總) 351, 352, 354
중국인민지원군 393
중국홍십자회 297, 298
중등학원 391
중립국 감시위원단 201
중립화통일론 210
중소분쟁 209
중소우호동맹조약 226
중앙정보포로국 299
중화민국선위한전반공전부대표단中華民國宣慰韓戰反共戰俘代表團 353
즈다노프, 안드레이Zhdanov, Andrei 214
즉결처분 322
지앙하이동江海東 352
직업총동맹(직맹) 179, 181, 182
진보당 176
〈집회 시위에 관한 법률(집시법)〉 16, 17, 35, 39
〈집회취체령〉 19, 22, 28, 31, 34, 38
집회 허가제 25, 31
집회·결사의 자유 15
징발에 관한 특별조치령 316

[ㅊ]

1962년 쿠바 미사일 위기 209
천도교청우당 105
천리마운동 407
체이스William C. Chase 352
체코슬로바키아(체코) 400, 401, 408, 410
초등학원 390, 395
초혼의식 336
최고인민회의 235~237, 375

최덕신 286
최동우 115
최병협 71, 72
최용건 131, 209, 449
추상미 392, 399, 413, 416
취하로보촌 403
〈치안유지법〉 23, 27, 35

[ㅋ]

카투사 321
캐나다 396
KBS 391
코민포름Cominform 214
콜레브, 베셀린 402
콜린스, 조셉Collins, Joseph 301
콜린스J. Lawton Collins 346
클라렌스 윔스Weems, Clarence N. 101
클라크Mark W. Clark 308, 345
키니Kinney, Robert A. 100~102

[ㅌ]

탈북자 413
테일러Maxwell D. Taylor 355
토지개혁 53, 159~165, 167
티토, 요시프 브로즈Tito, Josip Broz 227

[ㅍ]

파란(폴란드) 제2애육원 415
팡치方治 352
펑더화이 307
평안북도 390
평양 390, 396, 398, 405, 407
평양방송 410
평양외국어대학 407
평화공존론 204, 206, 208~210
평화를 지키는 모임 219, 239
평화옹호 세계지식인대회 224
평화옹호 일본대회 219, 239
평화옹호국제문화인연락위원회 178
평화옹호전국민족위원회 195, 202, 206
평화옹호전국민족위원회 236
평화운동 368
평화헌법(일본) 173
포로 388
포츠담선언 23, 24
폭격 388~390, 393, 394, 397, 398
폴 헤이워드Paul Hayward 76
폴란드(파란) 391, 392, 396, 399~405, 407, 413~416
〈폴란드에 간 아이들〉 392, 413
프라하 410
프란체스카Rhee, Francesca D. 246
프래깅fragging 322
프레론, 카테Fleron Jacobsen, Kate 397
프로스토브Prostov Eugene C. 102, 106
프와코비체 407, 413

피셔Fisher, James Earnest 100~102

[ㅎ]

하지Hodge, John Reed 67, 77~79, 85, 86, 95, 97, 98, 115, 118
하토야마 이치로鳩山一郎 274
학도의용군 317
한경식 407
한교사무처 153, 156, 158
《한국노동운동사》 44
한국독립농민총연맹 105
한국독립당 104
한국민족대표자회의 111, 112
한국민주당 104, 109, 111
《한국전쟁: 부산에서 장진호까지, 구술사 *The Korean War: Pusan to Chosin, Oral History*》 313
한국전쟁조사위원회(조사위원회) 396, 398
한미상호방위조약 243~245, 265
한미합의의사록 263, 264
한민당 47
한설야 178, 180, 198, 235~237
한의표 407
한전화적반공의사韓戰華籍反共義士 347
한표욱 255
항미원조운동 232, 234
해리슨William K. Harrison, Jr. 346
해방중대 329
행정명령 제10호 61
헌법 제100조 35, 38
헝가리(웽그리아, 홍洪) 399~401, 409~411, 414, 415
헤밍웨이 315, 340, 341
헤이그육전조약(1907) 26
헬믹 60
현훈 198
홍명희 115
홍성수 276
황성수 303
황신덕 58
황첸 399
후타키 히로시二木博史 405
휴전회담 397
흐루쇼프 206, 209
흥남철수 321

오늘의 한국현대사 1

점령과 전쟁

2026년 1월 12일 1판 1쇄 인쇄
2026년 2월 23일 1판 2쇄 발행

지은이 정용욱 외 14인
펴낸이 박혜숙
디자인 이보용 김진
펴낸곳 도서출판 푸른역사
우) 03044 서울시 종로구 자하문로8길 13
전화: 02)720-8921(편집부) 02)720-8920(영업부)
팩스: 02)720-9887
전자우편: 2013history@naver.com
등록: 1997년 2월 14일 제13-483호

ISBN 979-11-5612-312-5 94900
979-11-5612-311-8 94900 (세트)

• 잘못 만들어진 책은 교환해드립니다.